Exzellente öffentliche Beschaffung

W0313490

Michael Eßig
und
Bundesverband Materialwirtschaft,
Einkauf und Logistik (Hrsg.)

Exzellente öffentliche Beschaffung

Ansatzpunkte für einen wirtschaftlichen und transparenten öffentlichen Einkauf

Springer Gabler

Herausgeber
Prof. Dr. Michael Eßig,
Universität der Bundeswehr München,
Neubiberg, Deutschland

Bundesverband Materialwirtschaft,
Einkauf und Logistik,
Frankfurt am Main, Deutschland

ISBN 978-3-658-00566-5
ISBN 978-3-658-00567-2 (eBook)
DOI 10.1007/978-3-658-00567-2

Die Deutsche Nationalbibliothek verzeichnet diese Publikation in der Deutschen Nationalbibliografie; detaillierte bibliografische Daten sind im Internet über http://dnb.d-nb.de abrufbar.

Springer Gabler
© Springer Fachmedien Wiesbaden 2013
Das Werk einschließlich aller seiner Teile ist urheberrechtlich geschützt. Jede Verwertung, die nicht ausdrücklich vom Urheberrechtsgesetz zugelassen ist, bedarf der vorherigen Zustimmung des Verlags. Das gilt insbesondere für Vervielfältigungen, Bearbeitungen, Übersetzungen, Mikroverfilmungen und die Einspeicherung und Verarbeitung in elektronischen Systemen.

Die Wiedergabe von Gebrauchsnamen, Handelsnamen, Warenbezeichnungen usw. in diesem Werk berechtigt auch ohne besondere Kennzeichnung nicht zu der Annahme, dass solche Namen im Sinne der Warenzeichen- und Markenschutz-Gesetzgebung als frei zu betrachten wären und daher von jedermann benutzt werden dürften.

Lektorat: Anna Pietras

Gedruckt auf säurefreiem und chlorfrei gebleichtem Papier

Springer Gabler ist eine Marke von Springer DE. Springer DE ist Teil der Fachverlagsgruppe Springer Science+Business Media
www.springer-gabler.de

Geleitwort

Die öffentliche Beschaffung stellt in Deutschland einen beachtlichen Wirtschaftsfaktor dar. Jährlich erteilen bei uns rund 30.000 öffentliche Stellen Aufträge über Lieferungen, Dienstleistungen und Bauleistungen in Höhe von rund 260 Milliarden Euro.

Schon seit einigen Jahren befindet sich die öffentliche Beschaffung in einem Prozess der stetigen Umstrukturierung und Neuausrichtung: Es geht darum, sie wirtschaftlicher zu gestalten und durch die Beachtung von ökologischen und sozialen Zielen unternehmerische Innovationen zu fördern.

Daher müssen die Beschäftigten in den Beschaffungsstellen bereits heute eine Vielzahl von Regelungen beachten und die unterschiedlichsten Ziele unter einen Hut bringen. Um das öffentliche Beschaffungswesen zu optimieren, sollten wir deshalb nicht in erster Linie darauf setzen, immer wieder den entsprechenden Rechtsrahmen zu ändern. Entscheidender sind eine bessere Schulung der Beschäftigten und der intensive Austausch über gute Beschaffungspraktiken.

Neben einem schlanken Regelungsrahmen wird – zu Recht – immer wieder das Ziel der effizienten Beschaffung beschworen. Wesentliche Erfolgsfaktoren hierfür sind ein modernes Beschaffungsmanagement, fundierte Kenntnisse der Beschäftigten im Vergaberecht sowie das Wissen um gute Beschaffungspraktiken im In- und idealerweise auch im Ausland.

Eine professionelle Beschaffungspraxis birgt ein erhebliches Einsparpotenzial. Ein verantwortungsvoller Umgang mit Steuergeldern gebietet allen Vergabestellen in Bund, Ländern und Kommunen, dieses Potenzial zu nutzen. Sie sollten verstärkt Zugang zu realistischen und alltagstauglichen Methoden und guten Praktiken wirtschaftlicher Beschaffung erhalten.

In diesem Sinne soll der vorliegende Sammelband dazu beitragen, fundiert über eine gute Beschaffungspraxis zu informieren und damit die Effizienz der öffentlichen Beschaffung zu stärken.

Ihr
Dr. Philipp Rösler
Bundesminister für Wirtschaft und Technologie

Vorwort

Mit seiner Sektion „Öffentliche Auftraggeber" gibt der Bundesverband Materialwirtschaft, Einkauf und Logistik e.V. (BME) Vertretern aus Bundes-, Landes-, Kommunalverwaltungen sowie aus öffentlich-rechtlichen Institutionen eine Stimme, um ihre Interessen gegenüber Politik und Wirtschaft zu formulieren. Dabei unterstützt der Verband aktiv das Aufspüren von Trends und Innovationen, das Erarbeiten von Erfolgsansätzen, das Vermitteln von Erprobtem und das Vernetzen interessierter Menschen und ihrer Ideen. Für den Austausch bietet der BME mit seiner fast 60jährigen Erfahrung seinen rund 8 500 Mitgliedern und einer breiten Fachöffentlichkeit eine ideale Plattform.

Die wirtschaftliche Bedeutung der öffentlichen Beschaffung ist groß: Mit einem Einkaufsvolumen von jährlich rund 480 Mrd. Euro verantwortet die öffentliche Hand eine Wertschöpfung, die gut 19% des deutschen Bruttoinlandsproduktes ausmacht. Optimierungspotenziale für die öffentliche Beschaffung zu identifizieren und umzusetzen, ist deshalb ein wichtiges Ziel des BME. Beispiele hierfür sind die vom BMWi geförderten und vom BME durchgeführten Projekte „REPROC" zur Umstellung des Einkaufs der öffentlichen Hand auf durchgängige elektronische Prozesse und „REPROC-Excellence" zur Entwicklung eines Benchmark für die öffentliche Hand. Beispielhafte Leistungen öffentlicher Auftraggeber zeichnen BME und BMWi seit 2006 mit dem gemeinsamen Preis „Innovation schafft Vorsprung" aus.

Mit dem Buch „Exzellente öffentliche Beschaffung" machen der Verband und die Universität der Bundeswehr München wichtige wissenschaftliche Erkenntnisse und Best Practices der öffentlichen Beschaffung transparent und stellen diese einer breiten Öffentlichkeit zur Verfügung. Aufgezeigt werden interessante Lösungsansätze für aktuelle Herausforderungen. Beispielhaft nenne ich hier Artikel zur nachhaltigen Beschaffung, zur innovationsorientierten öffentlichen Auftragsvergabe und zur Umsetzung eines Lieferantenmanagements für die öffentliche Hand.

Mein herzlicher Dank gilt den Autoren für ihre Beiträge sowie Prof. Michael Eßig für seine langjährige fachliche Unterstützung und sein großes Engagement.

Frankfurt, im November 2012

Dr. Holger Hildebrandt
Hauptgeschäftsführer
Bundesverband Materialwirtschaft, Einkauf und Logistik e.V.

Inhaltsverzeichnis

Teil A

Exzellente öffentliche Beschaffung: Idee und Konzeption

Das Konzept der exzellenten öffentlichen Beschaffung

1

Michael Eßig, Martina Jungclaus, Felix-Sebastian Scholzen und Thu Ha Vu Thi – Universität der Bundeswehr München und Bundesverband Materialwirtschaft, Einkauf und Logistik e. V.

1.1 Zur Notwendigkeit einer exzellenten öffentlichen Beschaffung: Empirische Befunde zum Einkauf der öffentlichen Hand

Die Schätzungen für das jährliche Beschaffungsvolumen öffentlicher Auftraggeber der Bundesrepublik Deutschland belaufen sich zwischen 260 Mrd. Euro und 480 Mrd. Euro. Die EU-Kommission beziffert das Beschaffungsvolumen in Deutschland für das Jahr 2010 auf 480 Mrd. Euro und in der EU auf 2,41 Billionen Euro [30]. Dies entspricht einem Anteil von etwa 19% am Bruttoinlandsprodukt der EU-27-Staaten, was die wirtschaftliche Bedeutung des öffentlichen Auftragswesens unterstreicht. Die Bedeutung des öffentlichen Beschaffungswesens ist sogar noch größer, wenn nicht nur der Anteil des öffentlichen Sektors an den Ausgaben für Waren und Dienstleistungen insgesamt betrachtet wird, sondern auch bestimmte Branchen bzw. Wirtschaftszweige berücksichtigt werden. In der Baubranche erreicht der Anteil der öffentlichen Ausgaben zum Beispiel 40% des Gesamtvolumens; in der Verteidigung und zivilen Sicherheit beträgt er fast 100% [31].

Das öffentliche Auftragswesen wird auf europäischer und nationaler Ebene durch Richtlinien, Verordnungen und Gesetze reguliert. Grundsätzliche Zielsetzung dieser Regulierungen ist es, eine bestmögliche, d.h. effiziente und effektive, Verwendung der eingesetzten Steuergelder sicherzustellen. Der effiziente Mitteleinsatz soll erreicht werden, indem durch wettbewerbliches Verhalten zwischen den Auftragnehmern (Bietern) bestmögliche Lösungen unter dem Gesichtspunkt der Wirtschaftlichkeit beschafft werden können. Der vergaberechtliche Regulierungsrahmen setzt hierzu auf die Prinzipien der Transparenz und Diskriminierungsfreiheit. Mit Blick auf die Effektivität, d.h. die bestmögliche Erreichung bestimmter Zielsetzungen, kommen gesellschaftliche und politische Ziele zum Tragen, deren Umsetzung dem öffentlichen Beschaffungswesen zugewiesen wird. Dieser Aspekt wird im Folgenden näher betrachtet.

1.1.1 Kosten der öffentlichen Beschaffung

Die Kosten der öffentlichen Beschaffung bestehen aus zwei wesentlichen Elementen: Dies sind zum einen – überwiegenden – Teil die Kosten, welche den Wert des zu beschaffenden Gutes ausmachen. Die Volumina wurden oben schon genannt. Neben dem Einstandspreis, der direkt an die Lieferanten ausbezahlt wird, sind dies alle Nebenkosten, bspw. für den Transport der Güter vom Lieferant zum abnehmenden öffentlichen Auftraggeber. Zum Zweiten sind dies die Kosten, die für den Beschaffungsprozess entstehen. Diese können beim Auftraggeber oder beim Auftragnehmer anfallen. Wesentliche Treiber für die gesamtwirtschaftlichen Prozesskosten des öffentlichen Auftragswesens sind die Einhaltung des Regulierungsrahmens sowie die Umsetzung gesellschaftlicher und politischer Ziele. Prozesskosten entstehen seitens ausschreibender, d.h. einkaufender, Behörden und auf Seiten der sich an Ausschreibungen beteiligenden Unternehmen durch die eingesetzten Mitarbeiterkapazitäten und die in Anspruch genommene Zeit. Eine Studie im Auftrag der EU-Kommission kommt zu dem Ergebnis, dass die Gesamtkosten des öffentlichen Auftragswesens in Europa etwa 1,4% des Einkaufsvolumens ausmachen. Bezogen auf das oben angeführte Beschaffungsvolumen entspricht dies rund 33,74 Mrd. Euro [32]. Drei Viertel dieser Kosten entstehen dabei für die Unternehmen, die sich an Teilnahmewettbewerben und öffentlichen Ausschreibungen beteiligen. Wenngleich der eigentliche Aufwand zur Vorbereitung und Durchführung von Vergabeverfahren auf Seiten öffentlicher Auftraggeber liegt, so erklärt sich der hohe Kostenanteil der Bieterseite dadurch, dass der einzelne Bieter sich an mehreren Teilnahmewettbewerben beteiligt und mehrere Angebote bei verschiedenen Auftraggebern abgibt. Die zitierte Studie kommt zu dem Ergebnis, dass es praktisch keine Beziehung zwischen Auftragswert und Prozesskosten gibt, ausgenommen bei den Ausschreibungen die einen sehr hohen Auftragswert aufweisen. Im Ergebnis verursachen sowohl Ausschreibungen für geringe Auftragswerte als auch Ausschreibungen für hohe Auftragswerte vergleichbare Prozesskosten. Hierbei gibt es deutliche Unterschiede in der Kosteneffizienz zwischen den Ländern. Die Prozesskosten in der Bundesrepublik Deutschland und in Norwegen erreichen z.B. mehr als 4% des Beschaffungsvolumens, wohingegen es in Italien und in Großbritannien weniger als 1% sind. Entscheidend ist, sowohl für öffentliche Auftraggeber als auch für Bieter, die Dauer von Vergabeverfahren. Sie liegt durchschnittlich – über alle Verfahren hinweg betrachtet – bei 108 Tagen. Der Grad des Wettbewerbs im öffentlichen Auftragswesen, der etwa anhand der Anzahl der durchschnittlich eingegangenen Angebote auf Ausschreibungen geschätzt werden kann, variiert erheblich zwischen den EU-Mitgliedsstaaten. Die Spanne reicht hier von landesdurchschnittlich drei bis sieben Angeboten, bei einem europaweitem Gesamtdurchschnitt von 5,4 Angeboten [32].

Diverse Studien belegen die Einsparpotenziale öffentlicher Beschaffungsaktivitäten, die durch die Umsetzung verschiedener Maßnahmen erzielt wurden. Die Unternehmensberatung Booz & Company hat ermittelt, dass sich in der öffentlichen Beschaffung alleine in Deutschland mittelfristig 30 Mrd. Euro einsparen lassen [40]. Ramboll Management haben in Zusammenarbeit mit Leinemann & Partner Rechtsanwälte analysiert, dass die Prozesskosten durch Vergaberechtsvereinfachungen um bis zu 20% verringert werden können [33]. Eine Studie von McKinsey beziffert das Einsparpotenzial auf durchschnittlich 15% des Beschaffungsvolumens [18].

In der folgenden Tabelle sind grundlegende allgemeine Kennzahlen zur öffentlichen Beschaffung in der EU zusammengefasst.

Indikator	**Europäischer Durchschnitt**	**Beispiele**
Auftragswert	3 Mio. Euro	90% aller Vergaben < 3 Mio. Euro (= 15% des Beschaffungsvolumens der EU)
Anteil der Prozesskosten am Beschaffungsvolumen	1,4%	Entspricht durchschnittlich 5,3 Mrd. Euro/Jahr je Land
Wirtschaftlichkeit als Zuschlagskriterium	70%	Entspricht 80% des Beschaffungsvolumens der EU
Zahl der Bieter	5,4 Bieter	Niedrigster Wert: Slowakei (2,1) Höchster Wert: Spanien (8,8) Deutschland (7,6)

Dauer je Vergabe	108 Tage	Niedrigster Wert: Polen (51 Tage) Höchster Wert: Island (292 Tage) Deutschland (147 Tage)
Prozesskosten einer Vergabe	28.000 Euro	Niedrigster Wert: Bulgarien (4.700 Euro) Höchster Wert: Island (56.100 Euro) Deutschland (47.000 Euro)

Quelle: PwC/London Economics/Ecorys (2011) [32].

Tabelle 1.1 Eckdaten zum öffentlichen Auftragswesen

1.1.2 Strategische Ausrichtung des öffentlichen Auftragswesens

Im vorigen Abschnitt wurde bereits kurz dargestellt, dass Einkäufer im öffentlichen Sektor nicht nur unter Berücksichtigung einer sparsamen Mittelverwendung agieren, sondern auch immer stärker Themen berücksichtigen müssen, die von politischen Entscheidungsträgern als strategisch relevant eingestuft werden. Während die industrielle strategische Beschaffung eher instrumentell geprägt ist, d.h. die Frage nach den „richtigen" Instrumenten für ein strategisches Beschaffungsmanagement stellt, ist der strategische öffentliche Einkauf sehr viel stärker normativ geprägt. Zu den Instrumenten gehören bspw. strategische Beschaffungsportfolios [24] sowie der Einsatz von Sourcing-Konzepten wie Modular Sourcing oder Global Sourcing.

Öffentliche Einkäufer sehen sich zunehmend Anforderungen gegenüber, welche einen Beitrag zu strategischen Zielen des Staates, definiert auf Ebene der Politik, leisten sollen. Dazu gehören derzeit insbesondere Umweltschutz, soziale Verbesserungen und Innovationsförderung. Wenn sich bspw. die Bundesrepublik Deutschland zu verbindlichen Zielen zur CO_2-Reduzierung bereit erklärt, muss auch die Beschaffung einen (strategischen) Beitrag dazu leisten, diese Ziele zu erreichen – z. B. durch die Beschaffung emissionsarmer Kraftfahrzeuge.

Selbst wenn der Anteil des öffentlichen Sektors an der gesamten Wirtschaftsleistung zwischen den einzelnen Mitgliedsstaaten deutlich variiert, so ist doch der potenzielle Einfluss beachtlich, den das öffentliche Auftragswesen auf das Erreichen politischer Ziele hat. Da das Beschaffungswesen sich durch alle Ebenen der öffentlichen Verwaltung zieht, bietet es einen Hebel, um einen integrierten Ansatz bei der Verfolgung ökologischer, sozialer und innovationsorientierter Ziele zu erreichen [19].

Indikator	EU-weit	Anmerkungen
Relative Nutzung umweltfreundlicher Kriterien an Gesamtvergaben	-	Niedrigster Wert: Slowenien (43%) Höchster Wert: Großbritannien (84%) Deutschland (71%)
Relative Nutzung sozialverträglicher Kriterien an Gesamtvergaben	-	Niedrigster Wert: Slowenien (26%) Höchster Wert: Großbritannien (81%) Deutschland (53%)

Relative Nutzung innovationsfördernder Kriterien an Gesamtvergaben	-	Niedrigster Wert: Frankreich (22%) Höchster Wert: Finnland (81%) Deutschland (62%)
Kostenauswirkungen bei Einbeziehung umweltfreundlicher Kriterien	Höher: 37,9% Gleich: 33,2% Niedriger: 1,7%	Österreich (56 / 13 / 3%) Finnland (22 / 51 / 1%) Deutschland (45 / 25 / 0%)
Kostenauswirkungen bei Einbeziehung sozialverträglicher Kriterien	Höher: 21,3% Gleich: 31,9% Niedriger: 2,0%	Rumänien (40 / 32 / 8%) Norwegen (11 / 61 / 1%) Deutschland (27 / 26 / 1%)
Kostenauswirkung bei Einbeziehung innovationsfördernder Kriterien	Höher: 22,8% Gleich: 22,3% Niedriger: 3,6%	Rumänien (42 / 16 / 11%) Großbritannien (18 / 42 / 10%) Deutschland (26 / 24 / 1%)

Quelle: Kahlenborn, W./Moser, C./Frijdal, J./Essig, M. (2011) [19].

Tabelle 1.2 Öffentliches Auftragswesen und politische Zielsetzungen

1.2 Konzept der exzellenten öffentlichen Beschaffung: Das Spannungsfeld aus Wirtschaftlichkeit, Rechtskonformität und strategischen Zielen

1.2.1 Exzellente öffentliche Beschaffung: Begriffsdefinition und Konzeption

Bereits bei den Ausführungen zur strategischen Ausrichtung des öffentlichen Einkaufs wurde deutlich, dass die Anforderungen an öffentliche Einkäufer hoch sind. Wie wir im Folgenden noch zeigen werden, sind die Ansprüche sogar teilweise höher als im industriellen Beschaffungsbereich, da auch rechtliche Einflüsse zu berücksichtigen sind. Wenn daher von „exzellenter öffentlicher Beschaffung" gesprochen wird, soll dies in erster Linie ein Beitrag dazu sein, öffentliche Beschaffung als Profession weiterzuentwickeln. Darunter ist keinesfalls zu verstehen, dass bislang nicht professionell eingekauft wird. Eine Disziplin oder ein klares Berufsbild ist mit dem öffentlichen Einkauf bisher allerdings noch nicht verbunden. Es gibt zwar erste Bemühungen, eine einheitliche Profession zu schaffen (vgl. [43], [2] S. 22. ff.). Klare Konturen sind – zumindest in Deutschland – jedoch noch nicht erkennbar. Exzellente öffentliche Beschaffung soll dazu einen Beitrag leisten. In der Folge werden wir Begriff und Konzept in zwei Stufen herleiten:

Die erste Stufe umfasst die Definitionsebene. Dazu ziehen wir alle drei Begriffsbestandteile heran. In der zweiten Stufe wird dieser Begriff dann operationalisiert, d.h. es wird der Versuch unternommen, ihn einer Messung zugänglich zu machen. Dies geschieht im Rahmen des vom Bundesministerium für Wirtschaft und Technologie geförderten Projekts „REPROC-Excellence", in dessen Rahmen ein Struktur- und Prozessbenchmarking für exzellente öffentliche Beschaffung pilothaft entwickelt, erprobt und durchgeführt wurde.

Ausgangspunkt der Konzeptionalisierung ist die Beschaffung. Beschaffung kann eng als Funktion verstanden werden, die einer Organisation alle Leistungen zur Verfügung stellt, die sie nicht selbst herstellt, aber für Ihre Arbeitsfähigkeit benötigt (vgl. [1] S. 1). In einem weiteren Verständnis ist die Beschaffung das Management aller externen Ressourcen einer Organisation, um ihre Versorgung mit Gütern, Dienstleistungen, Fähigkeiten und Wissen unter möglichst günstigen Konditionen zur Aufrechterhaltung ihrer Leistungsfähigkeit zu sichern (vgl. [44], S. 3 f.). Damit wird zweierlei deutlich: Beschaffung ist zum ersten eine Managementaufgabe, hat mithin strategischen Charakter. Zum Zweiten leistet sie einen Beitrag zur Leistungsfähigkeit der eigenen Organisation – wobei zu klären wäre, was unter Leistung zu verstehen ist.

Der Leistungsbegriff wird insbesondere dann bedeutsam, wenn es sich um die öffentliche Beschaffung handelt. In der Regel erfolgt die Abgrenzung über den Status des Auftraggebers als „öffentlich", mithin nicht als privatwirtschaftlich oder industriell. Damit entfällt als Leistungskriterium der Gewinn bzw. die Gewinnmaximierung. Stattdessen müssen andere Kriterien greifen. „Öffentlich" ist nicht klar einzugrenzen. Der Begriff umfasst relativ einfach zuzuordnenden Institutionen (bspw. Beschaffungsamt der Bundeszollverwaltung) sowie rein privatwirtschaftlichen Unternehmen, die ein öffentliches Gut bereitstellen (bspw. Straßenbauunternehmen). Die Abgrenzung erfolgt daher meist über die öffentlichen Aufgaben.

Öffentliche Aufgaben sind von Staat zu Staat und je nach historischem, regionalem oder kulturellem Hintergrund unterschiedlich ([21], S. 72). Vereinfacht resultieren öffentliche Aufgaben aus politischen Zielsetzungen, die sich wiederrum aus dem öffentlichen Interesse ableiten [10] (vgl. **Abbildung 1.1**).

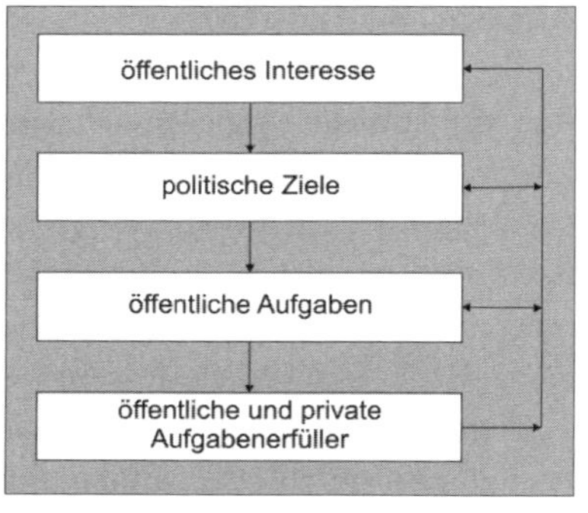

Quelle: Eichhorn 2001 [10], S. 410.

Abb. 1.1 Die Zweck-Mittel-Hierarchie öffentliche Aufgaben

Öffentliche Aufgaben sind nicht fixiert, sondern das Ergebnis politischer Entscheidungen [12]. Konkrete Ansatzpunkte liefert bspw. das Grundgesetz. So wird gem. Art. 87a GG die Aufgabe der Gewährleistung äußerer Sicherheit angeführt.

Mit der politischen Festlegung einer öffentlichen Aufgabe ist jedoch nicht definiert, *wer* diese Aufgabe erbringt. Im Gegenteil: Auch private Unternehmen können im Zuge eines „Outsourcing" öffentliche Aufgaben erfüllen. So betreibt im Rahmen einer Öffentlich-Privaten Partnerschaft z.B. die Autobahnplus A8 GmbH die Bundesautobahn zwischen Augsburg und München.

Die Kennzeichnung eines Auftraggebers als „öffentlich" erfolgt nach deutschem Vergaberecht über das institutionelle Auftraggeberverständnis. Das bedeutet, dass vergaberechtliche Regelungen unterhalb der Schwellenwerte auf formal staatliche oder staatsnahe Stellen beschränkt sind. Dies umfasst u.a. die Gebietskörperschaften, Bund, Länder und Kommunen, juristische Personen des öffentlichen Rechts, wie Anstalten oder Stiftungen, aber auch Organisationen, die kein formeller Bestandteil des Staates sind, jedoch bei der Vergabe von Aufträgen mindestens 50% der Gelder aus öffentlichen Kassen beziehen.[1]

Oberhalb der Schwellenwerte und damit im europäischen Vergaberecht gilt die Definition des funktionalen öffentlichen Auftraggebers. Eine Organisation ist gemäß Europäischem Gerichtshof dann dem Staat als zugehörig anzusehen, wenn

- ihre Zusammensetzung und Aufgaben gesetzlich geregelt sind
- ihre Mitglieder von der öffentlichen Hand ernannt werden
- ihre Verpflichtungen von der öffentlichen Hand gewährleistet wurden
- ihre Aufträge vom Staat finanziert wurden, obwohl die Organisation kein formeller Bestandteil des Staates und diesem nicht eingegliedert ist[2]

Ein öffentlicher Beschaffer kann gemäß funktionalem Verständnis demzufolge auch ein rein privatwirtschaftliches Unternehmen sein, wenn dieses eine spezifische hoheitliche Aufgabe übernimmt und dafür Steuergelder erhält, mit denen Unterauftragnehmer bezahlt werden.

Um öffentliche Beschaffung als „exzellent" zu kennzeichnen, sind weitere Konkretisierungsschritte erforderlich. Exzellent stammt aus dem lateinischen „excellens" für hervorragend, ausgezeichnet. Der Begriff ist in letzter Zeit insbesondere im Rahmen der „Exzellenzinitiative" für die Leistungsbewertung in der Wissenschaft verwendet worden. Aber auch in der privatwirtschaftlichen Beschaffung haben in den vergangenen Jahren fast alle Beratungsunternehmen die Idee einer „Procurement Excellence" aufgegriffen. So hat bspw. die Unternehmensberatung A.T. Kearney in einer Studie private Unternehmen daraufhin untersucht, auf welchem Stand sich die Beschaffung befindet. Beschaffungsmanagementstrategie, organisatorische Ausrichtung, Beschaffungs- und Category Management, Lieferantenbeziehungsmanagement, Prozessmanagement, Performance Management, Informations- und Wissensmanagement sowie Personalmanagement waren die analysierten Dimensionen der Beschaffung. Außerdem wurden führende Unternehmen identifiziert und diese mit den Followern im Vergleich gesetzt [4]. Daraus ließen sich sieben Verbesserungspotenziale für die Beschaffung ableiten, die das Ziel eines „Procurement Leaders" zum Ziel haben ([4], S. 3 f.). Detecon Consulting hat ein integriertes Lösungsmodell entwickelt, um nachhaltige Procurement Excellence zu erreichen: das Detecon Procurement Honeycomb Model [9]. Procurement Excellence lässt sich demnach erreichen, wenn alle sechs Bereiche (Procurement Strategy & Objectives, Procurement Organization & Governance, Procurement Risk & Compliance, Procurement Processes & Applications, Procu-

[1] § 98 des Gesetzes gegen Wettbewerbsbeschränkungen (GWB).

[2] Urteil des Gerichtshofes der Europäischen Gemeinschaften (EuGH), Rs. 31/87, Beentjes, Slg 1988, 4635, 4655.

rement Intelligence, Procurement HRM & People Development) „und deren Beziehungen zueinander gleichermaßen optimiert werden" ([9], S. 2). Die Entwicklungsstufen und die Rolle des Einkaufs sowie Implementierungsbeispiele eines erfolgreichen Einkaufsmanagements in der Praxis werden im Themendossier von Lünendonk behandelt [17]. Die Evolutionsstufen zeigen, wie sich der Einkauf vom Erfüllungsgehilfen, über den Experten mit Markt-Know-how bis hin zum strategischen Partner in der Wertschöpfungskette entwickeln kann. KPMG ermittelt in einer Studie vier unterschiedliche Reifegrade der Beschaffung im Hinblick auf die Schlüsselelemente: Value and Performance, Strategy and Business Planning, Operational Excellence und Operating Model [23].

Auffällig ist bei allen diesen Studien, dass eine *eindeutige* Definition dessen fehlt, was Exzellenz in der Beschaffung ist. In der Regel werden gewisse Merkmale eines exzellenten Einkaufs angesprochen, wie bspw. die Ausrichtung der Beschaffungsstrategie an den Unternehmenszielen, die frühzeitige Integration von Lieferanten, die Professionalisierung der Einkäufer, die systematische Anwendung von Risikomanagement, die Berücksichtigung von Nachhaltigkeit, Transparenz und Compliance, sowie der Einsatz von unterstützenden Informationstechnologien.

Wenn in diesem Buch von exzellenter öffentlicher Beschaffung die Rede sein soll, und die semantische Bedeutung auf „herausragend" lautet, sind Leistungsindikatoren und Vergleichsmaßstäbe zu definieren. Dabei stoßen wir auf das bereits angesprochene Problem, dass im Gegensatz zur Privatwirtschaft, wo Gewinn- und Rendite- bzw. Rentabilitätsgrößen allgemein akzeptierte Erfolgsmaßstäbe sind, öffentliche Institutionen einen weitaus differenzierteren Zielkatalog zur Messung ihrer Leistung bzw. ihres Erfolges haben. Der Begriff „Leistung" ist eine zentrale Vokabel in der internationalen Diskussion um Staats- und Verwaltungsmodernisierung ([35], S. 341), jedoch nicht eindeutig definiert. In Praxis und Wissenschaft gibt es nicht „den" Leistungsbegriff oder ein ganz bestimmtes Leistungsverständnis, das für alle Organisationen gleichermaßen gilt ([3], S. 16). Selbst innerhalb betriebswirtschaftlicher Funktionalbereiche ist der Leistungsbegriff nicht klar zu fassen.[3] Bezogen auf Staatstätigkeit ist Leistung generell „das Ergebnis eines (öffentlichen) Leistungsprozesses, bezogen auf einen bestimmten Zeitabschnitt" ([35], S. 342). Auch der aus dem Englischen zu übersetzende Begriff „Performance" ist in der Literatur alles andere als eindeutig definiert. So ist bspw. einerseits mit Performance der Prozess der Umwandlung von Inputs (bspw. Arbeitsstunden) in Outputs (z.B. verkaufsfähige Endprodukte) gemeint. Andererseits ist von Performance die Rede, wenn es um ein bestimmtes Resultat geht, die Relation zwischen Input und Output (Effizienz) oder zwischen Output und Outcome (Effektivität) ([42], S. 9ff.). Zudem zielt der Begriff „Performance" auch auf einen Soll-Ist-Vergleich ab, bspw. das Verhältnis zwischen angestrebtem und realisiertem Input oder Output. Reichhard (2004) fasst sinngemäß zusammen, dass „im Public Management-Diskurs mit Performance ein ergebnis- und/oder wirkungsbezogener Leistungsimpuls in einer Organisation bzw. auch im Hinblick auf ein Organisationsmitglied gemeint ist" ([35], S.341).

Der Performance-Ansatz wird in der öffentlichen Verwaltung häufig mit den Steuerungszielen Economy, Efficiency und Effectiveness im Rahmen des „3-E-Konzepts" umschrieben. Er zielt damit auf Sparsamkeit, Wirtschaftlichkeit und Wirksamkeit des

[3] Eine Zusammenstellung von Ansätzen können Gleich (2001) ([15], S. 36 f.) und Karrer (2006) ([20], S. 122) entnommen werden.

Handelnden (Organisation bzw. Individuum) ab ([34], S. 794). Mit dem 3-E-Konzept wurde der systematische Zugang zur ökonomischen Bewertung des Verwaltungshandelns gewährleistet. Die entstandene Basiskonzeption unterteilt den Leistungsprozess der öffentlichen Verwaltung in die Prozessschritte Ziele, Inputs, Prozess, Outputs sowie Outcomes. Kosteneffizienz, Effizienz sowie Effektivität stellen die Bewertungskriterien dar. Nebenbedingungen sind Qualität, Grundsatz der Recht- und Gesetzmäßigkeit einschließlich des Grundsatzes der Gleichheit (vgl. [5], S. 331 ff.). Mit dem 3-E-Konzept wurde der systematische Zugang zur ökonomischen Bewertung des Verwaltungshandelns gewährleistet. Die folgende Abbildung zeigt das Konzept.

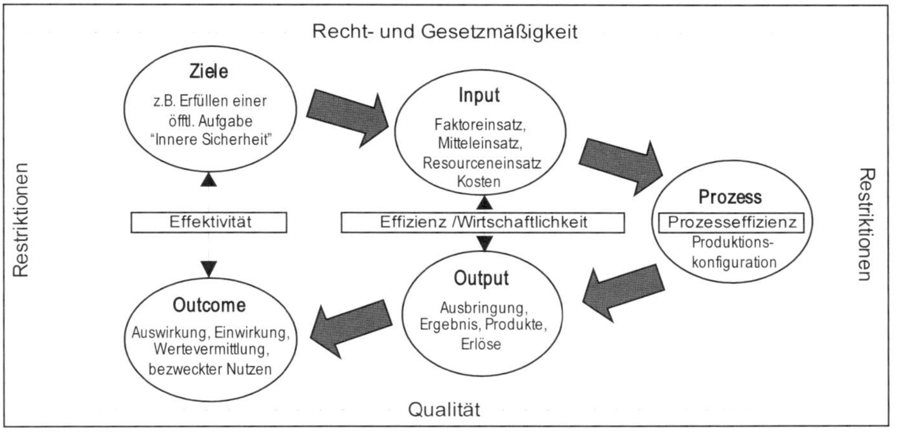

Quelle: Budäus/Buchholtz 1997 [5], S. 332.

Abb. 1.2 Das 3-E-Konzept

Die Messung der Ergebnisse und Wirkungen (Performance Measurement)[4] öffentlichen Handelns ist ein Grundpfeiler des New Public Managements (NPM)[5] bzw. der deutschen Variante des NPM, dem Neuen Steuerungsmodell (NSM) ([25], S. 12). Ihr Ansatz reicht als evaluatives Verfahren bis ins ausgehende 19. Jahrhundert zurück ([26], S. 94).[6] Ausschlaggebendes Ziel von Leistungsvergleichen in der öffentlichen Verwaltung ist die Herstellung von Wettbewerb, weil wettbewerbsartige Strukturen eine deutlich höhere Effizienz haben als monopolistische Anbieterstrukturen. Da echter Wettbewerb aufgrund der Rahmenbedingungen der öffentlichen Verwaltung nicht gegeben ist, können insbesondere durch die Methode des Benchmarking Ineffizienzen analysiert werden ([42], S. 225). Ohne

[4] Auch fehlt sowohl in der englischen als auch in der deutschsprachigen betriebswirtschaftlichen Literatur eine umfassende theoretische Analyse des Performance Measurement. Einen systematischen Überblick über die Grundlagen des Performance Measurement liefert bspw. Erdmann (2003) ([11], S. 60 ff.).

[5] Das New Public Management (NPM) ist ein Modernisierungskonzept für Staat und Verwaltung und behandelt verschiedene inner- und zwischenbetriebliche Managementreformen. Kennzeichnend ist der „systematische Einbezug des Wettbewerbsgedankens in alle Bereiche der staatlichen Tätigkeit." ([37], S. 37).

[6] Seit den 1980ern ist ein steigendes Interesse an Output- und Leistungsmessung in der öffentlichen Verwaltung zu verzeichnen (vgl. [7], S. 9).

Wettbewerb fehlen Anreize zur Leistungsverbesserungen mit negativen Auswirkungen auf Kosten und Qualität der Leistung. Dennoch hat die Leistungsmessung mittels Benchmarking zur Förderung der Verwaltungseffizienz zumindest auf Bundes- und Landesebene kaum Anwendung gefunden bzw. ist ein reiner Zahlenvergleich ([47], S. 33).[7]

Für dieses Buch muss (a) geprüft werden, welches Leistungs- und Performanceverständnis konkret auf die öffentliche Beschaffung anzuwenden ist und (b) wie dieses einer möglichst konkreten Messung zugeführt werden kann.

Das Ergebnis der Prüfung zu (a) erscheint auf den ersten Blick trivial: Sowohl VOL als auch VOB legen eindeutig fest, dass das *wirtschaftlichste* Angebot bezuzuschlagen ist.[8] Damit wäre Hauptaufgabe der öffentlichen Beschaffung im Sinne der o.g. Definition die möglichst *wirtschaftliche* Steuerung aller externen Ressourcen einer Organisation zur Erfüllung der ihr zugewiesenen öffentlichen Aufgabe. Tatsächlich ist die Leistungsbewertung auf dieser Basis für den öffentlichen Einkauf zu einfach. Zum Einen existiert ein (leichter) Widerspruch zwischen deutschem und europäischem Vergaberegime, da letztgenanntes neben dem „economically most advantageous offer" immer auch „lowest price" als Zuschlagskriterium offenlässt.[9]

Zum Zweiten sind die Zielsetzungen der Vergaberegime – letztlich als Mittel politischer Ziele – weitaus differenzierter, wie wir bereits oben ausgeführt haben. Das Vergaberecht gibt grundlegende Prinzipien und Ziele vor, welche bei öffentlichen Auftragsvergaben einzuhalten sind. Dazu gehören das Wettbewerbsprinzip, der Grundsatz transparenter Verfahrensführung und die Gleichbehandlung von Bietern etc. ([27], S. 1-14). Grundidee ist, den Zwang des öffentlichen Auftraggebers zum wirtschaftlichen Handeln auszugleichen und „Hoflieferantentum" zu verhindern [23]. Hinzu kommen sog. „Sekundärziele", auch als „vergabefremde Ziele" bezeichnet, die vor allem strategische Ziele der Politik wie Innovations- und Umweltschutzaspekte, aber auch soziale Kriterien wie den Einhalt von Kernarbeitsnormen oder die Gleichstellung von Mann und Frau betreffen ([27], S. 14-17). Das EuGH hat die Zulässigkeit solcher Kriterien bereits mehrfach festgestellt.[10] Grundvoraussetzung für einen wirtschaftlichen Einkauf der öffentlichen Hand ist ein funktionierender Wettbewerb auf den Beschaffungsmärkten [16].

Von besonderer Bedeutung ist die Frage, ob das Grundprinzip der Wirtschaftlichkeit mit den Grundprinzipien des Vergaberechts (bzw. seiner Konformität) und politisch-strategischen Zielen vereinbar ist. Wirtschaftlichkeit ist prinzipiell die günstigste Relation zwischen dem verfolgten Zweck und den einzusetzenden Mitteln.[11] Dies umfasst das Spar-

---

[7] In den derzeitigen Leistungsvergleichen der Kommunen findet kein echter Leistungsvergleich statt, bei dem die Unterschiede zwischen Organisationen für institutionelles Lernen nutzbar gemacht werden, sondern diese zielen auf die Entwicklung von einheitlichen Standards und Organisationsstrukturen (vgl. [26], S. 104). Ein Benchmarking der öffentlichen Dienstleistungsproduktion ist in Deutschland bis heute weitgehend unbekannt (vgl. [45], S. 251).

[8] Vgl. § 18 VOL/A, § 16 Abs. 6 Nr. 3 *VOB*/A.

[9] Vgl. Art.53 Abs. 1 der Richtlinie 2004/18/EG.

[10] Urteile des Gerichtshofs der Europäischen Gemeinschaften (EuGH): Urt. V. 20.09.1988, Rs. C-31/87 (Beentjes); Urt. V. 26.09.2000, Rs. C-225/98 (Nord-Pas-de-Calais), vgl. [14], S. 246 f.).

[11] Vgl. Erläuterungen zur VOL/A (Anhang IV, III. Erläuterungen zu den einzelnen Abschnitten § 18 Absatz 1, [6], S. 51).

samkeits-/Minimalprinzip, also die Erzielung eines bestimmten Ergebnisses mit geringem Mitteleinsatz [41]. Ökonomisch gesehen kann der Grundsatz der Wirtschaftlichkeit synonym zu dem Rationalitäts- und Effizienzprinzip verwendet werden, da Effizienz in diesem Sinn auf die optimale Verteilung von Ressourcen hinsichtlich alternativer Verwendungszwecke gerichtet [39] und damit mit der Bewirtschaftung knapper Güter gleichzusetzen ist. Unterziele für die Beschaffungsfunktion können aus dem Wirtschaftlichkeitsprinzip abgeleitet werden. Man unterscheidet langfristige, strategische Ziele, welche die Sicherung und den Ausbau der beschaffungsseitigen Organisationseffizienz bezwecken, und operative Ziele, die die Sicherstellung der Versorgung erreichen sollen.

Damit wird klar, dass bspw. – im Vergleich zur Privatwirtschaft – höhere Prozesskosten für Öffentliche (eingesetzte Mittel als Kosten) dann wirtschaftlich sind, wenn die Anforderungen ebenfalls höher sind (Transparenz als Zweck). Auch umweltfreundliche Technologien sind bei höheren Anschaffungspreisen zu rechtfertigen, wenn die langfristige Nutzung (bspw. durch günstigere Verbrauchswerte) dies rechtfertigt. Sehr viel schwieriger ist dieser Zusammenhang dann zu messen und somit in den Vergabevorgang zu integrieren, wenn die Beschaffungsaktivitäten einer deutschen öffentlichen Institution die Arbeitsbedingungen afrikanischer Industriearbeiter verbessert.

Auf Basis einer Literaturauswertung und unter Berücksichtigung der spezifischen Rahmenbedingungen, die für öffentliche Auftraggeber bindend sind, wurde als Bezugsrahmen für die Beurteilung der Leistungsfähigkeit der öffentlichen Beschaffung der von Schapper et al. (2006) [36] entwickelte analytische Bezugsrahmen für Beschaffungsaktivitäten der öffentlichen Hand herangezogen. Der Bezugsrahmen berücksichtigt explizit die an die öffentlichen Beschaffungsaktivitäten formulierten Prämissen politischer Ziele, Wirtschaftlichkeit sowie Vergaberechtskonformität. **Abbildung 1.3** zeigt den Bezugsrahmen für die öffentliche Beschaffung.

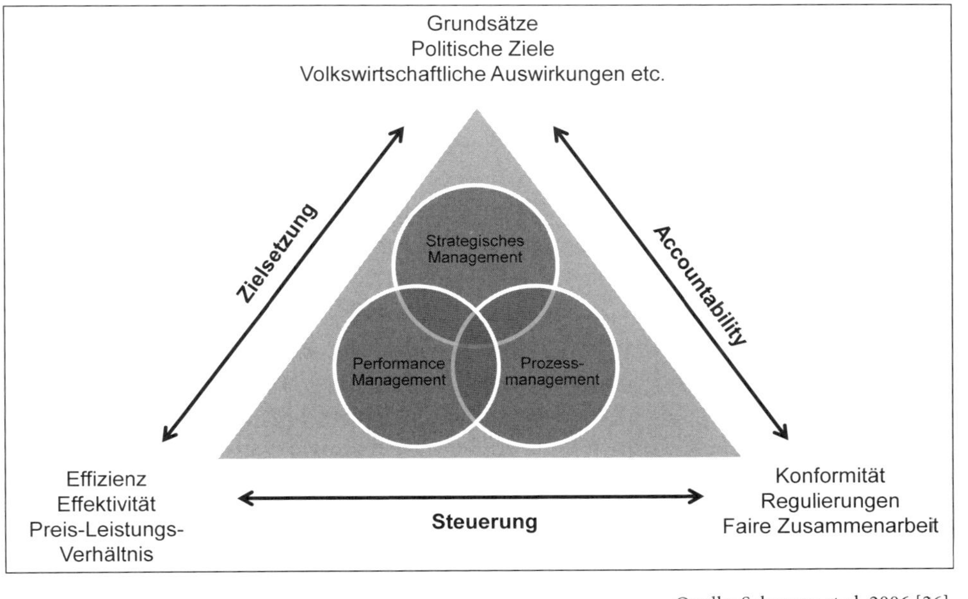

Quelle: Schapper et al. 2006 [36].

Abb. 1.3 Bezugsrahmen für die öffentliche Beschaffung

Exzellente öffentliche Beschaffung kann daher, unter Berücksichtigung der eingangs genannten Definitionen für Exzellenz, und unter den erläuterten zu berücksichtigenden Dimensionen der öffentlichen Beschaffung folgendermaßen definiert werden:

„Exzellente öffentliche Beschaffung umfasst das strategische, Leistungs- und Prozess-Management aller externen Ressourcen einer Organisation zur Erfüllung öffentlicher Aufgaben, um ihre möglichst wirtschaftliche Versorgung mit Gütern, Dienstleistungen, Fähigkeiten und Wissen unter Berücksichtigung des Wettbewerbs- und Transparenzprinzips bei gleichzeitiger Berücksichtigung definierter politisch-strategischer Ziele zu sichern."

Nachdem in der ersten Stufe ein Definitionsvorschlag erarbeitet wurde, gilt es auf der nächsten Stufe, exzellente öffentliche Beschaffung messbar zu machen. Im Rahmen dieses Sammelbandes wenden wir uns konkreten Instrumenten und Ansatzpunkten für eine exzellente öffentliche Beschaffung auf zwei Weisen zu: Zum Einen zeigen die Beiträge des Buches an konkreten Einzelvorschlägen Ansatzpunkte für exzellente Beschaffungsaktivitäten (vgl. die Übersicht in Abschnitt 1.4 dieses Beitrags). Zum Zweiten können wir an dieser Stelle erste Ergebnisse eines Projektes zur Leistungsmessung des öffentlichen Einkaufs vorlegen.

Ziel des vom Bundesministerium für Wirtschaft und Technologie geförderten und vom Forschungszentrum für Recht und Management öffentlicher Beschaffung (FoRMöB) in Zusammenarbeit mit dem Bundesverband für Materialwirtschaft, Einkauf und Logistik e.V. (BME) bearbeiteten Forschungsprojektes „RERPOC-Excellence" ist die Entwicklung und Etablierung eines Leistungs-Benchmarks sowie eines Public-Procurement-Index für die öffentliche Beschaffung, auf deren Basis beschaffungsspezifische Optimierungspotenziale für öffentliche Einrichtungen aufgezeigt werden können. Für die Konzeptionalisierung und für die Operationalisierung der Indikatoren einer exzellenten öffentlichen Beschaffung wurden sowohl eine theoretisch-deduktive (Literaturanalyse) als auch eine empirisch-induktive Vorgehensweise gewählt, durch Durchführung von vier Workshops mit Experten aus dem Beschaffungsamt des Bundesministerium des Innern, der Bundesagentur für Arbeit, dem Bundesamt für Wehrtechnik und Beschaffung, der Deutschen Bundesbank, der Bundesfinanzdirektion Südwest, dem Finanzministerium Nordrhein-Westfalen sowie dem Präsidium für Technik, Logistik und Verwaltung der Polizei Hessen.

Im Rahmen eines ersten Workshops wurden die theoretisch-deduktiv hergeleiteten Indikatoren und Faktoren einer empirischen Analyse unterzogen und somit eine Ausgangsmenge an potenziellen Indikatoren (Indikatorenpool) und Faktoren gebildet. Auf der nächsten Stufe wurden die inhaltlichen Indikatoren anhand einer Relevanz- und Vollständigkeitsüberprüfung präzisiert, um eine hohe Inhaltsvalidität sowie Indikatorenverständlichkeit von Beginn an sicherstellen zu können und erste Ausarbeitungen zur Messvorschrift getätigt. Dies stellte ebenso die Voraussetzung für die Entwicklung des Fragebogens dar. Im Rahmen des dritten Workshops wurde für jeden Indikator eine Messvorschrift final ausgewählt. Darauf basierend wurde der Fragebogen entwickelt. Der entwickelte Fragebogen wurde im Rahmen einer finalen Arbeitssitzung geprüft, indem die beteiligten Beschaffungsexperten jede Frage des vom FoRMöB präsentierten Fragebogens bewerten konnten. Im Anschluss erfolgte eine entsprechende Anpassung des Fragebogens.

Bevor der große „Roll-Out" des Fragebogens erfolgte, wurde dieser einer Plausibilitätsprüfung unterzogen. Ziel war es, den Fragebogen von an der Entwicklung nicht beteiligten

Institutionen auf Verständlichkeit und Eindeutigkeit zu überprüfen sowie die inhaltliche Relevanz der Indikatoren für die öffentliche Beschaffung zu testen, um eventuell unklar formulierte oder inhaltlich unzureichende Indikatoren zu entfernen. Der ersten Datenerhebung ging ein sorgfältig durchgeführter Pre-Test des Fragebogens voraus.[12] Im Rahmen der anschließenden Pilotierung erfolgte die Erhebung der Daten zur Evaluation und Erprobung des Indexes mittels eines webbasierten Fragebogens, welcher auf einer ausschließlich für REPROC-Excellence eingerichteten Internet-Seite aufgerufen werden konnte.[13] Nach Auswertung der aus der Pilotierung gewonnenen Daten, ging dem großen „Roll-Out" eine sorgfältig durchgeführte Überprüfung des Fragebogens voraus. Nach inhaltlicher Überarbeitung des Fragebogens wurde dieser im Rahmen eines Review-Workshops fünf öffentlichen Auftraggebern vorgestellt, mit diesen besprochen sowie anschließend angepasst.[14]

Die durchgeführten Gruppendiskussionen belegten die anfängliche Vermutung, dass die „exzellente öffentliche Beschaffung" ein mehrdimensionales Konstrukt darstellt. Die folgende **Abbildung 1.4** zeigt den grundsätzlichen Aufbau des mehrdimensionalen Konstrukts.

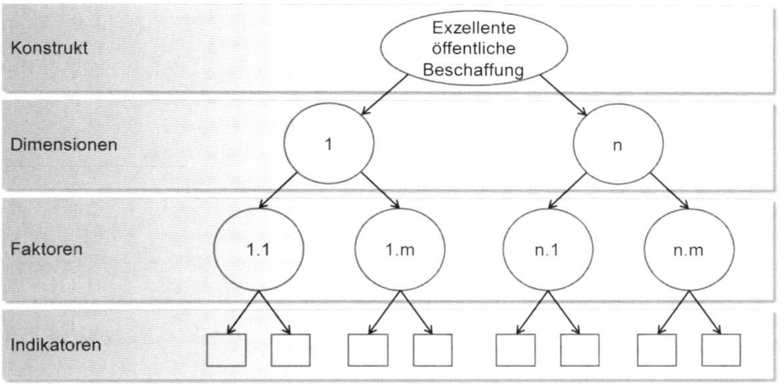

Abb. 1.4 Konzeptualisierung des Konstrukts „exzellente öffentliche Beschaffung"

Abbildung 1.5 gibt einen Überblick über die Zuordnung der Faktoren zu den Dimensionen Strategisches Management, Performance Management und Prozessmanagement unter Berücksichtigung des Konstruktaufbaus und des Bezugsrahmens der öffentlichen Beschaffung. Den Dimensionen wiederum liegen unterschiedliche Faktoren zugrunde. So wird das Strategische Management über die Faktoren Beschaffungsziele bzw. Beschaffungsstrategie und über die Strategiefelder Wirtschaftlichkeit, Nachhaltigkeit, Innova-

[12] Die Pre-Test-Teilnehmer waren das Amt Lützow-Lübstorf, das Beschaffungsamt des Bundesministeriums des Innern, die Bundesagentur für Arbeit, die Deutsche Rentenversicherung Bund, die Landeshauptstadt München, der Landschaftsverband Westfalen-Lippe, die Polizei Hessen (Präsidium für Technik, Logistik und Verwaltung), die Stadt Erlangen sowie die Wuppertaler Stadtwerke GmbH.

[13] Die Adresse der Internet-Seite lautet www.reproc-excellence.de.

[14] Die Teilnehmer des Review-Workshops waren das Beschaffungsamt des Bundesministeriums des Innern, die Bundesagentur für Arbeit, das Finanzministerium Nordrhein-Westfalen, der Landschaftsverband Westfalen-Lippe und die Stadt Dortmund.

tionsförderung und Wirtschaftsförderung operationalisiert. Performance Management kann durch die Faktoren Objektwirtschaftlichkeit, Prozesswirtschaftlichkeit, Kunden- und Lieferantenmanagement beschrieben werden. Für Prozessmanagement kann letztendlich die Zusammensetzung aus den Faktoren Vergaberechtskonformität, Mitarbeiter, Organisation und Informationssysteme unterstellt werden.

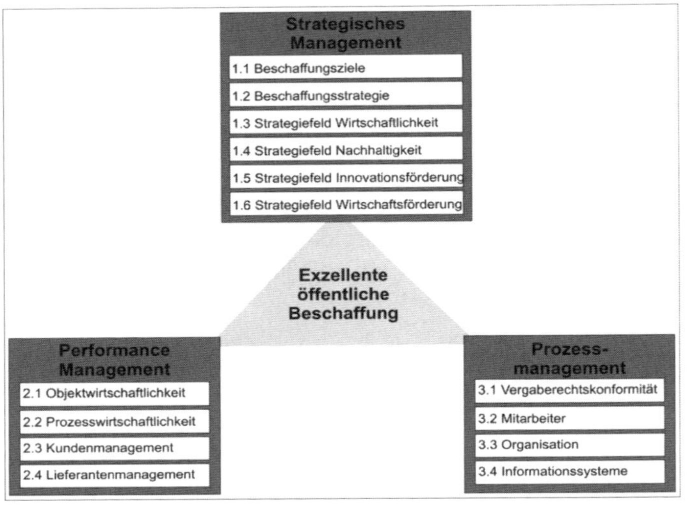

Abb. 1.5 Messmodell zur Ermittlung einer exzellenten öffentlichen Beschaffung

Jeder Faktor wurde mit entsprechenden Indikatoren hinterlegt, um diese auch letztendlich messen zu können. Anhang A gibt einen Überblick über alle Indikatoren sowie deren vermutete Zuordnung zu den Faktoren und Dimensionen des Konstrukts „exzellente öffentliche Beschaffung".

Die relevanten Indikatoren wurden mit entsprechenden Messverfahren operationalisiert. Der Aufbau des Fragebogens ist faktorenbasiert und folgte, wo es sinnig erschien, dem Muster des nachstehend gezeigten Beispiels (Faktor Strategiefeld Nachhaltigkeit):

a. Allgemeine Frage: Inwieweit stimmen Sie der folgenden Aussage zu? Bei den Vergaben Ihrer Beschaffungsabteilung/Vergabestelle ist Nachhaltigkeit ein wichtiges Vergabeziel.
b. Abfrage von Anteilen: Wie hoch ist der Anteil der Vergaben, in denen die Einhaltung konkreter Umweltstandards gefordert wird, gemessen an der Gesamtzahl der Vergaben Ihrer Beschaffungsabteilung/Vergabestelle?
c. Ranking/Rangreihung: Bitte kreuzen Sie die von Ihnen am häufigsten berücksichtigten Umweltstandards an!

Der Indexwert berechnet sich auf Basis der Antworten ausgewählter Fragen. Ein Indexwert wurde dabei für jeden Indikator mit Indexrelevanz berechnet.[15] Diese Indexwerte wurden zu den Teilindizes je Faktor und Dimension sowie zum Gesamtindexwert verdichtet. Die Grundlage für die index-relevanten Fragen des Fragebogens zu REPROC-Excellence bildete die Likert-Skala.

15 Welche Indikatoren in den Index einfließen, kann dem Anhang A entnommen werden.

Auf Basis des erstellten Fragebogens wurde die Datenerhebung in Form einer standardisierten, webbasierten Umfrage durchgeführt. Der Erhebungszeitraum lag zwischen Dezember 2011 und Mai 2012. An die Datenerhebung schloss sich eine deskriptive Analyse der gewonnenen Daten an. Diese zeigt, dass 26% der Teilnehmer Kommunalbehörden sind. Rund 6% sind Landesbehörden und 3% Bundesbehörden. Eine weitere große Gruppe (28%) bilden Körperschaften und Anstalten des öffentlichen Rechts. Die Mehrheit der Umfrageteilnehmer (90%) haben einen Beschaffungshintergrund und langjährige Berufserfahrung in ihrem Bereich. 80% der Teilnehmer sind mind. fünf Jahre in ihrem Fachbereich tätig. Dies spiegelt eine große Fachkompetenz der Befragten wider. In den teilnehmenden Behörden arbeiten durchschnittlich rund 4.980 Mitarbeiter, davon 20 Mitarbeiter in einer Beschaffungsabteilung. Davon sind knapp 76% zuständig für operative oder strategische Beschaffungsaufgaben, ca. 12% sind Unterstützungskräfte.

Weitere Ergebnisse: Hauptsächlich werden Vergaben gemäß VOL/VOF mengenmäßig ausgeschrieben (42%). Mehr als die Hälfte der befragten Vergabestellen führen Vergaben gemäß VOL/VOF als auch VOB durch, lediglich 1% schreibt ausschließlich Bauleistungen aus. Die durchschnittliche Anzahl an durchgeführten Vergaben der befragten Vergabestellen betrug 1.853 pro Jahr. Auf Behördenebene wurden durchschnittlich 2.295 Vergaben pro Jahr vergeben. Das durchschnittliche Vergabevolumen der teilnehmenden Beschaffungsabteilungen liegt bei rund 71,68 Mio. Euro pro Jahr (Behördenwert: 118,45 Mio. Euro pro Jahr).

1.2.2 Ergebnisse der webbasierten Umfrage im Rahmen des Projektes „REPROC-Excellence"

Im Zuge der Gesamtbetrachtung der beteiligten Umfrageteilnehmer bildet sich der Gesamtindexwert kaskadenförmig aus dem Durchschnitt der Dimensionen ab, die sich aus dem Durchschnitt der Faktorenwerte zusammensetzen. Insgesamt beträgt der Gesamtindexwert über alle Teilnehmer im Mittel 0,56 (auf einer Skala von 0 = schlecht bis 1 = exzellent) und ist somit als durchschnittlich zu bewerten. Im Vergleich zu den anderen Dimensionen erreichen die Studienteilnehmer im Prozessmanagement einen relativ hohen Wert. Die Durchschnittswerte aller Umfrageteilnehmer für diese Dimension liegen bei 0,62. Nachholbedarf für die beteiligten Beschaffungsabteilungen wird in den Dimensionen Strategisches Management (0,55) und Performance Management (0,51) gesehen.

Allgemeiner Handlungsbedarf ergibt sich für die öffentliche Beschaffung aus einem indexbasierten Vergleich der Faktoren. **Abbildung 1.6** zeigt die Besten 10% (graue Linie) sowie den Durchschnitt aller Teilnehmer (schwarze Linie) über alle Faktoren. Als Beste 10% werden die Teilnehmer bezeichnet, die im jeweiligen Faktor bzw. Indikator die 10% höchsten Indexwerte erreicht haben. Verbesserungspotenziale für einen öffentlichen Auftraggeber ergeben sich durch einen Vergleich der eigenen Indexwerte mit dem durchschnittlichen Indexwert aller teilnehmenden Beschaffungsabteilungen und dem besten Indexwert je Faktor. Generell ergibt sich der wohl größte Handlungsbedarf im Bereich der Prozesswirtschaftlichkeit (0,30, auf einer Skala von 0 = schlecht bis 1 = exzellent). Es erfolgt weitestgehend keine Messung der Prozesskosten je Vergabe. Die Durchlaufzeit je Vergabe wird allenfalls sporadisch gemessen. Weiterhin mit großen Defiziten behaftet sind die Faktoren Strategiefeld Innovationsförderung (0,45) sowie Lieferantenmanagement (0,42). **Abbildung 1.6** zeigt, dass die Indexwerte hier durchschnittlich die niedrigsten Werte aufweisen und insgesamt etwas zurückfallen. Im Durchschnitt liegen die höchsten erreichten Indexwerte bei den Faktoren Objektwirtschaftlichkeit (0,69), Vergaberechtskonformität (0,69) und Strategiefeld Nachhaltigkeit (0,64).

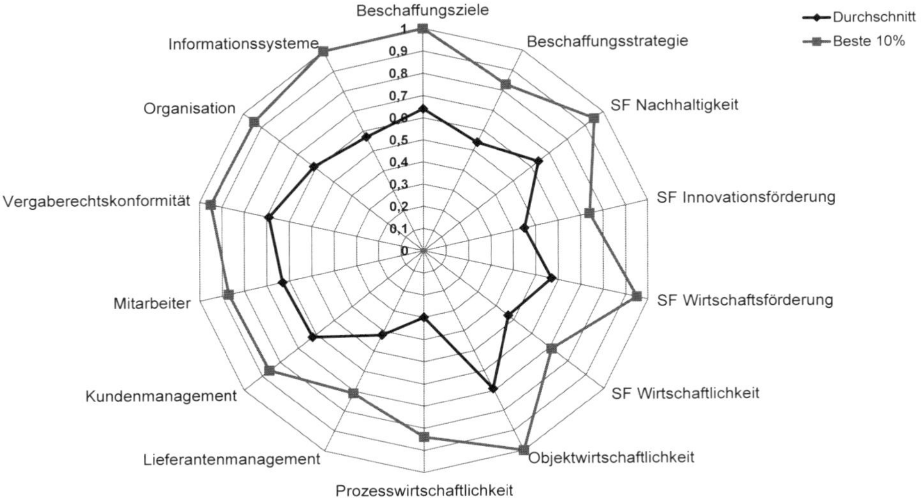

Abb. 1.6 Faktoren-basierte Auswertung der Studie „REPROC-Excellence"

Bei der indikatoren-basierten Auswertung zeigen sich zum Teil starke Diskrepanzen zwischen den Indikatoren. **Abbildung 1.7** zeigt die Ergebnisse der indikatoren-basierten Analyse. Allgemein lässt sich feststellen, dass die Internationalisierungsstrategie sowie der wettbewerbliche Dialog in geringem Maße in der Beschaffungspraxis eingesetzt werden. Die teilnehmenden Vergabestellen gaben an, dass der Anteil der Vergaben an Lieferanten innerhalb der EU-Länder außer Deutschland im Durchschnitt bei 4% liegt, gemessen an der Gesamtzahl der Vergaben. Die Vorteile der Bündelungs- und der Warengruppenstrategie, wie die Reduzierung der Transaktionskosten und die Erreichung von Skaleneffekten sowie der verstärkte Einsatz von Fachkompetenzen, werden von den öffentlichen Beschaffern erkannt. Behördeninterne Beschaffungen werden in der Regel zentral durchgeführt. Behördenübergreifende zentrale Beschaffungen, z.B. in Form von Shared Service Centern, werden dagegen weniger umgesetzt. Die geringe Anwendung zentraler Beschaffungen zwischen Behörden könnte in den kartellrechtlichen Einschränkungen begründet sein. Während für kleine und mittlere Kommunen diese bei den meisten Produktgruppen als unproblematisch eingeschätzt werden ([22], S. 17), kann die Bildung von Einkaufskooperationen zwischen Bundes- und Landesbehörden sowie großen Kommunen die Gefahr von Wettbewerbsverzerrungen erhöhen, bspw. „wenn Nachfragemacht langfristig die Anzahl der Wettbewerber verringert" ([46], S. 18). Ferner werden Maßnahmen zur KMU-Förderung, verstärkt durch die gesetzliche Verankerung in § 97 Abs. 3 GWB, eingesetzt. Die Bündelungsstrategie, die Warengruppenstrategie und die KMU-Förderung finden

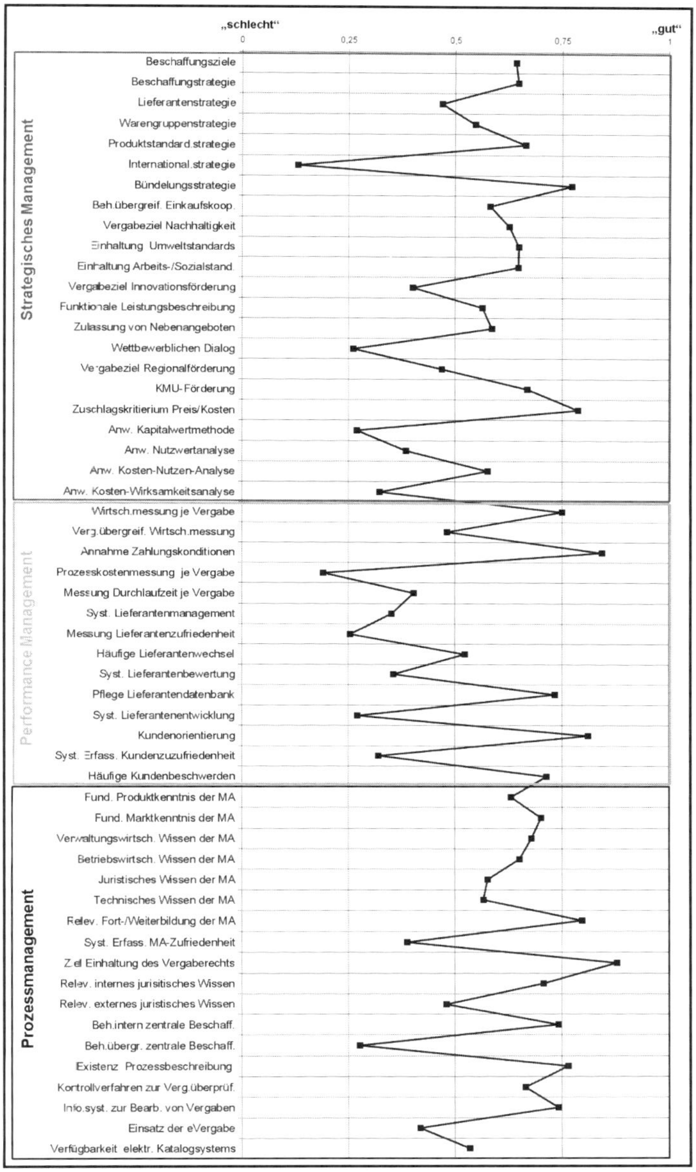

Abb. 1.7 Indikatoren-basierte Auswertung der Studie „REPROC-Excellence"

somit verstärkt Anwendung. Als wichtigstes Instrument zur Förderung von KMU wird von den Befragten die Aufteilung in Lose angegeben.

Indikatoren zur Förderung der Nachhaltigkeit werden von den Teilnehmern positiv beantwortet. Durchschnittlich wurde in jeder dritten Vergabe die Einhaltung konkreter Arbeits- und/oder Sozialstandards gefordert. Mehr als 25% der Vergaben beinhalten die Forderung nach Einhaltung von Umweltstandards. Der Anteil der Vergaben mit dem Zuschlagskriterium Nachhaltigkeit liegt bei 16%, gemessen an der Gesamtzahl der Vergaben der Vergabestelle. Die häufigsten berücksichtigten Umweltstandards sind der Blaue Engel (85%) und das Energy Star Label (50%). Im Bereich der Arbeits- und Sozialstandards werden ISO 14001 (47%) und ILO-Standards (43%) am häufigsten verwendet.

Die Analyse der Indikatoren zur Objektwirtschaftlichkeit zeigen, dass generell die Wirtschaftlichkeit der beschafften Ware oder Dienstleistung je Vergabe gemessen wird. Als wichtigste Verfahren zur Wirtschaftlichkeitsmessung werden der Angebotspreisvergleich, die Kosten-Nutzen-Analyse sowie die Kostenvergleichsrechnung von den Teilnehmern genannt. Verfahren zur umfassenden Wirtschaftlichkeitsbetrachtung, welche bspw. die Lebenszykluskosten berücksichtigen, werden nur selten in der Beschaffungspraxis angewandt. Der Einkaufspreis bzw. die Anschaffungskosten sind immer noch ein dominierendes Zuschlagskriterium für die öffentlichen Beschaffer.

Zudem wird die Messung von Prozesskosten kaum durchgeführt. Wir haben oben bereits auf die durch empirische Studien belegten Prozesskosten in der öffentlichen Beschaffung verwiesen, mithin wäre in diesem Bereich durchaus Potenzial zu erkennen. Im Allgemeinen arbeiten die Vergabestellen stark kundenorientiert, allerdings wird die Kundenzufriedenheit nicht systematisch erfasst. Außerdem erfolgt keine systematische Messung der Lieferanten- und Mitarbeiterzufriedenheit, wie dies im privatwirtschaftlichen Sektor üblich ist. Ferner kommen ein oder mehrere Informationssysteme zur Bearbeitung von Vergaben in der Beschaffungspraxis zum Einsatz. Als wichtigstes Informationssystem wird das (elektronische) Beschaffungsmanagementsystem von den Befragten genannt, gefolgt vom (elektronischen) Katalogsystem und der elektronischen Vergabe (eVergabe). Die teilnehmenden Vergabestellen gaben an, dass rund 15% der Vergaben über die eVergabe erfolgt. Der Anteil der eingegangen elektronischen Angebote liegt bei 13%. Der Anteil der zum elektronischen Abruf bereitgestellten Rahmenverträge wird mit 22% beziffert. Dabei liegen die potenziellen Nutzen elektronischer Beschaffungssysteme in den verringerten Transaktionskosten in Zusammenhang mit weniger Schreibarbeit, weniger Fehlern und einem effizienterem Beschaffungsprozess ([8], S. 17). Zudem können dadurch das Maverick Buying reduziert und die Beschaffungskosten und –volumina effizient gesteuert werden [29]. Dass elektronische Beschaffungssysteme noch nicht flächendeckend in öffentlichen Einrichtungen verbreitet sind, kann auf die damit verbundene technische Komplexität, die finanzielle Belastung durch Anschaffungskosten und die sicherheitsrelevanten Belange ([28], S. 57) zurückgeführt werden.

1.3 Thesen für die öffentliche Beschaffung der Zukunft

These (1): Die Vergabe ist nur ein Teil des (strategischen) Beschaffungsprozesses

Bereits die oben geführte Diskussion zu strategischer öffentlicher Beschaffung (vgl. Abschnitt 1.1.2) sowie die Darstellung der Ergebnisse von REPROC-Excellence macht deutlich, welche Bedeutung strategischen Aspekten in Zukunft zukommt: Einerseits steigen die Anforderungen aus Richtung der Politik, andererseits konstatieren die Vergabestellen selbst ein Strategiedefizit (vgl. **Abbildung 1.6**). Das zeigt, dass offensichtlich in der gelebten Beschaffungspraxis wie in der öffentlichen Diskussion und Wahrnehmung „Beschaffung“ oft viel zu stark auf die Thematik der „Vergabe“ begrenzt wird. Die „Vergabe“ stellt aber lediglich einen Teilbereich des Gesamtprozesses der Beschaffung dar, der sich kurz gefasst auf die Durchführung von Beschaffungen mit dem Ziel der wirtschaftlichsten Bedarfsdeckung konzentriert. Das mag zunächst schlüssig erscheinen (man spricht ja auch vom „Vergaberecht"), wird dem Anspruch und den tatsächlichen Anforderungen an die Beschaffung jedoch nicht gerecht. Denn dieser Betrachtung folgend, ist die Funktion der Beschaffung in einer Organisation lediglich reaktiv in einem Teilbereich der Beschaffungsprozesse als operative „Abarbeitungsfunktion" von Bestellungen eingebunden.

Unberücksichtigt bleibt dabei, dass die Effizienz der Funktion „Beschaffung" unmittelbar mit dem Grad ihrer Integration in die Geschäftssteuerung korreliert. Effizienzreserven der Beschaffung liegen nicht in der operativen Durchführung, sondern in der konsequenten Integration der Funktion der Beschaffung in den Gesamtprozess, insbesondere auch als strategische Steuerungs- und Beratungsfunktion.

Das bedeutet, die Effizienz der Beschaffung kann dann gesteigert werden, wenn nicht nur ein Ausschnitt des Beschaffungsprozesses, namentlich der Teilbereich der Durchführung, im Fokus der Beschaffung liegt. Stattdessen muss der Gesamtprozess der öffentlichen Beschaffung von der Planung und Steuerung der Bedarfe über die Durchführung (u.a. durch Ausschreibungen und Vergaben) bis hin zur Leistungserbringung, gekoppelt mit einem übergreifenden durchgängigen Monitoring der Beschaffung betrachtet werden. Dazu gehört, die Beschaffung frühzeitig und proaktiv einzubinden. Hier liegen wesentliche Erfolgspotenziale, bestimmt doch die „richtige" Definition der Anforderungen an eine zu beschaffende Leistung wesentlich die mit ihrem Kauf verbundenen Kosten. Überflüssige Anforderungen („nice to have"), zu geringe Ausnutzung von Standardlösungen u.v.a.m. treiben nicht nur die Beschaffungspreise nach oben, sondern schränken auch den Kreis potenzieller Bieter und damit den Wettbewerb signifikant ein.

Will die Beschaffung – vor dem Hintergrund der genannten politisch-strategischen Ziele – ein adäquater Ansprechpartner für die Politik sein, setzt dies voraus, dass strategische Beschaffungsprozesse adäquat mit der Leistungsebene von öffentlichen Organisationen und der Politik vernetzt werden.

Hierzu gilt es, die Bedeutung des Themenfeldes „Beschaffung" stärker als bisher im Bewusstsein der Akteure und politischen Entscheidungsträger zu verankern und sich nicht auf die Durchführung, etwa von Ausschreibungen und Vergaben, zu reduzieren. Voraussetzung hierfür ist zunächst die Strukturierung, Evaluation und Optimierung der der Beschaffung zugrundeliegenden Geschäftsprozesse.

Dabei ist entscheidend, zunächst einen Gesamtüberblick über sämtliche Teilprozesse des Beschaffung zu erreichen – von der Bedarfsentstehung, über Planung, Durchführung und Leistungserbringung bis hin zum übergeordneten Monitoring inklusive der Dokumentation aller Prozess-Schnittstellen, mit denen der eigentliche Beschaffungsprozess mit anderen Unternehmensprozessen verknüpft ist, z.B. strategische Unternehmensführung, Rechnungswesen, Finanzbuchhaltung.

Um die organisatorische Prozessstruktur nunmehr zu evaluieren und gegebenenfalls zu optimieren, kann ein Zielprozess als Orientierungshilfe und als Benchmark dienen. REPROC ist ein Best Practice-Zielprozess und bildet ein organisationsunabhängiges Idealbild ab, das als Prozessbenchmark im Sinne eines Soll-Prozesses genutzt werden kann und vom BME im Verbund mit öffentlichen Auftraggebern mit unterschiedlichen Bedürfnisstrukturen im Rahmen einer Förderinitiative des Bundesministeriums für Wirtschaft und Technologie aufgrund eines Beschlusses des Deutschen Bundestages, entwickelt wurde.

These (2): Die Beschaffung komplexer Dienstleistungsbündel wird zunehmen

In den vorherigen Abschnitten wurde dargestellt, dass nicht nur immer umfassendere gesellschaftspolitische Zielsetzungen an öffentliche Auftraggeber herangetragen werden, sondern dass auch Kostenbewusstsein einerseits sowie gestiegene Leistungsansprüche andererseits immer wichtiger werden. Weiterhin bedingt die Konzentration auf hoheitliche Kernaufgaben für das öffentliche Auftragswesen, dass die Anforderungen an die Beschaffung steigen. Indem komplette, bislang verwaltungsintern durchgeführte Aktivitäten, an externe Lieferanten übertragen werden (Outsourcing), wird die traditionelle Beschaffung eindeutig abgegrenzter Waren und Dienstleistungen zum strategischen Einkauf komplexer Leistungsbündel. Es gilt, komplette Geschäftsprozesse so in Leistungsbeschreibungen abzubilden und wirksame Kontrollmechanismen zur Leistungserfüllung zu entwickeln, dass privatwirtschaftliche Unternehmen Aufgaben erfüllen können, die nicht zum eigentlichen Kerngeschäft der öffentlichen Verwaltung gehören. Ein typisches Beispiel hierfür ist das Outsourcing von IT-Infrastrukturen, d.h. sämtliche Aktivitäten, die Betrieb und Wartung von Hard- und Software umfassen sowie entsprechende Schulungen und Support. Mit Blick auf die auch zukünftig angespannte Haushaltslage, bei nicht geringer werdenden Ansprüchen an Qualität und Umfang der Aufgabeerfüllung, ist zu erwarten, dass auch zukünftig mehr und mehr nicht-hoheitliche Tätigkeiten auf externe Dienstleister übertragen werden [13].

These (3): Beschaffung wird zunehmend in Shared Service Centern organisiert

Mit Shared Services werden Dienstleistungsprozesse beschrieben, die innerhalb einer Organisation konsolidiert und zentralisiert werden. Gleichartige Aktivitäten und Prozesse, die bislang dezentral in verschiedenen Organisationseinheiten durchgeführt wurden, bspw. Beschaffungsaktivitäten, werden in einer zentralen Organisationseinheit gebündelt. Diese zentrale Organisationseinheit, die fortan als interner Dienstleister Aufgaben für andere Organisationseinheiten erfüllt, wird als Shared Service Center bezeichnet. Shared-Service-Konstruktionen könnte man also auch als internes Outsourcing bezeichnen [38]. Für das öffentliche Auftragswesen bedeutet dies, dass Einkaufsprozesse der öffentlichen Hand an einer (oder mehreren) zentralen Stelle(n) zusammengefasst werden. Die oben dargestellten Ergebnisse von REPROC-Excellence haben verdeutlicht, das Vergabestellen Defizite ihrer Bündelungsstrategien erkennen und dabei zunehmend auf solche Strukturmerkmale zurückgreifen.

Das Beschaffungsamt des Bundesministeriums des Innern ist ein prominentes Beispiel für ein Shared Service Center in der öffentlichen Beschaffung. Durch eine stärkere Bündelung der Beschaffungsaktivitäten öffentlicher Verwaltungen können diese effizienter und serviceorientierter werden. Zudem können durch die Bündelung von Einkaufsaktivitäten in zentralen Organisationseinheiten „Investitionen in moderne Technologien behördenübergreifend genutzt, Investitionskosten geteilt, Professionalität durch Bündelung von Expertenwissen erhöht und Redundanzen vermieden werden. Auch für kleine Vergabestellen wie in Kommunen bieten Shared Service Center die Möglichkeit, professionelle

Beschaffungsmöglichkeiten zu nutzen, ohne ihre prinzipielle Selbständigkeit aufgeben zu müssen." [13].

These (4): Das Vergaberecht ist nicht der Hebel zur Optimierung der Öffentlichen Beschaffung

Das Vergaberecht regelt – wie der Name schon sagt – die Vergabe. Wir haben bereits bei der ersten These deutlich gemacht, dass diese nur ein Teil der Beschaffung ist. Somit bestehen wesentliche Spielräume für öffentliche Einkäufer außerhalb der Vergabe. Die REPROC-Excellence-Ergebnisse zeigen, dass im Bereich der Vergaberechtskonformität wenig bzw. keine Defizite bestehen. Zudem gilt, dass zunächst die Spielräume bestehender Regelungen ausgenutzt werden, bevor neue rechtliche Rahmenbedingungen gefordert bzw. gesetzt werden. Zudem ist es fraglich, ob durch die Ausgestaltung rechtlicher Rahmenbedingungen die Voraussetzung geschaffen werden kann, Optimierungsprozesse zu forcieren. Die Rechtssetzung sollte sich nicht am technisch machbaren orientieren; Prozesse müssen immer das aktuell geltende Recht – und jede Änderung – abbilden.

These (5): Für öffentliche Einkäufer ergeben sich neue Kompetenzprofile

Aus den vorhergehenden Thesen wird deutlich, dass sich für die Beschaffungsverantwortlichen im öffentlichen Sektor neue Kompetenzprofile ergeben. Galt bisher (und gilt häufig immer noch) das Primat des Vergaberechts, so wird betriebswirtschaftliches Wissen immer wichtiger. Zwar müssen alle Aktivitäten und Prozesse des Einkaufs der öffentlichen Hand stets vergaberechtskonform sein, doch die in einer betriebswirtschaftlichen Ausbildung vermittelten Kenntnisse sollten mindestens gleichwertig neben vergaberechtlichem Wissen stehen. Die deutliche Erweiterung des Kompetenzprofils des öffentlichen Einkäufers um betriebswirtschaftliche Kenntnisse ist nicht zuletzt den geschilderten steigenden Anforderungen geschuldet. Die heutigen Aus- und Weiterbildungskonzepte im öffentlichen Beschaffungswesen müssen in dieser Hinsicht deutlich weiterentwickelt werden [13].

1.4 Die Grundstruktur des Buches: Übersicht der Beiträge

Bereits in Abschnitt 1.2 haben wir darauf verwiesen, dass die Artikel dieses Sammelbandes jeweils spezifische Beiträge für eine exzellente öffentliche Beschaffung liefern. Der vorliegende Sammelband will durch die Präsentation des vergaberechtlichen Regulierungsrahmens, anwendungsorientierter Instrumente und Best-Practice-Lösungen die Weichen für die Entwicklung einer exzellenten öffentlichen Beschaffung stellen.

In Übereinstimmung mit dem vorgestellten Konzept einer „Exzellenten öffentlichen Beschaffung" wird der Sammelband in fünf Teile untergliedert. Diese Teile lassen sich in den Bezugsrahmen aus Abschnitt 1.2.1 einordnen. Während Teil A die Basis für die inhaltliche Konzeption des Sammelbandes darstellt und die Definition des Begriffs der exzellenten öffentliche Beschaffung beinhaltet, beschäftigen sich die Teile B bis E mit den im Spannungsfeld der öffentlichen Beschaffungsziele liegenden Herausforderungen: Vergaberechtskonformität, politische Ziele sowie Effizienz und Effektivität, welche anhand von Erfolgsbeispielen behandelt werden. Abbildung 1.8 liefert einen Überblick über den Aufbau des Sammelbands.

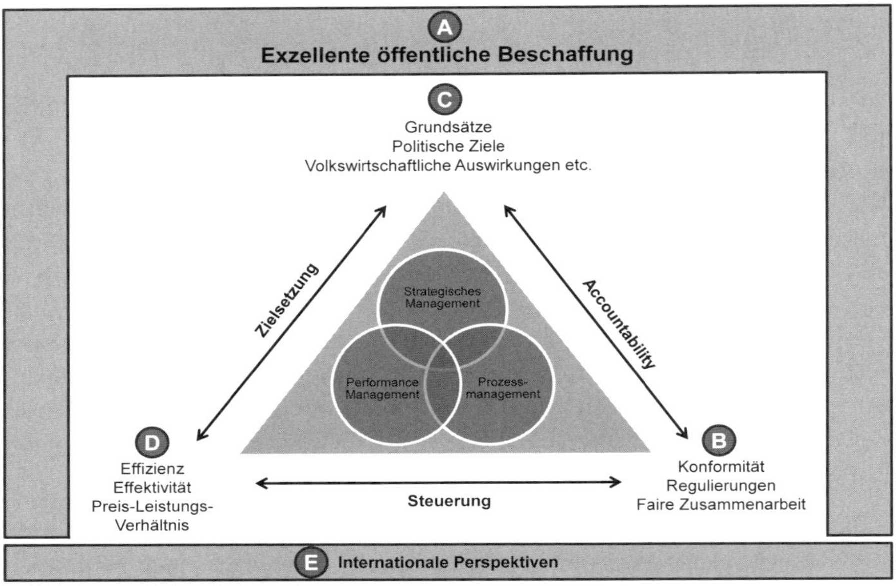

Abb. 1.8 Aufbau des Sammelbandes

Teil A legt die Grundlagen für eine exzellenten öffentliche Beschaffung. In diesem Teil wird einerseits der momentane Stand zur „Exzellenten öffentlichen Beschaffung" reflektiert und andererseits die Grundlage für nachfolgende Beiträge gelegt. Im daran anknüpfenden Teil B wird das für öffentliche Vergabestellen geltende Vergaberecht als Regulierungsrahmen aus der Perspektive der öffentlichen Auftraggeber sowie aus Bietersicht beleuchtet, um Unterschiede zwischen Nachfrager- und Bietersicht aufzuzeigen. *Von Oertzen Becker* beschreibt den Entwicklungsweg des deutschen Vergaberechts, besonders unter der Berücksichtigung der europäischen Richtlinien für Vergaben im Bereich Verteidigung und Sicherheit sowie für saubere Straßenfahrzeuge. Ferner werden Ausführungen zum Vergaberechtsmodernisierungspaket der Europäischen Kommission sowie Entwicklungstrends des deutschen Vergaberechts diskutiert. *Karstedt-Meierrieks* beleuchtet das deutsche Vergaberecht aus dem Blickwinkel der Bieter und nennt Änderungsvorschläge zu rechtlichen Regelungen, die für Nachfrager und Bieter Vorteile bringen sollen.

Die Integration politischer Ziele wie Nachhaltigkeits-, Innovations- und KMU-Förderung wird in Teil C diskutiert. Der Beitrag von *Lohmann* und *Werres* legt wesentliche Gedanken und Meilensteine für ein strategisch konzipiertes Beschaffungswesen des öffentlichen Sektors dar und gibt somit einleitende Impulse für die fachliche als auch wissenschaftliche Diskussion. Den Gedanken einer nachhaltigen öffentlichen Beschaffung greift *Schmitz* auf, indem er zum einen die Herausforderungen darlegt, welche mit der Nachhaltigkeit bei der Beschaffung des Bundes einhergehen und gleichzeitig wichtige Werkzeuge und eigene Erfolge aufzeigt. *Crasemann* thematisiert die innovationsorientierte öffentliche Auftragsvergabe und zeigt an verschiedenen konkreten Beispielen und Maßnahmen, wie Innovationen in die öffentliche Beschaffung und in den Beschaffungsprozess erfolgreich konzipiert und implementiert werden können. Ausgehend von der Rolle von kleinen und mittleren Unternehmen (KMU) im deutschen und europäischen Vergaberecht, greift *Niemeier* Anforderungen an eine exzellente Beschaffung unter Berücksichtigung von KMU sowie die Herausforderungen für KMU auf.

Erfolgsbeispiele zur Umsetzung einer exzellenten öffentlichen Beschaffung in die Praxis werden in Teil D vorgestellt. *Lax* und *Ille* befassen sich mit der Einführung eines strategischen Einkaufs bei der Bundeswehr und zeigen anhand eines Modernisierungsprojektes, wie die grundlegende Optimierung des Einkaufs der Bundeswehr erfolgte.

Wie ein Organisationsentwicklungsprozess zur Optimierung der Vergabe- und Beschaffungsprozesse erfolgreich durchführbar ist, behandeln *Pütter* und *Soldan* am Beispiel der Stadtverwaltung Dortmund. Dem Thema elektronischer Einkauf nähern sich *Widmann* und *Pinkenburg* und illustriert am Beispiel der Bundesagentur für Arbeit, wie die Implementierung einer Gesamtlösung für eProcurement erfolgte, welche konkreten Herausforderungen bei der Umsetzung entstanden sind und wie man diesen entgegenwirken kann. *Laux* befasst sich mit personalorganisatorischen Aspekten einer effizienten öffentlichen Beschaffung und präsentiert einen managementorientierten Ansatz zur Gestaltung einer Personalstelle, die die fachlichen und finanztechnischen Kompetenzen zusammenführt: die Institution des Chief Procurement Officers (CPO). Den Ansatz der integrierten Bedarfsdeckung, der bei den Stadtwerken München seit vielen Jahren erfolgreich verfolgt wird und der als Grundlage für wirtschaftliches Handeln in Beschaffung und Logistik dient, greift *Weiss* in seinem Beitrag auf.

Der abschließende Teil E spiegelt die Erfahrungen und Erkenntnisse eines exzellenten öffentlichen Einkaufs aus anderen Ländern. *Hartley* arbeitet Grundsätze für die Umsetzung eines Lieferantenmanagements im öffentlichen Beschaffungswesen in Kanada heraus und betrachtet in diesem Kontext Vorteile und kritische Erfolgsfaktoren im Detail. Dabei werden Programme aufgezeigt, die dem Management von Lieferantenbeziehungen dienen und den Umsetzungsprozess unterstützen. Mit der Thematik des öffentlichen Beschaffungswesens in den USA setzen sich *Roman* und *Thai* auseinander, indem zunächst die historische Entwicklung der öffentlichen Beschaffung und anschließend das Public Procurement System der USA vorgestellt werden. Die Autoren regen an, Beschaffungspraktiken aus dem privatwirtschaftlichen Sektor zu prüfen und anzuwenden sowie die Integration der Ergebnisse nationaler und internationaler Forschung mit den Erfahrungen aus der Praxis zu verstärken, um den Stand einer exzellenten öffentlichen Beschaffung zu erlangen.

Die Beiträge dieses Sammelbandes stellen aktuelle und zukünftige Trends und Herausforderungen einer exzellenten öffentlichen Beschaffung vor, arbeiten praktische Erfahrungen auf und kombinieren diese mit theoretischen Erkenntnissen. Damit soll ein schneller Zugang zu einem tiefgehenden Verständnis von einer exzellenten öffentlichen Beschaffung ermöglicht werden und die Vermittlung des aktuellen Wissenstandes erstmals aus integrierter betriebs- und volkswirtschaftlicher sowie juristischer Sicht erfolgen.

1.5 Literaturverzeichnis

[1] Arnold, U. (1997), Beschaffungsmanagement, Stuttgart 1997.

[2] Badenhorst-Weiss, J./Callender, G./McGuire, J. (2011), Building the procurement profession: A comparative review, in: Thai, K.V. (Hrsg.), Towards new horizons in public procurement, Boca Raton, FL 2011, 22-41.

[3] Becker, F. (1992), Grundlagen betrieblicher Leistungsbeurteilungen: Leistungsverständnis und -prinzip, Beurteilungsproblematik und Verfahrensprobleme, Stuttgart 1992.

[4] Blascovich, J./Ferres, A./Markham, B. (2011), Follow the procurement leaders: Seven ways to lasting results, A.T. Kearney's 2011 Assessment of Excellence in Procurement Study, online unter Follow the procurement leaders: Seven ways to lasting results, zuletzt abgerufen am 27.08.2012.

[5] Budäus, D./Buchholtz, K. (1997), Konzeptionelle Grundlagen des Controlling in öffentlichen Verwaltungen, in: Die Betriebswirtschaft, 57, 4, S. 322-337.

[6] Bundesministerium der Justiz (2009), Bundesanzeiger: Bekanntmachung der Vergabe- und Vertragsverordnung für Leistungen –Teil A (VOL/A) Ausgabe 2009, Jahrgang 61, Nummer 196a, online unter http://www.bmwi.de/BMWi/Redaktion/PDF/Gesetz/verdingungsordnung-fuer-leistungen-vol-a-2009,property=pdf,bereich=bmwi2012,sprache=de,rwb=true.pdf, zuletzt abgerufen am 27.08.2012.

[7] Cave, M./ Kogan, M./Smith, R. (1990), Output and Performance Measurement in Government, London 1990.

[8] Davila, A./Gupta, M./Palmer, R. (2003), Moving procurement systems to the internet: The adoption and use of e-procurement technology models, in: European Management Journal, 21, 1, S. 11-23.

[9] Detecon Consulting (2012), Procurement & Supply Management: Procurement Excellence - Tiefgreifende Neuausrichtung und erfolgreiche Transformation des Einkaufs, online unter www.detecon.com/media.php/images/themes/procurement_excellence/PF_Procurement_Excellence_D_2012.pdf?dl=1, zuletzt abgerufen am 27.08.2012.

[10] Eichhorn, P. (2001), Öffentliche Betriebswirtschaftslehre als eine Spezielle BWL, in: Wirtschaftswissenschaftliches Studium, 30, 8, S. 409-416.

[11] Erdmann, M.-K. (2003), Supply Chain Performance Measurement: Operative und strategische Management-Controllingansätze, Köln 2003.

[12] Eßig, M (2010), Management öffentlicher Beschaffung und ihrer Logistik: Explorative Grundlagen, in: Schöneberger, R./Elbert, R. (Hrsg.), Management öffentlicher Beschaffung und ihrer Logistik - explorative Grundlagen, Wiesbaden 2010, S. 75-101.

[13] Eßig, M./Amann, M./Börner, R./Glas, A. (2009), Im Spannungsfeld zwischen Recht und Effizienz, in: Beschaffung aktuell, 56, 5, S. 42-45.

[14] Eßig, M./Vu Thi, T. H. (2011), (Corporate) Social Responsibility der öffentlichen Beschaffung: Konzeptionelle Überlegungen und empirische Erkenntnisse, in: Sand-

berg, B./Lederer, K. (Hrsg.), Corporate Social Responsibility in kommunalen Unternehmen: Wirtschaftliche Betätigung zwischen öffentlichem Auftrag und gesellschaftlicher Verantwortung, Wiesbaden 2011, S. 241-260.

[15] Gleich, R. (2001), Das System des Performance Measurement: Theoretisches Grundkonzept, Entwicklungs- und Anwendungsstand, München 2001.

[16] Hopf, H. (2002), Vergabemanagement, Heidelberg 2002.

[17] Hossenfelder, J./Lünendonk, T. (2011), Themendossier Procurement Excellence: Die Zukunft des Einkaufs, Lünendonk GmbH, Kaufbeuren 2011.

[18] Husted, C./Reinecke, N. (2009), Improving public-sector Purchasing, in: McKinsey on Government, 4, 2009, S. 18-25.

[19] Kahlenborn, W./Moser, C./Frijdal, J./Essig, M. (2011), Strategic use of public procurement in Europe: Final Report to the European Commission MARKT/2010/02/C, Berlin 2011.

[20] Karrer, M. (2006), Supply Chain Performance Management, Wiesbaden 2006.

[21] Kirmer, P. (1995), Der Begriff der öffentlichen Aufgaben in der Rechtsprechung des Bundesverfassungsgerichts, München 1995.

[22] Knopf, J./Kahlenborn, W./Weiß, D./Pechan, A./Khuchua, N./Jacob, K./Bär, H./Grubbe, M./Münch, L. (2010), Innovationspotentiale der umweltfreundlichen öffentlichen Beschaffung, Berlin 2010.

[23] KPMG (2012), The power of procurement: A global survey of procurement functions, Großbritannien 2012.

[24] Kraljic, P. (1988), Zukunftsorientierte Beschaffungs- und Versorgungsstrategie als Element der Unternehmensstrategie, in: Henzler, H. A. (Hrsg.), Handbuch Strategische Führung, Wiesbaden 1988, S. 477-497.

[25] Kuhlmann, S. (2004a), Einleitung: Leistungsmessung und Evaluation in Politik und Verwaltung, in: Kuhlmann, S./Bogumil, J./Wollmann, H. (Hrsg.), Leistungsmessung und -vergleich in Politik und Verwaltung: Konzepte und Praxis, Wiesbaden 2004, S. 11-17.

[26] Kuhlmann, S. (2004b), Interkommunaler Leistungsvergleich in Deutschland: Zwischen Transparenzgebot und Politikprozess, in: Kuhlmann, S./Bogumil, J./Wollmann, H. (Hrsg.), Leistungsmessung und -vergleich in Politik und Verwaltung: Konzepte und Praxis, Wiesbaden 2004, S. 94-120.

[27] Leinemann, R. (2011), Die Vergabe öffentlicher Aufträge, Köln 2011.

[28] Moon, M.J. (2005), E-procurement management in state governments: Diffusion of e-procurement practices and its determinants, in: Journal of Public Procurement, 5, 1. S. 54-72.

[29] Neef, D. (2001), E-procurement: From strategy to Implementation, Prentice Hall.

[30] o.V. (2011): Public procurement indicators 2010, online unter: http://ec.europa.eu/internal_market/publicprocurement/docs/indicators2010_en.pdf, zuletzt abgerufen am 24.08.2012.

[31] o.V. (2012): Challenges of public procurement, online unter: http://ec.europa.eu/enterprise/policies/innovation/policy/public-procurement/index_en.htm, zuletzt abgerufen am 24.08.2012.

[32] PwC/London Economics/Ecorys (2011), Public procurement in Europe: Cost and effectiveness, online unter http://ec.europa.eu/internal_market/publicprocurement/docs/modernising_rules/cost-effectiveness_en.pdf, zuletzt abgerufen am 15.06.2012.

[33] Rambøll Management/Institut für Mittelstandsforschung Bonn/Leinemann & Partner Rechtsanwälte (2008), Kostenmessung der Prozesse öffentlicher Liefer-, Dienstleistungs- und Bauaufträge aus Sicht der Wirtschaft und der öffentlichen Auftraggeber, online unter http://www.bmwi.de/ BMWi/Redaktion/PDF/Publikationen/Studien/kostenmessung-der-prozesse-oeffentlicher-liefer-dienstleistungs-und-bau auftraege,property=pdf,bereich=bmwi,sprache=de,rwb=true.pdf, zuletzt abgerufen am 15.06.2012.

[34] Reichard, C. (2003), Performance Management, in: Eichhorn, P./Friedrich, P./Jann, W. (Hrsg.), Verwaltungslexikon, Baden-Baden 2003, S. 794-795.

[35] Reichard, C. (2004), Ansätze zu Performance Measurement in deutschen Kommunen – eine Bewertung ihres Entwicklungsstandes und ihrer Wirksamkeit, in: Kuhlmann, S./Bogumil, J./Wollmann, H. (Hrsg.), Leistungsmessung und -vergleich in Politik und Verwaltung: Konzepte und Praxis, Wiesbaden 2004, S. 341-356.

[36] Schapper, P.R./Veiga Malta, J.N./Gilbert, D.L. (2006), An analytical framework for management and reform of public procurement, in: Journal of Public Procurement, 6, 1 & 3, S. 1-26.

[37] Schedler, K. (2003), Die Systemanforderungen des NPM an Staat und Recht, in: Mastronardi, P./Schedler, K. (Hrsg.), New Public Management in Staat und Recht: Ein Diskurs, Bern u.a. 2003, S. 1-46.

[38] Schewe, G. (2012), Shared Services, in: Gabler Wirtschaftslexikon, online unter http://wirtschaftslexikon.gabler.de/Definition/shared-services.html, zuletzt abgerufen am 24.08.2012.

[39] Schmidt, I./Schmidt, A. (1996), X-Ineffizienz: Lean Production und Wettbewerbsfähigkeit, in: Wirtschaftswissenschaftliches Studium, 25, 2, S. 65-71.

[40] Schwarting, D./Bergmoser, U./Eltges, K./Wille, J. (2009), Effizienzrevolution im öffent-lichen Einkauf: Schritte zu einem modernen Beschaffungsmanagement, Booz & Company, Düsseldorf 2009.

[41] Schweitzer, M. (2004), Gegenstand und Methoden der Betriebswirtschaftslehre, in: Bea, F.X./Friedl, B./Schweitzer, M. (Hrsg.), Allgemeine Betriebswirtschaftslehre, Band 1: Grundfragen, Stuttgart 2004, S. 23-79.

[42] Tauberger, A. (2008), Controlling für die öffentliche Verwaltung, München u.a. 2008.

[43] UPPCC (2012), Universal Public Procurement Certification Council, online unter http://www.uppcc.org/, zuletzt abgerufen am 27.08.2012.

[44] Van Weele, A.J. (2010), Purchasing and Supply Chain Management: Analysis, Planning and Practice, ,London 2010.

[45] Wegener, A. (2004), Benchmarking-Strategien im öffentlichen Sektor: Deutschland und Großbritannien im Vergleich, in: Kuhlmann, S./Bogumil, J./Wollmann, H. (Hrsg.), Leistungsmessung und -vergleich in Politik und Verwaltung: Konzepte und Praxis, Wiesbaden 2004, S. 251-266.

[46] Wissenschaftlicher Beirat beim Bundesministerium für Wirtschaft und Technologie (2007), Öffentliches Beschaffungswesen, online unter http://www.esf.brandenburg.de/media_fast/667/Gutach ten%20%C3%96ffentliches%20Beschaffungswesen.pdf, zuletzt abgerufen am 15.06.2012.

[47] Wollmann, H. (2004), Leistungsmessung ("performance measurement") in Politik und Verwaltung: Phasen, Typen und Ansätze im internationalen Überblick, in: Kuhlmann, S./Bogumil, J./Wollmann, H. (Hrsg.), Leistungsmessung und -vergleich in Politik und Verwaltung: Konzepte und Praxis, Wiesbaden 2004, S. 21-45.

Anhang A Zuordnung der Indikatoren (IR = Indexrelevanz)

Dimension	**Faktor**	**Indikator**	**IR**
Strategisches Management	Beschaffungsziele	Existenz klar formulierter Beschaffungsziele	X
		Relevanzbewertung Beschaffungsziele	X
	Beschaffungsstrategie	Existenz klar formulierte Beschaffungsstrategie	X
		Existenz Lieferantenstrategie	X
		Existenz Warengruppenstrategie	X
		Existenz Produktstandardisierungsstrategie	X
		Existenz Internationalisierungsstrategie	X
		Existenz behördeninterne Bündelungsstrategie	X
		Existenz behördenübergreifende Einkaufskooperationsstrategie	X
		Anteil Vergaben von Standardprodukten an Vergabegesamtzahl (VGZ)	
		Anteil Vergaben an EU-Auslands-Lieferanten an VGZ	
		Anteil Rahmenverträge an VGZ	
		Anteil Vergaben mit Einkaufskooperation an VGZ	
	Strategiefeld Nachhaltigkeit	Vergabeziel Nachhaltigkeit	X
		Einhaltung von Umweltstandards	X
		Einhaltung von Arbeits-/Sozialstandards	X
		Anteil Vergaben mit Zuschlagskriterium Nachhaltigkeit an VGZ	X
		Anteil Vergaben mit Förderung von Umweltstandards an VGZ	X
		Relevanzbewertung Umweltstandards	
		Relevanzbewertung Arbeits- und Sozialstandards	
	Strategiefeld Innovationsförderung	Vergabeziel Innovationsförderung	X
		Anwendung funktionaler Leistungsbeschreibung	X
		Zulassung von Nebenangeboten	X
		Anwendung Wettbewerblicher Dialog	X
		Anteil funktionaler Leistungsbeschreibungen an VGZ	
		Anteil Zulassung von Nebenangeboten an VGZ	
		Anteil Durchführung wettbewerblichen Dialogs an VGZ	
		Relevanzbewertung Elemente zur Innovationsförderung	
	Strategiefeld Wirtschaftsförderung	Vergabeziel Regionalförderung	X
		Existenz Vergabeziel KMU-Förderung	X
		Anteil Vergaben an KMU an VGZ	
		Anteil Vergaben in Lose an VGZ	

Dimension	Faktor	Indikator	IR
Strategisches Management	Strategiefeld Wirtschaftsförderung	Anteil Vergaben mit Zulassung Unterauftragnehmerschaft an VGZ	
		Anteil Vergaben mit Zulassung von Bieterkonsortien an VGZ	
		Relevanzbewertung Elemente zur KMU-Förderung	
	Strategiefeld Wirtschaftlichkeit	Vergabeziel Preis/Kosten	X
		Anwendung Kapitalwertmethode	X
		Anwendung Nutzwertanalyse	X
		Anwendung Kosten-Nutzen-Analyse	X
		Anwendung Kosten-Wirksamkeitanalyse	X
		Anteil Vergaben mit einzigem Zuschlagskriterium Preis/Kosten an VGZ	
Performance Management	Objektwirtschaftlichkeit	Existenz Messung der Warenwirtschaftlichkeit	X
		Anwendung Reporting/Controlling zur Messung der vergabeübergreifenden Wirtschaftlichkeit	X
		Rechtliche Vereinbarung einer Annahme von Zahlungskonditionen	X
		Relevanzbewertung Verfahren zur Wirtschaftlichkeitsmessung	
		Anteil der Durchführung eines Reporting/Controlling zur Messung der vergabeübergreifenden Wirtschaftlichkeit	
		Relevanzbewertung Verfahren zur Messung der vergabeübergreifenden Wirtschaftlichkeit	
	Prozesswirtschaftlichkeit	Anzahl Vergaben je Vergabeart	
		Höhe Vergabevolumen je Vergabeart	
		Messung der Prozesskosten je Vergabe	X
		Prozesskosten je Vergabeart	
		Messung der Durchlaufzeit je Vergabe	X
		Negative Einflussgrößen der Durchlaufzeit	
		Durchlaufzeit je Vergabeart	
	Lieferantenmanagement	Lieferantenmanagement	X
		Messung der Lieferantenzufriedenheit	X
		Lieferantenwechsel	X
		Lieferantenbewertung	X
		Lieferantendatenbank	X
		Lieferantenentwicklung	X
		Anzahl der aktiven Lieferanten	
		Durchschnittliche Anzahl der Angebotsforderungen	
		Durchschnittliche Anzahl eingegangener Angebote	

Dimension	Faktor	Indikator	IR
Performance Management	Kundenmanagement	Kundenorientiertes Arbeiten	X
		Messung der Kundenzufriedenheit	X
		Kundenbeschwerden	X
		Anzahl interner Kunden	
		Anzahl externer Kunden	
		Anteil der Kundenbeschwerden an Vergaben bezogen auf VGZ	
		Relevanzbewertung Reklamationsursachen	
Prozess-Management	MitarbeiterInnen	Anzahl MitarbeiterInnen (Vollzeitäquivalent) in Behörde/Einrichtung	
		Anzahl MitarbeiterInnen (Vollzeitäquivalent) in Beschaffungsabteilung/Vergabestelle	
		Hauptaufgaben/Zuständigkeiten der MitarbeiterInnen (MA)	
		Existenz Fundierte Produktkenntnis der MA	X
		Existenz Fundierte Marktkenntnis der MA	X
		Existenz Verwaltungswirtschaftliches Wissen der MA	X
		Existenz Betriebswirtschaftliches Wissen der MA	X
		Existenz Juristisches Wissen der MA	X
		Existenz Technisches Wissen der MA	X
		Fort- und Weiterbildungsrelevanz	X
		Messung der MA-Zufriedenheit	X
		Anteil MA je (Hochschul-) Ausbildung	
		Relevanzbewertung MA-Qualifikationen	
		Anzahl Fort- und Weiterbildungstage pro MA	
		Relevanzbewertung Fort- und Weiterbildungsmöglichkeiten	
		Höhe des Weiterbildungsbudgets	
	Vergaberechtskonformität	Existenz Vergabeziel Einhaltung des Vergaberechts	X
		Relevanz internes juristisches Knowhow	X
		Relevanz externes juristisches Knowhow	X
		Anteil Mitarbeiter mit vertrags-und vergaberechtlicher Ausbildung	
		Anteil gerügter Vergaben an VGZ	
		Anteil (zulässiger) Nachprüfungsverfahren an VGZ	
		Anteil einer Aufhebung von Vergaben durch Beschaffungsabteilung selbst an VGZ	
	Organisation	Behördenintern zentrale Durchführung von Beschaffungen	X
		Behördenübergreifend zentrale Durchführung von Beschaffungen	X

Dimension	Faktor	Indikator	IR
Prozess-Management	Organisation	Existenz einer Prozessbeschreibung	X
		Existenz eines formalen Kontrollverfahrens	X
		Anteil Volumen behördenintern zentral durchgeführter Beschaffungen an Vergabevolumen	
	Informationssysteme	Existenz Einsatz eines/mehrerer Informationssysteme	X
		Existenz eVergabe	X
		Existenz Elektronisches Katalogsystem	X
		Anzahl der zu bedienenden IT-Lösungen für Beschaffer/Bieter	
		Relevanzbewertung Informationssysteme	
		Anteil Vergaben über eVergabe an VGZ	
		Anteil elektronischer Angebote an Gesamtangeboten	
		Einführungsjahr der eVergabe	
		Anteil der zum elektronischen Abruf bereitgestellten Rahmenverträge an Vergabegesamtzahl, das in Rahmenverträge mündet	

Teil B

Exzellente öffentliche Beschaffung: Vergaberecht als Regulierungsrahmen

Das deutsche Vergaberecht im Wandel der Zeit(-en)

2

Ute von Oertzen Becker – Bundesministerium für Wirtschaft und Technologie

2.1 Vorbemerkung

Von einer grundlegenden Veränderung des deutschen Vergaberechtes in den letzten zehn Jahren zu sprechen, ist angesichts der Tatsache, dass noch immer das Prinzip der Kaskade herrscht, verfehlt. Dennoch war das deutsche Vergaberecht in der jüngsten Vergangenheit erkennbaren Wandlungen unterworfen.

Maßgeblich für viele Änderungen des deutschen Vergaberechts ist der europäische Einfluss. Eingeläutet wurde Letzterer bereits in den 70er Jahren des vergangenen Jahrhunderts. Damals bemühte sich der Europäische Rat erstmals um die Koordinierung der Verfahren zur Vergabe öffentlicher Bauaufträge und öffentlicher Lieferaufträge. (vgl. [5]) Beabsichtigt war im Wesentlichen eine Harmonisierung der Vergaberegeln in den einzelnen Mitgliedstaaten der Europäischen Union. Diese ersten europäischen Vergaberichtlinien und auch ihre frühen Nachfolger aus den 90er Jahren sind heute natürlich nicht mehr in Kraft. An ihrer statt gelten die EU-Vergaberichtlinien von 2004, in deren Folge es mit dem Gesetz zur Modernisierung des Vergaberechts von 2009 zwar nicht zu einem Strukturwandel im deutschen Vergaberecht kam, die jedoch dessen Modernisierung im bestehenden System initiierten.

Ebenso maßgeblich für die Entwicklung des deutschen Vergaberechtes wie der europarechtliche Einfluss sind gewandelte Werte- und Normenvorstellungen. Regelungen betreffend des Stellens besonderer Anforderungen im Hinblick auf die Energieeffizienz, u.a. was das Energieeffizienzniveau und insbesondere die möglicherweise vorhandene Energieeffizienzklasse betrifft, in der Leistungsbeschreibung beispielsweise wären noch vor einigen Jahren undenkbar gewesen. Vermutlich noch indiskutabler wäre es gewesen, sozialen oder entwicklungspolitischen Aspekten bei der öffentlichen Auftragsvergabe Genüge zu tun. Das Beharrungsvermögen insbesondere der politischen Entscheidungsträger war (und ist) bezüglich der so genannten „vergabefremden Zwecke" zu ausgeprägt, als dass entscheidende Neuerungen hätten vorangetrieben werden können.

Beginnend mit dem Gesetz zur Modernisierung des Vergaberechts von 2009 werden im folgenden Beitrag einige wesentliche Änderungen und Ergänzungen, die das deutsche Vergaberecht in letzter Zeit erfahren hat, dargestellt. Dabei werden auch die Umsetzungserfordernisse in deutsches Recht aufgrund der europäischen Richtlinien für saubere Straßenfahrzeuge und für Vergaben im Bereich Verteidigung und Sicherheit berücksichtigt. Ausführungen zum im Dezember 2011 und im März 2012 vorgelegten, so genannten Vergaberechtsmodernisierungspaket der Europäischen Kommission sowie dazu, wie das deutsche Vergaberecht sich abseits notwendiger Richtlinienumsetzungen entwickeln könnte, schließen den Beitrag ab.[1]

[1] Der Beitrag geht ausschließlich auf bundesgesetzliche Regelungen ein. Landesgesetzliche beziehungsweise Regelungen auf kommunaler Ebene werden nicht betrachtet.

2.2 Vergaberecht in Deutschland – Begriff und Bestimmung

„Als Vergaberecht wird die Gesamtheit der Normen bezeichnet, die ein Träger öffentlicher Verwaltung bei der Beschaffung von sachlichen Mitteln und Leistungen, die er zur Erfüllung von Verwaltungsaufgaben benötigt, zu beachten hat“ [6]. Mit sachlichen Mitteln und Leistungen sind sowohl Lieferungen (von Produkten), freiberufliche und Dienstleistungen als auch Bauleistungen gemeint. Unter Beschaffung werden alle Tätigkeiten subsumiert, die der Versorgung einer Behörde mit Produkten, Dienst- und Bauleistungen dienen. Beschafft wird durch eine Behörde, indem ein öffentlicher Auftrag vergeben wird. Der öffentliche Auftrag ist legaldefiniert in § 99 Abs. 1 GWB:

> *„Öffentliche Aufträge sind entgeltliche Verträge von öffentlichen Auftraggebern mit Unternehmen über die Beschaffung von Leistungen, die Liefer-, Bau- oder Dienstleistungen zum Gegenstand haben, Baukonzessionen und Auslobungsverfahren, die zu Dienstleistungsaufträgen führen sollen.“*

Das GWB legaldefiniert in § 99 Abs. 2 ff. des Weiteren Lieferaufträge, Bauaufträge, Dienstleistungsaufträge, Auslobungsverfahren und Baukonzessionen.

Zu beachten ist bei alledem § 7 Abs. 1 S. 1 BHO: „Bei Aufstellung und Ausführung des Haushaltsplans sind die Grundsätze der Wirtschaftlichkeit und Sparsamkeit zu beachten“ beziehungsweise die entsprechenden Vorschriften der Landeshaushaltsordnungen. Der öffentliche Auftraggeber ist folglich nicht frei bei seiner Entscheidung darüber, was er beschafft, sondern hat bei seinen Einkaufsentscheidungen stets das Primat der Wirtschaftlichkeit zu berücksichtigen.

Dass in Deutschland Vorschriften der Landes- und Bundeshaushaltsordnung/-en bei der Vergabe öffentlicher Aufträge zwingend zu berücksichtigen sind, resultiert daraus, dass das …

> *„… deutsche Vergaberecht […] traditionell spezieller Teil der Haushaltsrechts [ist], welches die Vorschriften zur Aufstellung und zur Abwicklung des Etats einer öffentlich-rechtlichen Körperschaft beinhaltet. Die Regeln über den Umgang der Regierung und der Verwaltung mit dem Geld der Steuerzahler schließen, wie ganz selbstverständlich erscheint, auch die Regeln ein, die das Ausgabeverhalten des Staates beim Erwerb der für sein Funktionieren erforderlichen materiellen Grundlagen steuern. Haushaltsgrundsätzegesetz, Bundes- und Landeshaushaltsordnungen (§§ 55 BHO, LHO), die Haushaltsordnungen aller möglichen öffentlich-rechtlichen Körperschaften ebenso wie Gemeindehaushaltsverordnungen der Länder schreiben den Beamten bestimmte Verhaltens- und Vorgehensweisen beim Einkauf vor“ [6].*

Mit Vorstehendem ist präzise umrissen, wozu das Vergaberecht ursprünglich in Deutschland diente: Durch die Vorgabe bestimmter Regeln und Vorschriften für den öffentlichen Einkauf sollte sichergestellt werden, dass mit von Bürgern und Wirtschaftsunternehmen gezahlten Gebühren und Steuern sparsam umgegangen wird. Diesem Zweck sollte unter anderem dienen, dass bei der Vergabe öffentlicher Aufträge stets ein fairer und möglichst breiter Wettbewerb zwischen allen (potenziellen) Bietern herrscht und dass öffentliche Vergabeverfahren in höchstem Maße transparent auszugestalten sind.

2.3 Der Ursprung des deutschen Vergaberechtes

Ursprünglich stammt das deutsche Vergaberecht also aus allein dem Haushaltsrecht zuzuordnenden Regelungen. Das deutsche Haushaltsrecht geht auf die Reichsverfassung von 1871 zurück, in der erstmals geregelt wurde, dass das Parlament alle geplanten Einnahmen und Ausgaben vor Beginn des neuen Haushaltsjahres vorgelegt bekommen, darüber beraten und als Gesetz beschließen muss. Zuvor gab es bereits ein volles parlamentarisches Budgetrecht im Gefolge der Paulskirchenverfassung von 1848/49, das mit dem Scheitern der Paulskirchenversammlung jedoch obsolet war (vgl. [2]).

Diese ausschließliche Fokussierung auf das Haushaltsrecht wurde später aufgebrochen. Dass die öffentliche Auftragsvergabe einzig durch Haushaltsrecht und gegebenenfalls gesonderte Verwaltungsvorschriften geregelt wurde, schien irgendwann nicht mehr ausreichend zu sein. Unter anderem erkannte das Haushaltsrecht (potenziellen) Bietern keine subjektiven, einklagbaren Rechte zu. Durch die so genannten Verdingungsausschüsse[2] wurden in der Folge Vergaberegelungswerke ohne Rechtsnormqualität geschaffen:

- Vergabe- und Vertragsordnung für Bauleistungen (VOB)
- Vergabeordnung für freiberufliche Dienstleistungen (VOF)
- Vergabe- und Vertragsordnung für Leistungen (VOL)

Die Vergabe- und Vertragsordnungen ergänzen die haushaltsrechtlichen Vorschriften. Sie enthalten die Regeln, die öffentliche Auftraggeber bei der Vergabe eines öffentlichen Auftrages zu beachten haben – u. a. Vorschriften über:

- Vergabearten
- Teilnehmer am Vergabeverfahren
- Form und Inhalt der Leistungsbeschreibung
- die Vergabeunterlagen
- Fristen
- Prüfung und Wertung der Angebote sowie über die Zuschlagserteilung
- die Transparenz im Vergabeverfahren

Da die Vergabe- und Vertragsordnungen in den Verdingungsausschüssen zwischen Vertretern sowohl der Auftraggeber- als auch der Auftragnehmerseite ausgehandelt und

[2] Deutscher Verdingungsausschuss für Liefer- und Dienstleistungen (DVAL). Deutscher Vergabe- und Vertragsausschuss für Bauleistungen (VOB). 09.03.1921: Aufgrund eines Reichstagsbeschlusses Einrichtung eines so genannten Reichsverdingungsausschusses. Dieser sollte technische Vorschriften für eine Verdingungsordnung für Leistungen und Lieferungen erarbeiten. Vertreten waren im Reichsverdingungsausschuss Politik, Handwerk, Industrie und Gewerkschaften (vgl. [2]). Im Wesentlichen sind die Verdingungsausschüsse noch heute dergestalt zusammengesetzt – vertreten sind mehrere Bundesministerien, die Wirtschaftsministerien der Länder, die kommunalen Spitzenverbände, die Gewerkschaften und die Spitzenverbände der Deutschen Wirtschaft.

nicht im ordentlichen Gesetzgebungsverfahren beschlossen werden, handelt es sich weder um staatliche Normen, Verordnungen oder Satzungen noch um gesetzliche Vorschriften.

2.4 Der Einfluss des Europarechtes auf das deutsche Vergaberecht

Die Entwicklung innerhalb der Europäischen Union – insbesondere die kontinuierliche Verankerung der so genannten Grundfreiheiten[3] im Wirtschaftsleben sowie der stetige Ausbau des Binnenmarktes – hatten ganz erheblichen Einfluss auf das deutsche Vergaberecht. Nüchtern betrachtet standen sich zu Beginn dieser Entwicklung zwei Aspekte geradezu diametral gegenüber: Einerseits beschränkten die Behörden der Mitgliedstaaten der Europäischen Union den öffentlichen Einkauf vielfach auf die einheimischen Märkte. Andererseits ist die Realisierung des Binnenmarktes eines der Schlüsselziele der Europäischen Union.[4]

Um diesen Gordischen Knoten zu durchschlagen, erließen Parlament und Rat Anfang der 1970er Jahre die ersten so genannten Vergaberichtlinien. Primärziel dieser ersten Vergaberichtlinien war es, die einheimischen Märkte der Mitgliedstaaten zu öffnen. Einem Unternehmen sollten fortan die Beschaffungsmärkte aller Mitgliedstaaten offen stehen, unabhängig davon, in welchem Mitgliedstaat das Unternehmen seinen Sitz hat. Erreicht werden sollte die angestrebte Öffnung durch eine Harmonisierung der Vergaberegeln über die einzelnen Mitgliedstaaten hinweg.

Diese ersten Richtlinien aus den 1970er Jahren sind heute nicht mehr in Kraft. Auch ihre Nachfolger aus den 1990er Jahren sind inzwischen abgelöst worden. Derzeit gelten im Wesentlichen die Richtlinien:

- 2004/18/EG vom 31. März 2004 über die Koordinierung der Verfahren zur Vergabe öffentlicher Bauaufträge, Lieferaufträge und Dienstleistungsaufträge
- 2004/17/EG vom 31. März 2004 zur Koordinierung der Zuschlagserteilung durch Auftraggeber im Bereich der Wasser-, Energie- und Verkehrsversorgung sowie der Postdienste
- 2009/33/EG vom 23. April 2009 über die Förderung sauberer und energieeffizienter Straßenfahrzeuge
- 2009/81/EG vom 13. Juli 2009 über die Koordinierung der Verfahren zur Vergabe bestimmter Bau-, Liefer- und Dienstleistungsaufträge in den Bereichen Verteidigung und Sicherheit sowie zur Änderung der Richtlinien 2004/17/EG und 2004/18/EG

[3] Freier Waren-, Personen-, Dienstleistungs- und Kapitalverkehr.

[4] „Der Begriff Gemeinsamer Markt — so wie ihn der Gerichtshof in ständiger Rechtsprechung herausgearbeitet hat — stellt ab auf die Beseitigung aller Hemmnisse im innergemeinschaftlichen Handel mit dem Ziele der Verschmelzung der nationalen Märkte zu einem einheitlichen Markt, dessen Bedingungen denjenigen eines wirklichen Binnenmarktes möglichst nahekommen. Es ist wichtig, daß die Vorteile dieses Marktes über den berufsmäßigen Handel hinaus auch Privatleuten zugute kommen, wenn sie grenzüberschreitende wirtschaftliche Transaktionen durchführen." (EuGH, Rs. 15/81, S. 1431 f., Rn. 33)

Ein vorsichtiger Blick in die Zukunft abseits der Vergaberichtlinien sei an dieser Stelle und im Zusammenhang z.B. mit der Richtlinie über die Förderung sauberer und energieeffizienter Straßenfahrzeuge gestattet: Seit Mitte 2011 wird in Brüssel der Vorschlag der Europäischen Kommission vom 22. Juni 2011 für eine Richtlinie zur Energieeffizienz und zur Aufhebung der Richtlinien 2004/8/EG (so genannte KWK[5]-Richtlinie) und 2006/32/EG (so genannte EDL-Richtlinie[6]) verhandelt. Mit Inkrafttreten der Richtlinie zur Energieeffizienz wird die öffentliche Hand beim derzeitigen Stand der Verhandlungen u.a. verpflichtet, nur Produkte, Dienstleistungen und Gebäude mit hoher Energieeffizienz zu beschaffen.

2.5 Jüngste Reformen

Im folgenden Abschnitt werden – beginnend mit dem Gesetz zur Modernisierung des Vergaberechts von 2009 – einige wesentliche Neuerungen und Ergänzungen, die das deutsche Vergaberecht in der jüngsten Vergangenheit erfahren hat, im Überblick vorgestellt.

2.5.1 Gesetz zur Modernisierung des Vergaberechts (2009)

Die am 30. April 2004 in Kraft getretenen Richtlinien 2004/17/EG und 2004/18/EG mussten in deutsches Recht umgesetzt werden. Diese Umsetzung dauerte ungewöhnlich lange. Nach mehreren misslungenen Anläufen trat am 20. April 2009 das Gesetz zur Modernisierung des Vergaberechts in Kraft. Einige Kernpunkte des neuen Rechts waren (und sind):

- Die Mittelstandsförderung.
  Gemäß § 97 Abs. 3 GWB sind mittelständische Interessen bei der öffentlichen Auftragsvergabe vornehmlich zu berücksichtigen. Realisiert werden soll dies dadurch, dass Aufträge in Fach- (getrennt nach Art oder Fachgebiet) und/oder Teillose (in der Menge aufgeteilt) vergeben werden. Mehrere Teil- oder Fachlose dürfen nur in Ausnahmefällen zusammengefasst werden, und zwar dann, wenn wirtschaftliche oder technische Gründe dies erfordern.
- Die vergabefremden Aspekte.
  Erweitert wurden auch die Möglichkeiten, so genannte vergabefremde Aspekte im Vergabeverfahren berücksichtigen zu können. § 97 Abs. 4 S. 2 GWB spricht insbesondere von sozialen, umweltbezogenen und innovativen Aspekten, sofern sie in sachlichem

[5] KWK = Kraft-Wärme-Kopplung. Darunter ist die gleichzeitige Gewinnung von mechanischer Energie, die in der Regel unmittelbar in elektrischen Strom umgewandelt wird, und nutzbarer Wärme für Heizzwecke oder für Produktionsprozesse in einem Heizkraftwerk zu verstehen.

[6] EU-Richtlinie über Endenergieeffizienz und Energiedienstleistungen, am 5. April 2006 verabschiedet. Gemäß der EDL-Richtlinie sollen mit gezielten Maßnahmen in neun Jahren 9% Endenergie gegenüber einer Referenzperiode eingespart werden. Insbesondere die Bewertung und Evaluierung von Instrumenten und Maßnahmen zur Energieeffizienz gewinnen dabei größere Bedeutung.

Zusammenhang mit dem Auftragsgegenstand stehen und sich aus der Leistungsbeschreibung ergeben.

- Die Vorabinformationspflichten.
  Gemäß § 101a Abs. 1 GWB muss der Auftraggeber die betroffenen Bieter, deren Angebote nicht berücksichtigt werden sollen, über den Namen des Unternehmens, dessen Angebot angenommen werden soll, über die Gründe der vorgesehenen Nichtberücksichtigung ihres Angebotes und über den frühesten Zeitpunkt des Vertragsschlusses unverzüglich informieren. Befreit ist der öffentliche Auftraggeber von der Verpflichtung zur Vorabinformation nur bei besonders dringlichen Vergaben, in denen das Verhandlungsverfahren ohne vorherige Bekanntmachung zulässig ist.

- Die de-facto-Vergaben.
  Neu geschaffen wurde u. a. § 101b GWB. Danach ist ein Vertrag, der ohne eine förmliche Ausschreibung in vergaberechtswidriger Weise zu Stande kam (so genannte de-facto-Vergabe), schwebend unwirksam (und nicht etwa von Anfang an nichtig). Die Unwirksamkeit tritt nur ein, wenn sie im Nachprüfungsverfahren innerhalb von 30 Kalendertagen ab Kenntnis des Verstoßes, jedoch nicht später als sechs Monate nach Vertragsschluss geltend gemacht worden ist. Hat der öffentliche Auftraggeber die Auftragsvergabe im Amtsblatt der Europäischen Union bekannt gemacht, endet die Frist zur Geltendmachung der Unwirksamkeit 30 Kalendertage nach Veröffentlichung der Bekanntmachung.

2.5.2 Vergabe- und Vertragsordnung für Leistungen – Teil 1 2009 (VOL/A)

Das Inkrafttreten der Richtlinien 2004/17/EG und 2004/18/EG am 30. April 2004 machte aufgrund des kaskadierenden deutschen Vergaberechtes auch eine Änderung der Vergabeordnungen notwendig. Die grundlegende Neufassung der VOL/A war somit ein ganz zentrales und vor allem praxisrelevantes Element im Prozess der Richtlinienumsetzung durch den deutschen Gesetzgeber.

Insbesondere zwei gravierende strukturelle Veränderungen kennzeichnen die VOL/A 2009 und markieren zugleich einen Bruch im Vergleich zur tradierten Struktur der VOL/A:

- Im Gegensatz zur überkommenen VOL/A, wonach die Bestimmungen der so genannten a-Paragraphen bei Vergaben oberhalb der EU-Schwellenwerte zusätzlich zu den so genannten Basisparagraphen galten, bestimmt die VOL/A, dass die Abschnitte 1 (gilt ausschließlich für Vergaben unterhalb der EU-Schwellenwerte) und 2 (EG-Paragraphen; gelten ausschließlich für Vergaben oberhalb der EU-Schwellenwerte) als in sich geschlossene Teile zu behandeln und somit vollkommen voneinander unabhängig sind.
- Die Richtlinie 2004/17/EG wurde in die Sektorenverordnung (SektVO) – eine völlig neue Rechtsverordnung – überführt. Stattdessen wurden die bisherigen Abschnitte 3 und 4 der VOL/A gestrichen. In der Folge entfallen in der VOL/A die Vergaberegeln

für Sektorenauftraggeber für deren Auftragsvergaben in den Bereichen (Trink-)Wasser, Energie und Verkehr.

Weitere Neuerungen in der VOL/A 2009 können im Groben zwei Kategorien zugeordnet werden:

1. Neustrukturierungen und
2. Neuregelungen (vgl. [8]).

Neustrukturierungen
• Änderung des Titels von „Verdingungsordnung" in „Vergabe- und Vertragsordnung". • Strukturannäherung von VOL/A und VOB/A: • weitestgehende Anpassung der Nummernfolge der Paragraphen und Überschriften von VOL/A und VOB/A. • Untergliederung der Paragraphen in Absätze. Durch die Beachtung der Rechtsförmlichkeitsprinzipien erhält die VOL/A den Charakter einer Rechtsvorschrift. • Anpassung der EU-Vergabeverfahren (Abschnitt 2) an die Schreibweise des GWB. • Regelung des Wettbewerblichen Dialogs in der VOL/A. • Schlanke Regelungen (insbesondere für die Leistungsbeschreibung, Fristen, Angebotsöffnung, Verhandlungsverbot, Zuschlag). • Zusammenfassung weniger Grundsätze (Kernaussagen des §97 Abs. 1 bis 4 GWB, Verbot der Durchführung von Vergabeverfahren für vergabefremde Zwecke, Hinweis auf Beachtung der Preisvorschriften für öffentliche Aufträge).
Neuregelungen

• Erhöhung der Transparenz durch
  • obligatorische Teilnahmewettbewerbe in zwei Ausnahmefällen der Beschränkten Ausschreibung,
  • Ex-post-Transparenz für alle Aufträge ab 25.000 Euro, die ohne Ex-ante-Transparenz bei Beschaffungen unterhalb der EU-Schwellenwerte vergeben wurden,
  • zentrale elektronische Veröffentlichungspflicht aller nationalen, dezentralen elektronischen Veröffentlichungen in Deutschland auf www.bund.de.
• Neuregelung der Eignungsprüfung mit dem Ziel, die von den Unternehmen beklagte Flut von Nachweisforderungen einzudämmen.
• Zulässige Ausnahme von der produktneutralen Leistungsbeschreibung in nationalen Vergabeverfahren.
• Ersatzlose Streichung von Bestimmungen ohne konkreten Regelungsinhalt; d. h. Abbau von Überregulierung, Programmsätzen, Selbstverständlichkeiten im Vertragsanbahnungsprozess, die auch ohne Erwähnung in der VOL/A möglich sind (z. B. §§10, 11 bzw. einzelne Bestimmungen aus §§18, 19, 20 VOL/A 2006).
• Zulässigkeit der „einfachen" elektronischen Signatur bei Freihändigen Vergaben nach der Bagatellwertregelung.

Neuregelungen
• Reduzierung der verschiedenen Vertragsbedingungen mit ihren unterschiedlichen Zulässigkeitsvoraussetzungen. • Vereinfachungen durch Zulässigkeit von Telefax bei der Abgabe von Angeboten und Zuschlagserteilung. • Modernisierung durch Umsetzung des „Dynamischen elektronischen Verfahrens". • Abgabe der Vergabeunterlagen an alle anfordernden Unternehmen im offenen Verfahren und bei Öffentlichen Ausschreibungen.

Quelle: Ley, R./Wankmüller, M. (2010), S. 9 f [8].

Abb. 2.1 Neustrukturierungen und Neuregelungen in der VOL/A 2009

2.5.3 4. Änderungsverordnung zur Vergabeverordnung (VgV)

Die 4. Änderungsverordnung zur Vergabeverordnung vom 16. August 2011 verfolgte zwei Stoßrichtungen.

- Das Kriterium der Energieeffizienz sollte – die Allgemeine Verwaltungsvorschrift zur Beschaffung energieeffizienter Produkte und Dienstleistungen ergänzend – als wichtiges Kriterium bei Vergaben im Oberschwellenbereich rechtlich verankert werden. Zugleich sollte die Energieverbrauchskennzeichnungsrichtlinie 2010/30/EU über die Angabe des Verbrauchs an Energie und anderen Ressourcen durch energieverbrauchsrelevante Produkte mittels einheitlicher Etiketten und Produktinformationen umgesetzt werden.
- Die Richtlinie 2009/33/EG über saubere Straßenfahrzeuge sollte in deutsches Recht umgesetzt werden.

Das Kriterium der Energieeffizienz, das für Beschaffungen durch Einrichtungen des Bundes bereits seit Januar 2008 relevant ist (siehe [10], [11]), wurde mit der 4. Änderungsverordnung zur Vergabeverordnung für Vergaben oberhalb der EU-Schwellenwerte bundeseinheitlich als wichtiges Kriterium bei der Auftragsvergabe definiert. Damit erfolgte ein erster, wichtiger Schritt, um ein wesentliches Element des Energiekonzepts der Bundesregierung vom 28. September 2010 zur Verbesserung der Energieeffizienz umzusetzen.

Ziel ist es, bei der Vergabe öffentlicher Aufträge oberhalb der Schwellenwerte solche Produkte und Dienstleistungen zu beschaffen, die im Hinblick auf die Energieeffizienz die höchsten Leistungsniveaus haben und zur höchsten Energieeffizienzklasse gehören. Hierzu wurden eine entsprechende Regelung in der Vergabeverordnung ergänzt und diesbezügliche Folgeanpassungen vorgenommen. Bereits im Rahmen der Leistungsbeschreibung sollen nunmehr die höchsten Leistungsniveaus und Energieeffizienzklassen gefordert werden. Das Kriterium der Energieeffizienz ist darüber hinaus bei der Auswahl des wirtschaftlichsten Angebotes nach § 97 Absatz 5 GWB hoch zu gewichten.

Die Umsetzung der Richtlinie saubere Fahrzeuge erfolgte über eine Vorschrift, wonach öffentliche Auftraggeber gemäß § 98 Ziffn. 1–3 GWB bei der Beschaffung von Straßenfahrzeugen sowohl den Energieverbrauch als auch die Umweltauswirkungen angemessen als Kriterien berücksichtigen müssen.

Beschaffungen, die unter den Anwendungsbereich der Richtlinie 2009/81/EG (Verteidigung und Sicherheit) fallen, sind von der 4. Änderungsverordnung zur Vergabeverordnung nicht betroffen. Im Wesentlichen betrifft das die Lieferung von Militärausrüstung und die Lieferung von sensibler Ausrüstung oder von Leistungen speziell für militärische Zwecke oder von sensiblen Leistungen. Nicht unter diese Ausnahmeregelung sind jedoch Beschaffungen zu subsumieren, die keinen unmittelbaren militärischen oder sicherheitsspezifischen Bezug haben.

2.5.4 Vergabeverordnung Verteidigung und Sicherheit (VSVgV)

Am 14.12.2011 trat (nach Ablauf der Umsetzungsfrist) das Gesetz zur Änderung des Vergaberechts für die Bereiche Sicherheit und Verteidigung in Kraft. Dieses Gesetz nahm weitreichende Anpassungen des vierten Teils des Gesetzes gegen Wettbewerbsb eschränkungen vor. Die besonderen verteidigungs- und sicherheitsspezifischen Vorgaben der Richtlinie 2009/81/EG (u.a. Vergabe bestimmter Bau-, Liefer- und Dienstleistungsaufträge in den Bereichen Verteidigung und Sicherheit), die von den überkommenen Vorschriften des deutschen Vergaberechtes abweichen, wurden ergänzend in der Vergabeverordnung Verteidigung und Sicherheit geregelt (vgl. [1]).

Die Richtlinie 2009/81/EG zielt auf eine bessere Koordinierung der Vergabeverfahren unter Beachtung besonderer Anforderungen an die Versorgungs- und Informationssicherheit der Mitgliedstaaten ab. Schrittweise sollen ein europäischer Markt für Verteidigungs- und Sicherheitsausrüstungen mit gleichen Wettbewerbsbedingungen für Bieter aus allen EU-Mitgliedstaaten aufgebaut und die nationalen Beschaffungsmärkte für Anbieter aus anderen EU-Mitgliedstaaten geöffnet werden.

Für verteidigungs- und sicherheitsrelevante Aufträge ersetzt die Richtlinie Verteidigung und Sicherheit daher die Richtlinien 2004/18/EG und 2004/17/EG. Sie unterwirft verteidigungs- und sicherheitsrelevante Aufträge einem veränderten Vergabeverfahren. Dieses modifizierte Vergabeverfahren gilt für alle verteidigungs- und sicherheitsrelevanten öffentlichen Aufträge, soweit sie nicht den Ausnahmebestimmungen des Abschnittes 3 (Artt. 11–13) der Richtlinie unterliegen und damit ohnehin dem Anwendungsbereich des Vergaberechts entzogen sind.

Relevant ist vor allem, dass für verteidigungs- und sicherheitsrelevante Aufträge das offene Verfahren keine Anwendung findet und dass zur Gewährleistung der Informations- und Versorgungssicherheit besondere Anforderungen an die Bewerber und Bieter im Vergabeverfahren gestellt werden können. Darüber hinaus sind verschiedene Optionen für Auftraggeber vorgesehen, Anforderungen an die Vergabe von Unteraufträgen durch den Auftragnehmer zu stellen. Die Richtlinie zielt damit darauf ab, den Wettbewerb in der Zulieferkette des Systemanbieters für Ausrüstungen in den Bereichen Verteidigung und Sicherheit zugunsten kleiner und mittlerer Unternehmen zu verstärken.

2.6 Das Vergaberechtsmodernisierungspaket der Europäischen Kommission

2.6.1 Vorschlag für eine Richtlinie über die öffentliche Auftragsvergabe

Am 20. Dezember 2011 hat die Europäische Kommission einen Vorschlag für eine Richtlinie über die öffentliche Auftragsvergabe veröffentlicht.

Schätzungen gehen davon aus, dass öffentliche Auftraggeber jedes Jahr rund 19% des Bruttoinlandsproduktes für Lieferungen, Dienstleistungen und Bauarbeiten ausgeben. Angesichts knapper Haushalte und Wirtschafts- und/oder Finanzkrisen in zahlreichen Mitgliedstaaten muss insbesondere beim öffentlichen Einkauf eine optimale Verwendung der Haushaltsmittel sichergestellt werden.

Mit ihrem Richtlinienvorschlag hofft die Europäische Kommission daher, einen Beitrag zur Stärkung des Wachstums leisten und Arbeitsplätze schaffen zu können. Auf diese Weise will sie zur Verwirklichung der Ziele der „Strategie Europa 2020" beitragen.

Der von der Kommission vorgelegte Vorschlag für eine Richtlinie über die öffentliche Auftragsvergabe ist Teil eines Gesamtpakets, mit dem die öffentliche Auftragsvergabe in der Europäischen Union tief greifend modernisiert werden soll. Zu dem Modernisierungspaket gehört auch eine Richtlinie über Konzessionen (vgl. 2.6.2), die bislang auf europäischem Niveau nur teilweise reguliert waren und spezifische Merkmale aufweisen, die eine gesonderte Regelung rechtfertigen.

Oberstes Ziel des Richtlinienvorschlages der Europäischen Kommission ist folgerichtig die Vereinfachung und Flexibilisierung der Vergaberegeln und -verfahren. Die Kommission macht folgende Vorschläge:

- Der Rückgriff auf das Verhandlungsverfahren soll erleichtert werden, um den Vergabebehörden eine stärker an ihre Bedürfnisse angepasste Beschaffung von Lieferungen und Dienstleistungen zum besten Preis zu ermöglichen.
- Die Nutzung elektronischer Kommunikationsmittel bei öffentlichen Aufträgen wird – mit einer Übergangsfrist – verbindlich vorgeschrieben. Die Europäische Kommission geht davon aus, dass elektronische Kommunikationsmittel die öffentliche Auftragsvergabe erheblich vereinfachen.
- Die Verwaltungslast soll drastisch verringert werden. Dazu gehören u. a. auch die von den Bietern im Vergabeverfahren beizubringenden Unterlagen. Diesbezüglich sieht der Richtlinienvorschlag z.B. vor, dass einmal eingereichte Unterlagen längere Zeit gültig sind, vom Bieter also nicht für jedes Vergabeverfahren neu beigebracht werden müssen.

Ein weiteres wesentliches Ziel der Europäischen Kommission ist die Förderung des Zugangs von kleinen und mittleren Unternehmen (KMU) zu öffentlichen Aufträgen. Dieser Zugang soll insbesondere durch Maßnahmen zur Verringerung der Verwaltungslast und durch einen starken Anreiz für die Auftragsvergabe an KMU erweitert werden. Außerdem will die Europäische Kommission öffentlichen Auftraggebern in Bezug auf die für die

Einreichung eines Angebots erforderliche Finanzkraft Beschränkungen auferlegen, sofern KMU bieten.

Weiterhin soll die neue Richtlinie eine bessere qualitative Fokussierung der öffentlichen Auftragsvergabe erleichtern, indem sozialen Kriterien und Umweltkriterien Rechnung getragen wird. Dazu zählen beispielsweise die Lebenszykluskosten oder die Eingliederung schutzbedürftiger und benachteiligter Personen, womit ein Beitrag zur Verwirklichung der Ziele der Strategie Europa 2020 geleistet wird.

Die Reform beinhaltet weiterhin:

- Verbesserungen der bestehenden Garantien zur Behebung von Interessenkonflikten und zur Bekämpfung von Günstlingswirtschaft und Korruption, um die Integrität der Verfahren angesichts der auf dem Spiel stehenden Finanzmittel besser zu gewährleisten.
- Bestellung einer einzigen nationalen Behörde in jedem Mitgliedstaat, die für die Beaufsichtigung, Ausführung und Kontrolle der öffentlichen Aufträge zuständig ist, um eine bessere Anwendung der Regeln vor Ort sicherzustellen.

Ob die Europäische Kommission den zuletzt genannten Vorschlag durch Parlament und Rat bringen kann, bleibt abzuwarten und ist eher zweifelhaft.

Der Richtlinienvorschlag der Europäischen Kommission wird seit Anfang 2012 unter dänischer Ratspräsidentschaft in Brüssel verhandelt. Seit der zweiten Jahreshälfte unter zypriotischer Ratspräsidentschaft. Ehrgeiziges Ziel der Europäischen Kommission ist es, die Richtlinie bis Ende 2012 zu verabschieden.

2.6.2 Vorschlag für eine Richtlinie über die Konzessionsvergabe

Unter einer Dienstleistungskonzession ist die Übertragung einer staatlichen oder gemeindlichen Aufgabe auf einen Dritten gemeint, den Konzessionär. Der Konzessionär erhält als Gegenleistung für seine Dienste allerdings kein Entgelt, sondern das Recht zur kommerziellen Nutzung und/oder Verwertung. Zugleich trägt der Konzessionär das wirtschaftliche Risiko.

Gegenwärtig sind Dienstleistungskonzessionen vom Anwendungsbereich des Vergaberechts ausgenommen. In die Richtlinien 2004/17/EG und 2004/18/EG wurde eine entsprechende Ausnahmeregelung explizit aufgenommen. Im deutschen Vergaberecht gibt es zwar keine ausdrückliche Ausnahmeregelung, jedoch folgt diese aus einer richtlinienkonformen Auslegung.

Der Richtlinienvorschlag der Europäischen Kommission vom 20. Dezember 2011 über die Konzessionsvergabe deckt Partnerschaftsabkommen zwischen einer in der Regel öffentlichen Stelle und einem oftmals privaten Unternehmen in Fällen ab, in denen letzteres das Betriebsrisiko für die Wartung und Entwicklung von Infrastrukturen übernimmt (Häfen, Wasserversorgung, Parkhäuser, gebührenpflichtige Autobahnen usw.) oder aber

Dienstleistungen von allgemeinem wirtschaftlichen Interesse erbringt (Energie, Gesundheitswesen, Wasserversorgung und -behandlung, Abfallbeseitigung usw.) (vgl. [4]).

Die Konzessionsrichtlinie soll auch auf Dienstleistungskonzessionen angewandt werden, die bislang nicht unter das Vergaberecht fallen. Es soll ein klarer Rechtsrahmen geschaffen werden, der die erforderliche Rechtssicherheit gewährleistet, die öffentliche Auftraggeber bei der Wahrnehmung ihrer Aufgaben benötigen. Alle europäischen Unternehmen sollen Zugang zum Konzessionsmarkt bekommen, eingeschlossen kleine und mittlere Unternehmen.

Die Europäische Kommission schlägt deshalb vor, Konzessionsvergaben obligatorisch im Amtsblatt der Europäischen Union zu veröffentlichen. Weiterhin schlägt die Europäische Kommission u.a. vor,

- die Pflichten der öffentlichen Auftraggeber zu konkretisieren, was die Wahl der Auswahl- und Zuschlagskriterien betrifft
- bestimmte Basisgarantien vorzuschreiben, die beim Vergabeverfahren einzuhalten sind
- Klarstellungen, z. B. zum System der Änderungen von Konzessionen vorzunehmen, die derzeit ausgeführt werden

Die Europäische Kommission geht davon aus, dass durch die geplanten Regelungen keine übermäßige Verwaltungslast geschaffen wird und dass sie einheitlich für Konzessionen von größerem Auftragsvolumen gelten, bei denen das grenzübergreifende Interesse offensichtlich ist.

Ob die Europäische Kommission ihre sehr ambitionierten Vorstellungen umsetzen kann, bleibt abzuwarten. Möglicherweise muss sie nachbessern und einen neuen, grundlegend überarbeiteten Richtlinienvorschlag vorlegen.

2.6.3 Vorschlag für eine Verordnung zum Marktzugang

Dritter Teil des Vergaberechtsmodernisierungspaketes der Europäischen Kommission betreffend die Vergabe öffentlicher Aufträge ist der am 21. März 2012 vorgelegte Vorschlag für eine Verordnung über den Zugang von Waren und Dienstleistungen aus Drittländern zum EU-Binnenmarkt für das öffentliche Beschaffungswesen und über die Verfahren zur Unterstützung von Verhandlungen über den Zugang von Waren und Dienstleistungen aus der Union zu den öffentlichen Beschaffungsmärkten von Drittländern.

Die Europäische Kommission möchte mit ihrem Verordnungsvorschlag insbesondere die Bedingungen für Unternehmen aus den Mitgliedstaaten der Europäischen Union bei der Teilnahme an Vergabeverfahren in Drittländern verbessern. Hintergrund dieses Bemühens ist, dass die Europäische Kommission davon ausgeht, dass Bieter aus EU-Mitgliedstaaten gegenwärtig in einigen Ländern, die teilweise zu den wichtigsten Handelspartnern der Europäischen Union gehören, vielfältigen restriktiven Praktiken bei der Auftragsvergabe ausgesetzt sind. Außerdem möchte die Europäische Kommission den Rechtsstatus von Bietern, Lieferungen und Leistungen aus solchen Staaten bekräftigen, mit denen die Europäische Union ein internationales Abkommen zur Vergabe öffentlicher Aufträge geschlossen hat. Schließlich sollen die Vorschriften präzisiert werden, die für nicht unter entsprechende internationale Abkommende fallende Bieter, Lieferungen und Leistungen gelten.

2.7 Quo vadatur? – Perspektiven und Visionen

Die Perspektiven des deutschen Vergaberechtes sind aktuell ganz überwiegend vom europäischen Geschehen geprägt. Nationale Alleingänge, was eine grundlegende Reformierung des Vergaberechtes betrifft, verbieten sich derzeit angesichts zahlreicher von der Europäischen Kommission vorgelegter Richtlinien- und Verordnungsvorschläge.

Im Gegensatz zur Perspektive, die zwar zukunfts-, aber zugleich sehr wohl realitätsbezogen ist, bezeichnet die Vision u.a. eine abstrakte Idee ohne zeitlichen oder anderen Bezug zur Realität.

Vision 1:
Das nicht kaskadierende deutsche Vergaberecht

Darüber, das deutsche Vergaberecht vehement zu verschlanken und v.a. zu vereinheitlichen, ist in der Vergangenheit bereits so viel geschrieben worden, dass der Diskussion an dieser Stelle kein weiterer Vortrieb geleistet werden muss. Die Vision eines deutschen Vergabegesetzes, frei von jeglichem Abdriften in irgendwelche Kaskaden, spricht für sich.

Vision 2:
Ein deutsches Vergaberecht ohne Verdingungs-, Vergabe- und Vertragsausschüsse

In unmittelbarem Zusammenhang mit der Vision eines nicht kaskadierenden deutschen Vergaberechtes steht die Vision der Auflösung der für das Kaskadensystem und damit für die derzeitige unübersichtliche Rechtslage entscheidend mitverantwortlichen, demokratisch jedoch nicht (ausreichend) legitimierten Verdingungs-, Vergabe- und Vertragsausschüsse. Die materielle Ausgestaltung des Vergaberechtes sollte ausschließlich in die Hände und in die Verantwortung des Bundesgesetzgebers gelegt werden.

Vision 3:
Der wirtschaftliche öffentliche Einkauf in ganzheitlicher Betrachtung

Der vorliegende Sammelband möchte insbesondere Ansatzpunkte für einen wirtschaftlichen öffentlichen Einkauf aufzeigen. Vor diesem Hintergrund ist immerhin denkbar, die oft geschmähten und dennoch prägnant bedeutsamen, so genannten vergabefremden Aspekte – auch „strategische Ziele", „politikfremde Ziele", „Nachhaltigkeits- und Innovationsaspekte" etc. genannt – deutlicher stärker zu adressieren. Ziel dieser Vision wäre dabei nicht, noch umweltfreundlicher oder noch sozialer einzukaufen oder gar die Welt einzig mit den Mitteln des öffentlichen Einkaufes zu verbessern. Ziel wäre vielmehr, zu einer viel stärker akzentuierten, ganzheitlichen Definition von Wirtschaftlichkeit zu gelangen und diese in Vergabeentscheidungen der öffentlichen Hand einfließen zu lassen. Wirtschaftlichkeit und Nachhaltigkeit liegen in vielen Fällen dichter beieinander als gemeinhin unterstellt. Vielleicht gelingt es in nicht allzu ferner Zukunft, nicht nur die Lebenszykluskosten oder die Energieeffizienzklasse beim öffentlichen Einkauf zu berücksichtigen, sondern z.B. auch soziale beziehungsweise gesellschaftliche Folgekosten in die Betrachtung einzubeziehen.

2.8 Literaturverzeichnis

[1] Byok, J. (2012): Die Entwicklung des Vergaberechts seit 2011. In: NJW 16/2012, 1124, 1128.

[2] Dageförde, A. (2008): Einführung in das Vergaberecht, Berlin.

[3] Deutscher Bundestag (2008): Blickpunkt Bundestag. Der Haushalt des Bundes, Berlin.

[4] Europäische Kommission (2011): Modernisierung der europäischen öffentlichen Aufträge zur Stärkung von Wachstum und Beschäftigung. Pressemitteilung.

[5] Füßer, K. (2001): Das Vergabeverfahren und Rechtsschutzmöglichkeiten im Überblick, VOB-Kongress 2001, HWK Erfurt.

[6] Herdegen, M. (2009): Europarecht, 11. Aufl., München.

[7] Jasper, U./Marx, F. (2011): Einführung. In: Vergaberecht, 13. Aufl., München.

[8] Ley, R./Wankmüller, M. (2010): Die neue VOL/A. Ein Schnelleinstieg in die Vergabe- und Vertragsordnung für Leistungen Teil a vom 20. November 2009, Heidelberg.

[9] BGBl. 2011, Teil I Nr. 44, S. 1724 f. (2011): Vierte Verordnung zur Änderung der Verordnung über die Vergabe öffentlicher Aufträge.

[10] Bundesanzeiger Nr. 12, 23. Januar 2008, S. 198 f.

[11] Bundesanzeiger Nr. 13, 24. Januar 2012, S. 286.

[12] BVerfG, 13.6.2006 – 1 BVR 1160/03.

Vergaberecht aus Bietersicht

3

Annette Karstedt-Meierrieks – Deutscher Industrie- und Handelskammertag (DIHK) e.V.

3.1 Ein neues Rechtsgebiet entsteht

Alles begann mit der Intervention großer US-amerikanischer Unternehmen. Ihre Frage an das Bundeswirtschaftsministerium, warum große Aufträge ohne Berücksichtigung des europäischen Vergaberechts erteilt worden seien und es keinen Rechtsschutz dagegen gäbe, brachte den Stein ins Rollen: Deutschland begab sich daraufhin in eine philosophische Diskussion darüber, ob die Beschaffung im öffentlichen Bereich weiterhin haushaltsrechtlich zu betrachten sei oder ob durch die Umsetzung der EG-Richtlinien eine neue rechtliche Dimension eröffnet werden müsse.

Wie jeder weiß, hat letztere Auffassung gesiegt, allerdings nach langen Erörterungen auch auf Seiten der Wirtschaft. Waren Transparenz, Nichtdiskriminierung und Wettbewerb notwendig? War die Öffnung der öffentlichen Auftragsmärkte für interessierte Unternehmen aus den EU-Mitgliedsstaaten und darüber hinaus wirklich der deutschen Wirtschaft förderlich? All diese Fragen bewegten vor mehr als 15 Jahren diejenigen, die sich mit der Einführung eines Vergaberechts in Deutschland beschäftigten.

Das Ergebnis war die Umsetzung des europäischen Vergaberechts in deutsches Recht durch das Gesetz gegen Wettbewerbsbeschränkungen (GWB). Der Standort ist mit Bedacht und Sinn gewählt worden. So wird deutlich, dass vorherrschendes Ziel für die Beschaffungen der öffentlichen Hand die beste Leistung oder das beste Produkt ist, die nach unserer Grundvorstellung einer Wirtschaftsordnung nur im Wettbewerb entstehen können.

Die Beschwerde der US-amerikanischen Unternehmen ging aber über die Forderung nach transparenten und wettbewerblichen Verfahren hinaus. Sie umfasste auch den Hinweis auf den fehlenden Rechtsschutz. Die Vorgaben aus Europa waren auch hier nicht in deutsches Recht umgesetzt worden.

Der Rechtsschutz hat wohl erst eigentlich das Vergaberecht zu einem neuen Rechtsgebiet gemacht. Wissenschaftliche Auseinandersetzungen, Rechtsprechung, Rechtsfortentwicklung – all das gehört zur Ausprägung eines Rechtsgebiets dazu. Hier haben wir uns in den letzten 15 Jahren sehr stark entwickelt, wie manche meinen, zu stark. Festzuhalten bleibt, dass erst die Schaffung von subjektiven Rechten im GWB und der dazu gehörige Rechtsschutz die Abkehr vom Haushaltsrecht bedeuteten.

3.2 Vergaberechtliche Grundsätze

Unternehmen profitieren davon in vielfältiger Hinsicht: Die Transparenz in Vergabeverfahren – beginnend mit der Bekanntmachung, endend mit der Informationspflicht vor dem Zuschlag – ermöglicht eine Standortbestimmung auf dem Markt der öffentlichen Beschaffungen.

Die Nichtdiskriminierung schafft Absatzmöglichkeiten in anderen EU-Mitgliedstaaten. Die von der EU-Kommission festgestellten, sehr niedrigen Prozentsätze im grenzüberschreitenden Wirtschaftsverkehr verschweigen andere Vertriebsmöglichkeiten wie Handeln über Niederlassungen oder mithilfe von Kooperationspartnern in dem jeweiligen Staat. Insbesondere spezialisierte Unternehmen – sei es für Bühnentechnik, sei es für die

Dekontamination militärischer Flächen oder für Uniformen – finden ihren Markt auch jenseits der Grenzen.

Der Wettbewerb hat für Unternehmen ebenfalls positive Seiten. Nur in Konkurrenz mit anderen Anbietern kann jedes Unternehmen sein eigenes Profil schärfen und so für den Nachfrager attraktiv werden.

Kein Prinzip besteht nur aus einer Medaillenseite. So führen Wettbewerb und Transparenz auch zu misslichen Erfahrungen, die bis zum „Erstreiten" von Konsortien für große Aufträge oder zu dem Versuch gehen, durch ein Nachprüfungsverfahren die Konkurrenz zumindest zeitweise vom Markt fernzuhalten. Diese negativen Seiten sind aber nicht vergaberechtsspezifisch und taugen daher nicht zu einer generellen nostalgischen Anwandlung, den Rechtsschutz erheblich einzuschränken oder gar abzuschaffen.

Fazit: Das Vergaberecht birgt für die Unternehmen erhebliche Vorteile bei der Beteiligung an öffentlichen Aufträgen.

3.3 Wo stehen wir heute?

Nach 15 Jahren Kartellvergaberecht müssen wir feststellen, dass trotz aller positiven Entwicklungen ein Punkt erreicht ist, wo Fragen, wenn nicht gar Zweifel aufkommen, ob der Weg so weiter beschritten werden kann.

Der Binnenmarkt im öffentlichen Beschaffungswesen kommt nur im Schneckentempo voran. Hürden im organisatorischen Bereich können beseitigt werden, an der Sprachhürde aber bleiben viele Bestrebungen hängen. Dennoch müssen weitere Schritte unternommen werden, um formale Hindernisse abzubauen.

Das Vergaberecht zersplittert sich zunehmend. Ob öffentlicher Personennahverkehr oder Verteidigung und Sicherheit – bestimmte Branchen erhalten eigene Regelungen. Die Sinnhaftigkeit muss sich in den nächsten Jahren zeigen, gewisse Zweifel sind jedoch angebracht. Zusätzlich zu branchenspezifischen Regelungen kommen Einflüsse, insbesondere aus dem Umweltbereich: Immer stärker greifen direkte Regelungen, z.B. zu Nachhaltigkeitsaspekten von Produkten (Fahrzeuge, Energie verbrauchende Geräte) direkt in das Vergaberecht ein, indem Standards vorgegeben werden, von denen die Auftraggeber bei Beschaffungen nicht abweichen dürfen. Bei hohen Standards besteht die Gefahr, dass damit eine erhebliche Markteinschränkung einhergehen kann, weil nur ein kleiner Kreis von Unternehmen diese Produkte bzw. diese Dienstleistungen anbieten kann.

Generell ist zu beobachten, dass die Komplexität der Vergaberegeln zunimmt. Beliebte Beispiele sind hierfür die von der weit überwiegenden Anzahl der Bundesländer erlassenen Vergabegesetze. Sie konkretisieren – teilweise in umfänglicher Form[1] – soziale Aspekte wie Tariftreue und Frauenförderung oder Anforderungen an grüne Beschaffungen. Damit entfernen sie sich vielfach von der Vorgabe, nur mit dem Auftragsgegenstand in Verbindung zu bringende, zusätzliche Kriterien zu fordern. Diese Anforderungen erschweren es Unternehmen erheblich, sich an öffentlichen Aufträgen zu beteiligen. Denn weitere Nachweispflichten müssen erfüllt werden, so dass die Kosten für die Erstellung eines An-

[1] So z. B. das Tariftreue- und Vergabegesetz Nordrhein-Westfalen v. 10.1.2012.

gebots steigen. Dies geht natürlich einher mit einer Steigerung von Ausgaben auf Seiten der öffentlichen Auftraggeber, denn die Unternehmen geben den zusätzlichen Aufwand im Rahmen ihres Angebots an die öffentliche Hand in Form höherer Kosten weiter. Viele Unternehmen scheuen die Kosten für die Angebotserstellung mittlerweile und halten daher den Markt der öffentlichen Beschaffungen nicht (mehr) für attraktiv. Zudem bestehen häufig Zweifel an der ausreichenden Kompetenz der Vergabestellen, die zusätzlich zu dem Desinteresse der Unternehmen führt.

3.4 Elektronische Vergaben notwendig

Ob eine umfassende Einführung von elektronischen Vergaben zumindest organisatorische Aufwende zu reduzieren vermag, muss zügig geklärt werden. Die bisherigen Erfahrungen schrecken eher ab: Keine durchgängigen, interoperablen technischen Lösungen, fehlende Standards bereits national, um nur einige Gründe zu nennen. Leere Haushaltskassen sind ebenfalls ein gewichtiges Argument gegen die Anschaffung einer technischen Lösung, die aber nur ab und an tatsächlich genutzt werden muss.

Dennoch müssen die Aufwendungen für die formale Abwicklung von Vergabeverfahren reduziert werden. Unternehmen haben bereits erhebliche Kosten, um überhaupt an die notwendigen Informationen über öffentliche Aufträge unterhalb der EU-Schwellenwerte zu gelangen. Eine verbindliche Einführung von E-Vergabe-Lösungen auf der Basis einheitlicher Standards ist daher unumgänglich. Sie muss dann auch das Stadium der Kommunikation verlassen und durchgängig bis zur Transaktion funktionieren. Nur so ergeben sich Mehrwerte für die Unternehmen und die öffentlichen Auftraggeber. Der Stufenplan, den Wirtschaftsverbände (BDI, DIHK und ZDH) mit dem Beschaffungsamt des Bundesinnenministeriums im Juni 2007 geschlossen haben, hat es gezeigt: Am Anfang klemmte es überall, nun haben es auch die Unternehmen akzeptiert. Zwar ergeben sich immer wieder technische Fragen, die jedoch gelöst werden können. E-Vergabe-Lösungen können zudem zu rechtssicheren Vergabeverfahren führen, weil sie den Anwender entsprechend leiten können.

Die Planung der EU-Kommission, E-Vergabe bis Mitte 2016 verbindlich in ganz Europa einzuführen, geht daher in die richtige Richtung [1].

3.5 Neue Akzente bei der Beschaffung erforderlich

Unabhängig von diesen Einzelaspekten ist festzustellen, dass der Weg des Vergaberechts stark in Richtung Verrechtlichung zeigt. Die Einhaltung formaler Kriterien ist wichtig und wird durch den Rechtsschutz gewährleistet. Diese Aspekte haben unbestritten zu einer Fortentwicklung des Vergaberechts geführt und der anbietenden Wirtschaft z.B. die Vorinformation vor Zuschlagserteilung gebracht, die durch die Änderung der Rechtsmittelrichtlinie zum europäischen Standard geworden ist.

Ist das aber der Weg in die richtige Zukunft des Vergaberechts? Hieran bestehen erhebliche Zweifel sowohl in der Politik, der Wissenschaft sowie in der Verwaltung und der Wirtschaft. Bei Unternehmen ist schon lange bekannt, dass im Einkauf der Gewinn liegt. Wie kann diese Kenntnis im öffentlichen Bereich implementiert werden, ohne auf die Einhaltung notwendiger rechtlicher Regelungen zu verzichten? Welche Mittel sind erforderlich, um stärkere betriebswirtschaftliche Betrachtungen in das Beschaffungswesen einzuführen?

Die anbietende Wirtschaft hat hier recht klare Vorstellungen: Erforderlich ist eine Beschaffungsstrategie, also die grundlegende Entscheidung darüber, was und wie die Vergabestellen in der näheren Zukunft einkaufen müssen bzw. möchten. Dies würde eine frühzeitige Ressourcenplanung ermöglichen. Der Vorteil für interessierte Unternehmen läge in der Möglichkeit, aufgrund frühzeitiger Informationen auch rechtzeitig passende Angebote platzieren zu können.

Der öffentliche Auftraggeber kann im Rahmen seiner Beschaffungsstrategie z.B. auch darlegen, wie er Aspekte der Nachhaltigkeit bei seinen Einkäufen berücksichtigen möchte.

Benötigt werden zudem entsprechende Kenntnisse und Fähigkeiten auf Seiten der Vergabestellen. Parallel zu einer Spezialisierung in den Unternehmen könnte an eine Fortbildung für die Beschaffer gedacht werden, die rechtliche und betriebswirtschaftliche Kenntnisse kombiniert. Der DIHK ist bereit, das in der IHK-Organisation dazu vorhandene Know-how zur Verfügung zu stellen.

Wenn aber viele der fast 30.000 Vergabestellen in Deutschland den steigenden Anforderungen an eine rechtlich und betriebswirtschaftlich ausgerichtete Beschaffung nicht erfüllen können, muss die Frage beantwortet werden, ob eine Bündelung von Beschaffungen auf einer höheren Verwaltungsebene eine Lösung wäre. Aus Sicht der anbietenden Wirtschaft wäre dies dann zu akzeptieren, wenn damit keine Nachfragebündelung in wirtschaftlicher Hinsicht verbunden wäre, sondern es sich allein um eine organisatorische Zusammenfassung handeln würde. Denn mit einem solchen Zusammenschluss soll die Möglichkeit kleinerer und mittlerer Unternehmen, sich an öffentlichen Aufträgen zu beteiligen, nicht geschmälert werden. Gerade auf lokaler und regionaler Ebene, wo ca. 90 % aller Aufträge vergeben werden, befindet sich der Markt der öffentlichen Beschaffungen, der für KMU interessant ist.

Aus einem betriebswirtschaftlichen Know-how derjenigen, die für das Beschaffungswesen zuständig sind, folgen automatisch größere Möglichkeiten, sich eine bessere Marktübersicht und damit eine fundiertere Ausgangsposition gegenüber dem anbietenden Unternehmen zu verschaffen. Denn dies wird von Bietern immer wieder beklagt: Es fehlt an Kenntnissen über die am Markt vorhandenen Produkte bzw. Dienstleistungen und Gespräche bzw. Verhandlungen zur Klärung des Sachverhalts können häufig nicht auf Augenhöhe geführt werden.

Unternehmen weigern sich zunehmend, auf Ausschreibungen zu bieten, bei denen wesentlich oder vollständig der Preis das einzige Zuschlagskriterium ist. Ein ausgebildeter Einkäufer wäre eher in der Lage, Kriterien für ein „wirtschaftlichstes Angebot" definieren zu können, ohne die angespannte Haushaltslage unberücksichtigt zu lassen.

Unternehmen vergleichen die Situation im öffentlichen Beschaffungswesen selbstverständlich mit ihrer eigenen, wenn sie selbst einkaufen, wohl wissend, dass die öffentliche Hand anderen rechtlichen Vorschriften unterliegt. Dennoch würde sie insgesamt flexiblere

Verfahren bevorzugen, in denen umfassender über die Konkretisierung des Beschaffungsgegenstands und das gesamte Verfahren verhandelt werden könnte. Dieser Wunsch deckt sich mit dem Anliegen der öffentlichen Beschaffer, wobei hier eher Verhandlungen über den Preis die Motivation sind.

3.6 Entwicklung auf europäischer Ebene

Kommen die Überlegungen der EU-Kommission, niedergelegt in dem Entwurf zur Änderung der Vergaberichtlinien, diesen Vorstellungen der Unternehmen entgegen [2]?

Der Entwurf schafft nur geringfügig mehr Flexibilität in den Verfahren, so dass die strengen Regelungen weiterhin zu beachten sind. Das Verhandlungsverfahren kann von den Mitgliedsstaaten in nationales Recht umgesetzt werden und ist nach wie vor nur unter bestimmten Bedingungen anwendbar. Allerdings schreibt der Entwurf die Einführung elektronischer Vergaben verbindlich innerhalb einer gewissen Übergangsfrist vor. Das klingt auf den ersten Blick positiv. Jedoch fehlt es an grenzüberschreitend geltenden E-Vergabe-Standards. Die EU-Kommission muss darüber hinaus noch Hausaufgaben machen: Die elektronischen Signaturen sind nicht EU-weit interoperabel.

Zur Förderung des grenzüberschreitenden Verkehrs, aber auch mit positiven Auswirkungen auf Inlandsvergaben, ist der Vorschlag eines Vergabepasses zu bewerten. Die Nachweiserbringung ist ein kosten- und zeitaufwendiger Aspekt bei der Erstellung von Bewerbungen bzw. Angeboten. Hilfreiche Regelungen, wie eine grundsätzliche Verwendung von Eigenerklärungen oder eine Präqualifikation z.B. durch die Auftragsberatungsstellen bzw. die Industrie- und Handelskammern, bedeuten insbesondere für KMU eine Entlastung. Ein EU-weites, einheitliches Zertifikat mit einer obligatorischen Anerkennung durch alle Vergabestellen wäre jedoch konsequent.

Der Entwurf sieht die Aufteilung in Lose vor. Im deutschen Recht ist dies bereits Tradition. Dennoch ist der KMU-freundliche Effekt wohl überschaubar. Jedenfalls hat die rechtliche Verschärfung der Verpflichtung zur Losaufteilung in Deutschland zu keiner wesentlichen Verbesserung der Situation geführt, zumal die Rechtsprechung sehr weiche Anforderungen an die Ablehnung einer Aufteilung stellt.

Der weitere Entwurf aus Brüssel zur Regelung von Konzessionen wird in der Wirtschaft unterschiedlich bewertet [3]. Der DIHK hat schon vor einiger Zeit entsprechende Vorschriften gefordert. Denn alle sonstigen Arten von Aufträgen sind einem Rechtsregime unterworfen, nur die Dienstleistungskonzessionen nicht. Dieser stetig wachsende Markt wird nach wie vor eher in einer Grauzone vergeben – kaum Transparenz, diffuser Rechtsweg, auf jeden Fall keine Rechtssicherheit für die Unternehmen. Ob die Veranstaltung von regelmäßig wiederkehrenden Stadt- und Volksfesten, ob das Betreiben eines Museumsshops oder einer Krankenhauskantine – es handelt sich immer um interessante Märkte auch für kleinere und mittlere Unternehmen.

3.7 Lokale und regionale Vergaben interessant

Wenn ca. 90% der öffentlichen Aufträge unterhalb der EU-Schwellenwerte vergeben werden, dann liegt das Interesse der Unternehmen auf diesem Marktsegment. Viele Unternehmen, insbesondere KMU, beschränken zudem ihren Wirtschaftsradius auf die lokale und regionale Ebene. Hier gilt Haushaltsrecht, das – teilweise – auf die Vergabe- und Vertragsordnungen verweist. Auf Studien basierende Schätzungen gehen davon aus, dass ca. 75% aller Vergaben freihändig durchgeführt werden [4]. Die Priorität der öffentlichen Ausschreibungen wird also nicht beachtet. Da es auch kaum Primärrechtsschutz gibt, kann keine verlässliche Aussage dazu getroffen werden, ob die Nichtdiskriminierung beachtet wird; auch Wettbewerb und Transparenz sind im Wesentlichen inhaltsleere Grundsätze. Das Europäische Gericht hat aber festgelegt, dass auch im Unterschwellenbereich diese drei Prinzipien zu berücksichtigen sind[2].

3.8 Wertgrenzen

Diesen Forderungen entsprechen Vergaben unter Beachtung hoher Wertgrenzen überhaupt nicht. Das Konjunkturpaket II hatte als einen Aspekt der Ankurbelung der Wirtschaft Lockerungen im Vergaberecht vorgesehen. So konnten Bauaufträge bis zu einem Wert von 1.000.000,00 € beschränkt ausgeschrieben werden. Im Liefer- und Dienstleistungsbereich waren freihändige Vergaben oder beschränkte Ausschreibungen bis 100.000,00 € möglich.

Die Auswirkungen dieser Regelungen auf Bundes- und auf Landesebene sind mit unterschiedlichen Zielsetzungen untersucht worden [5]. Aus Sicht von Unternehmen, die an öffentlichen Aufträgen interessiert sind, hatte dies mehrere Facetten: Während viele Unternehmen sich über die mangelnde Transparenz beschwerten, weil sie gar keine Informationen über Vergaben bekamen, begrüßten andere diese hohen Wertgrenzen. Sie sahen hierin eine Möglichkeit, mit einer wesentlich höheren Chance auf den Zuschlag teilnehmen zu können, weil die Konkurrenz nicht so zahlreich war. Diese eher positive Einschätzung haben viele Landesregierungen zur Begründung dafür verwendet, die eigentlich bis 2010 befristeten hohen Wertgrenzen zu verlängern. Ordnungspolitische Aspekte, Korruptionsbekämpfung und auch das Vermeiden stärkerer Preisanstiege waren keine ausreichenden Gegenargumente.

3.9 Konsequenzen

Wenn aber ein starker politischer Wille vorhanden ist, Vergaben zu erleichtern und zu beschleunigen und sich nicht an die eigentlichen Regelungen VOB und VOL zu halten, muss geprüft werden, ob diese Vorschriften noch ihren Sinn erfüllen. Regelungen, die negiert werden, haben, wenn es an einer Kontrolle fehlt, keine rechte Daseinsberechtigung mehr.

Der DIHK hat deshalb die Initiative ergriffen und sich Gedanken zu einer vollständigen Neuregelung von Liefer- und Dienstleistungen unterhalb der EU-Schwellenwerte ge-

[2] Urteil v. 20.5.2010; Rechtssache T-258/06.

macht. Ausschlaggebend waren hierfür die Nichtanwendung der bisherigen Regelungen, der starke Wunsch nach Erleichterung in den Verfahren und die Möglichkeit zu einer größeren Flexibilität insgesamt. Die beiden letzten Aspekte gelten sowohl für die öffentlichen Auftraggeber, als auch für die bietende Wirtschaft. Große Transparenz im Vorfeld – Bekanntgabe einer Beschaffungsstrategie und kursorische Beschreibung der beabsichtigten Aufträge – verschafft dem öffentlichen Auftraggeber Freiräume in der konkreten Beschaffung und den interessierten Unternehmen eine frühzeitige Reaktionsmöglichkeit. Unterstützt durch eine rein elektronische Abwicklung der Beschaffungen kann ein zusätzlicher Beschleunigungseffekt eintreten.

Entscheidend wird sein, dass Änderungen an den rechtlichen Regelungen für beide Seiten Vorteile bringen. Nur so kann der Wille zur Anwendung hervorgerufen werden.

3.10 Fazit

Das Vergaberecht hat sich in den letzten 15 Jahren mit einer erheblichen Geschwindigkeit entwickelt. Unabhängig von in näherer Zukunft anstehenden Änderungen des Rechtsrahmens bleibt die Frage nach den Grundsätzen, denen öffentliche Beschaffungen folgen sollen, nicht abschließend beantwortet. Mehr Recht ist vielleicht nicht die richtige und zukunftsweisende Antwort. Das gilt sowohl für Oberschwellen- wie für Unterschwellenvergaben. Es scheint sicher, dass in den nächsten 15 Jahren dieses Thema diskutiert werden muss und wird. Die Wirtschaft beteiligt sich gern daran.

3.11 Literaturverzeichnis

[1] Mitteilung der EU-Kommission „Eine Strategie für die e-Vergabe“ v. 20.4.2012, KOM (2012) 179 endg.

[2] Vorschlag für Richtlinie des Europäischen Parlaments und des Rates über die öffentliche Auftragsvergabe v. 20.12.2011, KOM (2011) 896 endg.

[3] Vorschlag für Richtlinie des Europäischen Parlaments und des Rates über die Konzessionsvergabe v. 20.12.2011, KOM (2011) 897 endg.

[4] Rambøll Management u. A., Studie im Auftrag des Bundesministeriums für Wirtschaft und Technologie: „Kostenmessung der Prozesse öffentlicher Liefer-, Dienstleistungs- und Bauaufträge aus Sicht der Wirtschaft und der öffentlichen Auftraggeber“, Endbericht März 2008.

[5] Wegweiser GmbH Berlin Research & Strategy u. A.:“Evaluierung der Vereinfachungsmaßnahmen bei der Vergabe von Aufträgen über Liefer- und Dienstleistungen nach dem Konjunkturpaket II“ v. Mai/September 2011.

Teil C

Exzellente öffentliche Beschaffung und politische Ziele

Strategien im Beschaffungswesen als Erfolgsfaktor innovativer Verwaltung

4

Beate Lohmann und Stefan Werres, Bundesministerium des Innern

4.1 Einleitung

Angesichts eines Jahreseinkaufsvolumens der öffentliche Hand in Deutschland von ca. 300 Milliarden Euro[1] kommt der Entwicklung eines strategischen Beschaffungsmanagements – nicht zuletzt vor dem Hintergrund des sich in den letzten Jahren mit zunehmender Vehemenz verschärfenden Konsolidierungsdrucks öffentlicher Haushalte – eine stetig wachsende Bedeutung zu. Einschlägige Studien beziffern das durch die Entwicklung und Umsetzung zielgerichteter Beschaffungsstrategien erschließbare Einsparpotenzial in der öffentlichen Verwaltung in Deutschland auf drei bis vier Milliarden Euro jährlich [1]. Diese betriebswirtschaftlichen und haushaltsmäßigen Potenziale stellen aber lediglich einen, wenngleich wesentlichen, Aspekt eines strategischen Beschaffungsmanagements dar. Mit Blick auf das beschriebene Volumen muss die Entwicklung strategischer Beschaffungsziele auch weitergehende Gesichtspunkte wie Nachhaltigkeit, Integrität und soziale Verantwortung mit einbeziehen. Eine Verengung von Einkaufpolitiken allein auf Effizienzgesichtspunkte griffe angesichts der insoweit bestehenden politischen Postulate zu kurz. Schließlich wirken auch die je nach parlamentarischer Mehrheit wechselnden politischen Anschauungen auf das Beschaffungssystem der öffentlichen Hand unmittelbar ein: Die Einhaltung von Mindestlohnstandards, der Tariftreue oder der sonstigen Arbeitnehmerschutzvorschriften oder die gezielte Förderung bestimmter Wirtschaftsbereiche (z.B. des Mittelstandes) stellen wechselhafte politische Anforderungen an das Beschaffungswesen dar, die gegebenenfalls nach einer flexiblen Ausrichtung des Einkaufs verlangen.

Die zuvor dargelegten kursorischen Eingangsüberlegungen verdeutlichen bereits, dass ein modernes Einkaufswesen am Beginn eines neuen Jahrtausends vielfältigen Kriterien genügen muss. Um diesen möglichst umfassend zu entsprechen, bedarf es der Entwicklung zielgenauer Beschaffungsstrategien, ohne die eine vernetzte und transparente Verwaltung, nicht zuletzt in einem immer komplexer werdenden Wirtschafts- und Rechtsraum nicht existieren kann.

Der nachfolgende Beitrag versucht die grundlegenden Gedanken für ein strategisch konzipiertes Beschaffungswesen zu synthetisieren und einen einleitenden Impuls für die weitere fachliche und wissenschaftliche Diskussion zu geben. Er greift insbesondere auch die Ergebnisse aktueller Studien und Untersuchungen auf und transponiert diese auf die Bedarfsebene der öffentlichen Verwaltung.

---

[1] In der Literatur wird das öffentliche Einkaufsvolumen wegen unterschiedlicher Zurechnung der öffentlichen Sachausgaben in einer Bandbreite von 200 bis 350 Milliarden Euro beziffert. Als gesichert kann gelten, dass im Referenzjahr 2006 Bund, Länder und Gemeinden ein Einkaufsvolumen von mindestens 100 Milliarden Euro, die Sozialversicherungsträger und sonstige öffentliche Auftraggeber weitere 100 Milliarden für extern beschaffte Güter und Dienstleistungen aufgewendet haben, vgl. für viele Wegweiser/TU Berlin/Orrick Hölters & Elsing (2009), S. 61 ff.

4.2 Ausgangslage der öffentlichen Verwaltung in Deutschland

Der Ist-Zustand des Beschaffungswesens in der öffentlichen Verwaltung des Bundes und der Länder ist nach wie vor durch eine Vielzahl verwaltungstypischer Organisations- und Verhaltensmuster gekennzeichnet, die eine optimale Ausrichtung der Einkaufsfunktion in der Verwaltung – auch mit beachtlichen Konsequenzen für die öffentlichen Haushalte und die Wirtschaft – erschweren. Neben fehlenden standardisierten Abläufen und weitgehend dezentralen Beschaffungen macht sich dieser Zustand insbesondere durch mangelnde Transparenz und eine lediglich eingeschränkt vorhandene übergreifende Koordination und Steuerung der Beschaffung bemerkbar. Dieser Befund wurde auch durch zahlreiche Stellungnahmen des Bundesrechnungshofes (BRH) bestätigt. So stellte der BRH bereits im Jahr 2009 in seiner Querschnittsprüfung in der mittelbaren Bundesverwaltung fest [2], dass dezentrale Strukturen und zersplitterte Zuständigkeiten mitursächlich für nicht einheitliche Verfahrensabläufe, für unwirtschaftliche Beschaffungen sowie für die Gefahr vergaberechtlicher Verstöße sind.

Neben diesen aufbauorganisatorischen Defiziten besteht auch innerhalb der einzelnen Behörden und Einrichtungen in verfahrensorganisatorischer Hinsicht Verbesserungsbedarf. Insoweit ist darauf hinzuweisen, dass durch eine organisatorische Verzahnung der Einkaufsfunktionen mit dem Buchhaltungs- und Rechnungswesen einer Behörde die Hebung weiterer betriebswirtschaftlich, aber auch haushaltsrechtlich relevanter Optimierungspotenziale ermöglicht werden kann. In der Verwaltungspraxis sind diese Funktionen jedoch oftmals nicht nur verfahrens-, sondern sogar aufbauorganisatorisch voneinander getrennt[2].

Schließlich sind über die beschriebenen organisatorischen Rahmenbedingungen hinaus noch strukturelle verhaltensbedingte Hemmnisse zu verzeichnen, deren Beseitigung mittel- und langfristig gerade im Beschaffungswesen eine noch wesentlich größere Herausforderung darstellt. Nicht zuletzt vor dem Hintergrund eines immer komplexer werdenden europäischen und nationalen Vergaberechts wird einer strikt rechtsgebundenen Verfahrensorientierung beim Einkauf in der Regel der Vorrang gegeben. Hierdurch soll etwaigen Vergaberechtsverstößen, die gegebenenfalls Sanktionen für die beschaffende Stelle oder gar den einzelnen Beschaffer nach sich ziehen können, entgegen gewirkt werden. In den Hintergrund tritt demgegenüber vielfach die erforderliche betriebswirtschaftliche Betrachtung. Dies gilt umso mehr als zwar einerseits Rechtsverstöße sanktioniert, das Anstreben wirtschaftlich sinnvoller Lösungen andererseits nicht entsprechend honoriert wird. Insoweit schaffen oftmals nur begrenzte Budgets einen Anreiz für den einzelnen Einkäufer die betriebswirtschaftlich beste Lösung zu erzielen.

Erschwerend kommt hinzu, dass eine einzelfallbezogene Betrachtung häufig dem standardisierten und normierten Beschaffungsvorgang vorgezogen wird. Die Bildung und Beschaffung größerer Gesamtpositionen (Los-Bildung), die insbesondere auch eine ganzheitliche Kostenbetrachtung ermöglicht, hat zwar in den letzten Jahren deutlich zugenommen,

[2] Auf die Aufhebung dieser Trennung zielen mehrere laufende Projekte in der Bundesverwaltung. BMI hat u. a. mit Wirkung vom 1. Januar 2012 ein Projekt „Elektronische Rechnungsbearbeitung in der öffentlichen Verwaltung“ eingerichtet, dessen Intention u.a. auch eine organisatorische und verfahrensmäßige Verbindung von Beschaffungs- und Bezahlvorgängen ist.

eine regelmäßig anzutreffende dezentralisierte Struktur der Einkaufsfunktionen leistet der Fragmentierung des Beschaffungswesens aber weiterhin Vorschub.

Insgesamt besteht hinsichtlich der Entwicklung übergreifender Strategien im Beschaffungswesen noch deutlicher Optimierungsbedarf. Auch wenn die Bundesregierung bereits wichtige Maßnahmen – wie noch zu erläutern sein wird[3] – eingeleitet hat, muss selbstkritisch festgehalten werden, dass ein strategisches Beschaffungsmanagement noch eine herausfordernde Wegstrecke bewältigen und dazu insbesondere Ressort- und Behördenegoismen überwinden muss.

4.3 Vorhandene Optimierungsansätze

Mit Blick auf die zuvor beschriebene defizitäre Ausgangslage hat die Bundesregierung in dieser und in den vorangegangenen beiden Legislaturperioden ein ganzes Bündel an Maßnahmen zur Optimierung der aufbau- und verfahrensorganisatorischen Strukturen im Beschaffungswesen eingeleitet. Es handelt sich hierbei allgemein um Maßnahmen, die auf eine betriebswirtschaftlich sinnvolle Restrukturierung des Beschaffungsprozesses, auf eine Entbürokratisierung und ein ressourcenabhängiges nachhaltiges Wirtschaften zielen. Ihre in Teilen bereits erfolgte Implementierung stellt einen wichtigen Schritt zur Modernisierung des Beschaffungsprozesses in Deutschland dar.

Maßstabbildend für die nachfolgenden Optimierungsansätze war der unter Federführung des Bundesministerium des Innern (BMI) und des Bundesministerium für Wirtschaft und Technologie (BMWi) gefasste Beschluss der Bundesregierung zur Optimierung öffentlicher Beschaffungen vom 10. Dezember 2003 [3]. Gegenstand dieses Beschlusses war ein 7-Punkte-Programm, mit dem die Bundesregierung insbesondere die Bündelung von Bedarfen in Rahmenverträgen sowie die Einrichtung eines Kaufhaus des Bundes (KdB) als Spartenkaufhaus anstrebte. Diese Ansätze bilden nach wie vor die wesentliche Basis für die seitdem erzielten Ergebnisse auf dem Gebiet der Neustrukturierung des Beschaffungswesens. So ist gerade im Beschaffungsbereich mit dem KdB, der Nutzung von Rahmenverträgen sowie der Einrichtung der eVergabe eine sehr innovative Entwicklung zu beobachten, deren Potenziale, auch weil es zum Teil (noch) an der Akzeptanz der Bewerber und Bieter fehlt, noch nicht umfänglich ausgeschöpft sind. Die Einführung der eVergabe und das durch die zentralen Beschaffungsstellen des Bundes (ZBSt) im Rahmen des KdB bereitgestellte Angebot waren und sind für einige Bundesressorts Anlass, die Beschaffungsorganisation insgesamt zu straffen. Mitunter nimmt dadurch beispielsweise auch das Interesse an der Beauftragung eines Dienstleisters für die Durchführung von Beschaffungen zu. Solche Reorganisationsmaßnahmen werden jedoch mit unterschiedlicher Intensität und interner Priorisierung angegangen und durchgeführt. Im Ergebnis muss selbstkritisch auch bemerkt werden, dass die in Umsetzung des 7-Punkte Programms eingeleiteten Einzelmaßnahmen allein nicht den angestrebten nachhaltigen Effekt erzielt haben. Trotz der bereits bestehenden ZBSt des Bundes (in den Geschäftsbereichen des BMI, BMWi, Bundesministeriums der Verteidigung [BMVg] und Bundesministeriums der Finanzen [BMF]) werden durch Angebots- und Funktionslücken, der nicht ausreichenden

[3] Siehe hierzu unten 4.3.

Zufriedenheit aktiver Nutzer sowie der grundsätzlich fehlenden Bereitschaft zur Nutzung zentraler Dienstleistungen viele Beschaffungen weiterhin individuell von jedem Ressort in eigener Zuständigkeit durchgeführt. Aktivitäten zur ressortübergreifenden Beschaffung oder Standardisierung von Gütern werden nur vereinzelt durchgeführt und entfalten damit nicht die erwünschten Potenziale. Es wird insbesondere deutlich, dass eine ressortübergreifende Strategie für den Bereich Beschaffung, die in konzeptioneller Form bereits vorliegt[4], einer nachhaltigen Umsetzung bedürfte. Darüber hinaus ist die verfahrensorganisatorisch wünschenswerte Verzahnung des Beschaffungsvorgangs mit dem Bezahlverfahren zurzeit lediglich in Ansätzen vorhanden. In diesem Bereich bedarf es weiterer organisatorischer Impulse. Hierzu hat das BMI mit Wirkung vom 1. Januar 2012 ein Projekt „Elektronische Rechnungsbearbeitung in der öffentlichen Verwaltung" eingerichtet, dessen Intention u.a. auch eine organisatorische und verfahrensmäßige Verbindung von Beschaffungs- und Bezahlvorgängen ist. Auf derselben Linie liegt die vom BMF angestrebte Verortung der Rechnungsbearbeitung bei seiner zentralen Beschaffungsstelle der Zollverwaltung (BFD Südwest).

Einen weiteren Meilenstein zur Verbesserung des Beschaffungswesens bildete der von sechs Bundesministerien gefasste „Beschluss zur verstärkten Innovationsorientierung öffentlicher Beschaffungen" vom 16. Oktober 2007[5], in dem sich diese verpflichten, verstärkt neue Technologien und Innovationen im Rahmen öffentlicher Beschaffungen zu berücksichtigen und das dort vorhandene Potenzial effektiver auszuschöpfen. Infolge dieses Beschlusses wurden bemerkenswerte Fortschritte erzielt.

- In den hausinternen und auf die jeweiligen Geschäftsbereiche bezogenen Verwaltungsanweisungen wird nunmehr deutlich auf die zu prüfende Option der Implementierung innovativer Lösungsstrategien hingewiesen.
- Mit dem Gesetz zur Modernisierung des Vergaberechts wurde eine neue zusätzliche Kategorie von Anforderungen an die anbietenden Unternehmen eingeführt, wonach jetzt verstärkt auch innovative Aspekte in Leistungsbeschreibungen einfließen können.
- Es wurden bereits viele innovative Produkte und Leistungen beschafft, besonders dann, wenn sie zur Energieeinsparung beitrugen und damit zugleich ein Beitrag zur Nachhaltigkeit geleistet werden konnte.

---

[4] Regierungsprogramm „Zukunftsorientierte Verwaltung durch Innovation", Projekt 3.1.1, „Aufbau und Ausbau von Kompetenz- und Dienstleistungszentren", Phase 3, Teilprojekt „Pilot Beschaffung, ressortübergreifend" Geschäftsmodell des Dienstleistungszentrums Beschaffung der Bundesverwaltung, Berlin, 10. Januar 2010; Regierungsprogramm „Zukunftsorientierte Verwaltung durch Innovation", Projekt 3.1.1, „Aufbau und Ausbau von Kompetenz- und Dienstleistungszentren", Phase 3, Teilprojekt „Pilot Beschaffung, ressortübergreifend" Abschlussdokument Phase 3, Berlin, 29. Juli 2010.

[5] Bundesministerium für Wirtschaft und Technologie (BMWI), Hrsg., Bundesministerium für Bildung und Forschung, Bundesministerium für Verkehr/Bau und Stadtentwicklung, Bundesministerium der Verteidigung, Bundesministerium des Innern, Bundesministerium für Umwelt, Naturschutz und Reaktorsicherheit, 2007: Beschluss zur verstärkten Innovationsorientierung öffentlicher Beschaffung. Berlin; siehe hierzu auch Bundesministerium für Wirtschaft und Technologie (BMWi), 2009: Bericht zur Innovationsorientierung öffentlicher Beschaffung – Fortschritte seit Oktober 2007. Berlin.

- Strategische Dialoge zwischen den Beschaffungsstellen und Weiterbildungseinrichtungen für Beschaffer wurden verstärkt, insbesondere im Hinblick auf betriebswirtschaftliche, umwelt- sowie innovationsbezogene Fachinhalte.
- Die Öffentlichkeitsarbeit wurde intensiviert. Besonders hinzuweisen ist auf eine Reihe von Preisträgern beim Wettbewerb „Innovation schafft Vorsprung“ sowie auf Fachmessen und Veranstaltungsreihen, die die Bedeutung innovativer Lösungen immer wieder hervorheben.
- Für völlig neuartige Lösungen wurden vielfach zunächst Forschungs- und Entwicklungsaufträge vergeben, um bedarfsgerechte Leistungen bereit zu stellen.
- Die Beschaffungsprozesse wurden weiter optimiert; hier geht es insbesondere um die Homogenisierung der IT-Strukturen der Beschaffungsstellen und Bedarfsträger.

Schließlich wurden und werden auch in den Umsetzungsplänen 2007 bis 2009 zum Regierungsprogramm „Zukunftsorientierte Verwaltung durch Innovationen“ in verschiedenen Projekten Arbeiten zur Modernisierung der Beschaffung in der Bundesverwaltung unter Federführung des BMF, des BMWi und des BMI vorangetrieben. Diese Ansätze bedürfen freilich weiterer ressortübergreifender Impulse.

4.4 Strategisches Beschaffungsmanagement als Innovationsfaktor

4.4.1 Kernziele für ein strategisches Beschaffungsmanagement

Zur Schaffung eines integrierten strategischen Beschaffungswesens bedarf es grundsätzlich nicht nur einer adäquaten aufbauorganisatorischen Verankerung, sondern auch der Formulierung und Implementierung entsprechender Prozesse (im Sinne von Verfahrensabläufen) samt der dafür unverzichtbaren Zuständigkeiten. Gravierende institutionelle Hindernisse, die einer solchen Institutionalisierung entgegenstünden, sind in der deutschen Verwaltung sowohl auf Bundes- wie auch auf Landesebene nicht ersichtlich [4]. Insoweit können die vielfältigen Innovationsansätze, die in der Privatwirtschaft bereits zu einer deutlichen Verbesserung des Beschaffungsmanagements geführt haben, auch für die öffentlichen Verwaltungen in Deutschland fruchtbar gemacht werden.

Grundlage für die Optimierung des öffentlichen Beschaffungswesens ist dabei ein integriertes strategisches Beschaffungsmanagement, das in systematischer Weise insbesondere die Verwirklichung nachfolgender drei Ziele anstrebt:

- Weiterentwicklung der bisherigen regelzentrierten Einkaufspraxis zu einer integrierten betriebswirtschaftlichen Betrachtungsweise (hierzu unter 4.4.2);
- Entwicklung einer nachhaltigen Beschaffungspraxis (siehe hierzu unter 4.4.3);
- Konsolidierung des Beschaffungsvorgangs in aufbauorganisatorischer Hinsicht als Shared Service (siehe hierzu unter 4.4.4).

4.4.2 Weiterentwicklung der regelzentrierten Einkaufspraxis

Die Weiterentwicklung einer primär rechtsgebundenen Einkaufspraxis zu einem langfristig auf Wertschöpfung angelegten Beschaffungsmanagement erfordert eine gezielte strategische Vorgehensweise. Hierzu ist zunächst erforderlich, das vielfach anzutreffende Primat des Vergaberechts als vorherrschendes Organisationsprinzip durch eine integrierte Betrachtungsweise, die auch betriebswirtschaftlichen Aspekten Raum gibt, weiterzuentwickeln [4]. Diese Betrachtungsweise zielt in keiner Weise darauf, die Rechtstreue der öffentlichen Auftraggeber in irgendeiner Weise zu beeinträchtigen. Die diskriminierungsfreie und integere Beschaffung ist und bleibt oberstes Leitprinzip einer innovativen Verwaltung. Ergänzend sollte aber die Erkenntnis an Akzeptanz gewinnen, dass das Vergaberecht allein noch kein Einkaufs- und Wertschöpfungsmanagement prädisponiert. Ebenso wenig, wie die Anwendung des Arbeits- und Dienstrechts schon ein modernes Personalmanagement darstellt, ist auch die schlichte Anwendung des Vergaberechts keine hinreichende Voraussetzung für ein modernes öffentliches Einkaufsmanagement. Es gilt daher, den bereits eingeleiteten Wandel von der vorherrschenden regelzentrierten Vergabepraxis hin zu einem strategischen öffentlichen Beschaffungsmanagement weiter voranzutreiben und zu verstärken. Dieses zielt in systematischer Weise auf eine Volumenkonzentration ebenso wie auf eine Optimierung der Gesamtbeschaffungskette und eine Restrukturierung der Lieferantenbeziehungen [1]. Zur Erreichung dieser Ziele stellt das Vergaberecht einen wesentlichen Innovations- und Unterstützungsfaktor dar, denn das Vergaberecht enthält bestimmte Vorschriften, die Angebote für betriebswirtschaftlich sinnvolle, innovative und nachhaltige Lösungen durch die Bieter erleichtern. So kann beispielsweise die Leistungsbeschreibung sowohl funktional, also durch Vorgabe der zu erzielenden Funktionsdaten ohne Vorgabe der Leistungsdetails, als auch konstruktiv, also durch Vorgabe der Funktionsdaten und der Leistungsdetails, oder in Mischformen beider Beschreibungsmethoden erfolgen, sofern eine Beschreibung durch verkehrsübliche Bezeichnung nach Art, Beschaffenheit und Umfang nicht möglich ist. Beide Beschreibungsformen sind bereits jetzt gängige Praxis in den Vergabestellen des Bundes.

Während bei funktionalen Leistungsbeschreibungen per se alle Angebote zulässig sind, die die funktionalen Anforderungen erfüllen (somit auch innovative Angebote), kann bei konstruktiven Leistungsbeschreibungen für herkömmliche Produkte und Dienstleistungen zudem die Möglichkeit der Zulassung von Nebenangeboten verstärkt zur Unterbreitung von Angeboten mit innovativen Lösungsansätzen genutzt werden. Hier setzt nunmehr die neue VOL/A an. Diese soll aus Sicht der Ressorts dazu genutzt werden, Nebenangebote aktiv und vermehrt zur Verfolgung strategischer Beschaffungsziele (z.B. für Innovationen oder nachhaltige Produkte) eingesetzt werden. Bislang kamen Nebenangebote anders als die funktionale Leistungsbeschreibung in der Praxis nur selten vor. Denn sie erschwerten den Vergleich aller vorgelegten Angebote; deshalb neigten Beschaffungsakteure im Sinne eines rechtlich unangreifbaren Ablaufs des Vergabeverfahrens dazu, Nebenangebote ganz auszuschließen. Aus Anbietersicht waren die Erfolgsaussichten von Nebenangeboten, wenn sie unaufgefordert abgegeben wurden, höchst unsicher. Es dient nunmehr der rechtlichen Transparenz, dass im Zuge der Vergaberechtsreform auf der Ebene der Verdingungsordnung für Leistungen – Teil A (VOL/A) bei der Vergabe von Liefer- und Dienstleistungen einheitliche Verfahrensregelungen gelten. Innovative Nebenangebote sind nach den Bestimmungen der neuen VOL/A zwar nicht grundsätzlich zugelassen, sondern alle Nebenangebote bedürfen der ausdrücklichen Anforderung durch den Auftraggeber: Die Auftraggeber veröffentlichen ihren Wunsch nach Nebenangeboten gegebenenfalls in der Vergabebekanntmachung oder den Vergabeunterlagen und können damit aktiv das Signal setzen, auch Nebenangebote einzureichen. Anbieter werden so ermuntert, mit Nebenangeboten auch innovative oder nachhaltige Lösungen anzubieten.

4.4.3 Entwicklung einer nachhaltigen Beschaffungspraxis

Des Weiteren ist zu erwähnen, dass die Berücksichtigung von umweltbezogenen, innovativen und sozialen Kriterien in der Beschaffung immer weiter in den Fokus der öffentlichen Wahrnehmung rückt. Dass beispielsweise das im Geschäftsbereich des BMI angesiedelte Beschaffungsamt des Bundes mit einem Umsatzvolumen von über 1 Milliarde Euro jährlich durch eine an den Kriterien der Nachhaltigkeit ausgerichteten Beschaffungsstrategie einen wesentlichen Beitrag auch zur Ressourcenschonung liefern kann, liegt auf der Hand[6].

In ihrem Regierungsprogramm „Vernetzte und transparente Verwaltung" hat die Bundesregierung unter dem Druck begrenzter Ressourcen die Nachhaltigkeit (Wirtschaft, Umwelt, Soziales) zu einem Leitprinzip des Verwaltungshandelns definiert [5]. In Umsetzung dieser Vorgabe hat der Staatssekretärsausschuss für nachhaltige Entwicklung in seinem Maßnahmenprogramm eine nachhaltige Beschaffung verbindlich vorgeschrieben [6].

In konkreter Umsetzung dieser Vorgabe sind die Bundesressorts u. a. angehalten,

- nur noch Produkte der jeweils höchsten Energieeffizienzklasse (z.B. Bürogeräte) zu beschaffen, sofern die Produkte das erforderliche Leistungsprofil aufweisen;
- bei Ausschreibungen, wo dies bereits möglich ist, die Kriterien des Umweltzeichens „Blauer Engel" zu verwenden; ansonsten werden die Kriterien des Europäischen Umweltzeichens, des Energy Stars oder vergleichbarer Label genutzt oder deren Standards;
- den Anteil des Einsatzes von Recyclingpapier (z. B. für Kopierarbeiten, Briefumschläge und Druckerzeugnisse) – wo wirtschaftlich und technisch möglich – schrittweise von heute rund 70% auf mindestens 90% in 2015 zu erhöhen;
- Einzelmaßnahmen zu prüfen, die sichern, dass sich das eigene Beschaffungs- und Bauwesen spätestens bis zum Jahr 2020 auch an biodiversitätserhaltenden Standards (Biodiversitätsstrategie der Bundesregierung) orientiert;
- die Energieeffizienz ihrer Fuhrparks zu verbessern; ausgenommen sind wo erforderlich – Sonderfahrzeuge. Bei der Beschaffung handelsüblicher Dienstwagen wird bis 2015

[6] Siehe hierzu auch Kapitel 5.

ein durchschnittlicher Emissionswert der Dienstwagenflotte von 130 g CO2/km angestrebt;

- bei geeigneten Ausschreibungen bei Bietern als Nachweis ihrer technischen Leistungsfähigkeit eine Zertifizierung nach einem Umweltmanagementsystem (EMAS und ISO 14001 oder nach gleichwertigen Standards) abzufragen.

Teil des Maßnahmenprogramms ist auch die Einrichtung einer Kompetenzstelle nachhaltige Beschaffung beim Beschaffungsamt des Bundesinnenministeriums in Bonn. Diese bündelt bestehendes Wissen über eine nachhaltige Beschaffung und bietet Beratungsleistungen zur entsprechenden Gestaltung konkreter Beschaffungsvorgänge an. Das zweite Standbein der Kompetenzstelle ist eine webbasierte Informationsplattform zur nachhaltigen Beschaffung [7]. Vorhandene Informationsplattformen der Ressorts und Geschäftsbereichsbehörden sollen unter einem zentralen Eingangsportal verknüpft werden, um allen Akteuren der öffentlichen Beschaffung eine Kommunikations- und Vernetzungsdrehscheibe zu bieten. Mittels der Informationsplattform wird so der Weg für ein nationales Expertennetzwerk geebnet. Hierfür ist besonders der Austausch mit der Wirtschaft und den Nichtregierungsorganisationen erwünscht. Auch intern handelt das Beschaffungsamt nachhaltig. Im Rahmen seines Masterplans Nachhaltigkeit hat die Behörde beispielsweise ihren Fuhrpark teilweise auf E-Fahrzeuge umgestellt. Betankt werden die Fahrzeuge mit Öko-Strom an der behördeneigenen E-Tankstelle.

Der bereits oben beschriebene Unterstützungs- und Innovationsfaktor des Vergaberechts tritt auch mit Blick auf eine nachhaltige Beschaffung deutlich hervor. So steht das Vergaberecht in keiner Weise entgegen, Angebote auch unter Berücksichtigung von Lebenszykluskosten zu bewerten. Trotz einer gegebenenfalls höheren Anfangsinvestition kann sich unter Berücksichtigung der Lebenszykluskosten ein auf nachhaltiges Wirtschaften angelegtes Produkt gegenüber konventionellen Alternativen als langfristig wirtschaftlicher erweisen, da auch regelmäßig in der Kostenrechnung nicht erfasste Einflussgrößen eingestellt werden können. Entscheidend ist die Kostenanalyse eines Produkts über seine gesamten Lebensphasen hinweg, vom Erwerb bis zur Entsorgung.

Im Übrigen sollten unter dem Aspekt der Nachhaltigkeit Leistungsbeschreibungen so aufgestellt werden, dass auch den Anbietern nachhaltiger Innovationen die Möglichkeit gegeben wird, zum Zuge zu kommen. Als geeignetes Mittel kommen insoweit Nebenangebote, auch für Teilleistungen in Betracht. Bei Vergaben unterhalb der EU-Schwellenwerte sollten daher Nebenangebote lediglich in begründeten Ausnahmefällen ausgeschlossen werden. Oberhalb der EU-Schwellenwerte ist bei der Formulierung der Mindestanforderungen für die Abgabe von Nebenangeboten dem Aspekt der Nachhaltigkeit ausreichend Raum zu geben.

4.4.4 Aufbauorganisatorische Konsolidierung des Beschaffungsvorgangs

Ein weiteres Kernelement für die Optimierung der öffentlichen Beschaffung ist die Konsolidierung ausgewählter Einkaufsfunktionen als Shared Services-Center (SSC). Unter dem

SSC-Konzept versteht man einen Organisationsansatz zur Bereitstellung von internen unterstützenden Dienstleistungen für mehrere Organisationseinheiten mittels gemeinsamer binnenorganisatorischer Nutzung von Ressourcen [8].

Grundsätzlich ist der Ansatz eines SSC-Modells in der zuvor beschriebenen Form der Verwaltung nicht fremd. Er wird bereits in vielen Aufgabenbereichen erfolgreich wahrgenommen. Die Namensgebung für solche Bereiche reicht dabei von Dienstleistungszentrum, Bildungszentrum, Zentrum für Informationsverarbeitung und steht unter dem Motto: Einer für alle. Allerdings greift der Ansatz eines SSC weiter. Er beinhaltet mehr als nur eine Zentralisierung von Aufgaben. Ein zusätzliches Element ist, dass das SSC seine operativen Unterstützungsleistungen auf der Grundlage einer gemeinsamen Vereinbarung mit der Kundenbehörde erbringt – dies aber in dezentraler Eigenverantwortung und mit einer stärkeren Orientierung an den Bedürfnissen der Kunden. Statt des traditionell hierarchischen Führungssystems wird mit diesem Modell eine stärkere kooperative und partnerschaftliche Verwaltung angestrebt. Shared Service-Konzepte sind damit Ausdruck einer horizontalen Funktionsteilung [74].

Unter Berücksichtigung der zuvor genannten Definition sollte eine SSC-Beschaffung unter besonderer Berücksichtigung des ressortübergreifenden Ansatzes in der Lage sein, eine effiziente und ressortübergreifende Beschaffung von Gütern und Dienstleistungen auf bundesweiter Ebene durchzuführen, um die Bedarfe der einzelnen Ressorts bzw. deren Behörden zu decken. Auf diese Weise können mehrere Bedarfsträger moderne Beschaffungsverfahren behörden- und ressortübergreifend nutzen, entstehende Investitionskosten gemeinsam tragen, ihre Professionalität durch die Bündelung von Expertenwissen erhöhen und Redundanzen vermeiden [4].

Im Rahmen des Projekts „Auf- und Ausbau von Kompetenz- und Dienstleistungszentren" wurde bereits ein umfassendes und detailliertes Geschäftsmodell zur Einrichtung eines Dienstleistungszentrums Beschaffung der Bundesverwaltung entwickelt. Auf die dort dargelegten Ausführungen und Erkenntnisse im Rahmen eines Grob- und eines Feinkonzeptes kann an dieser Stelle lediglich verwiesen werden[7]. Die Konzepte verdeutlichen auf eindrucksvolle Weise, dass die Bündelung strategisch relevanter Kernprozesse (Beobachtung der Marktentwicklung und des Rechtsrahmens, strategisches Sourcing, Qualitätsmanagement sowie Beschaffungscontrolling) die optimale Nutzung von Synergie- und Skaleneffekten ermöglicht. Das insoweit sehr erfolgreiche Beispiel der Gründung einer Bundesbeschaffung GmbH in Österreich lässt sich aufgrund der differenziert zu betrachtenden Rahmenbedingungen sicherlich nicht unreflektiert auf Deutschland übertragen. Es verdeutlicht aber zweifelsohne, dass ein sinnvoll konsolidiertes Beschaffungswesen nicht mit einem Verlust an Kompetenzen und dezentraler Entscheidungsfreiheit einhergehen muss. Hierin liegt sicherlich der verwaltungspsychologische und –soziologische Schlüs-

[7] Regierungsprogramm „Zukunftsorientierte Verwaltung durch Innovation", Projekt 3.1.1, „Aufbau und Ausbau von Kompetenz- und Dienstleistungszentren", Phase 3, Teilprojekt „Pilot Beschaffung, ressortübergreifend" Geschäftsmodell des Dienstleistungszentrums Beschaffung der Bundesverwaltung, Berlin, 10. Januar 2010; Regierungsprogramm „Zukunftsorientierte Verwaltung durch Innovation", Projekt 3.1.1, „Aufbau und Ausbau von Kompetenz- und Dienstleistungszentren", Phase 3, Teilprojekt „Pilot Beschaffung, ressortübergreifend" Abschlussdokument Phase 3, Berlin, 29. Juli 2010.

sel für die erfolgreiche Implementierung eines zentralisierten Beschaffungsmodells. Unter Nutzung dieses Schlüssels wird das BMI auch zukünftig weitere Türen zur Etablierung eines strategischen Beschaffungswesens öffnen.

4.5 Bestehende Umsetzungsherausforderungen

Die Umsetzung des beschriebenen strategischen Beschaffungsmanagements stellt die Verwaltung naturgemäß vor eine ganze Reihe von Herausforderungen, nicht zuletzt auch in der Überwindung von Widerständen und strukturbezogenen Hindernissen. Betriebswirtschaftlich sinnvolle Forderungen nach Standardisierung und Vereinheitlichung ziehen nicht selten Befürchtungen eines Verlusts an Entscheidungsfreiheit und Kompetenz nach sich. Diese Befürchtungen werden nicht selten unter Berufung auf die Einzigartigkeit und die Besonderheiten des jeweiligen Verfahrens, das einer Standardisierung entgegenstehe, verklausuliert hervorgebracht. Mögen diese Befürchtungen im Einzelfall auch ihren sachlichen Grund haben, darf im Gesamtkontext jedoch kein Zweifel bestehen, dass die weit überwiegend anzutreffenden Beschaffungsprozesse für eine Standardisierung und Vereinheitlichung auf zentraler Ebene uneingeschränkt geeignet sind. An diese Erkenntnis gilt es für die weiteren Überlegungen und Maßnahmen anzuknüpfen.

Vorgaben hinsichtlich der einzusetzenden IT-Unterstützung sind an den bestehenden Voraussetzungen einer schnittstellenreichen IT-Landschaft des Bundes und der Länder zu messen. Die insoweit erforderlichen Konsolidierungen zu schaffen, erfordert nicht nur wirtschaftlichen Weitblick und IT-technischen Sachverstand, sondern vielmehr politische Überzeugungskraft und gegebenenfalls auch Durchsetzungsvermögen.

Nicht zuletzt bedarf insbesondere eine bedarfsgerechte Anwendung rechtlicher Vorgaben einer Flankierung durch umfassende und zielgerichtete Schulungsmaßnahmen. Diese Schulungen können nicht nur rechtlicher Natur sein. Sie müssen vielmehr die Grundlage für einen weitreichenden Bewusstseinswandel bilden, dass die Ausrichtung zu einem strategischen Beschaffungsmanagement einen wesentlichen Faktor für die innovative Verwaltung des 21. Jahrhunderts bildet.

4.6 Literaturverzeichnis

[1] Seitz, H./Frettlöhr, S./Bollue , G. (2008): Einsparpotenziale von Shared Services im Einkauf deutscher Verwaltungen, Düsseldorf.

[2] Bundesrechnungshof, Mitteilung über die Querschnittsprüfung Organisation der Beschaffung von infrastrukturellen Gütern und Dienstleistungen in der mittelbaren Bundesverwaltung vom 8. Juni 2009 – VII 5 – 2008 – 0015, S. 3 f.

[3] Beschluss der Bundesregierung zur Optimierung öffentlicher Beschaffungen vom 10. Dezember 2003 (BAnz. Nr. 48 vom 10. März 2004).

[4] Booz & Company (2011): Zum Entwicklungsstand des öffentlichen Einkaufs. Eine empirische Analyse in 16 Entwicklungsfeldern, S.17, Düsseldorf 2011.

[5] Bundesregierung (Hrsg.), Regierungsprogramm „Vernetzte und transparente Verwaltung", S. 7, Berlin 2010.

[6] Staatssekretärsausschuss für nachhaltige Entwicklung, Beschluss vom 6. Dezember 2010, Nachhaltigkeit konkret im Verwaltungshandeln umsetzen.

[7] Siehe http://www.bescha.bund.de/cln_091/nn_664064/DE/Nachhaltigkeit/node.html?__nnn=true.

[8] Werres, S. (2008): Veränderungsprozesse in den Oberbehörden und Einrichtungen der Bundesfinanzverwaltung, in: Litzcke, S. M./Nolte, R. (Hrsg.), Change Management – Theorie und Praxis, S. 153.

[9] Kagelmann, U. (2000): Shared Services als alternative Organisationsform. Wiesbaden: Deutscher Universitätsverlag, S. 57ff.

[10] Bundesministerium für Wirtschaft und Technologie (2009): Bericht zur Innovationsorientierung öffentlicher Beschaffungen – Fortschritte seit Oktober 2007, Berlin.

[11] Bundesrechnungshof (2009): Mitteilung über die Querschnittsprüfung Organisation der Beschaffung von infrastrukturellen Gütern und Dienstleistungen in der mittelbaren Bundesverwaltung , Bonn.

[12] Kagelmann, U. (2000): Shared Services als alternative Organisationsform. Wiesbaden: Deutscher Universitätsverlag.

[13] Küpper, H.-U. (1988): Controlling im Materialmanagement, in: Lücke, W. (Hrsg.), Betriebswirtschaftliche Steuerungs- und Kontrollprobleme, Wiesbaden, S. 163 - 183.

[14] Wegweiser GmbH/Technische Universität Berlin/Orrick Hölters & Elsing (2009): „Einkäufer Staat" als Innovationstreiber, Berlin.

[15] Werres, S. u.a. (2008): Veränderungsprozesse in den Oberbehörden und Einrichtungen der ´Bundesfinanzverwaltung, in: Litzcke, S. M./Nolte, R. (Hrsg.), Change Management – Theorie und Praxis, Schriftenreihe der Fachhochschule des Bundes für öffentliche Verwaltung, Band 51, Brühl, S. 142 - 164.

5 Aus dem Wald in die Welt – Nachhaltigkeit in der öffentlichen Beschaffung

Frank Schmitz – Beschaffungsamt des Bundesministeriums des Innern

5.1 Vorbemerkung

Eigentlich hatte er nur an den Wald gedacht: Als Hans Carl von Carlowitz 1713 seine „Haußwirtschaftliche Nachricht und Naturmäßige Anweisung zur wilden Baum-Zucht" veröffentlichte, schuf er darin den Begriff der „nachhaltenden Nutzung". Man solle nicht mehr Holz schlagen, als der Wald durch seinen eigenen Wuchs ausgleichen könne. Rund 300 Jahre später ist „Nachhaltigkeit" zu einem fast allgegenwärtigen Modebegriff geworden. Momentan wird er vor allem von der Werbewirtschaft inflationär gebraucht – und dabei zum Teil auch verbraucht – von Unternehmen, die sich einen besonders „grünen" Anstrich geben wollen.

Gerade deshalb fühlen wir als Beschaffungsamt des BMI uns verpflichtet, Nachhaltigkeit eben nicht zur modisch-leeren Worthülse verkommen zu lassen, sondern sie mit lebendigem Inhalt zu füllen. Nachhaltigkeit verstehen wir als eine gleichrangige Betrachtung von wirtschaftlichen, sozialen und ökologischen Aspekten; mit dem Ziel, unsere Ressourcen zu bewahren – um sie langfristig nutzen zu können.

Die öffentliche Hand kann und muss dabei eine wichtige Rolle spielen. Zum einen haben Staat und Verwaltung eine wichtige Beispielfunktion für die Gesellschaft: Der Staat muss die Werte, die in der Nachhaltigkeitsstrategie der Bundesregierung festgeschrieben sind, auch selbst vorleben, um die eigene Glaubwürdigkeit zu bewahren. Zum anderen geht von den Behörden eine erhebliche Marktmacht aus: Rund 13% des Bruttoinlandsproduktes ergeben sich aus dem öffentlichen Beschaffungswesen. Damit kommt uns eine beachtliche Hebelfunktion zu. Wenn wir gezielt nachhaltig produzierte Produkte einkaufen, wird Nachhaltigkeit zum Wettbewerbsvorteil – und lohnt sich damit auch aus Sicht der Unternehmen. Letztlich nimmt auch der Druck von außen zu: In der im April 2012 veröffentlichten Zwischenbilanz zur Nachhaltigkeitsstrategie mahnte der Rat für Nachhaltige Entwicklung ausdrücklich eine stärkere Steuerung beim öffentlichen Beschaffungswesen an.

Allerdings stehen der nachhaltigen Beschaffung derzeit noch zahlreiche Hindernisse im Weg: Denn während einerseits die Politik strategische Nachhaltigkeitsziele steckt und ihre Erfüllung einfordert, gibt gleichzeitig das Vergaberecht widersprüchliche Signale. Im Jahr 2009 erweiterte der Gesetzgeber den § 97 GWB und fügte soziale, umweltbezogene oder innovative Aspekte hinzu – allerdings nur als recht schmalbrüstige „Kann-Kriterien". Zudem propagieren die Vergaberechtskammern des Bundeskartellamtes und die höchstrichterliche Rechtsprechung vehement die Wirtschaftlichkeit und den Wettbewerb als alleinige Ziele des öffentlichen Einkaufs. Wenn jetzt ökologische, soziale und wirtschaftliche Aspekte gleichrangig – also auch durchaus konkurrierend – Geltung haben sollen, passt das nicht in das bisherige Denk- und Handlungsschema.

Der Rat für Nachhaltige Entwicklung beschreibt die derzeitige Situation in seiner Zwischenbilanz zur Nachhaltigkeitsstrategie der Bundesregierung folgendermaßen: „Das Management der Nachhaltigkeit hat bisher nur deskriptiven, aber zu wenig operativen Charakter." Und weiter: „Nachhaltigkeitsorientierte Politik ist den Schritt vom Monitoring zur Steuerung noch nicht explizit gegangen."([1], S. 13).

Will heißen: Bisher wird viel beobachtet und besprochen – getan wird noch nicht genug. Es wäre also wünschenswert, wenn die Politik den Behörden mehr und bessere

Werkzeuge an die Hand geben würde, mit denen sich eine nachhaltige Beschaffung auch wirklich realisieren lässt.

Ein weiteres Hindernis liegt im Prinzip der Nachhaltigkeit selbst begründet: Wenn ökologische, soziale und wirtschaftliche Kriterien gleichrangig nebeneinanderstehen, führt das zwangsläufig zu Zielkonflikten. Das sorgfältige Abwägen zwischen den einzelnen Kriterien verlangt nicht nur hohen Sachverstand, sondern nimmt auch viel Zeit in Anspruch. Einer der häufigsten Einwände der Einkäufer in den Vergabestellen lautet dementsprechend auch: „Ich kann den Aufwand zur Realisierung der Nachhaltigkeitskriterien nicht leisten, weil ich weder qualitativ noch quantitativ die nötigen Ressourcen habe." Diese Problematik muss man in Zeiten langjähriger Stellen- und Personalreduzierungen ernst nehmen. Denn es ist nicht zu bestreiten, dass derzeit jeder Beschaffer gewissermaßen das Rad neu erfinden muss, wenn er versucht, die Nachhaltigkeit rechtssicher und erfolgreich durch das Vergabeverfahren zu bringen.

Zu all diesen Hindernissen kommt hinzu, dass die Nachhaltigkeitskriterien selbst schwer zu beschreiben und zu überprüfen sind. Im Bereich der Ökologie gibt es zwar durchaus bereits bewährte Zertifikate, wenn man beispielsweise die IT-Beschaffung näher betrachtet: Hier gibt es zahlreiche Labels, allein um die Energieeffizienz bestimmter Geräte zu beschreiben. Der Bund etwa setzt beim Einkauf auf den Energy Star sowie auf das Label EPEAT (Electronic Product Environmental Assessment Tool). Es gibt aber noch wesentlich mehr Zertifikate. Nur eine kleine Einschränkung muss man derzeit noch machen: Die Labels bescheinigen meist nur die Energieeffizienz des fertigen Produktes; der Energieaufwand der Produktion bleibt weitgehend unberücksichtigt.

5.2 Grün alleine reicht nicht – soziale Aspekte im Einkauf

Im Gegensatz zu den deutlichen Fortschritten bei den ökologischen Aspekten gibt es im Bereich der sozialen Aspekte noch alle Hände voll zu tun. Das lässt sich schon beim alltäglichen Gang durch den Supermarkt feststellen: Produkte mit Bio-Siegeln stehen selbst bei Aldi zuhauf in den Regalen, nach Fairtrade-Labels aber muss man suchen. Auch im Bereich der eben angesprochenen IT-Wirtschaft ist die Lage prekär: Viele Hardware-Anbieter fertigen ihre Produkte gar nicht mehr selbst in eigenen Werken, sondern lassen bei Auftragsherstellern fertigen. Dies geschieht vor allem in China, Taiwan, Indien und anderen Billiglohn-Ländern des Fernen Ostens. Die Markenfirmen selbst beschränken sich im Wesentlichen auf Produktentwicklung, Marketing und Vertrieb. Auftragshersteller wie zum Beispiel Foxconn, Compal oder Pegatron sind zwar in der Verbraucherwelt wenig bekannt, beherrschen aber längst den Weltmarkt – nicht selten mit zweifelhaften Methoden. Pressemeldungen über die Selbstmordserie unter Foxconn-Arbeitern oder Pestizid-Unfälle mit zahlreichen Opfern lassen zumindest den Verdacht aufkommen, dass dort in den Betrieben Arbeitsbedingungen herrschen, die nicht den Kernarbeitsnormen der International Labour Organization ILO entsprechen. Die Technologie, die uns das Leben so erleichtert, macht anderen Menschen das Leben oft unerträglich schwer.

Was aber können wir tun, um sozialethisch unbedenkliche Produkte einzukaufen? Es gibt zwar erste Zertifikate, die auch die Arbeitsbedingungen berücksichtigen. Weltweit anerkannt sind sie aber noch nicht. Aktuell kann das Beschaffungsamt als einzigen Nachweis für die Einhaltung sozialer Kriterien nur eine Selbstverpflichtungserklärung verlangen. Der Richter am Vergabesenat des OLG Koblenz, Hermann Summa, sagt dazu: „Dann hat ja der die besten Chancen, der am skrupellosesten lügt.“([2], S. 22) Ein solcher Generalverdacht mag vielleicht ein wenig überzogen sein; die Aussage sollte dennoch bedacht werden.

Der Weg zur Nachhaltigkeit ist also durch eine Menge großer Hindernisse versperrt. Manchen mögen sie gar zu groß erscheinen. Doch Nachhaltigkeit kann gelingen. Das Beschaffungsamt kann auf diesem Gebiet bereits einige kleinere und größere Erfolge vorweisen.

- Für die Verpflegungsversorgung des BMI-Stands auf der CEBIT im März 2012 haben wir die Bieter aufgefordert, fair gehandelten Kaffee und Tee optional anzubieten. Die Resonanz der Besucher auf die Fairtrade-Produkte war äußerst positiv. Besonders die Qualität wurde gelobt.
- Kürzlich haben wir 108 Polizeifahrzeuge in „Blue Motion Technologie“ bei der Firma Volkswagen gekauft. „Blue Motion“ ist eine Technologie, die den Schadstoffaustausch und den Kraftstoffverbrauch reduziert.
- Bei der Beschaffung von PCs, kürzlich zum Beispiel für das Umweltbundesamt, werden die höchsten Energieeffizienzkriterien angewandt.
- Bei Druckerzeugnissen fordern wir einen erhöhten Recyclingpapieranteil und die Berücksichtigung von Umweltmanagementsystemen. Unsere eigenen Publikationen drucken wir natürlich auch auf Papier, das nach dem Blauen Engel zertifiziert ist.
- Wir haben einen Rahmenvertrag für die gesamte Bundesverwaltung über klimaneutralen Brief- und Paketversand abgeschlossen. Seit Ende 2011 nutzen wir ausschließlich den GOGREEN-Service von Deutsche Post DHL zum Versand von Briefen und Paketen.

KOMPETENZSTELLE
für nachhaltige Beschaffung

Quelle: Beschaffungsamt des Bundesministeriums des Innern [83].

Abb. 5.1 Logo der Kompetenzstelle für nachhaltige Beschaffung des Bundesministeriums des Innern

Besonderen Erfolg verspricht sich das Beschaffungsamt des BMI auch von seiner Kompetenzstelle für nachhaltige Beschaffung. Die ersten Mitarbeiterinnen und Mitarbeiter haben Anfang Mai in Bonn ihren Dienst aufgenommen. Mit dem personellen beginnt nun auch der konzeptionelle und technische Aufbau, sodass die Kompetenzstelle bald aktiv helfen kann, Nachhaltigkeit dauerhaft in den öffentlichen Beschaffungsprozessen zu etablieren. Dabei gibt es einen wichtigen Unterschied zum Beschaffungsamt, dessen Zuständigkeit sich größtenteils auf den Geschäftsbereich des Bundesministeriums des Innern beschränkt: Die Kompetenzstelle wird für alle Behörden aus Bund, Ländern und Kommunen gleichermaßen da sein. Ziel ist dabei die Hilfe zur Selbsthilfe. Das soll durch mehrere Maßnahmen gewährleistet werden.

Das wichtigste Werkzeug wird eine Online-Informationsplattform sein. Mit ihrer Hilfe werden wir allen Akteuren der öffentlichen Beschaffung eine zentrale Anlaufstelle für Austausch und Information bieten und auf diese Weise ein Expertennetzwerk für das Thema aufbauen. Diese neue webbasierte Plattform soll ein Dreh- und Angelpunkt für ein nachhaltiges Beschaffungswesen werden, wo Beschaffer nicht nur Informationsbroschüren, sondern auch konkrete Bausteine für Leistungsbeschreibungen und operative Leitfäden vorfinden. Nach einem Baukastenprinzip können Sie sich dann die Textelemente einer Leistungsbeschreibung heraussuchen und kopieren, um sie für ihre eigene Ausschreibung zu verwenden.

Doch auch für ganz spezielle Anfragen wird die Kompetenzstelle Lösungen finden. Schließlich gehen wir davon aus, dass der Informations- und Beratungsbedarf der einzelnen Beschaffungsstellen sich von Behörde zu Behörde stark unterscheidet. Während einige schon eigene Pilotprojekte durchführen, ist das Thema für andere noch völliges Neuland. Insbesondere kleine Behörden auf kommunaler Ebene haben oft nicht die Zeit und die Kapazitäten, sich mit der Integration von Nachhaltigkeit in vergaberechtliche Abläufe zu beschäftigen. Zudem sind dort Beschaffungskompetenzen häufig nicht klar aufgeteilt. Entsprechend wenig Erfahrung gibt es bei Einkaufsprozessen. Daher wollen wir das Online-Angebot durch eine Telefonhotline, eine E-Mail-Beratung sowie „face 2 face"-Beratungen ergänzen – im Einzelfall sogar vor Ort. Langfristig werden wir auch Schulungen zur nachhaltigen Beschaffung anbieten.

Abgesehen von der ganz konkreten Hilfestellung für Beschaffer aller Behörden will die Kompetenzstelle aber noch mehr: Sie will das Thema kontinuierlich weiterdenken, neue Handlungsfelder erschließen und neue Wege finden, um die Nachhaltigkeit im Beschaffungswesen fest zu verankern. Das wollen wir durch Forschung und Vernetzung erreichen.

Zur Forschung: Seit 2011 ist das Beschaffungsamt des BMI offizieller Praxispartner der Universität der Bundeswehr in München. Gemeinsam mit dem Forschungszentrum für Recht und Management öffentlicher Beschaffung wird unter anderem der Frage nachgegangen, wie Ausschreibungskriterien den Nachhaltigkeitsaspekt berücksichtigen und sich im gesamten Vergabeverfahren auswirken. Außerdem hat sich das Beschaffungsamt als Praxispartner für BEEPs („Buy Energy-Efficient Products and Services") beworben. Ziel des Projekts ist es, die Beschaffung von energieeffizienten Produkten nachhaltig zu verbessern und im Rahmen eines Best-Practice-Modells Informationen und Erfahrungen auszutauschen.

5.3 Dialog und Vernetzung – fordern, aber nicht überfordern

Wir planen die Gründung und Betreuung eines Expertengremiums zum Thema mit Fachleuten zum Beispiel aus dem Umweltbundesamt und dem Bundesministerium für wirtschaftliche Zusammenarbeit und Entwicklung.

Zudem haben wir einige engagierte Partner gefunden, mit denen wir das Ziel nachhaltiger Beschaffung gemeinsam verfolgen. So durften wir vor kurzem die Mitglieder der informellen Beratergruppe der EU für ein „grünes öffentliches Beschaffungswesen" in unserem Hause in Bonn begrüßen. Dort wurden nicht nur neue Kriteriensätze für so genanntes Green Public Procurement, kurz GPP, diskutiert, um Nachhaltigkeitskriterien stärker in den Vergabeverfahren zu verankern. Es wurde auch erörtert, wie Beschaffungsorganisationen stärker in den GPP-Prozess der EU eingebunden werden können. Dass hier Handlungsbedarf besteht, hat nicht zuletzt eine gemeinsame Studie des Centre for European Policy Studies und des College of Europe ergeben. Danach gehört Deutschland zu den Ländern, in denen nur in 20 bis 40% der vergebenen öffentlichen Aufträge alle GPP-Kriterien der EU angewandt wurden [83].

Ein handfestes, sehr positives Ergebnis können wir mit einer weiteren Kooperation vorweisen: Auf dem Online-Portal „ITK-Beschaffung.de" stehen Leitfäden zur produktneutralen Leistungsbeschreibung und vor allem auch zum umweltfreundlichen Einkauf von PCs und Notebooks zum Download bereit. Gerade im März wurden sie wieder einmal aktualisiert. Entwickelt wurden sie vom Beschaffungsamt gemeinsam mit – wohl wenig überraschend – dem Umweltbundesamt, aber auch dem IT-Amt der Bundeswehr, der Bundesagentur für Arbeit – und dem IT-Branchenverband BITKOM.

Dass die Industrie bei den Bemühungen als Gesprächspartner mit am Tisch sitzt, ist nicht nur sehr erfreulich, sondern vor allem sehr wichtig. Es darf nämlich keinesfalls geschehen, dass wir durch allzu hohe Nachhaltigkeitsanforderungen potenzielle Bieter überfordern und somit gänzlich davon abschrecken, ein Angebot abzugeben. Eine Ausschreibung mit höchsten ethischen Standards, aber ohne Bieter enttäuscht unsere Bedarfsträger. Damit verfehlen wir auch unseren Auftrag als Beschaffungsamt. Fordern, aber nicht überfordern, so lautet daher die Devise.

Der Dialog mit den Bietern ist also unerlässlich – und durchaus vielversprechend: Wir haben in ersten Gesprächen bereits festgestellt, dass auch die Industrie bereit ist, nicht nur ökologische, sondern auch soziale Kriterien stärker in den Fokus zu rücken. Der BITKOM etwa hat schon eine Task Force zu dem Thema gegründet. In den nächsten Monaten will das Beschaffungsamt in gemeinsamen Workshops mit dem Branchenverband klären, inwieweit soziale Kriterien bereits jetzt in unseren Ausschreibungen Beachtung finden können.

Der Umgang mit der Industrie sollte allerdings partnerschaftlich funktionieren. Wir dürfen nicht nur Entgegenkommen fordern, sondern müssen entsprechende Schritte auch honorieren, indem wir die Produkte nachfragen. Zu erwähnen wäre dabei beispielsweise ein IT-Hersteller, der unter anderem Notebooks, Desktop-Computer und Server produziert - und zwar komplett in Deutschland: in Augsburg, Sömmerda und Paderborn. Hier hat der Anbieter also einen Überblick über die Produktionsbedingungen und kann sicherstellen, dass die Fertigung unter unbedenklichen sozialen Bedingungen geschieht. Das sollte dem Unternehmen nicht nur unsere Anerkennung einbringen, sondern auch handfeste Aufträge. Denn wenn Firmen den erhöhten Aufwand, insbesondere den erhöhten finanziellen Aufwand, in Kauf nehmen, um die sozialen Kriterien zu erfüllen, dann aber merken, dass viele Vergabestellen diese in ihren öffentlichen Ausschreibungen gar nicht nachfragen – dann ist es verständlicherweise bald vorbei mit den Bemühungen. Um

Nachhaltigkeit dauerhaft zu etablieren, muss sie sich für die Unternehmen als Wettbewerbsvorteil erweisen, und daran haben wir entscheidenden Anteil.

Bei unserem Streben nach Nachhaltigkeit ist aber nicht nur die Industrie ein wichtiger Partner: Ebenso wichtig ist für das Beschaffungsamt der Kontakt zu den NGOs. Mit Vertretern des Forums Fairer Handel, dem CorA-Netzwerk für Unternehmensverantwortung und weiteren Nichtregierungsorganisationen haben wir bereits erste Gespräche geführt. Denn während die Industrie weiß, was machbar ist, wissen die NGOs, was noch getan werden muss. Sie brauchen allerdings einen starken Partner, der ihren Forderungen auch Durchsetzungskraft verleiht. Die öffentliche Hand mit ihrer erheblichen Marktmacht kann eben dieser Partner sein.

5.4 Literaturverzeichnis

[1] Bachmann, Dr. Günther: Zehn Jahre Nachhaltigkeitsstrategie – Der lange Weg zur Langfristigkeit, 2012 http://www.nachhaltigkeitsrat.de/uploads/media/Bachmann_Analyse_Zehn_Jahre_Nachhaltigkeitsstrategie_10-05-2012.pdf (Zugriff: 08.06.2012).

[2] Behördenspiegel, Ausgabe August 2010, Seite 22.

[3] Beschaffungsamt des Bundesministeriums des Innern, Nachhaltigkeit – Der öffentliche Einkaufskorb wird nachhaltiger, http://www.bescha.bund.de/DE/Nachhaltigkeit/node.html?__nnn=true (Zugriff: 21.08.2012).

[4] Renda, Andrea / Pelkmans, Jacques / Egenhofer, Christian / Schrefler, Lorna / Luchetta, Giacomo / Selçuki, Can / Ballesteros, Jesus / Zirnhelt, Anne-Claire: The Uptake Of Green Public Procurement In The EU27, http://ec.europa.eu/environment/gpp/pdf/CEPS-CoE-GPP%20MAIN%20REPORT. pdf (Zugriff: 08.06.2012).

Innovationsorientierte öffentliche Beschaffung 6

Wolfgang Crasemann – Bundesministerium für Wirtschaft und Technologie

6.1 Vorbemerkung

Innovationen sind Produkte, Verfahren oder Dienstleistungen, die erstmalig auf einem Markt, in einem Unternehmen oder in einer öffentlichen Institution eingeführt werden. Innovationen können sowohl nicht-technischer als auch technischer Natur sein. Nicht-technische Innovationen sind z.B. neue Dienstleistungen oder neue Geschäftsmodelle. Bei technischen Innovationen handelt es sich z.B. um neue Maschinen oder neue IT-Lösungen.

Innovationen sind für eine moderne Volkswirtschaft mit einem hohen Lebensstandard unverzichtbar. Neue Produkte, Verfahren und Dienstleistungen stärken die Wettbewerbsfähigkeit auf globalen Märkten und schaffen zukünftige Arbeitsplätze. Daher ist es wichtig, alle Innovationsquellen einer Volkswirtschaft auszuschöpfen. Auch das öffentliche Beschaffungswesen kann ein wichtiger Innovationstreiber sein. Daher gilt es, das Beschaffungswesen verstärkt auf Innovationen auszurichten.

Bei der innovationsorientierten öffentlichen Beschaffung geht es zum einen um neue Beschaffungsprozesse, z. B. die Einführung von elektronischen Einkaufsverfahren oder die Bündelung der Nachfrage verschiedener Verwaltungen auf zentralen Beschaffungsplattformen. Diese Innovationen haben vor allem das Ziel, Kosten für die öffentlichen Verwaltungen zu sparen. Zum anderen geht es um den Einkauf neuer Produkte, Dienstleistungen oder ganzer, meist elektronischer Systemlösungen. Diese Innovationen haben das primäre Ziel, die öffentlichen Verwaltungen zu modernisieren, sie geben aber auch Innovationsimpulse in die Wirtschaft. Wenn die Nachfrage nach Innovationen zunimmt, werden diese auch häufiger angeboten. Kreativität und Erfindergeist in den Unternehmen wird geweckt. Produkte oder Systemlösungen, die erstmalig in den öffentlichen Institutionen eingesetzt werden, lassen sich leichter an Dritte verkaufen. Die öffentliche Hand ist vielfach eine gute Referenz.

6.2 Bedeutung der staatlichen Nachfrage für die innovative Wirtschaft

Erhalt und Ausbau der Innovationskraft in Deutschland sind keine Selbstverständlichkeit. Alle Akteure - Wirtschaft, Wissenschaft, Politik und Verwaltung - müssen in diesem vielschichtigen, dynamischen Prozess zusammenwirken. Dabei kommt dem **Staat** auf Bundes-, Landes- und kommunaler Ebene eine **wesentliche Rolle als Innovationstreiber** zu:

- Der Staat schafft innovationsfreundliche Rahmenbedingungen.
- Der Staat fördert Forschung, deren Ergebnisse zu Innovationen führen.
- Der Staat kauft innovative Produkte und Leistungen.

In letzter Zeit hat sich die Innovationspolitik verstärkt mit der Frage beschäftigt, wie die staatliche Nachfrage mehr Impulse für Innovationen setzen kann. Anregungen hierzu kommen aus den USA und einigen europäischen Ländern, wie Großbritannien, den Niederlanden und Österreich. In diesen Ländern ist das Bewusstsein darüber ausgeprägt, dass mittels staatlicher Nachfrage erhebliche Impulse gesetzt werden können, um die Innovationstätigkeit der Wirtschaft anzukurbeln [2].

Wie groß der Impulseffekt sein könnte, zeigt folgende Überlegung: Das jährliche Volumen der öffentlichen Auftragsvergabe in Deutschland beträgt nach vorsichtiger Schätzung mindestens 300 Mrd. €. Wenn es gelingt, einen einzigen zusätzlichen Prozentpunkt des Beschaffungsvolumens für mehr neue Produkte und Dienstleistungen zu verwenden, ergäbe dies einen Innovationsimpuls von 3 Mrd. €; das ist mehr als Bund und Länder jährlich an Fördergeldern für Forschung und Innovation in der Wirtschaft bereitstellen[1] In der Steigerung der öffentlichen Nachfrage nach neuen Produkten, Verfahren und Dienstleistungen liegt also ein erhebliches Innovations- und Technologiepotenzial für die deutsche Wirtschaft insgesamt.

Die Nachfrage des Staates zur Stimulierung von Innovationen erfährt gerade in Zeiten knapper Budgets eine steigende Bedeutung. Öffentliche Einrichtungen, die innovative Produkte, Verfahren und Dienstleistungen beschaffen, können ihre Aufgaben effizienter erbringen. Es werden Kosten gesenkt und vielfach auch Signale in Richtung Ressourcen- und Klimaschutz gesetzt. Die Beispiele reichen von Produkten mit geringerem Energieverbrauch, dem Einsatz neuer Technologien zur Energieeinsparung bis hin zu ökologischen Lösungen mit einer stärkeren Nachfrage nach erneuerbaren Energien.

Wenn der Staat verstärkt Innovationen nachfragt, kann er nicht nur Kosten und Energie sparen. Zugleich bietet er eben auch innovativen Unternehmen neue Marktchancen, denn die staatliche Nachfrage nach Innovationen veranlasst die Unternehmen, verstärkt innovative Lösungen anzubieten. Damit werden innovative Prozesse in der Wirtschaft selbst ausgelöst. Es entstehen Referenzprojekte, die potenzielle Kunden besichtigen können. Wenn der Staat neue Technologien erfolgreich einführt, entscheiden sich andere Interessenten leichter hierfür. Damit erhöhen sich die Chancen für die Hersteller, die Technologien auch an andere Unternehmen und Institutionen oder auf anderen Märkten zu verkaufen. So kann der Staat als Anwender neuen Technologien unmittelbar zum Durchbruch verhelfen [11].

6.3 Innovation, Wirtschaftlichkeit und Nachhaltigkeit

Die Beschaffung von Innovationen, sei es von innovativen Produkten oder von innovativen Dienstleistungen, ist natürlich nicht primäres Ziel des Beschaffungswesens. Die Beschaffung dient an erster Stelle der **wirtschaftlichen Bedarfsdeckung** der öffentlichen Institutionen. Öffentliche Einkäufer orientieren sich am Bedarf der Nutzer, an der Wirtschaftlichkeit der einzukaufenden Leistungen und an dem vorhandenen Budget. In den meisten Fällen werden Leistungen bezogen, die sich bereits vielfach bewährt haben, die bei den Nutzern bekannt sind und die kostengünstig erworben werden können. Dies ist richtig und sollte sich in der Zukunft auch nicht ändern. Es kann nicht primär darum gehen, innovative Leistungen nachzufragen, um die Innovationstätigkeit der Wirtschaft

[1] Gemäß FuE-Datenreport 2012 des Stifterverbandes für die deutsche Wissenschaft erhielt die Wirtschaft im Jahre 2009 Fördergelder in Höhe von ca. 2,1 Mrd. € von Bund und Ländern.

zu fördern. Dies ist grundsätzlich eine Aufgabe der Wirtschaftsförderung und nicht der öffentlichen Beschaffung.

Es gibt aber Beschaffungsvorgänge, bei denen innovative Produkte und Technologien nicht zum Einsatz kommen, obwohl sie kostengünstiger und nutzerfreundlicher sind. Gründe hierfür können sein:

- zu geringe Kenntnisse über neue Produkte und Techniken,
- grundsätzliche Bedenken gegenüber Neuerungen,
- Scheu vor Risiken, die mit der Einführung von neuen Technologien oder mit der Zusammenarbeit von jungen, wirtschaftlich noch nicht stabilen Unternehmen verbunden sein können,
- ausreichende Berücksichtigung der Lebenszykluskosten,
- zu wenig Kenntnisse über vergaberechtliche Möglichkeiten,
- zu spezifische Leistungsbeschreibungen, die dem Anbieter zu wenig Freiraum lassen, auch neuartige Produkte anzubieten.

Diese Faktoren sind Hemmnisse, die die Nachfrage nach innovativen Leistungen verhindern können, auch wenn diese durchaus wirtschaftlich sind. Die Einbeziehung aller Einnahmen und Kosten über den gesamten Lebenszyklus eines Produktes („Total Cost of Ownership") kann ergeben, dass die innovative Lösung günstiger ist, obwohl der reine Anschaffungspreis teurer ist. Es kommt also darauf an, im Beschaffungswesen verstärkt die Gesamtkosten und den Gesamtnutzen über die gesamte Lebensdauer zu betrachten. Dies fällt Beschaffern gerade in kleineren Beschaffungsstellen schwer, weil sie nicht über genügend Fachwissen verfügen oder die später anfallenden Kosten in anderen Abteilungen einer Institution anfallen, für die die Beschaffer nicht verantwortlich sind. Vielfach werden auch die Risiken überschätzt, die mit der Zusammenarbeit mit neuen Unternehmen verbunden sind. Für die öffentlichen Einkäufer ist es einfacher, vom „Hoflieferanten" zu beziehen, der seit langer Zeit am Markt tätig ist und langjährige, gute Beziehungen zur Beschaffungsstelle pflegt als von neuen vielleicht noch jungen Unternehmen, die weniger bekannt sind. Folglich werden in vielen Fällen innovative Lösungen nicht nachgefragt, obwohl diese wirtschaftlicher sind.

In den letzten Jahren haben **Nachhaltigkeitsaspekte**, wie insbesondere eine ökologische Ausrichtung, verstärkt Einzug in das Beschaffungswesen erhalten. Der öffentliche Einkauf wird als wichtiges Instrument gesehen, einen Beitrag zum übergeordneten politischen Ziel zu leisten, das mit dem öffentlich sichtbaren Begriff „Energiewende" beschrieben werden kann. Der verstärkte Einkauf von energieeffizienten Fahrzeugen, von energieeffizienten Baumaterialien oder von Strom sparender Beleuchtung sind Beispiele hierfür.

In vielen Fällen kann nur durch die Entscheidung für innovative Lösungen umweltfreundlich eingekauft werden. Folgendes Beispiel zeigt, wie innovative, umweltfreundliche Aspekte mit einer wirtschaftlichen Beschaffung verbunden werden können [3].

Projekt

✓ Die Abfallwirtschaftsbetriebe Köln GmbH & Co. KG testen seit Dezember 2010 eine von der britischen Firma Tennant Company entwickelte **neuartige Elektrokleinkehrmaschine** (Green Machines 500ze), die bundesweit einmalig ist.

✓ Im Vergleich zu herkömmlichen Kehrmaschinen bietet sie folgende Vorteile:
- Bis zu **8 Betriebsstunden mit einer einzelnen Aufladung** der Lithium-Ionen-Akkus
- **Keinerlei Abgase**
- Signifikante **Reduzierung des Betriebsgeräusches**

Ergebnis

✓ Wegen des **nahezu lautlosen Betriebs und des Fehlens von Emissionen** sind die Fahrzeuge gut geeignet, um auch in Umgebungen und zu Uhrzeiten eingesetzt zu werden, in denen Lärm vermieden werden muss (z.B. bei Schulen und Krankenhäusern oder bei Nachteinsätzen).

✓ Trotz der recht hohen Anschaffungskosten der Elektrokehrmaschine ist geplant, weitere zu beschaffen, wenn sich das Fahrzeug in der Praxis bewährt. Denn **über den Lebenszyklus gerechnet** ist die Beschaffung **wirtschaftlich** (z.B. durch erheblich niedrigere Spritkosten).

Quelle: www.cleantotaal.nl

Kontaktinformationen
Abfallwirtschaftsbetriebe Köln
Telefon: +49(0)221 9222 200
Website: www.awbkoeln.de

Quelle: Eigene Darstellung.

Abb. 6.1 Elektrokleinkehrmaschine Köln

Es kann auch um die Entwicklung von innovativen und umweltfreundlichen Konzepten gehen, die neue Lösungssysteme bieten. So kann der CO2-Ausstoß von Dienstfahrzeugen nur dann reduziert werden, wenn innovative Fahrzeugkonzepte entwickelt werden. Eine optimale innovative Lösung könnte darin bestehen, dass weniger, aber dafür umweltfreundlichere Dienstfahrzeuge angeschafft werden, für nahe Strecken Dienstfahrräder zur Verfügung stehen und verstärkt öffentliche Verkehrsmittel genutzt werden. In ein solches Konzept können auch neue IT-Lösungen integriert werden, die von einer umfangreicheren Bereitstellung von Telearbeitsplätzen, Nutzung von mobilen Computern bis zu Videokonferenzen reichen. Es sind also innovative Lösungen gefragt, wenn Nachhaltigkeit als überragendes umwelt- und energiepolitisches Ziel im Beschaffungswesen eine hohe Bedeutung erlangen soll.

Ein Beispiel hierzu ist ein Modell zur Förderung der Elektromobilität in Aachen [4].

Projekt

✓ Im Frühjahr 2009 entschieden sich führende Aachener Unternehmen, die Stadt Aachen sowie die RWTH Aachen, ein großes **Elektromobilitäts- und Entwicklungsprojekt** umzusetzen.

✓ Mit dem vom BMWi geförderten Projekt „Smartwheels" soll gezeigt werden, wie ein **intermodales, elektromobiles Verkehrskonzept** in Aachen gut und umweltfreundlich funktionieren kann. Intermodal bedeutet, dass verschiedene Verkehrsträger (Elektrofahrrad (Pedelec), Elektroroller, Elektrobus, Bahn) sinnvoll miteinander verbunden werden, um Personen möglichst umweltfreundlich von A nach B zu bringen.

✓ Pedelecs und Elektroroller sind auf dem Markt bereits verfügbar, daher mussten nur **Elektroautos und -busse entwickelt** werden. Dieser Aufgabe stellte sich der Aachener Entwicklungsdienstleister FEV (www.fev.com) und das Institut für Kraftfahrzeuge der RWTH Aachen (www.ika-rwth-aachen.de).

Ergebnis

✓ Seit **Ende 2011** wird das Gesamtsystem des **Pilotvorhabens** in der Stadt Aachen aufgebaut.

✓ Die **Stadt Aachen** erwägt, nach erfolgreichem Projektabschluss Elektrobusse zu kaufen bzw. das **Verkehrssystem einzuführen**.

✓ **Andere Kommunen** (auch aus dem Ausland) haben aufgrund der Vorteile (umweltfreundliche, leise Busse) bereits ihr **Interesse für dieses System signalisiert.**

Quelle: www.smartwheels.de

Kontaktinformationen
FEV Motorentechnik GmbH
Telefon: +49(0)241 5689 0
Website: www.smartwheels.de

Quelle: Eigene Darstellung.

Abb. 6.2 Elektromobilität in Aachen - Smartwheels

6.4 Strukturierung von Innovationen im Beschaffungswesen

Zu unterscheiden sind:

1. Beschaffung von Innovationen:

Die Beschaffung von Innovationen bedeutet Nachfrage nach innovativen Produkten und Dienstleistungen als Ergebnis des Beschaffungsvorgangs. Hierbei kann zweierlei unterschieden werden:

- Marktgängige Innovationen, also Produkte und Dienstleistungen, die es auf dem Markt schon gibt oder die neu auf dem Markt erschienen sind
- Nicht marktgängige Innovationen, also Produkte und Dienstleistungen, die es auf dem Markt noch nicht gibt, die also erst entwickelt werden müssen.

Innovationen können mit der Einführung neuer Technologien verbunden sein, sie können aber auch nicht-technischer Natur sein, z.B. wenn es um die Einführung von neuen Dienstleistungskonzepten geht.

2. Innovatives Beschaffungswesen:

Innovatives Beschaffungswesen bedeutet innovative Gestaltung der Beschaffungsprozesse und -organisation selbst.

Die Beschaffungsprozesse sind in den vergangenen Jahren immer innovativer geworden. Moderne Informations- und Kommunikationstechnologien haben Einzug erhalten. Die Möglichkeiten der elektronischen Vergabe werden stärker genutzt. Standards wurden eingeführt und somit Transparenz, Qualität und Geschwindigkeit erhöht. Obwohl die Elektronisierung und Standardisierung in den Beschaffungsprozessen bedeutende Innovationsthemen sind, wird darauf in diesem Kapitel nicht weiter eingegangen. Kapitel 10 beschäftigt sich ausführlich mit diesem Thema.

Zur innovativen Gestaltung gehören aber auch nicht elektronische Prozessverbesserungen, zum Beispiel Weiterbildungsmaßnahmen oder organisatorische Neuerungen, wie die bessere Zusammenarbeit zwischen Nutzern, Beschaffern und den Bedarfsträgern, die darüber entscheiden, was beschafft werden soll. Hierzu gehört zum Beispiel die verstärkte Leistungsorientierung der Beschaffung. So werden im Rahmen des vom BMWi geförderten „REPROC Excellence"-Projektes leistungsspezifische Kriterien entwickelt, um die öffentlichen Beschaffungsprozesse messen zu können – z.B. wie wirtschaftlich sind die Prozesse, gibt es eine Beschaffungsstrategie, wie ist die Organisation einzuschätzen.

Die innovativere Gestaltung der Beschaffungsprozesse selbst wirkt meist positiv auf die Beschaffung von Innovationen. Dies muss aber nicht so sein: So kann z. B. die stärkere Bündelung des Bedarfes mehrerer kleiner Beschaffungsstellen dazu führen, dass nur noch in größeren Losen beschafft wird, wodurch kleinere innovative Bieter benachteiligt werden könnten.[2] Auch kann die Pflicht zu elektronischen Angebotsabgaben kleine Bieter überfordern, wenn sie nicht über die erforderlichen kompatiblen Systeme verfügen oder

---

[2] Das Vergaberecht sieht maximale Losgrößen vor, deren Höhe abhängig ist von den jeweiligen Branchen. Damit soll verhindert werden, dass kleinere Unternehmen de facto keine öffentlichen Aufträge bekommen können.

diese nur zu hohen Kosten erwerben können. So gilt es bei der innovativeren Gestaltung der Beschaffungsprozesse darauf zu achten, dass die Beschaffung von Innovationen nicht beeinträchtigt wird [3].

6.5 Innovationsfördernde Faktoren im Beschaffungswesen

6.5.1 Zusammenwirken der Akteure

An der Beschaffung von öffentlichen Leistungen wirkt eine Reihe von Akteuren mit, die sich in vier Kategorien einteilen lassen:

1. Strategische Entscheider, die die Beschaffungsprozesse gestalten und den Bedarf einzukaufender Leistungen festlegen,
2. Beschaffer, die den Einkauf durchführen,
3. Nutzer, die die erworbenen Leistungen gebrauchen, und
4. Anbieter, die die Leistungen anbieten.

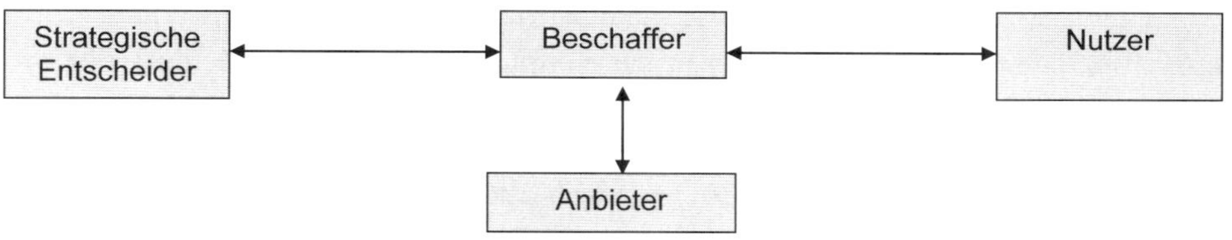

Quelle: Eigene Darstellung.

Abb. 6.3 Zusammenwirken der Akteure

Abbildung 6.3 verdeutlicht das Zusammenwirken der Akteure. Alle Personengruppen im Beschaffungswesen haben eine wichtige Funktion und können durch ihr aufgeschlossenes Verhalten wesentlich zur innovationsfreundlichen Gestaltung des Beschaffungswesens beitragen.

Die **strategischen Entscheider** in der Politik, wie Bürgermeister, Stadtdirektoren, Landräte, Minister, Staatssekretäre, Abteilungsleiter bis zu den Referatsleitern in den Bundes- und Landesministerien legen maßgeblich die wesentlichen Richtlinien der Einkaufspolitik fest und gestalten die Beschaffungsprozesse. Strategische Entscheider tragen eine besondere Verantwortung, denn sie können durch die Gestaltung der Beschaffungsprozesse und ihre Rahmenvorgaben für den staatlichen Einkauf gezielt die Beschaffung innovativer Leistungen ermöglichen. Sie können den Beschaffungsstellen bewusst vorgeben, den Erwerb einer neuen Technologie zu prüfen und möglichst auch zu realisieren, sofern dies vergaberechtlich und wirtschaftlich vertretbar ist. Hier werden entscheidende Weichen gestellt, auch Neues und Unkonventionelles zu fördern.

Strategische Entscheider können geeignete Maßnahmen treffen, um bei ihren Beschaffern eine generelle Aufgeschlossenheit gegenüber Innovationen und neuen Technologien zu bewirken. Sie können Innovationshemmnisse beseitigen, indem sie ihre Mitarbeiter schulen lassen und das Beschaffungsmanagement effizienter organisieren. Sie können anregen, dass die Beschaffer einen systematischen Austausch mit Experten aus Wissenschaft und Wirtschaft sowie den Anbietern und Nutzern pflegen.

Die **operativen Beschaffer** in den Beschaffungsstellen führen den Einkauf von Leistungen durch. Sie sorgen für eine effiziente Ausführung der strategischen Vorgaben. Sie haben zweifellos einen geringeren Spielraum als die strategischen Entscheider. Sie können aber durch ihre Fachkenntnisse und ihr Handeln das Beschaffungswesen mit ihren Möglichkeiten innovativ gestalten, z.B. durch ihr Interesse an neuen Techniken und Nutzung der vergaberechtlichen Möglichkeiten. Die Beschaffer pflegen ständigen Umgang mit den Anbietern und Lieferanten. Hierdurch und durch ihre Marktkenntnis können sie eher als die strategische Ebene erkennen, welche neuen technologischen Produkte und Systeme am Markt existieren. Sie können mit potenziellen Anbietern in einen intensiven Dialog eintreten und neue, interessante Informationen an die strategische Ebene weiterleiten. Das Wissen der operativen Einkäufer ist eine wichtige Voraussetzung für den Erwerb von Innovationen. Die Beschaffer können auch durch eine intensive Zusammenarbeit mit anderen Vergabestellen Informationen über neueste Technologien erhalten und weitergeben sowie durch gemeinsames Vorgehen beim Einkauf Innovationspotenziale besser nutzen.

Die **Nutzer** setzen die erworbenen Leistungen und Produkte ein. Sie können die Vorzüge und Nachteile neuer Produkte am besten beurteilen. Aus ihrer täglichen beruflichen Praxis und dem intensiven Erfahrungsaustausch untereinander können sie wertvolle Anregungen geben für die Einführung von Neuerungen im öffentlichen Dienst. Sie sollten der strategischen Ebene bzw. den operativen Einkäufern ihre Erfahrungen mitteilen. Umgekehrt müssen die strategischen Entscheidungs- und Bedarfsträger und operativen Beschaffer von sich aus verstärkt mit den Nutzern kommunizieren. Die Nutzer können neue Produkte testen und ihre Erfahrungen hiermit an die Beschaffer rückkoppeln. Sie haben eine nicht zu unterschätzende Funktion dabei, Ideen zu äußern und die Beschaffer dazu zu ermuntern, neue Technologien auch nachzufragen.

Die **Anbieter** wollen ihre Produkte den öffentlichen Institutionen verkaufen. Sie sind naturgemäß daran interessiert, dass ihre Produkte zu einem möglichst hohen Preis gekauft werden. Daher werden sie sich an dem Bedarf ausrichten. Sie können diesen Bedarf aber auch selbst beeinflussen, indem sie z.B. auf neue technische Möglichkeiten hinweisen. Sie kennen die Vorteile ihrer Produkte (z.B. Energieeinsparung, niedrigere Kosten, Nutzerfreundlichkeit); es muss ihnen daher darum gehen, ihre Neuerungen den Einkäufern vorzustellen und einem breiteren Kreis von potenziellen Nutzern bekannt zu machen.

Wichtig ist ein **intensiver Austausch zwischen den strategischen Entscheidern, den Beschaffern, den Anbietern und Nutzern** zum Zwecke des Einkaufes der wirtschaftlichsten, innovativsten und nutzerfreundlichsten Lösungen im rechtlich zulässigen Rahmen. Solch ein Austauschprozess muss systematisch organisiert und gefördert werden; hierbei kommt den strategischen Entscheidern eine besonders wichtige Rolle zu [2].

Ein Beispiel für die Ausschöpfung von Innovationspotenzialen durch intensive Zusammenarbeit zwischen Beschaffern und Anbietern ist ein intelligentes Anreizsystem bei der Beschaffung, das die Beschaffungsstelle des Deutschen Zentrums für Luft- und Raumfahrt (DLR) konzipiert hat.

Beispiel:
Intelligentes Anreizsystem bei der Beschaffung

Ausgangslage

Das DLR wollte das Innovationspotenzial der Auftragnehmer bei der Beschaffung von Maschinen, Anlagen sowie im Baubereich nicht nur fördern, sondern auch herausfordern.

Vorgenommene Veränderung

Hierzu hat das DLR – auf Initiative des Leiters der Beschaffungsstelle – ein Bonus-System eingeführt. Es setzt einen Anreiz für den Anbieter, besser zu sein als gefordert: Bestimmte Leistungsdaten werden definiert, und wenn der Auftragnehmer bessere Leistungsdaten erreichen kann, wird die Ersparnis zwischen Anbieter und Beschaffer geteilt. Durch diesen zu erzielenden Bonus wird der „Ehrgeiz" der Konstrukteure, Ingenieure und Entwickler mobilisiert. Der gesamte Lebenszyklus des zu beschaffenden Objekts wird zu Grunde gelegt: Nicht nur die wirtschaftliche Erstellung der Anlage, der Maschine oder des Gebäudes, sondern gerade auch die Betriebskosten werden einbezogen.

Ergebnis

Das DLR hat auf diese Weise sein Beschaffungswesen noch weiter optimiert und kann innovativere Produkte beschaffen, die wiederum effizienter und kostengünstiger sind.

2009 hat das DLR für dieses System den Preis „Innovation schafft Vorsprung" erhalten.

Quelle: Deutsches Zentrum für Luft- und Raumfahrt (DLR).

6.5.2 Beseitigung von Innovationshemmnissen

Um das Beschaffungswesen auch „in den Köpfen" der Akteure innovationsorientiert auszugestalten, sollten Hemmnisse, die bei einem oder mehreren Beteiligten vorliegen, identifiziert und beseitigt werden.

Wichtige Hemmnisse, die in den Grundeinstellungen der agierenden Personen ihre Ursache haben, können sein:

- **Beschaffer**, die eher altbewährte Techniken bevorzugen, weil sie das Risiko des Einkaufs neuer Techniken scheuen,
- **Nutzer**, die an herkömmliche Verfahren gewohnt sind und Angst vor neuer vermeintlich schwierig zu bedienender Technik haben,
- **Anbieter**, die sich mit konservativen Problemlösungsvorschlägen an den öffentlichen Beschaffer wenden, weil sie sich mit einer herkömmlichen Lösung eher einen Zuschlag erwarten,
- **Strategische Entscheider**, die den Beschaffern keine klaren Vorgaben für eine innovationsorientierte Beschaffung machen und ihnen zu wenig Rückendeckung beim Umgang mit unvorhergesehenen Risiken geben.

Wird z.B. ein neues EDV-Ablagesystem eingeführt, müssen die Betroffenen generell bereit sein, sich mit der neuen elektronischen Technik zu beschäftigen und das bisherige, gewohnte und vielleicht subjektiv als vollkommen ausreichend beurteilte System aufzugeben. Im Zuge der zwangsläufig einsetzenden, oftmals „von oben" initiierten Veränderung, die von Einzelnen nicht gewünscht war, müssen neue Schulungen belegt werden, die dem Nutzer den Umgang mit und die Vorzüge der neuen Software nahe bringen. Die Schulungen verlaufen reibungsfreier, wenn die Mitarbeiter eine positive Einstellung zu den geplanten Veränderungen mitbringen [2].

Auch kann eine **Selbstevaluation der Beschaffungsstelle** Hilfestellung geben. Ein Beispiel ist die von der TU Dresden entwickelte Hemmnisanalyse zur umweltorientierten Beschaffung, die analog für die innovationsorientierte Beschaffung angewendet werden kann. Dieses Instrument kann Verwaltungen helfen, Hemmnisse zu identifizieren und zukünftige Verbesserungen anzustoßen.

Beispiel:
„Selfevaluation-Tool" zur Hemmnisanalyse – analoge Anwendung für eine innovationsorientierte Beschaffung

Gegenstand der Hemmnisanalyse sind die wahrgenommenen Hemmnisse, unabhängig davon, ob sie tatsächlich existieren oder nicht, da diese letztlich auch Entscheidungen beeinflussen können. Es wird ein standardisierter Fragebogen zu Hemmnissen entwickelt, welcher sich an verschiedene Entscheidungsträger in Verwaltungen richtet.

Schritt 1: Befragung: Teilnehmerauswahl und Durchführung der Befragung

Identifikation von Personen, die Einfluss auf den Beschaffungsprozess haben (Schlüsselpersonen). Darauf aufbauende Festlegung, wer in die Befragung einbezogen werden soll: direkt mit der Beschaffung Betraute, Einflussnehmer auf das Ergebnis einer Beschaffungsentscheidung etc. Bedingung: Mindestanzahl von fünf Teilnehmern nicht unterschreiten. Beantwortung des „Online"-Fragebogens durch die ausgewählten Personen.

Schritt 2: Auswertung: Identifikation und Bewertung der Hemmnisse innovationsorientierter Beschaffung

Auswertung der Fragebögen und Bewertung der wahrgenommenen Hemmnisse mit Hilfe einfacher Bewertungsmethoden, um Trends zu visualisieren und die Hemmnisse nach ihrer Relevanz zu ordnen. So soll die Verwaltung bei ihrer Entscheidung unterstützt werden, mit welchen Hemmnissen begonnen werden könnte und sollte. Diese Fokussierung auf relevante Hemmnisse entspricht dem Grundsatz der Wesentlichkeit und soll bei der Entscheidungsfindung unterstützen.

Schritt 3: Interpretation: Beschreibung und Einordnung der Ergebnisse und Ableitung von Strategien zum Umgang mit den Hemmnissen

Zur Interpretation der Ergebnisse werden Workshops durchgeführt, die alle am Beschaffungsprozess Beteiligte zusammenbringen. In diesen Workshops werden die Befragungsergebnisse, mögliche Gründe dafür und Lösungen diskutiert sowie Strategien zum künftigen Umgang mit Hemmnissen entwickelt. So wird die Entscheidungsfindung unterstützt, wie vorgegangen soll, um die als relevant identifizierten Hemmnisse zu beseitigen.

Quelle: Prof. Dr. Edeltraud Günther, Technische Universität Dresden.

Die Hemmnisanalyse offenbart die Schwachstellen im Beschaffungswesen, die in anschließenden Workshops mit den betroffenen Personen besprochen werden können. Es können Ziele vereinbart werden, wie die innovationshemmenden Einstellungen, z.B. mit gezielten Gesprächen und Informationsveranstaltungen, vermindert werden können.

6.5.3 Zielvorgabe und frühzeitige Markterkundung

Die strategischen Entscheider geben in der Regel den Anstoß für die Beschaffung von innovativen Produkten und Leistungen. Hierzu ziehen sie vielleicht den Rat von Experten oder Anregungen aus dem Kreise der Nutzer und potenzieller Anbieter heran. Sie formulieren den Bedarf, sie geben gemeinsam mit den Einkäufern das Beschaffungsziel vor.

Um ein geeignetes Innovationsklima anzuregen, ist es auf strategischer Ebene wichtig, stärker das **Ziel bzw. die Zielvorgabe** als bereits detaillierte Angaben zur Technologie zu formulieren. Dadurch kann Offenheit für neue innovative Lösungen geschaffen werden. Die Einkäufer können selbst entscheiden, welche konkrete Lösung sie wählen, um ein vorgegebenes Ziel zu erreichen. Sie können mit potenziellen Anbietern sprechen und diese ermutigen, auch neue, unkonventionelle Lösungen vorzuschlagen. Der größere Handlungs- und Entscheidungsspielraum wirkt motivierend.

Dem Beschaffungsvorgang geht eine **frühzeitige Kommunikation** dieser Absicht nach außen, hin zum Markt, voraus. Durch Veröffentlichung in einschlägigen Medien sollte möglichst der gesamte Markt informiert werden. Potenzielle Anbieter sollten frühzeitig hinzugezogen werden, um deren Ideen und Impulse für anstehende Projekte aufgreifen zu können. Hierzu muss aktives Beschaffungsmarketing in Form von Ankündigungsschreiben und Vorabinformationen über bevorstehende Ausschreibungen betrieben werden. Für die Markterkundung sollte eine ausreichende Zeit eingeräumt werden, um sich den Anliegen und Vorschlägen, die von außen an die Beschaffer herangetragen werden, zu widmen. Die Gespräche sollten nicht nur mit einem, sondern mit möglichst vielen Anbietern geführt werden, um verschiedene technologische Lösungen zu betrachten und um unvoreingenommen und neutral in das Wettbewerbsverfahren einzutreten. Solche Gespräche müssen bereits vor der endgültigen Bereitstellung der Beschaffungsbudgets stattfinden. Sobald die Finanzmittel einmal bereitstehen, reicht die zur Verfügung stehende Zeit meist nicht mehr aus, um umfangreiche Gespräche und Recherchen zu führen.

Zur Vorbereitungsphase gehört auch der **Dialog mit den potenziellen Nutzern**, die aus der täglichen Praxis wichtige Anregungen geben können. Der **Austausch mit anderen Beschaffungsstellen**, auch in anderen Ländern, kann hilfreich sein, insbesondere wenn ähnliche Zielvorgaben bereits im Ausland verwirklicht wurden. So können z. B. Erkenntnisse darüber gewonnen werden, ob sich eine neuartige Technik bereits bewährt hat und mit welchen Schwierigkeiten bei der Einführung zu rechnen ist.

Schließlich sollten umfassende Internetrecherchen und das Studium der einschlägigen Fachliteratur selbstverständlich sein [2].

6.5.4 Einbeziehung der Lebenszykluskosten

Vielfach existiert in der öffentlichen Verwaltung die Vorstellung, Innovationen seien nicht wirtschaftlich und würden zu hohe Investitionskosten erfordern. Dabei wird außer Acht gelassen, dass das Vergaberecht fordert, bei der Wirtschaftlichkeitsrechnung den **gesamten Lebenszyklus einer Investition** einzubeziehen. Je länger der Lebenszyklus ist, desto schwieriger sind jedoch alle kostenrelevanten Faktoren mit hinreichender Genauigkeit zu ermitteln.

Innovationen sind vielfach mit relativ hohen Investitionskosten und zugleich, aber mit geringeren Betriebskosten verbunden. Die Wirtschaftlichkeitsrechnung, die den gesamten Lebenszyklus umfasst, also auch die langfristig niedrigen Betriebskosten mit einbezieht, kann daher ganz anders aussehen als eine kurzfristige Betrachtung, in der die Investitionskosten ein zu starkes Gewicht haben. So können Innovationsgehalt und Wirtschaftlichkeit gleichermaßen für eine neue Technologie oder eine innovative Lösung sprechen.

Die Wirtschaftlichkeit von Leistungen kann mit Hilfe des **„Total Cost of Ownership"** Ansatzes berechnet werden. Dieser Ansatz systematisiert alle mit der Anschaffung und dem Betrieb einer Leistung verbundenen Aufwendungen. Die Kosten werden nach Phasen aufgeteilt, d. h. nach ihrem Auftreten in der Reihenfolge vor, während und nach dem Beschaffungsvorgang. In einem zweiten Schritt werden die einzelnen Phasen weiter aufgeschlüsselt. Die Kosten werden also nicht nach Kostenstellen - wie bereits gewohnt - aufgeschlüsselt, sondern nach Prozessen. In einer weiteren Verfeinerung müssen die zukünftigen Kosten auf den Gegenwartszeitpunkt abdiskontiert werden.

"Total Cost of Ownership" (TCO)

Der „Total Costof Ownership"-Ansatz wurde 1987 von Bill Kirwin, Vizepräsident und Direktor der Forschungsabteilung der Gartner Inc. in Stamford/USA vorgestellt und bezog sich in seiner ursprünglichen Fassung auf IT-Systeme. Kerngedanke ist die Aufdeckung von Kostenbestandteilen außerhalb der Anschaffung selbst. Dafür wird der Beschaffungs- bzw. Kaufvorgang als Transaktion interpretiert und in Phasen zerlegt. So kann aus prozessualer Sicht zwischen den Kosten vor, während und nach einer Vergabe (Prätransaktions-, Transaktions- und Posttransaktionskosten) unterschieden werden.

Die **Prätransaktionskomponenten** umfassen alle kostenverursachenden Maßnahmen, die vor dem eigentlichen Beschaffungsakt ergriffen werden. Diese umfassen z.B. die Bedarfsfeststellung, die Analyse des Beschaffungsmarktes, die Erstellung der Vergabeunterlagen, die Vorbereitung der Durchführung des Vergabeverfahrens, seine Abwicklung und Durchführung bis zum Zuschlag.

Die **Transaktionskomponenten** sind der Kaufpreis sowie alle Bestell- und Transportkosten im Rahmen des Beschaffungsaktes.

Zu den **Posttransaktionskomponenten** gehören alle Betriebskosten, die bei der Nutzung der beschafften Leistung anfallen. Dies sind neben den regulären Wartungskosten insbesondere außerplanmäßige Kosten für Reparaturen, Leistungsunterbrechungen, Garantien sowie Kosten aus Vertrauens- bzw. Reputationsverlust bei Ausfall oder Fehlfunktion des beschafften Produktes.

Vorteile einer solchen Vorgehensweise:

An die Stelle der Realisierung eines möglichst niedrigen Einstandspreises tritt eine **Gesamtkostenbetrachtung** („Prinzip der langfristigen Wirtschaftlichkeit"), die höhere Einstandspreise mit mittelfristig niedrigeren Garantie- oder Nacharbeitskosten rechtfertigt. Dazu werden i.d.R. alle (zukünftigen) Kostenkomponenten möglichst quantitativ ermittelt und mit Hilfe eines risikobewerteten Zinssatzes auf den Entscheidungszeitpunkt abdiskontiert. So können die langfristigen Wirkungen innovativer Leistungen/Produkte (z. B. sinkende Umweltbelastungskosten, niedrigere Betriebskosten) mit berücksichtigt werden. Lieferanten, die aufgrund innovativer Produkte Rationalisierungseffekte in der Nutzung umsetzen, können so trotzdem den Zuschlag erhalten gegenüber den beiden Einstandspreisen preisgünstigeren Zulieferern.

Quelle: Forschungszentrum für Recht und Management öffentlicher Beschaffung (FoRMöB) der Universität der Bundeswehr München.

6.5.5 Beurteilung der technischen Risiken

Die Einführung neuer Technologien kann mit erheblichen technischen Risiken verbunden sein, z.B. Ausfall von Anlagen, Wartungsanfälligkeit etc. Deren Eintrittswahrscheinlichkeit und die daraus resultierenden Kosten sind nicht einfach zu beurteilen. Dies darf jedoch nicht dazu führen, dass risikoreichere Lösungen von vornherein ausbleiben. So gehen Ideen von Anbietern verloren oder bleiben ungenutzt außen vor. Beschaffungen, die mit technischen Risiken verbunden sind, benötigen ein Risikomanagement, das frühzeitig Risiken kalkuliert und den Chancen gegenüberstellt.

Die **Kalkulation der technischen Risiken** ist durchaus problematisch. Anbieter von neuen komplexen Systemen tendieren naturgemäß dazu, die technischen Risiken zu unterschätzen. Die Startschwierigkeiten von „Toll-Collect" sind hierfür ein bekanntes Beispiel. Vor jeder Neuanschaffung können Experten gefragt werden. Es können Machbarkeitsstudien in Auftrag gegeben und ähnliche Projekte, auch in anderen Ländern, analysiert werden. Dabei ist davon auszugehen, dass ein Unternehmen, das mit einer Innovation als Anbieter auftritt, bereits Aussagen über den zu erwartenden Nutzwert und das Potenzial abgeben kann.

Es kann auch **eine systematische Risikoanalyse** vorgenommen werden. Hierzu entwickelte die australische Regierung eine systematische Herangehensweise.

Beispiel:
Risikoanalysetool der australischen Regierung

Um den australischen Beschaffungsämtern den Einkauf von Informations- und Kommunikationsausrüstungen zu erleichtern und die damit verbundenen Haftungsfragen zu klären, entwickelte die australische Regierung ein Instrument, um technische Risiken systematisch abschätzen zu können.
Die Risikoanalyse erfolgt in 5 Schritten.

1. **Identifizierung des Umfeldes der Risiken**

- Inhalte und Ziele der Beschaffung
- Bei der Beschaffung involvierte Akteure
- Erfolgskriterien (technisch, finanziell, zeitlich)
- Beschreibung des Produktes, der Installation und der Wartung

2. **Identifizierung der Risiken**

- Welche Risiken können eintreten?
- Wann, wo und warum können die Risiken eintreten?
- Welche Apparaturen, welche Nutzer sind davon betroffen?

3. **Risikoanalyse (Anfertigung eines Risikoregisters)**

- Wahrscheinlichkeit des Eintretens eines Risikos (möglichst quantifizieren)
- Folgekosten bei Eintritt des Risikos
- Risiko mindernde Umstände

4. **Bewertung der Risiken**

- Entscheidung darüber, welche Risiken akzeptiert werden und welche nicht; letztere werden weiter behandelt.

5. **Weiterbehandlung der Risiken**

- Identifizierung der Möglichkeiten, die Risiken zu senken. Bsp.: Haftung zu Lasten des Anbieters im Vertrag regeln oder Durchführung zusätzlicher Tests.
- Vergleich der Kosten der zusätzlichen, Risiko senkenden Maßnahmen mit den zu erwartenden Kosten, keine zusätzlichen Maßnahmen durchzuführen.
- Festlegung von zusätzlichen Maßnahmen

Quelle: Australian Government, Department of Communications, Information Technology and the Arts.

6.5.6 Ganzheitliches Projektmanagement

Die Beschaffung der meisten neuen Produkte und Leistungen ist ein Routinevorgang, für den es Standardverfahren gibt, die insbesondere für ständig wiederkehrende einfache Leistungen durchaus sinnvoll sind. Hierfür ist das Management relativ einfach.

Allerdings gibt es immer wieder größere Beschaffungsaktionen, z.B. neue EDV-Systeme, technologisch anspruchsvolle Bauvorhaben, die eine strategische Herangehensweise erfordern. In diesen Fällen muss der gesamte Beschaffungsprozess von der Bedarfsentstehung, über die Markterkundung, die Vergabe, bis hin zum Controlling der Einführung sorgfältig geplant werden.

Voraussetzung solch komplexer, technologisch anspruchsvoller Beschaffungsvorgänge ist ein **innovationsorientiertes Beschaffungsmanagement**. Die strategischen Entscheider müssen dies überprüfen bzw. gewährleisten. Hierzu ist es hilfreich zu prüfen, ob z.B. grundlegende Kriterien erfüllt werden, die in nachfolgender Checkliste aufgeführt werden [2].

Checkliste: Innovationsorientiertes Beschaffungsmanagement

- ☐ Ist das Klima in den Beschaffungsstellen und bei den strategischen Entscheidern als innovationsfreundlich zu bezeichnen? Sollte eine systematische Innovationshemmnisanalyse durchgeführt werden?
- ☐ Besteht ausreichender Dialog mit Nutzern und Anbietern von Innovationen? Werden Lieferanten und Nutzer gezielt auf Neuerungen angesprochen?
- ☐ Werden Schlüsseltechnologien identifiziert, akzeptiert und gefördert?
- ☐ Besteht ausreichende Marktkenntnis?
- ☐ Besitzen die operativen Beschaffer ausreichendes Wissen über geplante Beschaffungsvorhaben? Haben die Einkäufer die Möglichkeit, die strategische Ebene zu beraten?
- ☐ Sind die Mitarbeiter optimal geschult? Nicht nur über vergaberechtliche, sondern auch über technische und betriebswirtschaftliche Inhalte?
- ☐ Sind die operativen Beschaffer berechtigt und motiviert, möglichst eigenständig im Dialog mit Nutzern und Anbietern zu entscheiden? Verfügen sie über Verhandlungserfahrungen?
- ☐ Sind die Beschaffungsprozesse in allen Phasen transparent und nachvollziehbar?
- ☐ Gibt es ein ausreichendes Controlling der Beschaffungsprozesse?
- ☐ Werden elektronische Vergabeverfahren angewandt?
- ☐ Wird das Beschaffungsmanagement durch externe Fachleute geprüft und laufend verbessert?

Quelle: BMWi: Impulse für Innovationen im Öffentlichen Beschaffungswesen.

Komplexe Beschaffungen erfordern den Aufbau eines **ganzheitlichen Projektmanagements**. Ausgangspunkt ist eine klare strategische, zielorientierte Vorgabe. Darauf aufbauend muss ein Gesamtplan frühzeitig konzipiert werden, der sämtliche Phasen des Beschaffungsprozesses, alle betroffenen Bereiche und alle Akteure – strategische Entscheider, Beschaffer, Nutzer und Anbieter - mit einbezieht. Zugleich ist den vorherrschenden Beschaffungsbedingungen gerecht zu werden bzw. sind diese, wo möglich, innovationsfreundlicher auszugestalten.

Im Folgenden wird gezeigt, wie komplexe Beschaffungsvorgänge strukturiert werden können.

Beispiel:
Strukturierung komplexer Beschaffungen beim Beschaffungsamt des Bundesministerium des Bundes

Vorbereitungsphase

- Kleine Kern-Projektorganisation bilden
- Ggf. erste Lösungsansätze/-richtungen suchen
  - Brainstorming
  - Prüfung, ob es in anderen Bereichen bereits Lösungsansätze gibt
- Bedarf in groben Umrissen, strukturiert beschreiben
- Markt erkunden, Lösungssuche erweitern/formalisieren; Instrument z.B.: Interessenbekundungsverfahren

Zwischenergebnis:

- Möglichkeiten der Bedarfsdeckung klarer beschreibbar („Wie könnte es gehen?")
- Wirtschaftlichkeit, finanzieller Rahmen erkennbar („Wie teuer wäre es?")
- Aufwand abschätzbar („Wie lange dauert es?")
- Projektorganisation anpassen („Wen brauchen wir dafür?")

Konkretisierungsphase

- Projektorganisation etablieren
- Personal (intern) gewinnen
- Groben Projekt(struktur)plan aufstellen
- Controlling/Risikomanagement etablieren
- Soweit notwendig: externen Beratungsbedarf klären/beschreiben
- Ggf. Vergabeverfahren für externe Beratung durchführen (z.B. Bereiche Technik, Recht, BWL, externes Controlling usw.)
- Bedarf konkretisieren
- Wirtschaftlichkeitsbetrachtungen abschließen

- Haushaltsmittel absichern
- Vergabestelle verstärkt einbinden, zusammen mit dieser:
  1. Allgemeine Vergabeverfahrensfragen klären (z.B. Neben-/Alternativangebote möglich?)
  2. Leistungsbeschreibung bezogen auf Bedarf formulieren, möglichst funktional
  3. Klärung, was von den Angeboten erwartet wird (z.B. wie werden die Funktionalitäten erzielt?)
  4. Rechtliche Rahmenbedingungen der Leistungserbringung erarbeiten
- Struktur der Vergabeunterlagen festlegen, z.B.:
  1. Allgemeine Ausschreibungsbedingungen
  2. Leistungsbeschreibung
  3. Anforderungen an die Angebote
  4. Vertragsentwurf
- Bewertungskatalog inklusive der Gewichtung der einzelnen Themen formulieren und abstimmen
- Projektplan konkretisieren, u.a.:
  1. Zeitplan für Vergabeverfahren fixieren
  2. Ressourcen klären
  3. Abstimmungsbedarf berücksichtigen
- Verdingungsunterlagen abschließend formulieren und qualitativ sichern

Vergabephase

- Beteiligte neben der Vergabestelle
  - Entscheider (Bedarfsträger)
  - Externe Berater
- Bekanntmachung/Durchführung des Vergabeverfahrens
  - Beantwortung von Firmen-/Bieterfragen
  - Auswertung von Teilnahmeanträgen bzw. Angeboten
  - Ggf. Teststellungen
  - Je nach Verfahren ggf. Verhandlungen über Angebot(e)
- Zuschlag

Vertragsdurchführung/Vertragsmanagement

- Güte-/Qualitätssicherung
- Abnahmen
- Zahlungen
- Nachverhandlungen
- Vertragsänderungen

Quelle: Beschaffungsamt des BMI.

6.5.7 Innovationsorientierte Nutzung des Vergaberechtes

Das oberste Ziel der gesetzlichen Regeln des öffentlichen Auftragswesens ist die Verpflichtung der Auftraggeber, beim Einkauf nach dem **Prinzip der Wirtschaftlichkeit** zu handeln. Das wirtschaftlichste Angebot kann durchaus auch eine innovative Lösung beinhalten, insbesondere wenn die gesamten Lebenszykluskosten berücksichtigt werden, was das Vergaberecht zwingend vorschreibt.

Im Gesetz zur Modernisierung des Vergaberechts aus dem Jahre 2009 wurde erstmals in § 97 Abs. 4 Satz 2 GWB klargestellt, dass für die Auftragsausführung zusätzliche Anforderungen an Auftragnehmer gestellt werden können, die unter anderem auch innovative Aspekte betreffen. Voraussetzung hierfür ist jedoch, dass diese **innovativen Aspekte** im sachlichen Zusammenhang mit dem Auftragsgegenstand stehen und sich aus der Leistungsbeschreibung ergeben. Durch diese Auftragsbezogenheit soll die Berücksichtigung vergabefremder Aspekte ausgeschlossen werden. So wäre es unzulässig, den Erhalt eines öffentlichen Auftrags über die Lieferung von brennstoffzellenbetriebenen Personenkraftwagen von der allgemeinen ökologischen Geschäftspolitik des Auftragnehmers (z.B. von dem Vorhandensein einer solarbetriebenen Heizungsanlage im Unternehmen des Auftragnehmers) abhängig zu machen.

Das Vergaberecht kennt verschiedene Verfahrensarten, die sich unterschiedlich gut für die Beschaffung von Innovationen eignen. Ab den EU-Schwellenwerten [3] - so genannter „Oberschwellenbereich" - sind die europäischen Vergabearten und Regeln zu beachten, die teilweise anders sind als unterhalb der Schwellenwerte - so genannter „Unterschwellenbereich".

Bei der **Öffentlichen Ausschreibung**, einer Verfahrensart, die es im Unter- und Oberschwellenbereich gibt, wird eine unbestimmte Anzahl von Unternehmen durch öffentliche Bekanntmachung zur Abgabe eines Angebots aufgefordert. Diese Verfahrensart wirkt im Prinzip innovationsfördernd, weil in einem offenen Verfahren alle potenziellen Bieter eingeladen werden, insofern auch neue bisher unbekannte Unternehmen mit einbezogen werden. Allerdings kann das starre Auswahlverfahren sich im Vergabeprozess ergebende neue Wege abwürgen, weil Abweichungen von den jeweiligen Angeboten nicht zugelassen werden.

Bei der **Beschränkten Ausschreibung**, einer Verfahrensart, die es nur im Unterschwellenbereich gibt, wird eine beschränkte Zahl geeigneter Unternehmen ausgewählt und zur Abgabe eines Angebotes aufgefordert. Die Beschränkte Ausschreibung wird in der Regel mit einem vorgeschalteten öffentlichen Teilnahmewettbewerb verbunden. Eine Beschränkte Ausschreibung mit Teilnahmewettbewerb ist zulässig, wenn nur eine begrenzte Zahl von Unternehmen überhaupt zur Auftragsausführung geeignet ist oder wenn andere Gründe wie z.B. solche der Dringlichkeit oder der Geheimhaltung dies erfordern. Eine Beschränkte Ausschreibung ohne Teilnahmewettbewerb kann nur durchgeführt werden, wenn eine Öffentliche Ausschreibung kein wirtschaftliches Ergebnis hatte oder der mit einer Öffentlichen Ausschreibung verbundene Aufwand unverhältnismäßig hoch ist. Wenn bei der Vergabe der Innovationsgrad der angebotenen Produkte oder Dienstleistungen

[3] 200.000 € für Liefer- und Dienstleistungsaufträge (Ausnahme oberste Bundesbehörden: 130.000 €); 5.000.000 € für Bauleistungen.

eine Rolle spielt, kann diese Verfahrensart Innovationen eher ermöglichen als die öffentliche Ausschreibung.

Das **nicht offene Verfahren**, eine Verfahrensart, die es nur im Oberschwellenbereich gibt, wird analog der Beschränkten Ausschreibung durchgeführt. Zulässig ist ein nicht offenes Verfahren, wenn es lediglich einen beschränkten Kreis von Anbietern für die nachgefragte Lieferung oder Leistung gibt oder wenn ein offenes Verfahren mit unverhältnismäßigem Aufwand verbunden wäre, kein wirtschaftliches Ergebnis gehabt hat beziehungsweise aus anderen Gründen unzweckmäßig ist. Die Innovationswirkung ist analog derjenigen bei der beschränkten Ausschreibung einzuschätzen.

Beim **Verhandlungsverfahren**, einer Verfahrensart, die es nur im Oberschwellenbereich gibt, wendet sich der Auftraggeber an mehrere geeignete Unternehmen, mit denen er die beste Lösung aushandelt. Auch diesem Verfahren muss grundsätzlich ein Teilnahmewettbewerb vorangehen, der allen potenziellen Bietern gleiche Chancen eröffnet. Das Verhandlungsverfahren ist nur unter bestimmten Voraussetzungen zugelassen. So können im Wege der Verhandlung z.B. geistig-schöpferische Dienstleistungsaufträge vergeben werden, wenn die vertraglichen Spezifikationen nicht hinreichend genau festgelegt werden können. Das Verhandlungsverfahren ist für die Beschaffung von innovativen Leistungen besonders geeignet, denn in den parallelen Verhandlungen mit mehreren Bietern können Innovationsaspekte gezielt berücksichtigt werden, indem anhand der vorgegebenen Zuschlagskriterien herkömmliche Lösungen sukzessive aussortiert werden.

Bei der **Freihändigen Vergabe**, die es nur im Unterschwellenbereich und sowohl mit als auch ohne vorgeschalteten Teilnahmewettbewerb gibt, wählt der Auftraggeber einen Bieter aus grundsätzlich mehreren in Frage kommenden Unternehmen aus, nachdem er mit einem oder mehreren Bietern über die Auftragsbedingungen verhandelt hat. Freihändige Vergaben sind auf Ausnahmen beschränkt. So kann z.B. die Lieferung von Waren oder die Erbringung von Dienstleistungen zur Erfüllung wissenschaftlich-technischer Fachaufgaben auf dem Gebiet von Forschung, Entwicklung und Untersuchung freihändig vergeben werden, sofern die zu vergebende Lieferung oder Leistung nicht der Aufrechterhaltung des allgemeinen Dienstbetriebs und der Infrastruktur einer Dienststelle des Auftraggebers dient. Die Freihändige Vergabe kann innovationsfördernd sein, da mit den Bietern über die Auftragsbedingungen verhandelt wird. Besonders innovationsfreundlich wirkt sich die Freihändige Vergabe aus, wenn einer besonders innovativen Lösung der Vorzug vor den Angeboten anderer Bieter gegeben wird. Wenn allerdings aus „Bequemlichkeit" an den wenig innovativen „Hoflieferanten" vergeben wird, kann diese Vergabeart auch innovationshemmend wirken.

Eine Weiterentwicklung des Verhandlungsverfahrens auf europäischer Ebene stellt der **Wettbewerbliche Dialog** dar. Hierbei handelt es sich um ein zweigeteiltes Verhandlungsverfahren zur Vergabe besonders komplexer Aufträge, das nur dann durchgeführt werden darf, wenn der Auftraggeber objektiv nicht in der Lage ist, die technischen Anforderungen oder die rechtlichen und finanziellen Konditionen eines Vorhabens anzugeben. Beispiele sind die Durchführung bedeutender integrierter Verkehrsinfrastrukturprojekte oder die Anschaffung großer Computernetzwerke. Bei solchen Vorhaben geht es oft um komplexe technische Neuerungen. Auftraggeber und potenzielle Auftragnehmer entwickeln gemeinsam im Dialog Lösungen für den Bedarf des Auftraggebers. Hier besteht viel Raum für kreative und innovative Ideen der Bieter. Allerdings wird dieses Vergabeverfahren nur selten angewendet, weil es recht komplex ist und Schutzrechte der Bieter leicht verletzt werden können [2].

Unabhängig von der Wahl der Verfahrensart kann die **Leistung** so **beschrieben** werden, dass primär oder ausschließlich nur **innovative Lösungen** infrage kommen. Die Leistungsbeschreibung bei der Beschaffung von Dienstfahrzeugen kann z.B. vorsehen, dass nur solche Fahrzeuge beschafft werden dürfen, die mit erneuerbaren Energien betrieben werden.

Auch kann die **Leistung funktional** beschrieben werden. Beispielsweise kann die Überwindung eines Flusslaufes so ausgeschrieben werden, dass sowohl der Bau eines Tunnels als auch der Bau einer Brücke infrage kommen. Die Leistung darf jedoch nicht diskriminierend sein, also z.B. so beschrieben werden, dass nur eine bestimmte Firma oder ein bestimmtes Produkt infrage kommt. Wesentlicher Grundsatz der Leistungsbeschreibung ist, dass die Leistung eindeutig und so erschöpfend zu beschreiben ist, dass alle Bewerber die Beschreibung im gleichen Sinne verstehen und die Angebote miteinander verglichen werden können. Die funktionale Leistungsbeschreibung kommt insbesondere im Bereich der Informationstechnik, aber auch bei Forschungs- und Entwicklungsleistungen in Betracht, bei denen der Forschungs- oder Entwicklungsgegenstand noch nicht in seinen konstruktiven Einzelheiten, sondern zunächst nur als Ziel beschrieben werden kann. Eine solche Leistungsbeschreibung bietet sich auch an, wenn der Auftraggeber den Markt nicht kennt oder nicht weiß, welche innovativen Möglichkeiten es gibt. Technische Entwicklungen und sich daraus ergebende Neuerungen können auf diese Weise berücksichtigt werden.

Eine weitere Möglichkeit, innovative Leistungen bei der Beschaffung stärker zu berücksichtigen, sind **Nebenangebote**. Nebenangebote sind alle Angebote, die vom geforderten Angebot (Hauptangebot) abweichen. Sie können auch innovative Lösungen enthalten, die die Beschaffer noch nicht kennen und die daher bei der Ausfertigung der Angebotsunterlagen unberücksichtigt blieben. Nebenangebote können, sofern die Beschaffer dies in der Bekanntmachung oder den Vergabeunterlagen angeben, zugelassen werden. Fehlt eine entsprechende Angabe, sind keine Nebenangebote zugelassen.

In der Praxis hat sich gezeigt, dass Nebenangebote nicht immer einfach mit den Hauptangeboten zu vergleichen sind. Daher werden Nebenangebote meist auch nicht zugelassen. Dies ist aus innovationspolitischer Sicht bedauerlich, denn über die stärkere Einbeziehung solcher Nebenangebote könnten mehr innovative Lösungen in die öffentlichen Institutionen Einzug erhalten.

Zusammenfassend ist festzuhalten, dass innovative Lösungen vor allem durch solche Leistungsbeschreibungen herausgefordert werden, die das Angebot von herkömmlichen Produkten und Dienstleistungen einschränken oder gar nicht erst zulassen. Auch die Wahl der Verfahrensart sollte bedacht werden. Verhandlungsverfahren geben meist mehr Raum für neue kreative Lösungen als starre Ausschreibungen [3].

6.5.8 Motivation, Weiterbildung und Erfahrungsaustausch

Eine der wichtigsten Aufgaben eines innovationsorientierten Beschaffungsmanagements ist es, für motivierte und gut ausgebildete Mitarbeiter in den Beschaffungsstellen zu sorgen. Es müssen **geeignete Anreiz- und Belohnungssysteme** eingeführt bzw. vorhandene ausgebaut werden. Beispielsweise können Leistungsprämien an leistungsstarke Mitarbeiter gezahlt werden; dieses Instrument existiert im öffentlichen Dienstrecht. Es müsste auch im Beschaffungswesen stärker angewendet werden.

Die **Weiterbildungsmöglichkeiten** sollten verstärkt genutzt werden. Allein die Schulung über die vergaberechtlichen Grundlagen reicht in der heutigen Zeit nicht aus, weil die zu beschaffenden Produkte und Leistungen immer komplexer und die Abwägung der wirtschaftlichen Vor- und Nachteile, sowie die Einschätzung der technischen Risiken immer komplizierter werden. Daher sind Schulungen über betriebswirtschaftliche und technische Sachverhalte ebenso wichtig. Auch Verhandlungsführung und Teamarbeit müssen erlernt werden.

Möglichkeiten und Angebote zur Qualifizierung und Entwicklung sind vielfältig und gehen in verschiedene Richtungen:

- Studium von Fachliteratur und Zeitschriften,
- externe fachorientierte Schulungen (z.B. Vergaberecht, Wirtschaftlichkeitsrechnungen, Marktanalyse, Lieferantenauswahl, Fremdsprachen),
- externe teamorientierte Schulungen (z.B. Verhandlungs- und Gesprächsführung, Teambildung, Konfliktmanagement),
- interne Schulungen (z.B. „e-learning"-Module).

Fachliche Schulungen bietet z.B. der Bundesverband Materialwirtschaft, Einkauf und Logistik e. V. mit seiner BME Akademie GmbH. Die BME Akademie bietet über 400 bundesweit platzierte Seminare zu allen Bereichen des privaten und öffentlichen Einkaufs. Gemeinsam mit dem Forschungszentrum für Recht und Management öffentlicher Beschaffung (FoRMöB) an der Universität der Bundeswehr München bietet der BME gezielte Weiterbildungsveranstaltungen für öffentliche Einkäufer an. Diese reichen von Einzelveranstaltungen über den Zertifikatslehrgang öffentliche Beschaffung (Certified Public Procurement Expert) bis zum berufsbegleitenden MBA-Studiengang mit Vertiefung Public Procurement, der sich derzeit in der Entwicklung befindet.

Außerdem werden Schulungen der Bundesakademie für öffentliche Verwaltung (BAköV) angeboten. In den Grundlagenseminaren zum Öffentlichen Auftragswesen wird u. a. auf die Berücksichtigung von Innovation, von ökologischen oder sozialen Aspekten in einer Ausschreibung eingegangen. Spezielle Vergabeseminare, die sich an IT-Beschaffer richten, berücksichtigen auch den Aspekt der innovationsorientierten Beschaffung.

Zusätzlich zu den Veranstaltungen der BAköV werden im Beschaffungsamt des Bundesministeriums des Innern besonders beschaffungsrelevante betriebswirtschaftliche Themen durch eigene Fachkräfte vermittelt. Die hausinternen Dozenten greifen auf umfangreiche Kenntnisse zurück und bieten Themen wie z.B. „Kaufmännisches Denken" und

„Kaufmännisches Verhandeln“ unter Berücksichtigung des öffentlichen Vergaberechts an. Lehrinhalte sind Preiskalkulation, Marktprozesse, Preis-Leistungsanalyse, Produkt-Lebenszyklus, interne Kostenkalkulation, Preisgestaltung, Gesamterlösbetrachtung und Vertrieb.

Daneben bieten Internetplattformen eine zeit- und kostensparende Möglichkeit, sich fortzubilden. Die Web-Seiten www.beschaffung-info.de, www.itk-beschaffung.de und www.beschaffer-netzwerk.de bieten vielfältige Informationen für Beschaffer und darüber hinaus Möglichkeiten zum Informationsaustausch.

Neben den Schulungen ist der **praktische Erfahrungsaustausch** zwischen den Beschaffern besonders wichtig, um von guten Beispielen zu lernen und das eigene Wissen ständig zu erweitern. Einen solchen Erfahrungsaustausch zwischen den Beschaffungsstellen auf Bundes-, Landes- und kommunaler Ebene bietet z. B. der jährlich stattfindende „Tag des öffentlichen Auftraggebers“ im Bundesministerium für Wirtschaft und Technologie, auf dem auch ein Preis für eine besonders innovative Beschaffung verliehen wird.

Die Europäische Kommission will im Rahmen der Innovationspolitik auch den internationalen Austausch von Experten des Beschaffungswesens fördern. Hierzu werden Gesprächsrunden organisiert, an denen strategische Entscheider und operative Einkäufer der öffentlichen Verwaltungen aus verschiedenen Ländern teilnehmen, um über ihre Erfahrungen zu berichten.

Auch könnten gezielte Informationsaufenthalte von Beschaffern in anderen Beschaffungsstellen organisiert werden, nicht nur auf nationaler, sondern auch auf internationaler Ebene. Hierzu ist die Initiative der Leiter der Beschaffungsämter gefragt [3].

6.6 Beschaffung nicht marktgängiger Innovationen

Öffentliche Institutionen beschaffen in aller Regel **marktgängige Produkte und Dienstleistungen**, also solche, die es auf den Märkten bereits gibt. Der Einkauf solcher Güter und Leistungen kann innovativ sein, nämlich dann, wenn die Produkte und Leistungen in der einkaufenden öffentlichen Institution bisher noch nicht verwendet wurden. Gelegenheit hierzu gibt es häufig: Beispielsweise werden in den öffentlichen Verwaltungen überwiegend noch keine „Smartphones“ verwendet, obwohl es diese seit längerer Zeit am Markt gibt und der Gebrauch in der Privatindustrie und in der Bevölkerung bereits weit verbreitet ist.

Es gibt jedoch auch Fälle, bei denen eine öffentliche Institution Lösungen benötigt, die es am Markt noch nicht gibt. In diesen Fällen benötigt der Staat **nicht marktgängige Produkte und Dienstleistungen**. Hierzu muss in einem ersten Schritt eine Anforderung definiert werden, in der genau beschrieben wird, was ein Produkt, eine Dienstleistung oder eine Systemlösung können muss. In einem zweiten Schritt wird ein Forschungs- und/oder Entwicklungsauftrag (FuE) vergeben. Dies kann freihändig geschehen oder durch Ausschreibung in einem wettbewerblichen Verfahren. Letzteres ist zu bevorzugen, denn der Wettbewerb zwischen Anbietern stimuliert Innovationen.

Nachdem der Forschungs- und /oder Entwicklungsauftrag erfolgreich abgeschlossen ist, kann der Staat das neue Produkt, die neue Dienstleistung oder die Systemlösung erwerben. Der eigentliche Kauf kann vom FuE-Auftrag getrennt ablaufen. Insofern ist der Staat frei, auch andere Anbieter zum Zuge kommen zu lassen, die den FuE-Auftrag nicht erhalten haben. Dies könnte z. B. dann der Fall sein, wenn zwischenzeitlich eine neue, noch bessere Lösung auf den Markt gekommen ist.

Bei großen Systemlösungen wird dies jedoch in aller Regel nicht der Fall sein, denn der Forschungs- und /oder Entwicklungsauftrag ist meist so komplex und bedarfsbezogen, dass andere Entwicklungen nicht infrage kommen.

Ein bekanntes Beispiel hierfür ist das **„Toll Collect"- System** für die Einführung der LKW-Maut in Deutschland. In einem Verhandlungsverfahren mit vorgeschaltetem Teilnahmewettbewerb wurde im Juli 2002 ein Konsortium ausgewählt, an dem die Deutsche Telekom AG, Daimler Financial Services AG und die französische Cofiroute SA beteiligt sind. Dieses Konsortium entwickelte ein neues Satelliten gestütztes Mauterfassungssystem auf Basis der vorherigen Testergebnisse. Obwohl es in der Entwicklungsphase erhebliche technische Probleme gab, wurde das Konsortium mit dem Betrieb des Mauterfassungssystems beauftragt. Ursprünglich sollte das System im August 2003 starten, es nahm aber erst am 1. Januar 2005 einen Betrieb mit eingeschränkter Funktion auf und wurde erst am 1. Januar 2006 voll funktionsfähig.

Mit der Entscheidung für ein völlig neuartiges Erhebungsverfahren verbunden war die Überlegung, dem gewinnenden Konsortium neue Marktchancen auch im Ausland zu eröffnen. Schließlich ist ein in Deutschland funktionierendes System eine gute Referenz für den Absatz in andere Märkte. Zwischenzeitlich wurde das System mit dem österreichischen System, das auf einer anderen Technologie beruht, kompatibel gemacht, so dass seit September 2011 die „On-board"- Einheiten in zwei Ländern mit verschiedenen Erfassungssystemen genutzt werden können. Da die Europäische Kommission langfristig ein einheitliches Satelliten gestütztes Mautsystem in ganz Europa anstrebt, hat „Toll Collect" eine gute Ausgangsbasis für mögliche zukünftige europaweite Ausschreibungen.

Zur Entwicklung neuer Lösungen können jedoch auch mehrere Unternehmen oder Konsortien im Wettbewerb zueinander unterschiedliche Lösungen entwickeln, so dass die öffentliche Institution eine Wahlmöglichkeit hat und noch mehr Unternehmen an der Entwicklung von neuen Techniken beteiligt sind. In diesem Fall ist der Innovationsimpuls in die Wirtschaft hinein noch höher.

Diese Idee stammt aus den USA. Im Rahmen des „Small Business Innovation Research Program" (SBIR) erhalten kleine und mittlere Unternehmen Fördergelder, um Forschungs- und Entwicklungsaufträge für amerikanische Bundesministerien durchzuführen. Das SBIR Programm gibt es bereits seit 1982. Bei diesem Programm steht die Innovationsförderung von kleineren Unternehmen im Vordergrund. In zweiter Linie geht es darum, neue Lösungen kostengünstig für die US-Administration zu entwickeln.

Dese Idee wurde in den letzten Jahren von der Europäischen Kommission und einigen Ländern in Europa weiterentwickelt. Mehr und mehr trat der Beschaffungsaspekt mit der Bezeichnung **„Pre-Commercial Procurement"** (PCP) in den Vordergrund. Grundlage ist die Mitteilung der Europäischen Kommission aus dem Jahre 2007 (Nr. 799) über die vorkommerzielle Auftragsvergabe. Die Europäische Kommission nutzt dieses Instrument in ihrem Forschungsrahmenprogramm. Auch in den Niederlanden, Belgien und Großbritannien wird das Instrument angewendet [7].

Die Ausgangslage ist ein öffentlicher Bedarf, für den es noch keine kommerziell tragfähige Lösung auf dem Markt gibt oder für den die vorhandenen Lösungen noch Unzulänglichkeiten aufweisen. Es muss also ein FuE-Auftrag vor die spätere Vergabe geschaltet werden, der von dem zu späterer Zeit erfolgenden Einkauf der Lösung rechtlich getrennt wird.

Die Entwicklung der neuen Lösung erfolgt bei diesem Instrument in der Regel in drei Phasen:

- Phase 1: Lösungserkundung,
- Phase 2: Lösungsentwicklung (Prototyp),
- Phase 3: Lösungserprobung (Testserien).

Der FuE-Auftrag wird in der Phase 1 an verschiedene miteinander konkurrierende Unternehmen bzw. Konsortien vergeben, um alternative Lösungskonzepte zu entwickeln. Es wird eine Evaluierungskommission gebildet, die nach jeder Phase die besten Konzepte auswählt bis zuletzt mindestens zwei Varianten übrig bleiben. Die öffentliche Institution kann jetzt eine der Lösungen kaufen. Mit diesem iterativen Auswahlverfahren hat die Institution eine höhere Sicherheit, ein sehr gutes Ergebnis zu erzielen, weil ja durch den wettbewerblichen Prozess die jeweils besten Lösungen übrig bleiben. Zudem hat sie die Möglichkeit, von einem Dritten zu kaufen oder gar nicht zu kaufen. In diesem Fall hat der FuE-Auftrag nur einen positiven Effekt auf die Innovationstätigkeit in der Wirtschaft.

Risiken und Nutzen werden bei diesem Instrument zwischen den öffentlichen Einrichtungen und den Bietern geteilt. So bleiben die Rechte am geistigen Eigentum und an der kommerziellen Weiterverwertung der neuen Lösung bei den Auftragnehmern. Der öffentliche Auftraggeber kann eine kostenlose Lizenz zur internen Nutzung der FuE-Ergebnisse verlangen. Die nicht exklusive Forschung hat für den Auftraggeber den Vorteil, dass er den verschiedenen an diesem vorkommerziellen Prozess beteiligten Unternehmen nur relativ geringe Kostenerstattungen gewähren muss. Für die Auftragnehmer ist es attraktiv, an einem Wettbewerb teilzunehmen, der dem Sieger mit hoher Wahrscheinlichkeit einen öffentlichen Auftrag beschert. Außerdem erhält der Auftragnehmer die Verwertungsrechte, so dass er diese anderweitig vermarkten kann, unabhängig davon, ob er gewinnt oder verliert. Dieses Verfahren hat einen hohen Innovationsimpuls in die Wirtschaft, denn die beteiligten Unternehmen werden versuchen, ihre Forschungsergebnisse auch anderweitig zu vermarkten ([8], [11]).

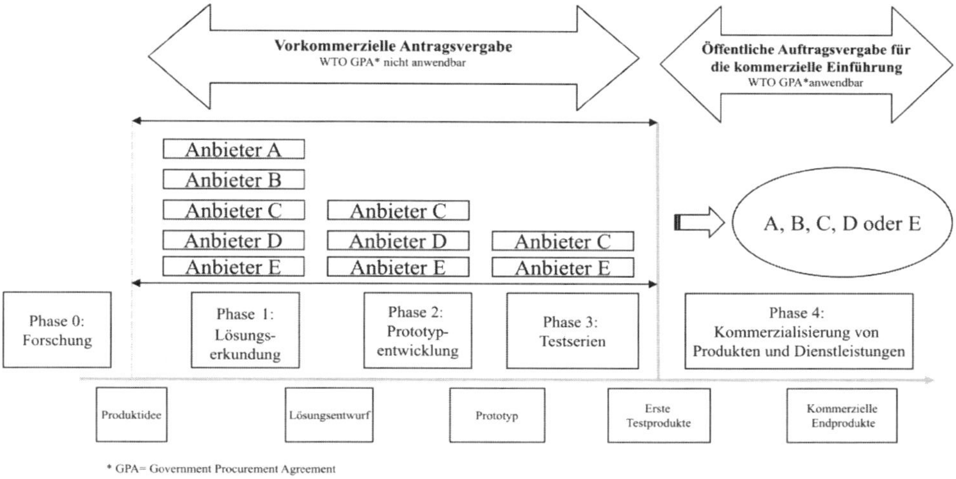

Quelle: Kommission der Europäischen Gemeinschaften.

Abb. 6.4 Graphische Darstellung der vorkommerziellen Auftragsvergabe

In unseren Nachbarländern gibt es bereits eine Reihe von Beispielen, in denen das Instrument der vorkommerziellen Auftragsvergabe angewendet wurde. Eines der bekanntesten ist die Entwicklung eines neuartigen Deichüberwachungssystems in den Niederlanden (vgl. **Abbildung 6.5**).

Projekt

- ✓ Die Niederlande befinden sich zu 40% unter dem Meeresspiegel, daher spielt die **Sicherung von Deichen** eine besondere Rolle.
- ✓ Ein Leck in einer Wasserleitung im Damm von Spijk (Januar 2004) veranlasste die niederländische Regierung, nach einer **neuen Möglichkeit zur Inspektion von Deichen und Dämmen** und einem **verbesserten Warnsystem** zu suchen. Ein entsprechender Entwicklungsauftrag wurde im Rahmen des SBIR-Programms ausgeschrieben.
- ✓ **SBIR** („small business innovation research) ist ein **Programm zur Beschaffung innovativer Lösungen** für gesellschaftliche Problemstellungen. Der Ansatz ähnelt dabei dem der EU-Kommission zur vorkommerziellen Auftragsvergabe.

Quelle: ccb.colorado.edu/

Ergebnis

- ✓ Zunächst waren fünf Unternehmen an dem Vorhaben beteiligt (Phase 1, Machbarkeitsstudien, mit je 50.000 Euro gefördert).
- ✓ Im Ergebnis konnten sich **zwei Unternehmen** durchsetzen (Phase 2, Erstellung eines Prototypen, mit je 450.000 Euro gefördert) und sich später mit ihren Systemen **am Markt etablieren** (keine staatliche Förderung mehr in dieser Phase).

Kontaktinformationen
NL Agency
Telefon: +31 (0) 88 602 55 97
Website: www.agentschapnl.nl/sbir

Quelle: Eigene Darstellung.

Abb. 6.5 Deichüberwachungssystem in den Niederlanden

Ein anderer Weg, wie nicht marktgängige Lösungen Einzug in die öffentlichen Verwaltungen erhalten können, ist die Durchführung von **öffentlich geförderten Forschungs-**

projekten, ohne dass der staatliche Einkauf bereits angestrebt wird. In diesen Fällen erhalten Forschungseinrichtungen, Unternehmen oder Konsortien Fördermittel, um ein Forschungsziel zu erreichen. Die beteiligten Unternehmen und Forschungseinrichtungen können relativ frei forschen. Die öffentlichen Institutionen sind aber in die Forschungsprojekte eingebunden, denn je früher und intensiver sie ihre Vorstellungen und praktischen Erfahrungen in die Forschungsprojekte einbringen, desto größer sind die Chancen, dass die Lösungen auch erfolgreich sind, d.h. Einzug auf den Märkten erhalten. Die Finanzierung solcher Forschungsprojekte ist völlig unabhängig von der Finanzierung einer möglichen späteren Beschaffung. Solche Forschungsprojekte werden in aller Regel aus anderen Finanzquellen finanziert, und zwar aus den Budgets der Forschungsförderung.

Dieser Weg wird z.B. seit 2011 bei der Förderung der Sicherheitsforschung der Europäischen Kommission verfolgt, denn die Nutzer der Forschungsergebnisse sind fast ausschließlich öffentliche Behörden. Die Einbindung der öffentlichen Stellen bei der Forschung und Entwicklung im Bereich der Sicherheitstechnologien wird als **„Pre-Operational Validation"** **(POV)** bezeichnet. Mit der frühzeitigen Beteiligung der Endnutzer möchte die Europäische Kommission die Forschungsförderung effizienter und marktnäher gestalten.

6.7 Aktuelle Aktivitäten der Europäischen Kommission und der Bundesregierung

6.7.1 Europäische Kommission

Grundlage der gegenwärtigen innovationspolitischen Aktivitäten der Europäischen Kommission (EU-KOM) ist die Innovationsunion im Rahmen der Strategie: „Europa 2020", die im Jahre 2010 verabschiedet wurde. Eine der Prioritäten ist die Entwicklung der wissens- und innovationsintensiven Wirtschaft. Mit innovationsfreundlichen Rahmenbedingungen und effektiven Förderprogrammen soll die Forschungs- und Innovationstätigkeit der Wirtschaft angekurbelt werden. Im europäischen **Forschungsrahmenprogramm** und im **Wettbewerbsfähigkeitsprogramm** werden Forschungs- und Innovationsprojekte nicht nur durch direkte Fördermaßnahmen, sondern zunehmend auch durch indirekte Maßnahmen, wie der Stimulierung der öffentlichen Nachfrage nach Innovationen unterstützt [6], [11].

So fördert die EU-KOM in ihrem Wettbewerbsfähigkeitsprogramm u. a. den Austausch von guten Beispielen zwischen den Beschaffungsstellen verschiedener Mitgliedstaaten im Hinblick auf die Beschaffung innovativer Lösungen.

In jüngster Zeit hat die EU-KOM im Rahmen der Förderung der Informations- und Kommunikationstechnologien Projekte ausgeschrieben, bei denen das PCP-Verfahren zur Anwendung kommt. Durch die im Jahre 2009 veröffentlichten Ausschreibungen wurden zunächst nur Netzwerke von öffentlichen Beschaffungsstellen finanziert, die sich mit diesem Thema beschäftigen. 2010 und 2011 wurden Ausschreibungen veröffentlicht, die auch die Finanzierung anteiliger Kosten für die Entwicklung neuer Produkte und Verfahren vorsehen. Finanziert werden 100% der Kosten für die Vorbereitung, das Management und die Koordinierung von gemeinsamen PCP-Verfahren (d.h. unter Beteiligung von mindestens drei verschiedenen Vergabestellen unterschiedlicher EU-Mitgliedstaaten). Des Weiteren werden bis zu 50% der Kosten für die Entwicklung neuer IKT- Lösungen im Rahmen des PCP Verfahrens kofinanziert.

In der letzten Ausschreibung aus dem Jahre 2011 zu den Sicherheitstechnologien legt die EU-KOM Wert darauf, dass auch die Endnutzer in die Forschungsprojekte eingebunden werden und die Forschungsergebnisse testen (POV-Verfahren). Auch in diesem Fall fördert die EU-KOM 100% der Koordinierungskosten und 50% der Kosten für Forschung und Entwicklung. Auf diese Weise steigen die Chancen dafür, dass die Endnutzer, und das sind in diesem Forschungsfeld vor allem öffentliche Institutionen, die Forschungsergebnisse auch wirklich einsetzen. Die Forschungsprojekte sind aber unabhängig von einer eventuell späteren Beschaffung.

Die Europäische Kommission will in ihrer neuen Forschungsförderperiode 2014 – 2020 („Horizon 2020") solche Instrumente noch stärker anwenden. Ziel ist es, mit europäischen Geldern finanzierte Forschungsergebnisse schneller zur Marktreife zu verhelfen. Im Rahmen der Forschungsförderung gefundene Lösungen sollen zügig in öffentlichen Anwendungsfeldern verbreitet werden, wie z.B. in der Sicherheitstechnik und im Gesundheitswesen [9].

Flankierend hierzu verstärkt die EU-KOM die **Innovationsaspekte** im **europäischen Vergaberecht**. Die einschlägige Richtlinie zur Vergaberechtsmodernisierung wird derzeit im Europäischen Rat verhandelt. Sie soll Anfang 2013 in Kraft treten und bis Mitte 2014 in nationales Recht umgesetzt werden. Diese Richtlinie sieht Innovationspartnerschaften als neues Vergabeverfahren vor. Die Innovationspartnerschaften verbinden die Vergabe eines Entwicklungsauftrages mit der eigentlichen Beschaffung. Hierzu sollen Kriterien entwickelt werden, wie eine langfristige Partnerschaft zwischen einem Entwickler und der öffentlichen Beschaffungsstelle gestaltet werden kann, so dass nur noch ein Vertragsdokument für beide Etappen erforderlich sein wird. Damit soll es Beschaffern erleichtert werden, innovative Lösungen nachzufragen.

Für diese rechtliche Verbindung zwischen FuE-Auftrag und Beschaffungsvorgang ist aber zunächst nur ein Entwickler vorgesehen. Ob dieses Instrument auch für das PCP-Verfahren angewendet werden kann, bei dem stets mehrere Entwickler in Konkurrenz zueinander an einer neuen Lösung arbeiten, ist noch unklar, denn darüber wird derzeit in der Ratsarbeitsgruppe verhandelt (Stand Mai 2012).

6.7.2 Bundesregierung

Strategische Grundlage der innovationspolitischen Aktivitäten der Bundesregierung in dieser Legislaturperiode (2009 – 2013) ist die **Hightech-Strategie** [1]. Diese Strategie vereint alle forschungs- und innovationspolitischen Initiativen der Bundesministerien. Sie bildet die Grundlage sowohl für die Verbesserung der Rahmenbedingungen als auch die Förderung von Forschung und Innovation.

Das neue im Frühjahr 2012 veröffentlichte **Innovationspolitische Konzept des Bundesministeriums für Wirtschaft und Technologie (BMWi)** ergänzt diese Strategie. Das

Konzept stellt neue innovationspolitische Initiativen zur Mittelstandsförderung, zur innovationsfreundlichen Gestaltung der Rahmenbedingungen sowie zu den gesellschaftlichen Einstellungen gegenüber neuen Technologien vor [5].

Das Innovationskonzept enthält auch neue Aktivitäten zur Stimulierung von Innovationen im Beschaffungswesen. Erstmalig werden Haushaltsmittel für dieses Thema bereitgestellt. Ab dem Jahre 2013 sollen ca. 3 Mio. € für Maßnahmen ausgegeben werden, die den öffentlichen Einkauf innovativer Lösungen auf Bundesebene stimulieren. Geplant ist der Aufbau einer Kompetenzstelle, die öffentliche Einkäufer berät, vernetzt und gute Beispiele innovativer Beschaffungen verbreitet. Mindestens ein Pilotprojekt soll zum „Pre-Commercial Procurement" durchgeführt werden, um dieses neue Förderinstrument zu testen. Zudem sollen die bereits seit mehreren Jahren durchgeführten Preisverleihungen an eine besonders innovative Beschaffung und ein besonders innovatives Beschaffungsverfahren attraktiver gestaltet werden.

Das BMWi erwartet, dass die neuen Aktivitäten auch die Länder und Kommunen dazu anregen, ähnliche Maßnahmen einzuführen. Bei der Umsetzung dieser Maßnahmen wird sich das BMWi eng mit denjenigen Mitgliedstaaten abstimmen, die bereits Erfahrungen mit den neuen Instrumenten sammeln konnten. Dadurch sollen die Maßnahmen von Anfang an effizient gestaltet werden, um einen größtmöglichen Innovationsimpuls sowohl in der Verwaltung als auch in der Wirtschaft auszulösen.

6.8 Literaturverzeichnis

[1] Bundesministerium für Bildung und Forschung, Hightech-Strategie 2020 für Deutschland, Juli 2010.

[2] Bundesministerium für Wirtschaft und Technologie und Bundesverband Materialwirtschaft, Einkauf und Logistik e.V. (Hrsg.), Impulse für Innovationen im öffentlichen Beschaffungswesen, Februar 2006.

[3] Bundesministerium für Wirtschaft und Technologie, Impulse für Innovationen im öffentlichen Beschaffungswesen, Januar 2010.

[4] Bundesministerium für Wirtschaft und Technologie, Öffentliche Beschaffung nicht marktgängiger Innovationen – Praxisbeispiele aus Deutschland und dem EU-Ausland, Vorkommerzielle Auftragsvergabe, Februar 2011.

[5] Bundesministerium für Wirtschaft und Technologie, „Lust auf Technik" – Neues wagen, Wachstum stärken, Zukunft gestalten, Juni 2012.

[6] Europäische Kommission, Leitinitiative der Strategie Europa 2020 – Innovationsunion Oktober 2010.

[7] Europäische Kommission (Hrsg.), Guide on Dealing with Innovative Solutions in Public Procurement, 2007.

[8] Europäische Kommission (Hrsg.), Pre-Commercial Procurement of Innovation (PCP), Oktober 2011.

[9] Europäische Kommission, Vorschlag für eine Verordnung des Europäischen Parlaments und des Rates über das Rahmenprogramm für Forschung und Innovation „Horizont 2020" (2014 – 2020), Dezember 2011.

[10] Fraunhofer Institut für System- und Innovationsforschung, Innovation and Public Procurement – Review of Issues at Stake, Dezember 2005.

[11] Universität Manchester u.a., Feasibility study on future EU support to public procurement of innovative solutions: Obtaining Evidence for a Full Scheme, Februar 2012.

[12] Wegweiser GmbH u.a., "Einkäufer Staat" als Innovationstreiber – Entwicklungspotenziale und Handlungsnotwendigkeiten für eine innovativere Beschaffung im öffentlichen Auftragswesen Deutschlands, November 2009.

KMU und öffentliche Beschaffung 7

Hans-Jürgen Niemeier – CONET Solutions GmbH

7.1 Vorbemerkung

7.1.1 Die Bedeutung der KMU für die europäischen Volkswirtschaften

In vielen Veröffentlichungen und vor allem in politischen Reden wird die Wichtigkeit des „Mittelstands" für die deutsche Wirtschaft beschworen. In nahezu all diesen Reden oder Veröffentlichungen wird sogar die „Unverzichtbarkeit" des Mittelstandes oder auch der kleinen und mittleren Unternehmen (KMU; im englischen small and medium enterprises SME) herausgestellt. Soweit die politischen Willensbekundungen, doch wie sieht die Realität aus?

Auf Europäischer Ebene sind im „Small Business Act for Europe" im Juni 2008 quantitative Kennzahlen für die KMU veröffentlicht worden. Nach diesen Ermittlungen ist festzustellen:

- 23 Millionen KMU existieren in der EU
- 99% aller EU-Unternehmen sind KMU
- 57% der Wertschöpfung in der EU werden von KMU erbracht
- 75 Millionen Arbeitsplätze (entspricht 67% der Arbeitsplätze der Privatwirtschaft) gewähren die KMU

Qualitativ wird dokumentiert, dass die KMU-Strukturen als höchst flexibel gelten. Abgeleitet lässt sich aussagen:

- Der Kunde steht für die KMU im Mittelpunkt
- Prozess- und Produkt-Know-how bilden den Leistungsschwerpunkt
- Flexibilität, gepaart mit qualifiziertem Personal und hohem Qualitätsbewusstsein, ist das Grundprinzip der Unternehmensführung

Es lassen sich sicherlich eine Reihe weiterer Gründe (und auch Nachweise) auflisten, warum es in der EU und vor allem in Deutschland von hohem Interesse ist, diese mittelständischen Strukturen und Unternehmen zu erhalten bzw. deren Wachstum zu fördern.

7.1.2 Was genau sind die KMU?

Die Frage „welche Unternehmen gelten als KMU" wird meist anhand von Zahlen beantwortet. So zählen in der Regel Unternehmen mit weniger als 500 Beschäftigten und einem Jahresumsatz von weniger als 50 Millionen Euro zur Gruppe der kleinen und mittleren Unternehmen (Quelle: Institut für Mittelstandsforschung Bonn).

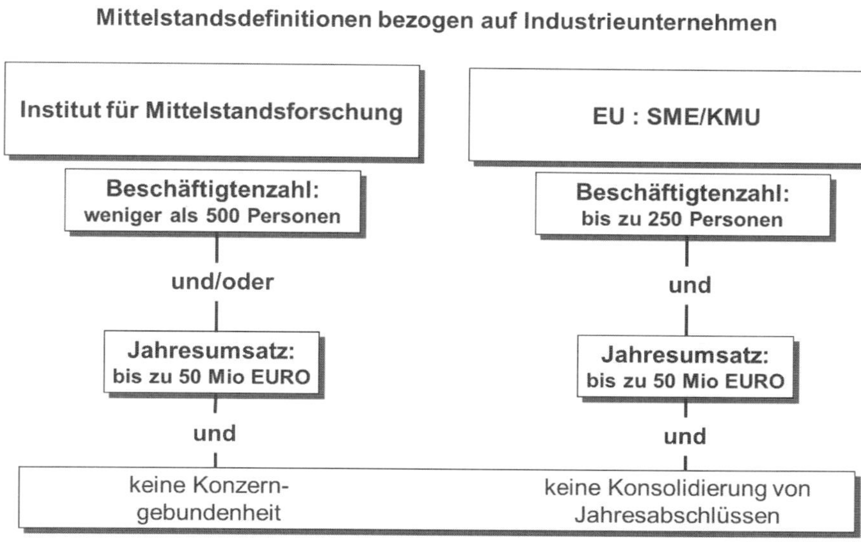

Quelle: Angelehnt an Institut für Mittelstandsforschung, Bonn.

Abb. 7.1 Mittelstandsdefinition (vereinfachte Darstellung)

Doch damit ist nur der Zahlenrahmen ausgedrückt, nicht jedoch, was mittelständische Unternehmen in ihrem Wesen ausmacht. Dies sind weniger ihre Größe und die Umsätze, sondern vielmehr die bereits erwähnten Eigenschaften wie spezialisiertes Fachwissen, Flexibilität und Anpassungsfähigkeit, vielleicht auch leichtere Erreichbarkeit, die große Unternehmen aufgrund ihrer komplexeren Strukturen nicht leicht aufbringen können. Den Mittelstand gäbe es nicht mehr, wenn er nicht diese Qualitäten aufweisen würde. Genau diese Qualitäten aber benötigt auch die öffentliche Hand.

Auch aus diesem Grund ist seit Jahren eine Diskussion im Gange, ob denn eine an Quantitäten ausgerichtete Definition überhaupt sinnvoll ist. So regt der Bereich „Mittelstand, Familienunternehmen und Verbandsentwicklung" des Bundesverbands der deutschen Industrie (BDI) an, qualitative Kriterien zur Typologisierung von KMU heranzuziehen:

- Wirtschaftliche und rechtliche Selbständigkeit des Unternehmens
- Verflechtung von Eigentum, Kontrolle und Leitung
- Personenbezogenheit der Unternehmensführung

Auch das Institut für Mittelstandsforschung (Bonn) hat in Vorträgen erkennen lassen, dass über eine Neuausrichtung, nämlich weg von quantitativen und hin zu qualitativen Kriterien, zumindest nachgedacht wird. Darüber hinaus ist die Erkenntnis gewachsen, dass die Frage „KMU ja oder nein" in nachdrücklicher Weise von der jeweiligen Branche und deren Unternehmensstruktur abhängt.

Hier muss allerdings darauf hingewiesen werden, warum dies so intensiv diskutiert wird: In nahezu allen Diskussionen geht es um die Frage, ob „Fördertöpfe" (insbesondere der EU) anzapfbar sind oder nicht. Es geht also um finanzielle Zugangsberechtigungen; die Frage hinsichtlich der Bedeutung für das Vergaberecht tritt dabei meist in den Hintergrund.

Pluralität im Mittelstand

In vielen Zusammenhängen ist es jedoch sinnvoll, über die Unterscheidung zwischen Großkonzernen und mittelständischen Unternehmen hinaus zu differenzieren. Zum Mittelstand zählen überaus heterogene Unternehmen, die insbesondere hinsichtlich ihrer Tätigkeit in den unterschiedlichen Wirtschaftszweigen klassifiziert werden können. Aus Gründen der Einfachheit wird hier nur auf die Unterscheidung zwischen Handel, Industrie und Dienstleistung eingegangen.

Die Fähigkeiten, welche KMU in diesen drei Sparten auszeichnen, sind jeweils spezifisch. Ausgehend von Veröffentlichungen der Leitung des Arbeitskreises Mittelstand der Deutschen Gesellschaft für Wehrtechnik e.V. (DWT) soll dies am Beispiel des öffentlichen Auftraggebers Bundeswehr erläutert werden. So ist hier die Industrie schwerpunktmäßig an der Produktion und Pflege der Waffensysteme der Bundeswehr beteiligt. Kleine und mittlere Unternehmen stehen der Großindustrie zur Seite, um Mammutprojekte, wie den Bau von Kampfjets oder Fregatten, mit ihrem Spezialwissen zu unterstützen. Eine qualitativ hochwertige Detailproduktion trägt an dieser Stelle zum Gesamterfolg der Großproduktion bei, die aufgrund ihres Umfangs oft nur von einem „Systemanbieter" (also einem Nicht-KMU) zu leisten ist. Das Prinzip, „bei umfangreicheren und/oder komplexeren Aufträgen darauf zu achten, dass der Auftragnehmer Unteraufträge an mittelständische Unternehmen vergibt", wird hier sinnvoll angewendet (Broschüre »Auftraggeber Bundeswehr«, Stand 24. April 2008). Jedoch greift das Prinzip, das mittelständische Unternehmen sei immer Unterauftragnehmer, zusehends auch in Bereichen, in denen es nicht alternativlos nur den „Einen", also den (Quasi-) Monopolisten gibt. Vor allem im Dienstleistungssektor unterscheidet sich die Leistungsfähigkeit der KMU nicht von derjenigen, welche die Großkonzerne aufweisen. Der auf „Verteidigung" spezialisierte Mittelständler hat die gleichen Kapazitäten wie der Bereich „Verteidigung" einer großen Unternehmensberatung. Ebenso verfügt der Consultant einer mittleren Unternehmensberatung über die gleichen Kenntnisse und Fähigkeiten wie der Consultant einer großen. Damit besteht kein Grund, Aufträge nur an Systemanbieter und andere große Unternehmen zu vergeben, die mit Mittelständlern als Unterauftragnehmer arbeiten – vielmehr ist der umgekehrte Weg gewinnbringend: Mittelständische Unternehmen können als Generalunternehmer beauftragt werden und als solche hervorragende Leistungen erbringen!

Was also hindert offensichtlich, Aufträge an die KMU zu vergeben?

7.1.3 KMU im deutschen und europäischen Vergaberecht

Die folgenden Überlegungen differenzieren die Hintergründe und Barrieren, die eine KMU-freundliche Vergabeordnung oder auch die entsprechende Beschaffung/Beauftragung erschweren oder sogar verhindern.

7.1.3.1 Politische Vorgaben

Aufgrund der zu Beginn erläuterten Umstände verwundert es nicht, wenn (wieder vor allem im politischen Raum) auch für die KMU im Vergaberecht „förderliche" Bestimmungen vorgesehen werden bzw. versucht wird, diese anzuwenden.

So heißt es im Gesetz gegen Wettbewerbsbeschränkungen (GWB) in § 97 Absatz (3):

Wettbewerbsbeschränkungen (GWB) in § 97 Absatz (3)

Mittelständische Interessen sind bei der Vergabe öffentlicher Aufträge vornehmlich zu berück-sichtigen. Leistungen sind in der Menge aufgeteilt (Teillose) und getrennt nach Art oder Fachgebiet (Fachlose) zu vergeben. Mehrere Teil- oder Fachlose dürfen zusammen vergeben werden, wenn wirtschaftliche oder technische Gründe dies erfordern. Wird ein Unternehmen, das nicht öffentlicher Auftraggeber ist, mit der Wahrnehmung oder Durchführung einer öffentlichen Aufgabe betraut, verpflichtet der Auftraggeber das Unternehmen, sofern es Unteraufträge an Dritte vergibt, nach den Sätzen 1 bis 3 zu verfahren.

Ähnliche Vorgaben und Ziele formuliert auch die EU, z.B. im Small Business Act for Europe (2008, Auszug):

- Betonung des „Think Small First"-Ansatzes
- Förderung von Wachstum und Wettbewerbsfähigkeit der KMU
- Vereinfachung des Regelwerkes
- Förderung des Zugangs von KMU zum Binnenmarkt
- Zugang von KMU zu öffentlichen Aufträgen fördern
- Finanzierungsinstrumente
- Unterstützung der KMU beim globalen Marktzugang
- Förderung von unternehmerischem Einsatz

Dies klingt gut, ist aber aufgrund der Komplexität des Umfelds nicht einfach umzusetzen. Darüber hinaus gibt es eine Reihe weiterer politischer Vorgaben, die ein durchaus widersprüchliches Szenario für den Beschaffer entstehen lassen.

In diesem Zusammenhang wird auf die Ausführungen zur VOL/A bei Beck (Becktext VgR, 12. Auflage, Anhang IV, VOL/A, Erläuterungen zu Abschnitt 1 § 2 Absatz 2) verwiesen. Die dort niedergelegten Gründe (z.B. „erleichterte Durchsetzung von Gewährleistungsansprüchen") sind so allgemein und weitreichend, dass faktisch bei jeder Vergabe eine Abweichung von einer losweisen Beschaffung begründet werden kann.

7.1.3.2 KMU im Geflecht der Vergabeordnungen

In Deutschland und in der EU gibt es bekanntermaßen eine riesige Zahl von Gesetzen, Verordnungen und sonstigen Vorschriften, die aus Sicht der KMU vor und bei einer Auftragsbearbeitung zu beachten sind.

Verwiesen sei auf das GWB (insbesondere darin § 97, der die Forderung nach Transparenz, Leistungsfähigkeit der Bieter, Berücksichtigung der mittelständischen Unternehmen, Sicherung des Wettbewerbs, keine Diskriminierung beinhaltet), die Vergabe und Sektorenverordnungen, die VOL/A und VOL/B (für Dienst- und Lieferleistungen) sowie ergänzende Bedingungen (z.B. die EVB-IT für ITK-Leistungen) und die zusätzlichen Einkaufsbestimmungen einzelner Vergabestellen (z.B. für die Bundeswehr). Darüber hinaus gibt es auf Länder- und/oder kommunaler Ebene Vergabegesetze (z.T. als Tariftreue- und Vergabegesetz formuliert), die wiederum die gesamte Komplexität der Beschaffung neu oder erweitert regeln.

Auch das Thema „Vergabe" ist in den Kontext der „Klammer EU" zu setzen. Ähnlich wie in Deutschland wird seit Jahrzenten an vergaberechtlichen Richtlinien gearbeitet bzw. diese werden immer wieder verändert und fortgeschrieben.

Mit der Umsetzung insbesondere der EU-Richtlinie 2004/18/EG des Europäischen Parlaments und des Rates vom 31.03.2004 über die Koordinierung der Verfahren zur Vergabe öffentlicher Bauaufträge, Lieferaufträge und Dienstleistungsaufträge, wurde 2009 in Deutschland ein umfassender Rechtsrahmen gesetzt. Dieser wird aktuell novelliert. In der Umsetzung befindlich ist zudem die Richtlinie 2009/81/EU in Form der „Vergabeordnung für die Bereiche Verteidigung und Sicherheit –VSVgV". Diese betrifft nur Dienst- und Lieferleistungen. Die entsprechende Umsetzung von Bauleistungen ist als dritter Abschnitt der Vergabe- und Vertragsordnung für Bauleistungen (VOB) veröffentlicht.

Aus Sicht der KMU müssen die Fragen gestellt werden: Warum ist nicht auch die VS-VgV als Ergänzung der VOL verabschiedet worden? Warum wird immer noch zwischen VOL und VOB differenziert? Zumindest die ITK-Unternehmen müssen sich, je nach Auftraggeber, mit unterschiedlichen Ausschreibungs- und Vertragsbestimmungen befassen, obwohl die Leistungen bzw. Lieferungen die gleichen sind.

Das (Haupt-) Ziel ist immer gleich: es soll der Wettbewerb gestärkt werden. Die direkte Konsequenz für KMU ist weiterer bürokratischer Aufwand: es muss differenziert werden nach Beschaffungsrichtlinien oberhalb und unterhalb von definierten Schwellenwerten. Damit verändern sich nicht nur Begrifflichkeiten, sondern auch Anforderungen an die Bieter.

Greifen wir wieder das Beispiel „Mittelstandsförderung" heraus. Im Rahmen der GWB-Reform sollten ja gerade diese bei der öffentlichen Auftragsvergabe gestärkt werden. Mit Erfolg?

Die betreffenden Aktivitäten des Bundesministeriums für Wirtschaft sind als löblich, letztendlich allerdings als gescheitert zu bezeichnen.

Politik, Wirtschaft und die öffentliche Hand waren sich über das Ziel einig. Ein Beispiel: beim Versuch, die Pflicht zur Losaufteilung in § 97 Absatz 3 GWB zu verschärfen, endete der gute Vorsatz im Nichts. Zudem ist statt einer Vereinfachung im Vergaberecht eher höhere Unsicherheit in der Praxis entstanden. Warum gibt es nun unterschiedliche Vorgaben im GWB, VOL/A, VOB/A und auch im Entwurfsdokument der Vergabeverordnung für Verteidigungs- und Sicherheitsgüter (VSVgV), die zudem „nur" von Unterauftraggebern, nicht aber von KMU spricht? Wie soll dies in der Beschaffungspraxis umgesetzt werden?

In diesem Kontext wirkten leider auch – z.T. sachfremde – Argumente aus den Industrieverbänden verunsichernd. Heute ist festzustellen, dass die „neue Mittelstandsklausel" nichts bewirkt hat, weder eine Verbesserung noch eine Verschlechterung aus Sicht der KMU.

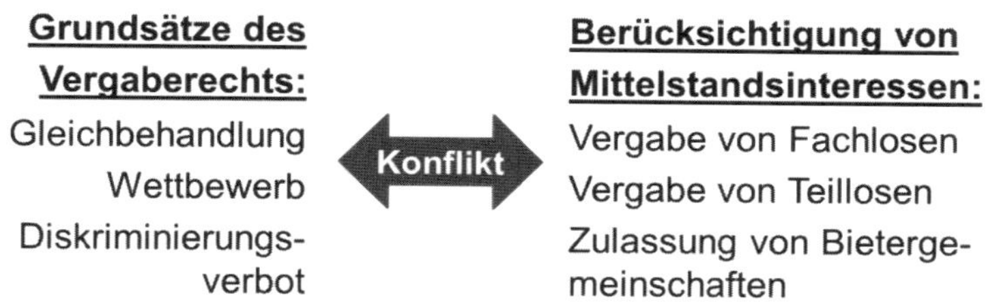

Quelle: Eigene Darstellung.

Abb. 7.2 Konfliktsituation Vergaberecht vs. KMU-Interessen

Dies hat auch das Wirtschaftsministerium erkannt und im Mai 2012 eine Studie in Auftrag gegeben zum Thema: Wie kann § 97 Abs. 3 GWB hinsichtlich der Pflicht zur Aufteilung eines öffentlichen Auftrages in Teillose rechtssicher in die Beschaffungspraxis überführt werden?

Dieser Schritt ist ein Teil des richtigen Wegs: Ziel muss es sein, das Vergaberecht weiter zu vereinfachen und zu entschlacken. Der Beschaffer muss klare Handlungsvorgaben erhalten statt die Verantwortung für in der Verordnungskette liegenden Unklarheiten aufgebürdet zu bekommen. Vereinfachung heißt meist auch „Verbilligung". Diese kommt natürlich allen Bietern zu Gute, den KMU aber überproportional. Das ist KMU-Förderung und hilft zudem die Wirtschaftlichkeit des Einkaufs der öffentlichen Hand zu steigern.

Für die KMU ist im Vergaberecht nicht die „Komplexität an sich" das Problem, sondern die Vielfältigkeit der Vorgaben und die daraus teilweise völlig unterschiedlichen Anforderungen an die KMU.

Die EVB-IT, die Einkaufsbedingungen der öffentlichen Hand für ITK-Leistungen, sind ein gutes Beispiel. Sie sind ein wichtiger Bestandteil, um eine vertrauensvolle und dabei wirtschaftliche Zusammenarbeit zwischen öffentlicher Hand und Wirtschaft zu gewährleisten. Aus KMU-Sicht könnte sogar ausgesagt werden: Sie sind eine unverzichtbare Voraussetzung dafür, dass KMU direkt oder indirekt (als Unterauftragnehmer von Großanbietern) für die öffentliche Hand Leistungen erbringen können. Neben einer deutlichen Erleichterung bei der Angebotserstellung unter dem Gesichtspunkt „einmal in das Schema eingearbeitet und dann aufwandsarm vielfach beherrscht" bieten die EVB-IT einen positiven Nebeneffekt: die KMU können die EVB-IT an den z.T. drastisch scharfen Einkaufsbedingungen der Privatwirtschaft spiegeln und vielfach Bedingungen auf Basis der EVB-IT im Binnengeschäft (ob als Unterauftragnehmer für die öffentliche Hand oder auch im Direktgeschäft) verhandeln.

Es gibt allerdings eine wesentliche Voraussetzung: Die EVB-IT müssen „fair" ausgestaltet sein und (auch) die Belange der KMU berücksichtigen.

Dies schließt allerdings die Forderung ein, dass die Beschaffer auf individuelle „Verbiegungen" der Muster und evtl. Sonderbedingungen (wie ZVB) komplett verzichten. Verschwiegen werden darf allerdings nicht, dass auch die EVB-IT verbesserungswürdig sind. Die Komplexität der Vertragsmuster, vor allem des „Systemvertrags" ist so hoch, dass Vergabestellen und Bieter Mühe haben, die vielen Alternativen und/oder Optionen korrekt zu beschreiben bzw. auszufüllen. Auch hier gilt: „Einfacher und kürzer ist besser".

7.2 KMU und exzellente Beschaffung

Der öffentliche Markt ist für viele Unternehmen in Deutschland, vor allem allerdings für die Großen der Branche, sehr wichtig, in Teilen sogar „geschäftsentscheidend". Dies gilt nicht nur aufgrund des erheblichen Auftragspotenzials von gut 18 Milliarden Euro allein an ITK-Ausgaben von Bund, Ländern und Gemeinden p.a., sondern auch als „Startbasis" bzw. Referenznachweis für den Export, von dem viele Unternehmen leben. Für die ITK-Branche hat BITKOM folgende Erhebungen bzw. Grundsatzaussagen veröffentlicht:

- Die Nachfrage von Bund, Ländern und Gemeinden nach ITK-Produkten steigt stetig, wobei die zukunftsorientierte Integration und Interoperabilität von Infrastrukturen, Services und Applikationen immer wichtiger werden.
- Ein neuer Trend ist hierbei, die Beschaffungsvorgänge zu bündeln und zu zentralisieren. Diese Entwicklung stellt besondere Anforderungen an mittelständische ITK-Unternehmen.
- Die wirtschaftlichen Potenziale der elektronischen Vergabe werden in Deutschland noch zu wenig genutzt. Allein die Angebotsabgabe erfolgt in weniger als 5% aller Fälle auf elektronischem Wege.

Bei all diesen Randbedingungen muss – und dies ist nicht nur eine Aussage der Politik – sichergestellt werden, dass KMU bei der Vergabe öffentlicher Aufträge berücksichtigt und, im Interesse des Wettbewerbs, weitere monopolartige Strukturen in allen Wirtschaftszweigen verhindert werden.

7.2.1 Veränderung des Beschaffungsverhaltens

7.2.1.1 Trend zu Auftragsbündelung

Bei öffentlichen Vergaben ist generell nach dem Prinzip der Wirtschaftlichkeit zu verfahren. Wenn es um das schwierige Thema der Wirtschaftlichkeit geht, müssen die grundlegenden Differenzierungsmöglichkeiten

- Innovationsführerschaft
- Kostenführerschaft
- Qualitätsführerschaft

gegeneinander abgewogen und gewichtet werden.

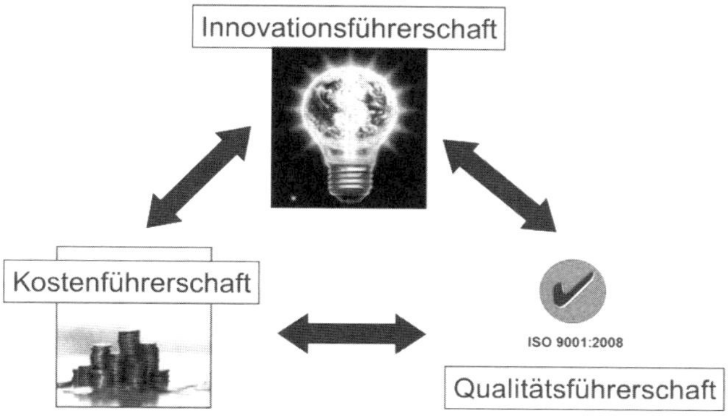

Quelle: Eigene Darstellung.

Abb. 7.3 Entscheidungsgrundsätze bei öffentlichen Vergaben

Wenn aber früher, je Erfordernis, der Beschaffer seine „Vergabelandschaft" nach diesen Kriterien ordnen und Ausschreibungen entsprechend gestalten konnte, so ist dies im Zeichen der Haushaltskonsolidierung und unter dem Zwang zur Auftragsbündelung kaum mehr möglich.

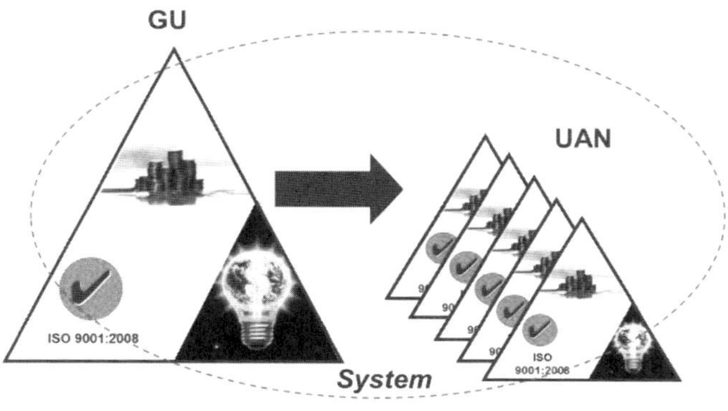

Quelle: Eigene Darstellung.

Abb. 7.4 (Zukünftige?) Projektsituation bei Vergaben der öffentlichen Hand

Die Vergaben folgen im Regelfall dem Diktat des „niedrigsten Preises" und führen zudem dazu, dass die vom Auftragnehmer zum Unterauftragnehmer herabgestuften (also aus der ersten Leistungsebene herausgedrückten) KMU zum Einen ihre Leistungsfähigkeiten nur noch eingeschränkt „zeigen" können, zum Anderen einem verschärften Preisdiktat ausgesetzt sind.

Da dieser dargestellte Trend trotz aller Willensbekundungen nur schwer zu stoppen ist, ist dies dennoch kein Aufruf, dass sich KMU nicht weiter um Beauftragungen der öffentlichen Hand bemühen sollten. Allerdings wird es dadurch noch wichtiger, dass die Beschaffung „exzellent" ist. Voraussetzung dafür ist vor allem die Professionalisierung der Vergabestellen.

Positiv anzumerken ist in diesem Kontext, dass sich der seit Anfang der 1990er Jahre sehr häufig verloren gegangene Aspekt der zwingenden Berücksichtigung von Lebenswegkosten in der Beschaffungsentscheidung wiederentdeckt wird. Als Beispiel sei hier nur der neue Ausrüstungs- und Nutzungsprozess bei der Bundeswehr genannt, der die Lebenswegkosten in den Mittelpunkt stellt.

Die Botschaft der KMU lautet also: „Nicht Auftragsbündelung ist der richtige Ansatz, sondern Bündelung und Professionalisierung der Beschaffung".

7.2.1.2 Die Rolle der KMU als Unterauftragnehmer

Die „Macht" der öffentlichen Auftraggeber ist – auch bei zwischengeschalteten Generalunternehmern – deutlich gewachsen. Dies erkennt auch der Deutsche Bundestag an und sieht die Verantwortung des Staates als Hüter der gesamten Wirtschaftsstruktur.

Auch wenn mittelfristig das Drohpotenzial „es gibt nur noch monopolistische Strukturen" mit der Konsequenz, dass auch die Diskussion um die Wirksamkeit des § 97 Abs. (3) GWB ins Leere läuft, so muss in jedem Fall die öffentliche Hand als Auftraggeber die gesamte Leistungsstruktur mit Unterauftragnehmern und Zulieferern im Blick haben. Dies bedeutet, dass zumindest bei Vergaben an Monopolisten oder Oligopolisten als Generalunternehmer die vertraglichen Bestimmungen zwischen Generalunternehmer und seiner Kette an Zulieferern/Unterauftragnehmen nicht dem freien Spiel der Kräfte überlassen werden darf. Hier muss der Grundsatz herrschen, dass Chancen und Risiken „fair" im gesamten Leistungsbaum verteilt sein müssen. Zumindest Themenstellungen wie

- Nutzungsrechte (Umfang, Übergangszeitpunkt)
- Vertraulichkeit
- (maßvoller) Generalunternehmerzuschlag
- weitere kaufmännische Bedingungen (insbesondere Haftung, Gewährleistung, Zahlungsziele)

müssen im Rahmen der Ausschreibungsbestimmungen für den gesamten Auftragnehmer-Baum geregelt sein. In der Konsequenz bedeutet dies auch die Wiedereinführung der „Vorgaben für Unteraufträge" (siehe § 10 Nr. 1c VOL/A 2006) sowie des Verbots der Aufbürdung ungewöhnlicher Wagnisse (siehe § 8 Nr. 1 Abs.3 VOL/A 2006). Durch letzteres wird vor allem dem Generalunternehmer ermöglicht, wirtschaftliche Angebote zu erstellen.

Die Forderung der Industrieverbände, dass die Unternehmen bei der Wahl ihrer Nachunternehmer in jeglicher Hinsicht frei sein müssen, kann nachvollzogen werden. Dies kann allerdings nicht dazu führen, dass zum Einen die Visibilität und zum Anderen die wirtschaftliche Überlebensfähigkeit durch „Knebelbedingungen" der Unterauftragnehmer verloren geht.

An dieser Stelle sei daran erinnert, dass der Staat Treuhänder des öffentlichen Vermögens ist. Er darf sich weder als Unternehmer fühlen noch als dieser handeln. Insofern besteht auch die Pflicht bei den Beschaffungsstellen, diesen Grundsatz in die Vergaben und die daraus entstehenden unternehmerischen Leistungsstrukturen weiter zu geben.

7.2.1.3 Neue Herausforderungen für KMU

Einleitend sei§ 97 Absatz (4)GWB zitiert, heißt es im Gesetz gegen Wettbewerbsbeschränkungen (GWB) in § 97 Absatz (3):

Wettbewerbsbeschränkungen (GWB) in § 97 Absatz (3)

(4) Aufträge werden an fachkundige, leistungsfähige sowie gesetzestreue und zuverlässige Unternehmen vergeben. Für die Auftragsausführung können zusätzliche Anforderungen an Auftragnehmer gestellt werden, die insbesondere soziale, umweltbezogene oder innovative Aspekte betreffen, wenn sie im sachlichen Zusammenhang mit dem Auftragsgegenstand stehen und sich aus der Leistungsbeschreibung ergeben. Andere oder weitergehende Anforderungen dürfen an Auftragnehmer nur gestellt werden, wenn dies durch Bundes- oder Landesgesetz vorgesehen ist.

Der Aspekt „Umwelt" ist in der öffentlichen Wahrnehmung in Deutschland seit Jahren ein prägendes Element. Insofern ist es auch keine Überraschung, die Vorgabe zu umweltfreundlichen Beschaffungen im Vergaberecht wieder zu finden. Wurden ehedem die „vergabefremden Aspekte" im Vergaberecht von den Industrieverbänden vollständig abgelehnt, so hat sich heute diese Vorgabe in der Praxis etabliert und kann nunmehr (da im Regelfall auch auftragsbezogen nachvollziehbar) als geübte Praxis verstanden werden.

Anders sieht dies bei innovativen oder sozialen Aspekten aus. Auch wenn unberücksichtigt bleibt, dass z.T. „Beschaffung von innovativen Gütern" und „innovative Beschaffung" miteinander verwechselt werden und dies zumindest aus heutiger Sicht weniger ein Problem der KMU in seiner Rolle als Bieter ist, muss in dieser Thematik gefragt werden, wie dies denn in der Vergabepraxis umgesetzt werden soll. Ist auch hier wie bei der Thematik „Losvergabe" eine (ggf. wissenschaftliche) Untersuchung geboten?

Die Themenstellung „soziale Aspekte" ist, seit Ende 2011, als das Beschaffungsamt des Bundesministerium des Innern als „Kompetenzstelle Nachhaltigkeit" eingesetzt worden ist, in den Mittelpunkt des Interesses der Vergaberechtler getreten. Auch wenn aus diesen Vorgaben wieder bürokratischer Aufwand entstehen wird (z.B. zur Erbringung der Nachweise, für eine soziale Arbeitsgestaltung), kann bei sinnvoller Anwendung ein Wettbewerbsvorteil für die deutschen KMU entstehen. Eine zwingende Voraussetzung muss allerdings erfüllt werden: Die Vorgaben müssen einfach nachweisbar sein. Die Schaffung „nur" neuer Gütesiegel erscheint fragwürdig. Die Erfahrungen mit dem „Qualitätssiegel nach ISO 9000:2000" sollten nachdenklich stimmen. Inwieweit die Hürde „auftragsbezogenes Kriterium" übersprungen werden kann, muss an andere Stelle diskutiert werden.

Im Endeffekt kann die Fülle von „vergabefremden Aspekten", d.h. also produkt- bzw. leistungsunabhängig, ein solches Ausmaß annehmen, dass die Leistung (also die „Qualität") eine nur noch untergeordnete Rolle spielt. Es gäbe eine Verstärkung des Effekts „allein der Preis entscheidet". Soziale Nachhaltigkeitskriterien können demnach nur notwendige, aber nicht hinreichende Voraussetzung für eine Auftragsvergabe sein.

In Diskussionsbeiträgen des Deutschen Vergabenetzwerkes wird bereits über die Gesamtverantwortung und damit die „Last der Nachweisfähigkeit" des Generalunternehmers für seine Lieferkette (für Nachhaltigkeitsaspekte oder auch unter dem Gesichtspunkt

Compliance) diskutiert und bei der Vergabe von Unteraufträgen faktisch zur Vorsicht geraten. Falls sich dies allgemein so entwickeln würde, wäre dies für KMU extrem schädlich.

Vielleicht kann im Kontext der vielfältigen Anforderungen an formalen Belegen, Nachweisen und z.T. sehr ausschreibungsspezifischen Fragen der § 97 Absatz (4a) aus dem GWB helfen.

§ 97 Absatz (4a)aus dem GWB

(4a) Auftraggeber können Präqualifikationssysteme einrichten oder zulassen, mit denen die Eignung von Unternehmen nachgewiesen werden kann.

Außerhalb des Baubereichs gibt es dazu allenfalls Ansätze. Den KMU hilft es nicht, wenn für verschiedene Auftraggeber, für die im Regelfall nur wenige Angebote pro Jahr erstellt werden, separate „Qualifikationsdatenbanken“ gefüllt werden müssen, deren Füllung dann möglicherweise mehr Aufwand bedeutet, als bei der Anforderungserfüllung einzelner Angebote entsteht. Es macht keinen Sinn, ein Präqualifikationssystem ausschließlich auf quantitativen Faktoren aufzubauen, die dann zudem überwiegend aus vorhandenen Quellen (z.B. dem elektronischen Handelsregister) gespeist werden könnten.

Aus Sicht der KMU lohnt es sich aber in jeden Fall, diesen Aspekt weiter zu durchdenken und praxisgerechte Lösungen zu erarbeiten. Voraussetzung ist, dass alle öffentlichen Auftraggeber bereit sind, sich (auch mit eigener Leistung) in diesen Prozess und seine Umsetzung einzubringen. Vielleicht kann auch hier das Deutsche Vergabenetzwerk als Plattform die Diskussion befruchten.

7.2.2 Exkurs: elektronische Vergabe

Die elektronische Vergabe (eVergabe) wird nunmehr seit über 10 Jahren nicht nur diskutiert, sondern wird bei Bund, Ländern und Kommunen genutzt. Obwohl zwischen der Wirtschaft (vertreten durch den BDI) und der Bundesregierung (vertreten durch das BMWi) schon vor mehr als fünf Jahren die Absichtserklärung veröffentlicht worden ist, in einem Stufenplan spätestens bis 2012 die vollständige und ausschließliche Beschaffung durch die Öffentliche Hand durch eVergabe-Mechanismen zu vollziehen, so muss festgestellt werden, dass mit einer „Durchdringungsquote“ von unter 10% bei der öffentlichen Beschaffung diese Absicht nicht erreicht wurde.

Auch die EU hat sich der Durchsetzung der eVergabe verschrieben. Der ITK-Branchenverband BITKOM begrüßt das Engagement der Europäischen Kommission zur Stärkung und zum Ausbau der elektronischen Vergabe. Dieses Engagement kommt nicht nur in der Anfang 2012 vorgelegten Mitteilung zum Ausdruck, sondern auch in schon vom BITKOM begrüßten Vorschlag zur Vergaberechtsänderung COM(2011) 896.

Genauso wie die Europäische Kommission sieht BITKOM in seiner Stellungnahme in der Stärkung und flächendeckenden Durchsetzung der elektronischen Vergabe grundsätzlich ein großes Potenzial zu verbesserten Abläufen und den damit verbundenen Einsparmöglichkeiten. BITKOM führt allerdings aus, dass „leider immer wieder geforderte Standardisierungen zur Interoperabilität verschiedenster Plattformen gefehlt haben“.

Die EU-Kommission versteht elektronische Vergabe als ein durchgängiges System, in dem alle Phasen des Verfahrens von der Bekanntmachung (e-Bekanntmachung) bis zur Bezahlung (e-Bezahlung) elektronisch abgewickelt werden (Vorvergabephase und Nachvergabephase). Diese Beschreibung weicht von der in Deutschland gemeinhin üblichen Sichtweise ab. Mehrheitlich wird in Deutschland elektronische Vergabe so verstanden, dass diese mit der Bezuschlagung des Angebotes endet. Dies entspricht, nach dem Verständnis der Europäischen Kommission, der Vorvergabephase.

Aus Sicht der KMU ist die Nutzung der eVergabe-Plattformen ein wichtiges Instrument, um die Verwaltungsausgaben bzw. die bürokratischen Lasten bei Vergabeverfahren drastisch zu senken. Insofern muss einerseits der Vorstoß der EU begrüßt werden. Andererseits müssen Zweifel angemeldet werden, ob ein so weitreichender Ansatz gelingen kann, wo doch schon das „Vorphasenprojekt" nicht konsequent umgesetzt wird. In Deutschland sind viele Studien angefertigt worden, die die Sinnhaftigkeit und Wirtschaftlichkeit für den Beschaffer untersucht haben. Aus Sicht der KMU ist aber eine Nutzenuntersuchung, wie kann die eVergabe für die Anbieter „gewinnbringend" eingeführt werden, nicht erfolgt. Dabei liegen die „Verbesserungspotenziale" auf der Hand: Schaffung von einheitlichen Oberflächen, keine Eingriffe in die Sicherheitsarchitekturen der Unternehmen, Hilfestellungen zur Vermeidung von formellen Fehlern im Teilnahmeantrag oder im Angebot, verbesserte Kommunikation zwischen Vergabestelle und Bietern, Möglichkeit der elektronischen flexiblen Weiterleitung von Ausschreibungsteilen im Unternehmen und vieles andere mehr.

Hier sollte zum einen dem Beispiel des BMWi (bei der Thematik „Losvergabe") gefolgt werden und eine qualifizierte Untersuchung der „Nutzenpotenziale eVergabe für Bieter" angestoßen werden. Zum anderen sollte aber auch in diesem Kontext der Grundsatz „Wettbewerb vor Markteingriff" befolgt werden. Falls die EU eine eVergabe-Lösung z.B. als Open-Source-Lösung für die Mitgliedsstaaten zur Verfügung stellen will, führt dies auch nach Ansicht des BITKOM zu Markteingriffen, die den Wettbewerb verzerren und Innovationen behindern könnten.

Grundsätzlich sehen die KMU in der (mittelfristig) vollständigen Nutzung der eVergabe-Mechanismen einen wesentlichen Beitrag zu einer exzellenten Beschaffung. Dieser ist allerdings nur dann erzielbar, wenn neben technischen Vereinfachungen (z.B. einheitlicher Zugriff auf die verschiedenen eVergabe-Plattformen), auch die organisatorischen Randbedingungen in den Unternehmen und aus Unternehmenssicht optimiert werden. Immerhin ist mit der Pflicht zur zentralen Veröffentlichung aller Bekanntmachungen auf „www.bund.de" gemäß § 12 Abs. 1, S. 2 VOL/A (bzw. als Soll-Vorschrift in der VOB/A) ein echter Fortschritt aus Sicht der KMU erzielt worden.

Den ausschreibenden Stellen muss unbedingt eine Last genommen werden: Der Doppelweg konventionelle und elektronische Angebotsabgabe muss auf den ausschließlich vollelektronischen Weg umgestellt werden.

7.2.3 Anforderungen an eine „exzellente Beschaffung"

Wenn die Frage gestellt wird: „Was ist exzellente Beschaffung aus Sicht eines KMU?", dann wird aus der Darstellung aller oben genannten Aspekte deutlich, dass eine Vielzahl von Kriterien zu beachten sind, um das Ziel der einfachen Handhabung des Gesamtprozesses öffentliche Beschaffung zu erreichen. Dass dies nicht als Definition oder Leitsatz dienen kann, ist klar, bietet jedoch Ansatzpunkte für eine konstruktive Würdigung.

Deutsche KMU wollen auf der Basis ihrer fachlichen Qualifikationen Aufträge gewinnen und diese zur Zufriedenheit aller Beteiligten (Auftraggeber, Nutzer und Unternehmen) abschließen. Das aus Sicht der KMU „beste Vergaberecht" muss somit aus Strukturen bestehen, die die unternehmensinternen Prozesse nicht stören, sondern sogar befördern. Ein exzellentes Vergaberecht ist dann exzellent, wenn es für die Prozesse und Arbeitsweisen in den KMU einsichtig und leicht handhabbar ist. Nicht die Gerichte, sondern die handelnden Partner (Vergabestellen und Bieter) müssen die Vergabepraxis bestimmen. Die Gerichte sind die letzte Instanz; im Tagesgeschäft müssen die Grundlagen wie z.B. die ausgehandelten Vertragsbedingungen allein bestimmend sein.

Aufgrund der strukturellen Gegebenheiten der KMU benötigen diese klare und eindeutige Randbedingungen bzw. Hilfestellungen, um nicht bereits an formalen Hürden in Ausschreibungen zu scheitern. Dies sind zum Bespiel:

- Präqualifikation: Wenn, dann eines (und nicht „16 plus 1" oder sogar Hunderte); wenn, dann umfassend (und nicht die Forderung nach Aktualisierung im Quartalsrhythmus); Eigenerklärungen für Bieter soweit eben möglich
- Formalien: Automatische Vermeidung von Fehlern im Angebot oder Teilnahmeanträgen (insb. unvollständige Angaben oder fehlende Nachweise)
- Vermeidung (un-)bewusster Wettbewerbsbeeinträchtigungen: Verhinderung von Mehrfachbeteiligungen, Vermeidung von Fehlern bei Bildung von Bietergemeinschaften
- Wertbare Nebenangebote: Vermeidung der Nichterfüllung der Mindestbedingungen, keine Verwechselung von Haupt-/Nebenangeboten, Hinweis auf fehlende Nachweise der Gleichwertigkeit

Auch an die Vergabestellen werden hohe Erwartungen seitens der KMU gestellt. Die Vergabestellen haben entscheidenden Einfluss darauf, ob Bieter mit geringem oder mit hohem Aufwand Angebote erstellen können. Die „professionale Vergabestelle" muss für die KMU insbesondere folgendes sicherstellen:

- Ausschreibungsspezifikation: Automatische Vermeidung von Fehlern im Angebot oder Teilnahmeanträgen (insb. unvollständige Angaben oder fehlende Nachweise)
- Attraktive Ausschreibung: Möglichkeit des „return on invest", angemessene Fristen, kein überzogene Leistungsanforderungen
- Vermeidung (un-) bewusster Beschneidung von Handlungsspielräumen: Unnötiger Verzicht auf Optionen/Nebenangebote; zu frühe Festlegung aller Rahmenbedingungen; Vermeidung von Verhandlungsverfahren

Das generelle Ziel muss es bleiben, das deutsche und vor allem das EU-Vergaberecht weiter zu vereinfachen und zu entschlacken. Dem müssen die Einzelregelungen Rechnung tragen. In diesem Kontext ist es aus Sicht der KMU wichtig, sämtliche möglicherweise wettbewerbsverzerrenden Aspekte (z.B. Umsatzsteuerprivilegien) auf den Prüfstand zu stellen. Aus Sicht der KMU ist es besser, einen Auftrag nicht zu bekommen, weil er freihändig vergeben wird, als in einen ohnehin aussichtslosen, aber aufwändigen Wettbewerb gedrängt zu werden.

Sowohl die Bieter als auch die Vergabestellen benötigen dringend Verfahrensvereinfachungen, um die nach wie vor vielfach bestehenden Vorbehalte und die Scheu vor dem Verfahren abzubauen. Vereinfachung heißt: Einfache und nachvollziehbare Verfahrensregelungen schaffen, die zu einer wirtschaftlichen Bearbeitungsweise und in der Konsequenz zu einer wirtschaftlichen Beschaffung führen.

Aufgrund der Bedeutung sei eine Wiederholung gestattet: Jede Vergabestelle muss über klare Handlungsvorgaben verfügen; der jeweils handelnde Person darf nicht die Verantwortung für in der Verordnungskette liegenden Unklarheiten aufgebürdet werden.

Die Tugenden „Wahrhaftigkeit, Vertrauenswürdigkeit und Verlässlichkeit“ sollten auch im Vergaberecht Bestandskraft haben. Faire (Ausschreibungs- und Vertrags-) Bedingungen und faire Leistungserbringung gehen Hand in Hand.

Immer noch bestimmen die Argumente „die Ausschreibungen dauern zu lange; die sind zu kompliziert; ich bekomme – gleich wie entschieden wird – vom Vorgesetzten oder der Vergabekammer eine „Rüge“; ich muss den Billigsten nehmen“ nach wie vor die Praxis. Dies ist keine Basis für exzellente öffentliche Beschaffung. Daher besteht aus der unternehmerischen Erfahrungen die Notwendigkeit, ein Mehr an Information und Transparenz herzustellen. Zum Erhalt und zur Verbesserung der wettbewerblichen Strukturen in Europa ist dies für deutsche KMU unerlässlich.

Insofern können die KMU auch die Vorschläge von Industrieverbänden unterstützen, die eine Erhöhung der Transparenz im Unterschwellenbereich durch eine verpflichtende Vorabinformation, effektiven Rechtsschutz auch bei kleinen Aufträgen sowie den Verzicht auf zusätzliche Belastungen vorschlagen. Dies kann im Einzelfall auch der Verzicht der Berücksichtigung z.B. sozialer Nachhaltigkeitskriterien sein.

7.3 Schlussfolgerungen: Pluralität durch Mittelstand

„Der Staat ist die größte Finanzmacht und damit der größte Einkäufer in Deutschland und in der EU[1]. Aber der Staat ist nur Treuhänder des Vermögens“, führt Prof. Claus D. Müller-Hengstenberg in seinen Vorträgen über „Vergaberechtlich einwandfreie Beschaffungen“ aus.

Die volkswirtschaftliche Verantwortung eines öffentlichen Auftraggebers, wie z.B. der Bundeswehr, besteht ohne Zweifel. Der häufig zu vernehmende Ruf des Mittelstandes, bei der Vergabe von Aufträgen eine stärkere Berücksichtigung zu finden, wird jedoch wir-

[1] Nach der „Internal Market Scoreboard-Statistik“ beträgt das Gesamtvolumen aller öffentlichen Aufträge in der EU über 2 Billionen € oder 17% des Bruttoinlandsprodukts; 2007 betrug das Volumen aller EU-weit ausgeschriebenen Aufträge über 370 Mio. €.

kungslos verhallen, wenn die kleineren und mittleren Unternehmen nicht gleichzeitig ihren Mehrwert gegenüber den Großanbietern demonstrieren können. Für letztere spricht sicherlich, dass sie aus Sicht ihrer Kunden klare Strukturen haben. Anstelle eines komplexen Gefüges mehrerer Anbieter liegt bei ihnen nur eine geringe Anzahl an Schnittstellen vor, durch welche Informationen fließen müssen. Der zu betreibende Koordinationsaufwand verschiebt sich damit vom Auftraggeber hin zu den Großanbietern. Weiterentwicklung und Fortschritt in der öffentlichen Hand hängen demnach auch davon ab, inwieweit hier eine plurale Struktur zugelassen wird. Als Auftraggeber bildet die öffentliche Hand die Plattform, auf der sich die Fähigkeiten der Großanbieter und der KMU vereinen. Gerade dieses Zusammentreffen schafft Innovation und bringt allen beteiligten Stellen Effizienz.

Von der Erhaltung der mittelständischen Vielfalt hängt viel für die öffentlichen Auftraggeber (und nicht nur für das Beispiel Bundeswehr) ab, da sie in besonderem Maße auf die Fähigkeit des flexiblen Eingehens auf Systeme, Regeln und Beziehungen sowie das hiermit verbundene Spezialwissen angewiesen ist. Daher würde es langfristig schaden, wenn die Potenziale der KMU ungenutzt blieben und eine Monokultur entstehen würde.

Fo(e)rderung der KMU

Was muss getan werden, um die KMU-Strukturen im Interesse der Nutzer der öffentlichen Hand zu erhalten oder sogar noch zu stärken?

Die Zauberworte heißen „Stärkung des Wettbewerbs“ und „Stärkung der Unternehmen für den internationalen Wettbewerb“. Dies lässt sich nicht allein durch Wegfall der (vor allem) europäischen Subventionsmechanismen und durch „exzellente Beschaffung“ erreichen.

Exzellente Beschaffung, die auf den Grundfesten „Information“, „Kommunikationsfähigkeit“ und „Transparenz“ beruht, stellt aber eine wesentliche Hilfe dar. Ziel muss auch im europäischen Kontext sein: Das wirtschaftlichste Angebot ist das Beste. Dies heißt: das Verhältnis von Ergebnis und Umsatz für Auftraggeber **und** Auftragnehmer stimmt.

Hier haben die KMU mehr zu bieten: Wo größere Anbieter Quantität liefern können, sind die KMU zu Qualität gezwungen!

7.4 Literaturverzeichnis

[1] BITKOM-Stellungnahme zu „Strategie der Europäischen Kommission zum Ausbau der eVergabe“, Berlin, Mai 2012.

[2] BITKOM-Stellungnahme zu den Entwürfen der Europäischen Kommission zur Vergaberechtsreform, Berlin, 23. Februar 2012, http://www.bitkom.org/de/themen/37244_71483.aspx.

[3] Byok, Dr. Jan: Die Entwicklung des Vergaberechts seit 2011; NJW 16/2012, Seiten 1124-1131.

[4] Deutscher Bundestag, Antwort der Bundesregierung auf die große Anfrage der Fraktion BÜNDNIS90/DIE Grünen (und weitere); Öffentliche Beschaffung durch

die Bundesregierung nach sozialen, ökologischen und entwicklungspolitischen Kriterien, Drucksache 17/9485, 02. Mai 2012.

[5] Deutsches Vergabenetzwerk (DVNW) (2012); Diskussionsgruppen zu u.a., Recht, Politik und Markt, eVergabe; (www.dvnw.de).

[6] Europäische Kommission (2012): Eine Strategie für die e-Vergabe, Mitteilung der Kommission an das Europäische Parlament, den Rat, den europäischen Wirtschafts- und Sozialausschuss und den Ausschuss der Regionen, Brüssel (COM(2012 179final).

[7] Eble, Günther (u.a.), VITAKO Vergabeleitfaden, Berlin 25. Oktober 2007.

[8] Prof. Müller-Hengstenberg, Claus; Die Beschaffung komplexer IT-Systemprojekte durch die öffentliche Hand, Vorträge im „Forum Vergabe" Hohenheim, 20. Mai 2010.

[9] Weisser, Lucien, Mut zur Pluralität; in: DWT-Info 2009, Bonn 2009, Seiten 80-81.

Teil D

Exzellente öffentliche Beschaffung in der Praxis: Erfolgsbeispiele

Strategischer öffentlicher Einkauf bei der Bundeswehr

8

Jochen Lax, Bert Ille und Thomas Hönig – Gesellschaft für Entwicklung, Beschaffung und Betrieb mbH und Bundesministerium der Verteidigung

8.1 Einleitung

Die Bundesrepublik Deutschland hat nach Aussage vieler Experten kein Einnahmen-, sondern ein Ausgabenproblem und so hat die Bundesregierung im Lichte der Schuldenbremse umfassende Sparvorgaben beschlossen [1]. Auch der Verteidigungshaushalt hat hier signifikante Beiträge zu leisten. So war es geplant, die Ausgaben von 2011 bis 2015 um etwa 8,3 Mrd. € [2] zu senken. Auch wenn der Spardruck auf die Bundeswehr vermutlich deutlich geringer ausfallen wird als ursprünglich geplant, ist er ein bestimmender Parameter der derzeitigen Bundeswehrreform.

Grundsätzlich gibt es zwei Ansätze der Ausgabenreduzierung: sparen über den Verzicht von Leistungen oder sparen über Effizienzsteigerung in der Leistungserstellung. Mit dem Ansatz über die Streichung von Leistungen stößt die Bundeswehr durch die Ausrichtung an den Einsätzen in vielen Bereichen schnell an Grenzen. Während Ausgabenreduzierungen in anderen Bereichen häufig mit Leistungsverzicht einhergehen, bietet der Einkauf vielfältige Möglichkeiten zur Effizienzsteigerung ohne Leistungseinbußen.

Gegenwärtig wird die öffentliche Beschaffung sehr oft mit der eigentlichen Vergabe gleichgesetzt. Auf Grund der teils komplexen Verfahren nach den Regeln des Vergaberechts neigt der öffentliche Einkauf dazu, formale Aspekte deutlich in den Vordergrund zu stellen und wirtschaftliche Aspekte nachrangig zu betrachten. So reagiert die öffentliche Beschaffung in vielen Teilen lediglich auf aktuelle Bedarfsanforderungen. Dies hat zur Folge, dass das öffentliche Beschaffungsvolumen häufig nur stark zersplittert am Markt platziert wird. Der Fokus für mögliche Ansatzhebel richtet sich daher insbesondere auf bereichsübergreifende und prognosebasierte Bündelung der Bedarfe und der Nutzung der damit verbundenen Mengeneffekte auf den Einstandspreis.

Mit der Einführung eines strategischen Einkaufs der Bundeswehr (StratEkBw) im Jahr 2008 wurde der erste Grundstein gelegt. Es war jedoch kein umfassender Ansatz und konzentrierte sich durchaus folgerichtig zunächst auf die Bereiche, die ohne hohen Aufwand umsetzbar waren.

Auf diesen Erfolgen aufbauend ist in einem Modernisierungsprojekt unter ministerieller Führung eine grundlegende Optimierung des Einkaufs der Bundeswehr angegangen worden. Ziel des Projektes ist die Entwicklung und die Umsetzung einer wirtschaftlichen Deckung betriebsbedingter Bedarfe (Einkauf Bw), die den Einsatzerfordernissen der Bundeswehr nachhaltig Rechnung trägt.

In einer Analysephase wurde zunächst eine umfassende Ausgangslage erarbeitet und entsprechende Handlungsfelder und Optimierungsansätze abgeleitet. Diese bildeten den Ausgangspunkt für die Konzeptentwicklungsphase, in der der Einkauf Bundeswehr prozessual, aufbauorganisatorisch und führungstechnisch umfassend umgestaltet wurde. Die Ergebnisse sind in einem „Konzept für den Prozess Einkauf der Bundeswehr" (KPE) verankert. Ab Mitte 2012 gilt es, diesen in sich schlüssigen Ansatz in die Umsetzung zu bringen.

Neben den besonderen Rahmenbedingungen, denen der Einkauf der Bundeswehr unterliegt stellt der vorliegende Beitrag den Einkauf der Bundeswehr über die ersten strategischen Ansätze bis hin zu den Grundzügen des neu konzipierten Gesamtansatzes vor.

Dieser ist im Wesentlichen durch die Abteilung Ausrüstung, Informationstechnik und Nutzung (AIN; ehemals Abteilung Rüstung und Abteilung Modernisierung), dem Bundesamt für Wehrtechnik und Beschaffung (BWB; zukünftig Bundesamt für Ausrüstung, Informationstechnik und Nutzung der Bundeswehr, BAAINBw) und mit der Unterstützung durch die Gesellschaft für Entwicklung, Beschaffung und Betrieb mbH (g.e.b.b.) sowie themenbezogen mit externen Beratungsunternehmen entwickelt worden. Die g.e.b.b. ist das Inhouse-Beratungsunternehmen der Bundeswehr, das gemeinsam mit dem Bundesministerium der Verteidigung (BMVg) Projekte entwickelt und deren Umsetzung unterstützt.

Der Betrachtungsgegenstand liegt hier insbesondere auf der Beschaffung von Gebrauchs- und Verbrauchsgütern. Die Beschaffung von (Waffen-)Systemen und komplexen Dienstleistungen ist in parallel laufenden Projekten untersucht worden.

8.2 Rahmenbedingungen des Einkaufs der Bundeswehr

Wie alle öffentlichen Auftraggeber ist die Bundeswehr an das Vergaberecht gebunden. Hierbei existieren Sonderregelungen für verteidigungs- und sicherheitsrelevante Produkte, die jedoch vornehmlich auf die Beschaffung komplexer Dienstleistungen und (Waffen-) Systeme Einfluss haben. Ein wesentlicher Unterschied zu anderen Ressorts, der auch für den vorliegenden Betrachtungsgegenstand Relevanz besitzt, liegt in der Aufteilung der Verantwortung nach GG Art. 87a/b. Diese Teilung führt dazu, dass die Streitkräfte ihre Bedarfe nur im Rahmen von Kleinbeschaffungen (Direktbeschaffung nach VOL/A) decken dürfen, bei denen eine festgelegte Wertgrenze nicht überschritten wird. Abrufe aus bestehenden Rahmenverträgen sind hiervon unberührt.

In allen anderen Fällen sind die Bedarfe über die Bundeswehrverwaltung zu decken. Hierzu sind vor allem die ministeriellen Abteilungen Ausrüstung, Informationstechnik und Nutzung sowie Infrastruktur, Umwelt und Dienstleistungen (IUD; ehemals Wehrverwaltung) zuständig. Während die zentrale Beschaffung durch das Bundesamt für Wehrtechnik und Beschaffung sowie zum Teil durch die noch bestehenden Wehrverwaltungen und das Bundesamt für Wehrverwaltung (zukünftig Bundesamt für Infrastruktur, Umwelt und Dienstleistungen der Bundeswehr, BAIUDBw) geschieht, werden die dezentralen Bedarfsdecker für die Streitkräfte durch die Bundeswehr-Dienstleistungszentren der Abteilung IUD gestellt.

Damit besteht - anders als in den kleineren Ressorts des Bundes - derzeit eine parallele Verantwortung für die Beschaffung. Zudem erfolgt ein Teil der Beschaffung gegenwärtig noch außerhalb eines DV-Verfahrens manuell über Auftragsbücher. Mit zunehmender Verzögerung der Einführung eines zentralen DV-Verfahrens verteilen sich die restlichen Beschaffungen weiterhin auf bestehende Insellösungen. Für eine hinreichende Transparenz und damit eine zentrale Steuerungsmöglichkeit bedarf es daher eines z.T. sehr hohen manuellen Aufwands.

8.3 Der erste Ansatz (StratEkBw)

Die Bundeswehr ist mit einem jährlichen Beschaffungsvolumen von rund 11 Mrd. Euro[1] (**Investitionen** und Betriebsmittel) der größte öffentliche Auftraggeber in der Bundesrepublik. Bisher war speziell das Beschaffungswesen durch anlassgetriebene, sich wiederholende Einzelbeschaffungen mit tendenziell eher kleineren Beschaffungsmengen charakterisiert. Durch eine auf die Landesverteidigung ausgerichtete Organisation der Bundeswehr entstanden über Jahrzehnte gewachsene komplexe Beschaffungsstrukturen. Diese Struktur und IT-Insellösungen sowie eine vergleichsweise starke Fokussierung auf formale Aspekte des Vergaberechts führten zu einer eingeschränkten Transparenz des Beschaffungswesens der Bundeswehr. Es ergaben sich u.a. kurzfristige Vertragsbeziehungen zwischen Auftraggebern und Auftragnehmern mit einer starken Zersplitterung des Beschaffungsvolumens, in denen oft der Beschaffungspreis das alleinige Zuschlagskriterium darstellte. Seit 2008 wird diese eher reaktive Beschaffung in ersten Artikelkreisen sukzessive durch aktive strategische Ansätze aufgebrochen.

Den Kern bildet dabei die prognosebasierte Beschaffung auf Grundlage von mehrjährigen und großmengigen Rahmenverträgen, die zugleich zu mittelfristigen Auftragnehmerbindungen führen. Die gemeinsam mit dem Bedarfsträger ermittelten Mengen und Verbrauchsstrukturen für diese Artikelkreise sind Grundlage für eine Ausschreibung in einer weiterentwickelten Form des Rahmenvertrags – dem sogenannten Bündelungsrahmenvertrag. Sobald ein Bündelungsrahmenvertrag mit einem Auftragnehmer geschlossen ist, können alle Bedarfsträger ihren zuvor gemeldeten Bedarf direkt abrufen und die Beschaffung selbständig abwickeln. Während Regelwerk und Vertragsabschluss unter einem Dach zentralisiert werden, wird die „eigentliche" Beschaffungsdurchführung für den Bedarfsträger vereinfacht und beschleunigt.

Im ersten Schritt werden in dem zentralen Bündelungsverfahren zunächst die mit der größeren Beschaffungsmenge über einen längeren Zeitraum verbundenen Wirtschaftlichkeitspotenziale vertraglich vereinbart. Im zweiten Schritt werden in der darauf folgenden Nutzungsphase des Bündelungsrahmenvertrages die Bestellungen zum Zeitpunkt des Bedarfs von den jeweiligen Bedarfsträgern dezentral vorgenommen [4].

Neben der Erfassung der vormals dezentralen Bedarfe wurde das Instrument des Bündelungsrahmenvertrags im Rahmen der Modernisierung der Basislogistik auch genutzt, um eine Direktbelieferung vom Lieferanten unmittelbar zum Bedarfsträger zu realisieren und die Depotbestände sowie den Aufwand in der Logistik zu verringern. Das Einkaufscontrolling des BWB wertet die abgerufenen Mengen und Zeiträume zur Weiterentwicklung und Anpassung des Vertrags aus. Die nachstehende Abbildung 10.1 skizziert die Sortimentsentwicklung, das Sortimentsmanagement und die Nutzung der Bündelungsverträge.

[1] Stand 2009.

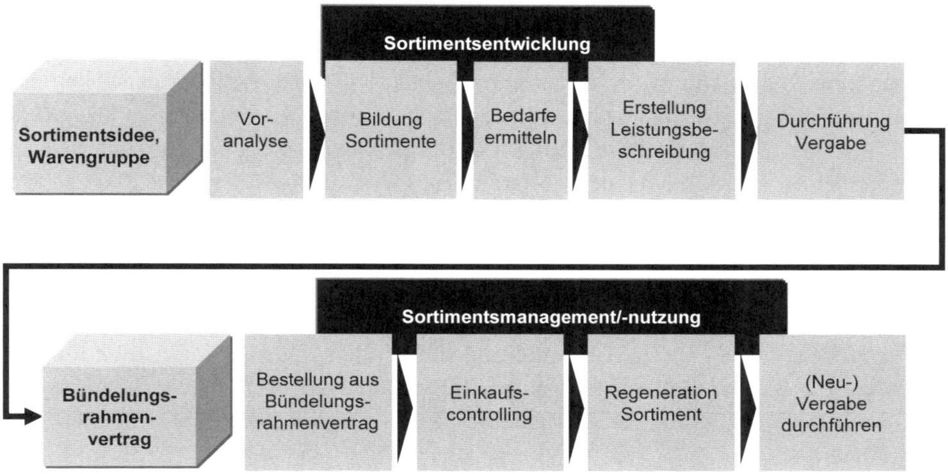

Quelle: Eigene Darstellung.

Abb. 8.1 Sortimentsentwicklung und Sortimentsmanagement

So konnten mit diesem 2008 begonnenen ersten strategischem Ansatz mittlerweile weit über 10.000 handelsübliche Güter in zwischenzeitlich über 50 Bündelungsrahmenverträgen umsetzt werden, aus denen die Bedarfsträger direkt bestellen können. Inzwischen gibt es auch erste an dieser Vorgehensweise orientierte Pilotprojekte für die Beschaffung von militärspezifischen Artikeln.

Mit dem aufgeführtem Ansatz werden jedoch nur ausgewählte Sortimente und keine vollständigen Materialsegmente betrachtet, d.h. es existiert derzeit keine vollumfängliche Zuordnung der Artikel zu Materialsegmenten und auch keine materialsegmentspezifischen Beschaffungsstrategien. Für den Großteil des Artikelspektrums müssen in der Zukunft weiterhin die für den wirkungsvollen Einsatz von Beschaffungshebeln notwendigen strategischen Vorgaben für die operative Vergabe entwickelt werden.

Darüber hinaus ist die Beschaffungsorganisation der Bundeswehr derzeit noch so aufgestellt, dass die Bedarfsträger eindeutig den beschaffenden Dienststellen zugeordnet sind. Gleichzeitig besteht aber keine eindeutige Zuordnung der einzelnen Material- bzw. Dienstleistungssegmente zu den beschaffenden Stellen der Bundeswehr. Dies bedingt Überschneidungen und Doppelzuständigkeiten für einzelne Artikel und Dienstleistungen und führt dazu, dass durch unterschiedliche Vergabestellen tlw. unterschiedliche Verträge zu unterschiedlichen Konditionen mit einem Lieferanten zum gleichen Materialspektrum geschlossen werden. Im Ergebnis können mögliche Synergien durch die Bundeswehr im Hinblick auf Effektivität und Effizienz der Beschaffung nicht genutzt werden.

Derzeit werden in der Bundeswehr mehrere unterschiedliche Warenordnungssysteme zur Bewirtschaftung von Artikeln angewendet. So werden systembedingt gleiche Artikel mit unterschiedlichen Identifikationsnummern und Bezeichnungen geführt. Einerseits ist dies den unabhängigen Beschaffungszuständigkeiten von AIN und IUD geschuldet. Andererseits bestehen unterschiedliche Erfordernisse, wie z.B. die Einhaltung von NATO-Standards.

Während der Bedarfsdecker eine nach innen gerichtete Sicht benötigt, orientiert sich der Beschaffer an dem Beschaffungsmarkt. Die Identifizierung von gleichen Artikeln aus den verschiedenen Ordnungssystemen zur möglichen Bündelung findet derzeit nur bei Bedarf und mit großem manuellem Aufwand statt. Es fehlt eine eindeutige Ordnungs- und Identifizierung für die Beschaffungsmarktsicht. Über diese könnten dann auch im nächsten Schritt Maßnahmen zur Standardisierung d.h. zur Reduzierung der Artikelvielfalt eingeleitet werden.

Parallel zu den Erfolgen der ersten strategischen Ausrichtung wurde in einer Analysestudie unter Federführung der ehemaligen Abteilung Modernisierung („Projektskizze Einkauf") deutlich, dass umfassende Beschaffungsstrategien, einheitliche Kriterien für eine marktorientierte Materialsegmentierung zur Bündelung der Bedarfe sowie die umfassende (strategische) Steuerung des Beschaffungswesens in seiner Gesamtheit und eine strukturelle Neuausrichtung nur über einen größer angelegten Ansatz implementiert werden können.

8.4 Weiterentwicklung des Einkaufs der Bundeswehr

8.4.1 Neuausrichtung der Bundeswehr

Auf dieser Grundlage aufbauend wurde 2010 ein organisationsübergreifendes Modernisierungsprojekt für den Einkauf gestartet („Optimierung der Beschaffung der Bundeswehr"). Als wesentliches Ziel wurde dem Großprojekt die Entwicklung einer wirtschaftlichen und nachhaltigen Bedarfsdeckung vorgegeben, die den Einsatzerfordernissen der Bundeswehr Rechnung trägt und den für öffentliche Beschaffungen geltenden vergaberechtlichen Rahmen berücksichtigt. Dies bedeutet insbesondere die vorhandenen Doppelstrukturen abzubauen und die Verantwortung für die übergreifende Steuerung in einem Organisationselement abzubilden („Beschaffung unter einem Dach").

Mit der Herausgabe des Berichtes zur Strukturkommission [3] sind einige Aspekte, die im Modernisierungsprojekt untersucht werden sollten, parallel adressiert worden. Die darauf folgenden Vorgaben des Bundesministers der Verteidigung zur Neuausrichtung der Bundeswehr bilden weitere wesentliche Rahmenbedingungen, die in der Projektarbeit zu beachten sind.

In einer Analysephase wurden in dem Modernisierungsprojekt zunächst alle Beschaffungen der Bundeswehr über alle Beteiligten zusammengestellt und mit dem Ziel ausgewertet, eine belastbare Informations- und Datenbasis in eine gemeinsame Ausgangslage für die weiteren Untersuchungen zu überführen. Dabei wurde vor allem die Kernfrage: „WER beschafft WAS, für WEN, bei WEM, nach welchem VERFAHREN und zu WELCHEN Ausgaben" auf Grundlage einer umfassenden Struktur- und Prozessanalyse beleuchtet.

Mit der Dokumentation der Ergebnisse in einer gemeinsamen Ausgangslage und der Überführung dieser in Handlungsfelder und Optimierungsmaßnahmen schloss die Analysephase ab. Parallel zur Analyse sind für den Einkauf der Bundeswehr übergeordnete Ziele definiert worden, an denen die Sollkonzeption ausgerichtet werden konnte.

8.4.2 Strategische Vorgaben für den Einkauf Bw

Um die zukünftigen Ziele für den Einkauf Bw verbindlich zu gestalten, wurden im Rahmen des Modernisierungsprojekts übergeordnete Ziele im BMVg unter Beteiligung der nachgeordneten Ämter gemeinsam entwickelt. Diese bilden die Ausgangsbasis für das noch zu entwickelnde Ziel- und Kennzahlensystem, das ein umfassendes und einheitliches Beschaffungscontrolling ermöglichen soll. Die definierten Ziele des Einkaufs der Bundeswehr sind:

- **Bedarfsdeckung**
  „Ziel ist es, die Bundeswehr und – im Rahmen der Möglichkeiten - weitere Kunden anderer Ressorts mit Gütern und Dienstleistungen zu versorgen, um wirksam deren Aufgabenerfüllung zu unterstützen.“
  Der Einkauf Bw verfolgt also in erster Linie das Ziel, die Bedarfsträger der Bundeswehr zur Durchführung des operativen Betriebs im Einsatz, Übung und Grundbetrieb mit den notwendigen Gütern und Dienstleistungen auszustatten. Darauf aufbauend können - wo möglich - die Bedarfe anderer Bedarfsträger im Rahmen entsprechender Regierungsprogramme zur Optimierung der öffentlichen Beschaffung gedeckt werden. Welche Produkt- und Dienstleistungsqualitäten notwendig sind, ergibt sich aus den funktionalen Bedarfsanforderungen und etwaigen rechtlichen Vorgaben. Ausgangspunkt einer jeden Beschaffung ist immer ein notwendiger Bedarf im Rahmen der Auftragserfüllung der jeweiligen Bedarfsträger.

- **Dienstleistungsqualität**
  „Ziel ist die umfassende, pro-aktive Dienstleistung für die Bundeswehr und - im Rahmen der Möglichkeiten - darauf aufbauend für weitere Kunden anderer Ressorts.“
  Die als Beschaffungsstellen fungierenden Organisationselemente haben damit ihren Bedarfsträgern eine hohe Dienstleistungsqualität zur Verfügung zu stellen. Diese resultiert aus einer Bandbreite von Leistungen, die sich von der Erarbeitung von Materialsegmentstrategien über die beschaffungsfachliche Beratung und Bestellabwicklung erstreckt, bis hin zur Überwachung und Sicherstellung der bedarfs- und zeitgerechten Lieferung.

- **Wirtschaftlichkeit**
  „Ziel ist es, Wirtschaftlichkeitspotenziale auszuschöpfen, um finanzielle Freiräume zu erschließen.“
  Alle Einkaufsaktivitäten unterliegen dem in der Bundeshaushaltsordnung festgelegten Grundsatz der Wirtschaftlichkeit und Sparsamkeit. In dessen Anwendung strebt der Einkauf Bw an, einen festgestellten Bedarf an Gütern oder Dienstleistungen mit möglichst geringem Einsatz finanzieller Mittel zu decken. Eine wesentliche Voraussetzung für die Wirtschaftlichkeit des Einkaufs Bw ist die funktionale Bedarfsanforderung der benötigten Güter und Dienstleistungen. Die einzusetzenden finanziellen Mittel sollen deshalb grundsätzlich auf den zur Erfüllung dieser Anforderungen notwendigen Umfang beschränkt werden. Hierbei ist zu beachten, dass die kurzfristig günstigste Lösung nicht unbedingt die wirtschaftlichste Lösung darstellt und daher die gesamten Lebenszykluskosten inkl. verwaltungsinternem Aufwand als Grundlage für Wirtschaftlichkeit heranzuziehen sind.

Nachdem so die Frage „Was soll erreicht werden?" mittels der übergeordneten Ziele geklärt wurde, musste die **Strategie** für den Einkauf Bw erarbeitet werden („Wie sollen die Ziele erreicht werden?"). Mit der **Strategie** setzt die Einkaufsleitung wesentliche Eckpfeiler und gibt damit die gemeinsame Entwicklungsrichtung für die Ausrichtung und Ausgestaltung des Einkauf Bw vor. So soll beispielsweise die Zusammenführung der Beschaffungsverantwortung erreicht und der Stellenwert des Einkauf Bw gesteigert werden („Beschaffung ist mehr als Vergabe"). Der Einkauf Bw muss künftig entsprechend seiner Rolle in das Supply Chain Management frühzeitig eingebunden werden.

Neben den übergeordneten Zielen und der Strategie wurden Leitlinien entwickelt, welche die Wertvorstellungen und das Selbstverständnis im Einkauf Bw definieren. Auch diese wurden gemeinsam mit Bedarfsträgern und Bedarfsdeckern erarbeitet. Hierbei wurde beispielsweise der Dienstleistungsgedanke des Bedarfsdeckers von der Beschaffungsvorbereitung bis zur Lieferung deutlich in den Vordergrund gestellt.

Übergeordnete Ziele, Strategie und Leitlinien bilden die konzeptionellen Vorgaben für die Entwicklung und die Umsetzung des Einkaufs Bw. Aus ihnen wurden Gestaltungsprinzipien für das Prozessmodell Einkauf Bw abgeleitet, das im Folgenden erläutert wird.

8.4.3 Prozessmodell Einkauf Bw

Basierend auf den strategischen Vorgaben wurde ein Prozessmodell „Einkauf der Bundeswehr" (Einkauf Bw) entwickelt. Der operative Einkauf von Material und Dienstleistungen ist im Wesentlichen geprägt durch das Vergaberecht und war bereits in einem Geschäftsprozess abgebildet. Dieser umfasst im Wesentlichen die Vergabevorbereitung und -durchführung bis zur Vereinnahmung und Rechnungslegung. Die Umsetzung der o.a. Ziele erfordert neue **Gestaltungsprinzipien**, die im Vorlauf der bereits bestehenden operativen Beschaffungsprozesse zu verankern sind:

- **Professionalisierung durch Spezialisierung in Materialsegmenten**: Die Beschaffungsobjekte sind nach inhaltlichen Zusammenhängen in Materialsegmenten zusammengefasst. Durch ähnliche Eigenschaften in Bezug auf Technologie und Märkte erlangen die Einkäufer notwendige Fachkenntnis und Urteilsfähigkeit als Grundlage für Einkaufsentscheidungen.
- **Erweiterung des Planungshorizontes**: Der Bedarf soll grundsätzlich im Vorfeld konkreter Beschaffungsvorhaben in den Materialsegmenten antizipiert und langfristig geplant werden. Die darauf aufbauende, materialsegmentübergreifende Einkaufsplanung ist ein Kernelement der strategischen Beschaffung und ermöglicht das frühzeitige Erkennen von Bündelungspotenzialen, die über mehrere Planungsebenen (Einkaufsführung, Materialsegment, Warengruppen der Materialsegmente) dargestellt werden können.
- **Steuerung und Führung von Zielvorgaben**: Übergeordnete Ziele der Beschaffung sollen über die Einkaufspläne konkretisiert, verifiziert und auf anstehende Beschaffungen heruntergebrochen werden. Dadurch wird das Messen und Nachsteuern von realisierten Optimierungspotenzialen auf allen Planungsebenen ermöglicht.

- **Prozessorientierung**: Der vollständige Beschaffungsablauf (strategische und operative Prozesse) liegt ausschließlich in einer Verantwortung. Damit bestimmt der Materialsegmentmanager den Focus der operativen Beschaffung. Konträre Schwerpunkte unterschiedlicher Teamleiter werden vermieden. Zudem können dadurch Ressourcen für die strategische Beschaffung gewonnen werden.
- **Verzahnung des Prozesses Einkauf Bw mit vor- und nachgelagerten Prozessen**: Der Bedarfsträger als Kunde des Beschaffungsprozesses ist vor allem in den strategischen Prozessen intensiv einzubinden. Die Verzahnung der Planungsprozesse reduziert somit das Versorgungsrisiko und ermöglicht zugleich hohe Wirtschaftlichkeit, da im Vergleich zur ad hoc-Beschaffung weitere Beschaffungsstrategien möglich werden. Gleichzeitig wächst das Verständnis des Bedarfsträgers für die Belange des Einkaufs und erhöht somit die Bereitschaft zur Standardisierung von Produkten. Die Steuerung der strategischen und operativen Ebene in einer Verantwortung dient vor allem den Qualitätszielen.

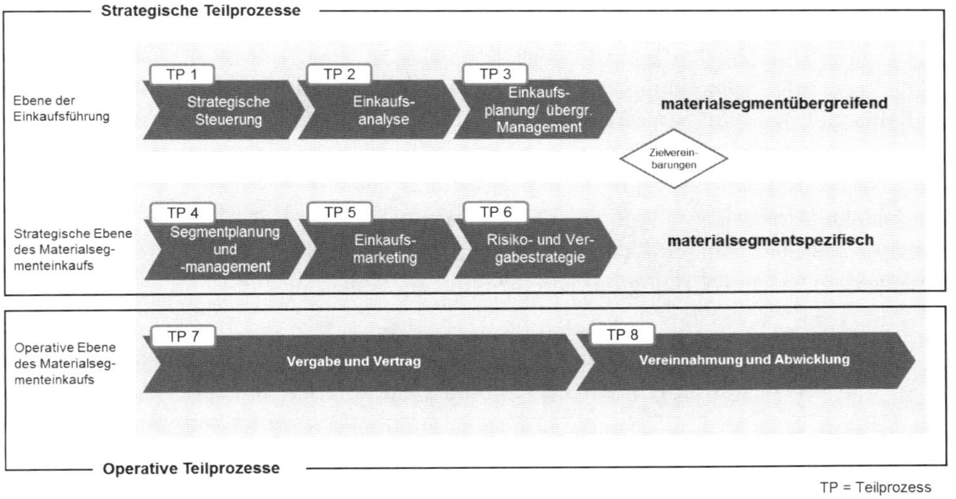

Quelle: Modernisierungsprojekt „Optimierung der Beschaffung".

Abb. 8.2 Strategische und operative Teilprozesse des Einkaufs Bw

Neben der Bedarfsdeckung, der Dienstleistungs- und Produktqualität sowie der Wirtschaftlichkeit gilt es, weitere wichtige Ziele wie Prozesssicherheit, Effizienz, Kundenorientierung und Synergiefähigkeit in einem ganzheitlichen Ansatz in Einklang zu bringen. Der Einkauf Bw wird sich folglich an einem nach modernen Maßstäben ausgerichteten Zielsystem orientieren.

Das unter diesen Gestaltungsprinzipien aufgebaute Prozessmodell (Abb. 8.2) gliedert sich in **vier Betrachtungsebenen**:

1. Ebene der Einkaufsführung

Auf Ebene der Einkaufsführung ist die gesamte übergreifende Steuerung des Einkauf Bw angelegt. Zum einen werden die strategischen Grundlagen für das Beschaffungswesen der

Bw verbindlich festgelegt und umgesetzt (Teilprozess 1) und zum anderen kommt der Steuerungsmechanismus durch Zielvorgaben (Teilprozess 2 und 3) zum Tragen.

Der Teilprozess **Strategische Steuerung** (Teilprozess 1) ist das Bindeglied zwischen ministerieller und ämterseitiger Steuerung. In ihm wird die Strategie des Einkaufs Bw aus übergeordneten Strategien / ministeriellen Vorgaben abgeleitet und kontinuierlich überprüft. Dabei wird insbesondere der Rahmen für die Erstellung der Materialsegmentstrategien (Umfang, Inhalt, Format, Frequenz der Aktualisierung, ressortgemeinsamer Einkauf) organisationsübergreifend entwickelt und vorgegeben. Basierend auf diesen strategischen Leitlinien wird ein Führungs- und Steuerungssystem ausgearbeitet und laufend angepasst, dessen Kern ein Kennzahlensystem ist. Weiterhin werden die Beschaffungsprozesse, die Beschaffungsorganisation und die darin eingesetzten Methoden und Verfahren des Einkaufs kontinuierlich weiterentwickelt und deren Wirtschaftlichkeit geprüft. Die Standardisierung von Verträgen – in Abstimmung mi dem Justitiariat – sowie die Erstellung von Vorschriften und Regelungen sind weiterhin Aufgabe dieses Teilprozesses. Im Kern liefert er Instrumente zur strategischen Steuerung und schafft damit die notwendigen Voraussetzungen zur Erfüllung der Vorgaben im Rahmen des definierten Zielsystems.

Zur Steuerung der betriebsbedingten Beschaffung ist es erforderlich, Plan- und Ist-Informationen transparent darzustellen und abzugleichen. Dies geschieht im **Teilprozess Einkaufsanalyse** (Teilprozess 2). Dort werden relevante Daten zentral erfasst, aggregiert sowie verifiziert und schließlich in Berichten adressaten- und ebenengerecht aufbereitet. Dazu werden die Führungs- und Steuerungskennzahlen der verschiedenen Einkaufsanalyse-Sichten (Finanz-, Materialsegment-, Vertrags-, Lieferanten, Risiko- und Ressourcen-Sicht) ex post den anderen strategischen Teilprozessen (insbesondere Teilprozess 3) zur Analyse der Ursache-Wirkungsbeziehungen und zur Ableitung von Handlungsbedarf zur Verfügung gestellt.

Mit den analytischen Erkenntnissen aus der Vergangenheit ist der Einkauf Bw auf der Ebene der Einkaufsführung in der Lage, Einfluss auf künftige Beschaffungsstrategien in den Materialsegmenten zu nehmen, in denen Handlungsbedarf besteht. Dies erfolgt im **Teilprozess Einkaufsplanung / übergreifendes Management** (Teilprozess 3). Hier laufen die Einkaufsprognosen der einzelnen Materialsegmente „bottom-up“ zusammen. Sie stellen somit ex ante die Grundlage für Leistungsvereinbarungen, in denen konkrete Ziele zur Umsetzung strategischer Vorgaben zwischen der Ebene der Einkaufsführung und der Ebene des Materialsegmenteinkaufs verbindlich festgelegt werden. In dem übergreifenden Einkaufsplan – Kernelement des Steuerungsmechanismus – dokumentiert sich die Operationalisierung der Strategie durch konkrete Vereinbarungen der Zielgrößen in Bezug auf funktionale Bedarfsdeckung, Verfügbarkeit und Wirtschaftlichkeit.

Zusätzlich fließen weitere übergreifende Aspekte in die Einkaufsplanung ein. Von Bedeutung können langfristige Kundenforderungen / Planungen, z.B. aus den „Verfahrensbestimmungen für die Bedarfsermittlung, Bedarfsdeckung und Nutzung in der Bundeswehr“ (Customer Product Management (nov.) – CPM) oder der Bundeswehrlogistik sein, ebenso wie Überlegungen ressortübergreifender Beschaffungen mit der Bundesverwaltung oder durch internationale Agenturen. Dafür ist es erforderlich, kontinuierliche Kommunikationsstränge auf der Führungsebene zu vor- und nachgelagerten Beteiligten aufzubauen und zu pflegen (z.B. Streitkräfte, Haushaltsmittel-Bewirtschafter, Verbände, Bund, Agenturen, Schlüssellieferanten).

2. Ebene des Materialsegmenteinkaufs

In der Ebene des Materialsegmenteinkaufs vollzieht sich die Umsetzung der übergreifenden Strategie mit den vereinbarten Zielvorgaben. Innerhalb eines Materialsegments erfolgen die planerischen Aufgaben im Vorfeld der operativen Durchführung der Beschaffungsvorhaben. Kernaufgabe ist ein intensiver Abstimmungsprozess zwischen Bedarfsträger und Materialsegmentmanager/-planer in Bezug auf die Bedarfsprognosen innerhalb eines planbaren Zeithorizonts (z.B. Haushaltsjahr). Ziel ist es vor allem, die Prognosegenauigkeit vermeintlich „unplanbarer Bedarfe" zu verbessern.

Dabei obliegt dem Materialsegmentmanager/-planer die Rolle des Initiators, der mit dem Gesamtblick auf historische Verbrauchsverläufe einerseits und Einschätzungen strategischer Entwicklungen andererseits belastbare Planungswerte mit den Bedarfsträgern erarbeitet (Teilprozess 4). Bei Vorliegen der Bedarfsprognosen - kombiniert mit den Kenntnissen aller Eigenschaften eines Materialsegmentes (Technologie und Markt) - ist der Materialsegmentmanager/-planer im Stande, Einschätzungen zu potenziellen Marktteilnehmern (Teilprozess 5) sowie zu Risiko- und Vergabestrategien (Teilprozess 6) vorzunehmen. Mit diesen Informationen plant er segmentspezifisch die Beschaffungsvorhaben konkret aus (Volumen-, Zeit- und Ressourcenplanung). Auf Grundlage des Einkaufsplans seines Materialsegmentes initiiert er die operativen Beschaffungsprozesse (Teilprozess 7 und 8). Die strategischen Teilprozesse 4, 5 und 6 vollziehen sich nicht zwingend in dieser Reihenfolge, sondern eher in iterativen Schritten bis die entscheidungsrelevanten Informationen in der Einkaufsplanung hinterlegt sind. Die Teilprozesse im Einzelnen:

Im Teilprozess **Segmentplanung und -management** (Teilprozess 4) erfolgt auf der Basis der strategischen Vorgaben eine spezifische Planung als direkte Vorgabe und zur Steuerung der operativen Beschaffung (Durchführen von Vergaben). Dazu dient im Wesentlichen die segmentspezifische Einkaufsplanung. Diese enthält zum einen den formalen Ablauf der geplanten Vergaben (Verfahren, Reihenfolge, verbindlicher Zeitrahmen) und zum anderen die mit den Vergaben verfolgten konkretisierten Ziele. In dem Einkaufsplan wird auch festgelegt, mit welchen „Werthebeln" die Ziele realisiert werden sollen. Werthebel sind Instrumente zur Erhöhung der Wirtschaftlichkeit (z.B. Bündelung, neue Beschaffungsmärkte, Rahmenvertragsmanagement). Der Einkaufsplan dient aber auch zur Überwachung der Vertragsdurchführungen nach abgeschlossenen Vergaben. Im Zusammenwirken mit dem Bedarfsträger wird eine Standardisierung der Produkte angestrebt, die einerseits den Bündelungseffekt erhöht und andererseits den Aufwand der Produkt- und Lieferantenpflege senkt.

Im Teilprozess **Einkaufsmarketing** (Teilprozess 5) werden notwendige Marktdaten erhoben, ausgewertet und bezogen auf die Marktstruktur (z.B. Wettbewerb) Handlungsalternativen entwickelt. Dies geschieht auf Basis der erhobenen Marktdaten sowie den Einkaufs-analyseinformationen zu Produkt, Lieferanten und Ressourceneinsatz. Die Marktinformationen mit konkretem Bezug zum Einkauf betriebsbedingter Waren und Dienstleistungen dienen der strategischen Positionierung der Bundeswehr als Auftraggeber gegenüber den Auftragnehmern. Das Einkaufsmarketing ist eine Basis für die Entwicklung der Risiko- und Vergabestrategie.

Der Teilprozess **Risiko- und Vergabestrategie** (Teilprozess 6) schließt die strategische Überlegung innerhalb eines Materialsegmentes ab. Aus den Schlussfolgerungen des Einkaufsmarketings werden in der Vergabestrategie Zuschnitte von Sortimenten und Losen dahingehend bewertet, inwieweit diese die Realisierung der Zielvorgaben optimal unterstützen. Ergänzt um die Bewertung von Lieferantenrisiken sowie marktspezifischen Risiken werden konkrete Maßnahmen abgeleitet und in der Materialsegmentplanung hinterlegt, damit diese dann in die operative Beschaffung (insbesondere Vergabe und Vertragsdurchführung) einfließen können.

Die Organisation der materialsegmentspezifischen Beschaffung erfolgt einheitlich nach Materialsegmenten (eCl@ss-Systematik)[4]. eCl@ss ersetzt damit nicht die Klassifizierungssystematik der Einheitlichen Materialkatalogisierung in der Bundesverwaltung, sondern wird als eine Systematik zur Gruppierung von Materialsegmenten aus Beschaffungsmarktsicht verwendet. Die Verantwortung – und damit die Kompetenzen – für einzelne Materialsegmente liegen in einer Hand unabhängig davon in welchen Organisationsbereichen diese verankert sind. Darüber hinaus können einzelne Warengruppen durch festgelegte Lead Buyer außerhalb der zentralen Beschaffungsorganisation beschafft werden.

Die im Vorfeld geleisteten strategischen Aufgaben innerhalb des Materialsegments gewährleisten nunmehr eine weitgehend effiziente Abwicklung der Beschaffungsvorhaben in den operativen Teilprozessen **Vergabevorbereitung und –durchführung** (Teilprozess 7) und **Vereinnahmung und Datenpflege** (Teilprozess 8). Diese Prozesse erfahren keine Änderungen in Inhalt und Ablauf zum bestehenden Geschäftsprozess Beschaffung (Einkauf) des Prozessmodells der Bundeswehr. Es müssen lediglich Übergabepunkte von transaktionalen Daten für die Einkaufsanalyse (Teilprozess 2) bestimmt und entsprechende Schnittstellen definiert und in den IT-Verfahren realisiert werden.

3. Ebene des Einkaufs durch externe Bedarfsdecker

Eine mögliche Strategie für den Einkauf Bw kann beispielsweise die Einbindung externer Bedarfsdecker (z.B. Agenturen, Zentrale Beschaffungsstellen des Bundes) sein. In diesem Falle, ist es erforderlich, Übergabepunkte zu den operativen Prozessen der Bw zu definieren um zu gewährleisten, dass Analysedaten für den Teilprozess 2 in die Prozesswelt der Bw zurückgeführt werden können.

4. Ebene des Einkaufs durch Bedarfsträger

Der Prozess des Einkauf Bw sieht auch künftig vor, dass Bedarfsträger eigenständig Beschaffungen durchführen werden, da nicht alle Produkte sinnvoll zentral zu beschaffen sind oder ad hoc-Bedarfe schnellstmöglich gedeckt werden müssen. Dafür stehen zwei Prozessvarianten zur Verfügung: Einerseits der Direktkauf als Hand- oder Versendungskauf sowie der Abruf aus einem Rahmenvertrag. Auch hier ist es erforderlich, dass Übergabepunkte zu den existierenden operativen Beschaffungsprozessen bestehen, um ein vollständiges Datenbild der Beschaffung aufrecht zu erhalten. Insbesondere der Abruf aus einem Rahmenvertrag – bei zunehmender Bedeutung infolge steigender Anzahl von Rahmenvertragsabschlüssen – muss informatorisch an die bestehenden IT-Verfahren angebunden sein. Nur so können Zielvorgaben hinsichtlich Einhaltung der Rahmenvertragsquoten wirksam überwacht werden.

Der neue Prozess Einkauf Bw ist gekennzeichnet durch vorgeschaltete strategische Elemente, die in den bestehenden operativen Ablauf eine Führung- und Steuerungskomponente anhand von Zielen verankert. Gerade für die langfristige Organisationsentwicklung wird sich der Wirkmechanismus von Führung und Steuerung über Ziele als „Motor der Optimierung“ durch permanentes Anwenden der „Werthebel im Einkauf“ positiv auswirken. Eine zunehmende Professionalisierung durch Spezialisierung sowie wirtschaftliche Arbeitsweisen führt zu einem nachhaltigen Austarieren der Mitarbeiterressourcen – in qualitativer und quantitativer Hinsicht. Ein weiteres elementares Element des Prozessmodells Einkauf Bw ist die pro-aktive Kommunikation zwischen Bedarfsträger und Bedarfsdecker. Durch die Abstimmung der Bedarfe und Beschaffungsaktivitäten verbessern sich die Waren- und Informationsströme in den Supply Chains und damit die Versorgung der Einsatzkräfte. Daher soll der Ausbau der strategischen Beschaffung die Beschaffungsorganisation befähigen, gemeinsam mit dem Bedarfsträger Bedarfe und damit Beschaffungen vorausschauend zu planen.

8.4.4 Aufbauorganisation

Wesentliche Grundlage zur Ableitung eines Organisationsmodells sind die strategischen Vorgaben (vgl. Kapitel 8.4.2) und das entwickelte Prozessmodell Einkauf Bw, das eine Zusammenfassung strategischer und operativer Teilprozesse im „Materialsegmentmanagement“ vorsieht (vgl. Kapitel 8.4.3). Zur Hebung von Beschaffungspotenzialen ist demnach eine Marktorientierung notwendig. Hierzu sollen die Produkte in Materialsegmenten zusammengefasst werden, um einerseits durch Standardisierung und Bündelung der Bedarfe eine Stärkung des Einkaufs der Bundeswehr zu gewährleisten. Andererseits ermöglicht eine Zusammenführung der Verantwortung für die strategische und operative Beschaffung die Planung und Steuerung von Beschaffungen in einem Materialsegment. Dies ist wiederum Voraussetzung für eine materialsegmentübergreifende Steuerung. Im Folgenden soll der konzeptionell entwickelte Ansatz erläutert werden, der allerdings nur in mehreren Schritten erreicht werden kann. Die Ausgestaltung der Organisation wird derzeit bearbeitet.

Der Ansatz zur Aufbauorganisation folgte dabei folgenden Prinzipien:

- **Prozessorientierung anstelle der Implementierung von funktionalen Silos:** Der Materialsegmentmanager ist von der Materialsegmentplanung und -steuerung (Teilprozess 4) bis zur Vereinnahmung und Abwicklung (Teilprozess 8) verantwortlich. Damit diese Verantwortung mit den notwendigen Kompetenzen versehen wird, werden sowohl strategische als auch operative Aufgaben in einem Team wahrgenommen.
- **Einkauf nach kaufmännischen Gesichtspunkten:** Die Vergabestelle ist integraler Bestandteil der Materialsegmentteams. Die Einbindung der Vergabeexpertise bereits in die Entwicklung des Einkaufsplans inkl. der Beschaffungsstrategie ermöglicht die Umsetzung unterschiedlicher Beschaffungshebel (z.B. Preissenkung durch Standardisierung und Bündelung) unter Berücksichtigung der Rahmenbedingungen des Vergaberechts. Die formelle Einhaltung des Vergaberechts bestimmt damit weiterhin den

Handlungskorridor, allerdings soll die Wirtschaftlichkeit des Handelns nicht allein durch Fokussierung des Einkaufs auf das Vergaberecht, sondern durch eine Abkehr vom Verwaltungshandeln hin zur Ergebnisorientierung bestimmt sein.

- **Steuerung der Materialsegmente in Verantwortung der Einkaufsleitung:** Entsprechend dem Prozessmodell muss für die Steuerung der Einkäufe ein materialsegmentübergreifendes Steuerungselement etabliert werden, dass direkt dem Abteilungsleiter zugeordnet ist und ihm die notwendigen Informationen zuarbeitet. Auf Grundlage der Zuarbeit durch das Kompetenzzentrum Einkauf steuert der Abteilungsleiter die Materialsegmente direkt.
- **Fachtechnische Expertise für handelsübliche Güter:** Durch die Spezialisierung auf bestimmte Materialsegmente kann der Einkäufer eine fachtechnische Expertise für handelsübliche Produkte entwickeln (technischer Einkäufer). Damit entfällt die Einbindung fachtechnischer Expertise außerhalb der Materialsegmente, die für solche Produkte organisatorisch oft nicht institutionalisiert ist. Der Beschaffungsprozess kann damit beschleunigt werden.

Ein wesentliches Element des neuen Prozesses ist die neue Aufgabenaufteilung in Verbindung mit der eindeutigen Verantwortlichkeit. Um parallele Verantwortung und Doppelstrukturen im Einkauf Bw zu vermeiden, wurde die Prozessverantwortung und damit die Zuständigkeiten für das „Regelwerk" nun in einem Bereich verankert – der Abteilung AIN im BMVg.

Neben der konzeptionellen Ausgestaltung und Weiterentwicklung übernimmt sie anteilige Aufgaben aus den Teilprozessen 1 bis 3, wie z.B. die Erarbeitung ganzheitlicher Strategien und übergreifender Vorgaben, und ist damit für die strategische Steuerung des Einkaufs Bw (Ebene Einkaufsführung) verantwortlich. Wesentliche Aufgaben in den Teilprozessen 1 bis 3 (Ebene Einkaufsführung) entfallen künftig auf den Abteilungsleiter Einkauf des zukünftigen BAAINBw, und sein ihm zugeordnetes Steuerungselement zur übergreifenden Steuerung der Materialsegmente. Vorgesehen ist die Ausprägung von Materialsegmentteams vor allem in der Abteilung Einkauf des BAAINBw. Vereinzelte Materialsegmente liegen in der Verantwortung des zukünftigen BAIUDBw. Diese sind jedoch auch gegenüber der Einkaufsführung berichtspflichtig und liefern entsprechende Daten für die Einkaufsanalyse.

8.4.5 Managementsysteme

Neben der Konzeption der Prozesse und der Aufbauorganisation wurden die sich in der Industrie als erfolgreich erwiesenen Maßnahmen und Managementsysteme im Einkauf auf die Rahmenbedingungen und Bedarfe der Bundeswehr adaptiert. Die Managementsysteme finden vorrangig in der strategischen Beschaffung – und damit vor und nach der Vergabe – Anwendung. Einschränkungen ergeben sich aus dem Vergaberecht, wobei dieses im Wesentlichen nur die Vergabe selbst regelt.

Zur Ableitung von Beschaffungsstrategien wurden Konzepte für das

- Lieferantenmanagement,
- Vertragsmanagement und
- Risikomanagement

entwickelt.

Das *Lieferantenmanagement* fokussiert allgemein auf „[...] die marktorientierte Planung, Steuerung und Kontrolle von einzelnen Lieferanten-Abnehmer-Beziehungen sowie des gesamten Lieferantenstammes [...]."[5] Zentrales Ziel ist ein mit den strategischen Beschaffungszielen abgestimmtes Management der Lieferantenbasis. Allgemeine Ziele des Lieferantenmanagements sind die Reduktion der Kosten sowie die Erhöhung der Qualität, der Sicherheit und der Flexibilität [5].

Darüber hinaus lassen sich folgende übergreifende Ziele für die Bundeswehr ableiten:

- Erhöhung der Transparenz über den Lieferantenstamm durch zentrale Bereitstellung relevanter Informationen (Lieferzeiten, Qualität etc.) über Lieferanten der Bw und potenzielle Lieferanten (Bieter).
- Sicherung der Verfügbarkeit von benötigten Produkten und Dienstleistungen und Erzielung optimaler Beschaffungspreise durch Weiterentwicklung der Lieferantenbasis der Bw und Erhöhung der Attraktivität der Bw als Auftraggeber.
- Verkürzung der Lieferzeiten durch standardisierte und zielgerichtete Kommunikation mit den Lieferanten zur Optimierung der Auftraggeber-Lieferanten-Beziehungen. [6]

Unter *Risikomanagement* versteht man allgemein die systematische Erfassung und Bewertung von Risiken sowie die Steuerung von darauf abgestimmten Maßnahmen. Gemäß CPM ist es ein „Instrument zum Identifizieren und Bewerten von Risikofaktoren sowie zum Ableiten, Steuern und Überwachen der Maßnahmen zur Risikobewältigung. Risiken sind zur Realisierung eines Projektes im Leistungs-, Zeit- und Kostenrahmen in allen Projekt-elementen systematisch zu identifizieren und abzubauen". Risikomanagement ist somit integraler Bestandteil des Projektmanagements.

Die Zielsetzung des Risikomanagements ist die frühzeitige Identifikation und Minimierung sowie die Überwachung von auf den Einkauf Bw einwirkenden Risiken. Mit Hilfe des Risikomanagements können Maßnahmen ergriffen werden, die die Einzelrisiken während der Beschaffung positiv beeinflussen, vermindern oder vermeiden. Es gilt, diese Risiken während des gesamten Beschaffungsprozesses zu beobachten und Maßnahmen zu ergreifen, um die Versorgungssicherheit auch nach wirtschaftlichen, zeitlichen und qualitativen Aspekten zu gewährleisten. Die Erkenntnisse der durchgeführten Maßnahmen fließen in das Risikomanagementsystem ein, so dass durch dieses Vorgehen ein kontinuierlicher Kreislauf und Verbesserungsprozess erzielt wird.

Vertragsmanagement bezeichnet alle Tätigkeiten, die sich mit der Entwicklung, Verwaltung, Anpassung, Abwicklung, Fortschreibung und Kontrolle der Gesamtheit aller Verträge und den vertraglichen Verhandlungen zwischen Auftraggeber und Auftragnehmer beschäftigen.

Die wesentlichen strategischen Ziele sind die

- Erhöhung der Vertragssicherheit
- Erhöhung der Transparenz über Rahmenverträge
- Erhöhung des Informationsflusses zwischen Vergabestellen und bestellberechtigten Dienststellen
- Erhöhung der Transparenz bei der Vertragsabwicklung

Üblicherweise ist das Vertragsmanagement bereits heute Aufgabe in der strategischen und operativen Beschaffung. Gerade bei einer hohen Anzahl von vertragsschließenden Stellen ist es schwer möglich, eine Transparenz über die Art der Verträge sowie die damit zusammenhängenden Artikel zu erhalten. Dies führt zu parallelen Beschaffungen gleicher Artikel, oft auch beim gleichen Lieferanten zu unterschiedlichen Konditionen. Durch die Zentralisierung der Beschaffungsverantwortung in Materialsegmenten wird eine ganzheitliche Herangehensweise erforderlich. Daher bedarf es eines einheitlichen Konzeptes, das in der Verantwortung des Materialsegmentmanager entsprechende Steuerungsmechanismen ermöglicht, um die genannten Ziele zu erreichen.

Derzeit wird die Möglichkeit der Umsetzung der drei Managementsysteme in rechtlicher und technischer Hinsicht abschließend geprüft. Ihre Einführung ist bereits als Vorgabe für den Einkauf Bw in der Konzeption verankert.

8.5 Ausblick

Die Einführung des neuen Prozessmodells sowie die Weiterentwicklung des Einkaufs Bw ist ein komplexer Sachverhalt und muss daher in mehreren Entwicklungsstufen unter der Rahmenbedingung einer durchgängigen und bruchfreien Bedarfsdeckung erfolgen. Zudem muss das vorhandene Personal geschult und bei der Implementierung begleitet werden, um auch unter der veränderten Beschaffungsphilosophie optimale Arbeitsergebnisse liefern zu können. Darüber hinaus ergeben sich auch Änderungen für den Bedarfsträger, der nunmehr feste Ansprechpartner in den Materialsegmenten hat und künftig deutlich stärker in die Einkaufsplanung eingebunden wird.

In Phase 1 müssen die neuen strategischen Prozesse implementiert sowie durch den Bedarfsdecker und Bedarfsträger gleichermaßen verstanden werden. Zunächst ist es noch ausreichend, wenn der operative Prozess in dieser Phase ohne „Einbußen" durch bestehende IT unterstützt wird. Als Grundlage der strategischen Aufgaben muss eine Datenbasis für die Analytik vorhanden sein, die z.T. noch manuell zusammengestellt werden muss. Ziel in dieser Phase ist das Schaffen von Vertrauen in die neuen Prozesse. Erst wenn dieses Ziel erreicht ist, kann die verstärkte Anwendung möglicher Einkaufshebel in Phase 2 zu einem optimierten Einkauf führen. Hierfür müssen die strategischen Prozesse verinnerlicht sein.

Der Nutzen des neuen Einkaufs Bw ist durch Steuerungsgrößen messbar nachzuweisen (z.B. Anstieg der Rahmenvertragsquote), die Datenlieferung für die Einkaufsanalytik wird weitgehend automatisiert erfolgen. Vor allem sind die Artikel der Rahmenverträge über

Kataloge im DV-System erweitert verfügbar. Gerade die katalogbasierte Bereitstellung der Rahmenverträge erleichtert dem Bedarfsträger die Bestellung und schafft die notwendige Transparenz über die Artikelauswahl sowie die Bestellmengen und ist ein wesentliches Element, das zur Optimierung des Einkaufs Bw und zur Minimierung eines Maverick Buyings beiträgt.

Die Phase 3 („Hochleistungseinkauf") setzt eine umfassende Unterstützung durch DV-Systeme voraus. Vor allem vor dem Hintergrund der hohen Anzahl von Nutzern wird dieses Ziel aus Kostengründen nur langfristig erreichbar sein. Dennoch müssen bereits heute entsprechende Anforderungen definiert werden, um die Entwicklung zeitgerecht voranzutreiben.

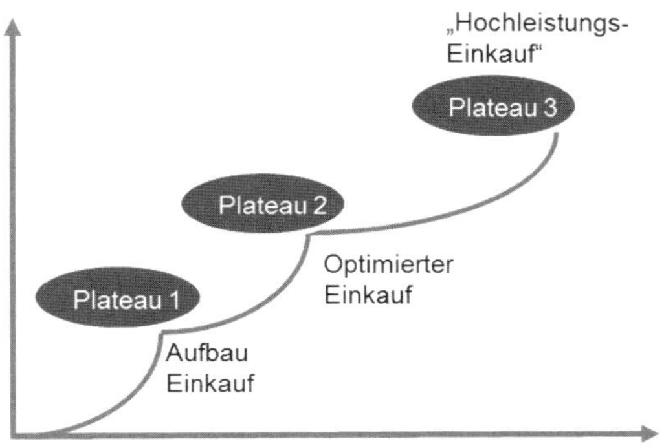

Quelle: Eigene Darstellung.

Abb. 8.4 Geplante Migration und Reifephasen des Einkauf Bw

Die Umsetzung des Einkaufs Bw muss durch ein umfassendes und professionelles Change Management begleitet werden. Die Einbindung der betroffenen Bereiche sowie die Kommunikation des Willens zur Veränderung durch die Leitung sind hier unabdingbar. Lediglich die Festlegung der Änderung wäre nicht ausreichend und würde zum Scheitern des Modernisierungsprojektes führen. Die Wahl geeigneter Instrumente und Kommunikationskanäle ist damit entscheidend für die erfolgreiche Einführung.

Um zu verdeutlichen, dass die erarbeiteten Konzepte in der Praxis zu einer Verbesserung führen, wurden bereits Aspekte des Einkauf Bw auf verschiedene Materialsegmente angewandt. Dadurch konnten nachweislich wesentliche Einkaufshebel genutzt werden, wie z.B. Zusammenfassung von Verträgen und damit ein höherer Bündelungseffekt, Standardisierung von Artikeln und damit eine Reduzierung der Artikelvielfalt. Die damit verbundenen Einsparungen machen die Richtigkeit des Weges deutlich.

8.6 Abkürzungsverzeichnis

AIN	Abteilung Ausrüstung, Informationstechnik und Nutzung (ehemals Rüstung)
BAIUDBw	Bundesamt für Infrastruktur, Umwelt und Dienstleistungen (ehemals Wehrverwaltung)
BMVg	Bundesministerium der Verteidigung
BRL	Beschaffungsrichtlinie
Bw	Bundeswehr
BWB	Bundesamt für Wehrtechnik und Beschaffung
BwDLZ	Bundeswehr-Dienstleistungszentrum
CPM	Customer Product Management (Verfahrensbestimmungen für die Bedarfsermittlung und Bedarfsdeckung in der Bundeswehr)
DV	Datenverarbeitung
g.e.b.b.	Gesellschaft für Entwicklung, Beschaffung und Betrieb mbH
GG	Grundgesetz
HA Rü	Hauptabteilung Rüstung
IT	Informationstechnik
IT-AmtBw	Bundesamt für Informationsmanagement und Informationstechnik der Bundeswehr
KdB	Konzeption der Bundeswehr
KPE	Konzeption „Einkauf der Bundeswehr“
MilOrgBer	Militärischer Organisationsbereich
Mrd.	Milliarden
NAMSA	NATO Maintenance and Supply Agency
NATO	North Atlantic Treaty Organization
NETMA	NATO Eurofighter and Tornado Development, Production & Logistics Management Agency
Rü	Rüstung
RV	Rahmenvertrag
SASPF	Standard-Anwendungs-Software-Produktfamilie
StratEKBw	Strategischer Einkauf der Bundeswehr
VOL/A	Vergabe- und Vertragsordnung für Leistungen (VOL) Teil A Allgemeine Bestimmungen für die Vergabe von Leistungen

8.7 Literaturverzeichnis

[1] http://www.tagesspiegel.de/politik/steuerschaetzung-bis-2016-experten-erwarten-steuerplus-von-fast-30-milliarden-euro/6616532.html.

[2] http://www.faz.net/aktuell/politik/inland/bundeswehr-reform-de-maiziere-sieht-gravierende-maengel-1636792.html.

[3] Bericht der Strukturkommission der Bundeswehr Oktober 2010: Vom Einsatz her denken; Konzentration, Flexibilität, Effizienz. Herausgeber Strukturkommission der Bundeswehr, Berlin Oktober 2010.

[4] Europäische Sicherheit 07/2010 – Der Strategische Einkauf der Bundeswehr - Sven Hischke/Andreas Hose beide Mitarbeiter der Serviceabteilung Strategischer Einkauf der Bundeswehr im Bundesamt für Wehrtechnik und Beschaffung.

[5] Arnold/Isermann/Kuhn/Tempelmeier/Furmans (Hrsg.), Handbuch Logistik, 3.Auflage, Berlin/Heidelberg 2008.

[6] g.e.b.b. mbH (2011), Modernisierungsprojekt Optimierung der Beschaffung. TP Beschaffungsmanagement. Auftaktveranstaltung Konzeptentwicklungsphase. Anteil Konzepte Lieferantenmanagement und Vertragsmanagement, S. 11.

Optimierung der Vergabe- und Beschaffungsprozesse in der Stadtverwaltung Dortmund

9

Antje Pütter und Gudrun Soldan – Stadt Dortmund

9.1 Ausgangssituation und Gründung eines Vergabe- und Beschaffungszentrums

Die Stadt Dortmund ist mit rund 578.000[1] Einwohnerinnen und Einwohnern die siebtgrößte Stadt Deutschlands. Im Gesamtfinanzplan für das Haushaltsjahr 2011 wurden rund 350 Mio. € für Sach- und Dienstleistungs-aufwendungen, rund elf Mio. € für bewegliches Vermögen und rund 64 Mio. für Bauinvestitionen veranschlagt[2]. Diese Zahlen beziehen sich nur auf den Haushalt der Kernverwaltung. Darüber hinaus werden Aufwendungen und Investitionen in erheblichem Umfang aus den Wirtschaftsplänen der Eigenbetriebe und den Sondervermögen der Stadt Dortmund finanziert.

9.1.1 Ausgangssituation der Vergabe- und Beschaffungslandschaft

Im Zuge der verschiedenen Modernisierungs- und Verwaltungsreformprozesse innerhalb der öffentlichen Verwaltung wurden auch die Prozesse des Vergabe- und Beschaffungswesens mit der Einführung der dezentralen Budget- und Ressourcenverantwortung in den 90er Jahren auf die einzelnen Fachbereiche verlagert. Dadurch hatte sich eine vielfältige Beschaffungslandschaft entwickelt. Diese war geprägt von unterschiedlich gestalteten Prozessen, von der Bedarfsentstehung über die Durchführung bis hin zur Auftragserteilung.

Die Beschaffung von allgemeinen Bedarfen der Verwaltung wie etwa Büromaterialien, Organisationsmöbel, Reinigungsmaterialien etc. wurde von einem zentralen Einkauf (ZEK) innerhalb des Fachbereichs Städtische Immobilienwirtschaft wahrgenommen. Gleichzeitig wurden Beschaffungsvorgänge von geringer bis hin zu großer Komplexität und hohem Auftragsvolumen in allen Bereichen der Verwaltung selbstständig durchgeführt, da für die anderen Fachbereiche keine Abnahmeverpflichtung beim ZEK bestand. Bei der Analyse der dezentralen Beschaffungslandschaft wurden folgende wesentlichen Beschaffungsstellen ermittelt (siehe **Abbildung 9.1**).

---

[1] Nach Einwohnern.

[2] Hier handelt es sich nur um die auszahlungsrelevanten Maßnahmen. Das Vergabevolumen ist wesentlich höher, da sich die Maßnahmen meist über mehrere Jahre erstreckt.

Quelle: Eigene Darstellung.

Abb. 9.1 Dezentrale Vergabe- und Beschaffungslandschaft im Jahr 2007

Durch diese Streuung der Einkaufsaktivitäten innerhalb der Verwaltung war eine Vielzahl von Mitarbeiterinnen und Mitarbeitern mit Vergaben und Beschaffungen befasst. Im Vergleich mit dem oft nur geringen Stellenanteil dieser Tätigkeiten mussten die Mitarbeiterinnen und Mitarbeiter unverhältnismäßig viel Zeit und Aufwand investieren, um die aktuellen Entwicklungen des Vergaberechts zu verfolgen und die Anforderungen an die Rechtssicherheit der Vergaben zu erfüllen. Die Beschaffungen erfolgten häufig unabhängig voneinander, jedoch unerkannt zum Teil für gleiche Bedarfe und dies mitunter bei demselben Lieferanten. Durch Interviews mit den einzelnen Fachbereichen und Auswertungen aus den Haushaltszahlen wurde ein Bündelungspotenzial von ca. 25.500 freihändigen Vergaben ermittelt.

Die Bündelung von Bedarfen und die Wahrnehmung eines strategischen Einkaufsmanagements sind in einer solchen Vergabe- und Beschaffungslandschaft nur mit unverhältnismäßig großem Aufwand möglich. Zudem stellen die unterschiedlichen Prozesse und Ansprechpartner mögliche Hürden für die Bieter und Lieferanten dar. Ein zentrales Lieferantenmanagement ist nicht möglich.

Aus Sicht einzelner Fachbereiche hatte sich jedoch die dezentrale Organisationsform durchaus bewährt, da sie davon ausgingen, durch die direkte Einflussnahme auf das eigene Personal die benötigten Waren und Dienstleistungen schnell und flexibel beschaffen zu können.

9.1.2 Gründung des Vergabe- und Beschaffungszentrums

Mit der Entscheidung des Rates über die Gründung des Vergabe- und Beschaffungszentrums (Fachbereich 19) zum 01.01.2008 wurde die gesamtstädtische Optimierung der Vergabe- und Beschaffungsprozesse eingeleitet. vorausgegangen war eine Potenzialanalyse im Jahr 2007.

Folgende Gründungsziele stehen für die Optimierung der Vergabe- und Beschaffungslandschaft:

- Erhöhung der Wirtschaftlichkeit und der Verfahrensqualität durch die Bündelung des stadtweiten „Know-hows“
- Verbesserung der Rechtssicherheit und Korruptionsprävention
- Erhöhung der Bieter- und Mittelstandsfreundlichkeit durch einheitliche Standards
- Geschäftsprozessverantwortung für verwaltungsweit einheitliche und verbindliche Vergabe- und Beschaffungsprozesse
- Weiterentwicklung der technischen Vergabeverfahren und weiterer Ausbau elektronischer Kontrollmechanismen der Vergabeprüfung
- Zentrale Berücksichtigung nachhaltiger, sozialer und ökologischer Kriterien
- Setzen stadtweiter Standards für Produkte, für Faire Beschaffung und Tariftreue

Mit der sukzessiven Übernahme der gesamtstädtischen Geschäftsprozessverantwortung ist zum einen die Steuerung und ständige Optimierung der Prozesse innerhalb des Vergabe- und Beschaffungszentrums als zentraler Dienstleister verbunden. Zum anderen trägt der Dienstleister die Verantwortung dafür, dass Standards und Dienstanweisungen entwickelt werden, die dann zur Anwendung kommen, wenn die Fachbereiche in eigener Verantwortung beschaffen oder vergeben. Gegenüber der bisherigen fachbereichsbezogenen Sicht der Strukturen soll nunmehr die fachbereichsübergreifende Sicht im Sinne der Wirtschaftlichkeit der Gesamtprozesse im Vordergrund stehen und kontinuierlich verbessert werden.

Anzumerken ist, dass der politische Wille des Rates und die stetige Unterstützung durch Oberbürgermeister und Verwaltungsvorstand in Dortmund eine wesentliche Voraussetzung und Grundlage für den Erfolg dieses Veränderungsprozesses darstellen.

Diese Ziele wurden wie im Folgenden beschrieben umgesetzt.

In einem ersten Schritt wurden, mit Ausnahme der der Fachbereiche 3[3], 10[4], 37[5], 40[6], 52[7], 23/SV[8] und der Bauvergaben, alle Vergabeverfahren ab einem Auftragswert über 10.000,- € durch das Vergabe- und Beschaffungszentrum übernommen. Für die Durchführung dieser Verfahren und die Ausgestaltung der weiterhin noch dezentral wahrzunehmenden Aufgaben wurde eine für alle Bereiche verbindliche Vergabe- und Beschaffungsordnung (VBO) eingeführt. In dieser Phase gab es allerdings die zuvor genannten

[3] Dortmunder-Agentur

[4] Dortmunder Systemhaus

[5] Feuerwehr

[6] Schulverwaltungsamt mit Schulen

[7] Sport- und Freitzeitbetriebe (Eigenbetrieb)

[8] Sondervermögen Grundstücks- und Vermörgensverwaltungsfond Dortmund

Ausnahmen in der Verwaltung, das heißt Stellen, die auch förmliche Vergabeverfahren vorübergehend noch selbst durchführten und somit weiteres Bündelungspotenzial bei den förmlichen Verfahren boten. Die so gewandelte Beschaffungslandschaft ist in der folgenden Abbildung dargestellt.

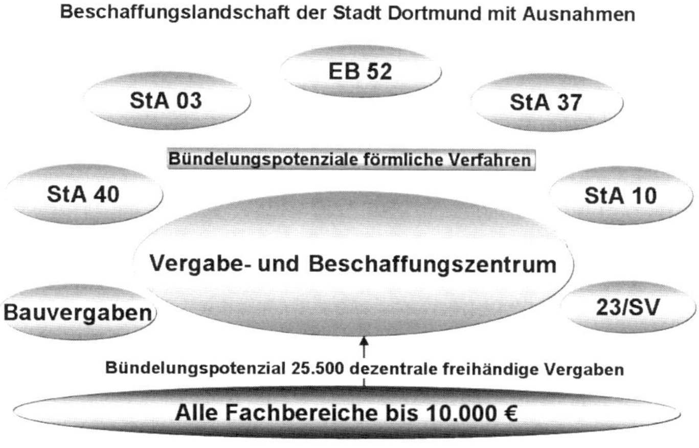

Quelle: Eigene Darstellung.

Abb. 9.2 Beschaffungslandschaft nach Einführung einer verbindlichen Vergabe- und Beschaffungsverordnung (VBO)

Die Fachbereiche wurden zudem verpflichtet, Waren und Leistungen, für die das Vergabe- und Beschaffungszentrum einen Rahmenvertrag vorhält, zwingend über den Fachbereich 19 abzunehmen.

Die Verlagerung von Zuständigkeiten zum zentralen Dienstleister Vergabe- und Beschaffungszentrum hatte dort eine enorme Steigerung von Fallzahlen zur Folge. Durch die Initialisierung von Bündelungsprozessen in den unterschiedlichen Fachbereichen der Verwaltung, die Erweiterung bestehender und den Abschluss neuer Rahmenverträge konnte jedoch sowohl dieser Zuwachs im Fachbereich 19 auch als die verbliebenen dezentralen freihändigen Vergaben unter 10.000,- € deutlich reduziert, beim Vergabe- und Beschaffungszentrum sogar mehr als kompensiert werden. Das ist insbesondere auch auf die schrittweise Einführung der Abnahmeverpflichtung aus Rahmenverträgen für die Fachbereiche zurückzuführen.

Mit der Einführung eines Bestell- und Katalogsystems zum 01.04.2009 konnten die operativen Beschaffungsprozesse erheblich verkürzt und dadurch die Prozesskosten gesenkt werden. Mittels des elektronischen Genehmigungsworkflows wurde die Verfahrenstransparenz und Korruptionsprävention verbessert. Durch Abbildung sämtlicher Katalog- und Freitextbestellungen in einem integrierten System wird der Aufbau eines strategischen Einkaufsmanagements einschließlich Einkaufscontrolling möglich. Die Bieter- und Lieferantenfreundlichkeit wird durch einheitliche Vorgehensweisen und elektronische Anbindung an das System erhöht.

9.1.3 Erweiterung des Vergabe- und Beschaffungszentrums um die zentrale Bauvergabestelle

Bereits mit der Gründung des Vergabe- und Beschaffungszentrums und der damit verbundenen Neuordnung von Beschaffungsprozessen wurde die Frage einer gesamtstädtischen Bauvergabe diskutiert. Bis dahin waren die Geschäftsprozesse und Organisationsformen für Bauvergaben bei der Stadtverwaltung Dortmund dezentral und unterschiedlich ausgestaltet. Das heißt, die Bauvergaben wurden in Eigenregie der zuständigen Fachbereiche wie beispielsweise Tiefbauamt oder Städtische Immobilienwirtschaft in unterschiedlichen Organisationsstrukturen und Prozessabläufen bearbeitet.

Der Verwaltungsvorstand fasste daher den Beschluss, auch bei der Vergabe von Bauleistungen das Ziel einer zentralen Vergabestelle zu verfolgen, und zwar als Teil des neuen Vergabe- und Beschaffungszentrums. Besonderes Augenmerk galt dabei den Zielen Rechtssicherheit, Wirtschaftlichkeit, Korruptionsprävention, Qualität und Mittelstandsfreundlichkeit sowie der Schaffung einheitlicher und verbindlicher Standards. In einem Projekt wurde daraufhin zunächst eine gemeinsame Bauvergabestelle für die Städtische Immobilienwirtschaft und das Tiefbauamt konzipiert und realisiert. Diese wurde auf der Grundlage sorgfältig entwickelter Soll-Geschäftsprozesse sowie definierter Schnittstellen zum 01.01.2009 in das Vergabe- und Beschaffungszentrum integriert und weiter auf- und ausgebaut mit dem Ziel der gesamtstädtischen Zentralisierung von Bauvergaben. Letztere ist mittlerweile weitgehend erreicht.

9.1.4 Aufbauorganisation des Vergabe- und Beschaffungszentrums

Das Vergabe- und Beschaffungszentrum besteht seitdem aus drei Abteilungen mit insgesamt ca. 50 Mitarbeiterinnen und Mitarbeitern. Die Abteilung 19/2 führt Beschaffungen und Vergaben nach VOL[9] und VOF[10] durch. Die Abteilung 19/3 bildet die zentrale Bauvergabestelle für Vergaben nach VOB[11]. Zur Abteilung 19/1 - Zentrale Dienste - gehört insbesondere ein Team für die Durchführung von Submissionen, das dadurch organisatorisch von den Teilen des Fachbereichs abgegrenzt ist, die Vergaben durchführen. Dadurch wird, insbesondere im Sinne der Korruptionsprävention, sichergestellt, dass ausschließlich solche Personen mit Submissionen befasst sind, die zu keinem Zeitpunkt an den Ausschreibungsverfahren beteiligt waren.

---

9 VOL: Vergabe- und Vertragsordnung für Leistungen

10 VOF: Verdingungsordnung für freiberufliche Leistungen

11 VOB: Vergabe- und Vertragsordnung für Bauleistungen

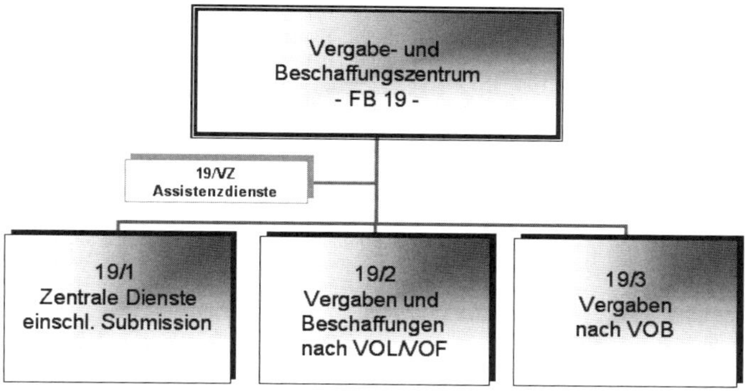

Quelle: Eigene Darstellung.

Abb. 9.3 Organigramm des Vergabe- und Beschaffungszentrums ab 01.01.2009

9.2 Strategische Weiterentwicklung der Vergabe- und Beschaffungsprozesse

In Form dieser Startorganisation war das Vergabe- und Beschaffungszentrum aufbauorganisatorisch getrennt nach den entsprechenden Vergabe- und Vertragsordnungen beziehungsweise Verdingungsordnungen VOL, VOF und VOB. Dies brachte, einhergehend mit den neuen Entwicklungen, jedoch zunehmend Einschränkungen mit sich, insbesondere hinsichtlich der verschiedenen Aspekte der Flexibilität und Prozessorganisation.

Verstärkt bemerkbar machten sich diese Einschränkungen durch eine erneute Änderung der gesamtstädtisch verbindlichen Vergabe- und Beschaffungsordnung (VBO) durch den Fachbereich 19 zum 01.01.2011. Dadurch wurden auch die bis dahin noch dezentral verbliebenen förmlichen Verfahren in die Zuständigkeit des Vergabe- und Beschaffungszentrums übernommen. Gleichzeitig wurde die Wertgrenze für dezentral durchzuführende freihändige Vergaben auf 5.000,- € gesenkt. Perspektivisch sind weitere Absenkungen geplant.

Damit hatte sich das Bild der Beschaffungslandschaft wie in der folgenden Abbildung dargestellt verändert.

Quelle: Eigene Darstellung.

Abb. 9.4 Beschaffungslandschaft nach Änderung der VBO ab 01.01.2011

Beispielhaft für die neuen Entwicklungen sind die folgenden Darstellungen über den Anstieg der Fallzahlen der förmlichen Vergaben nach VOL, VOF und VOB. Neben der Änderung der VBO zeigen sich hier die Auswirkungen von Bündelungsprojekten, die dazu führten, dass statt vieler kleinteiliger Vergaben verstärkt größere Verfahren durchgeführt wurden. Bemerkenswert ist der starke Anstieg jedoch auch deshalb, weil in diese Zeit die vergaberechtlichen Erleichterungen des Konjunkturpakets II (KP II) fielen. Die folgenden Grafiken verdeutlichen den sprunghaften Fallzahlenanstieg bei den arbeitsintensiven förmlichen Verfahren.

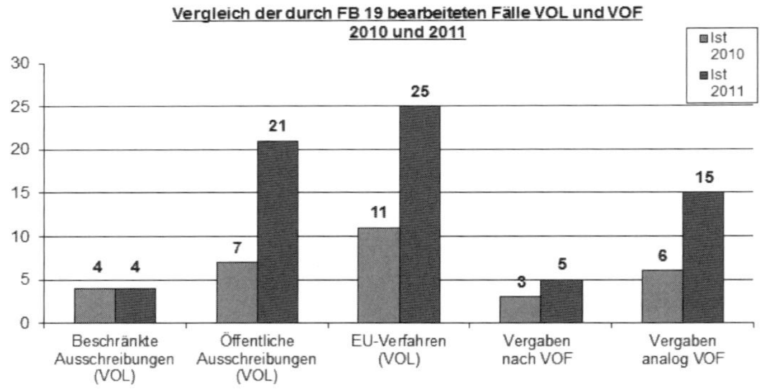

Quelle: Eigene Darstellung.

Abb. 9.5 Vergleich der förmlichen Vergabeverfahren nach VOL und VOF 2010 und 2011

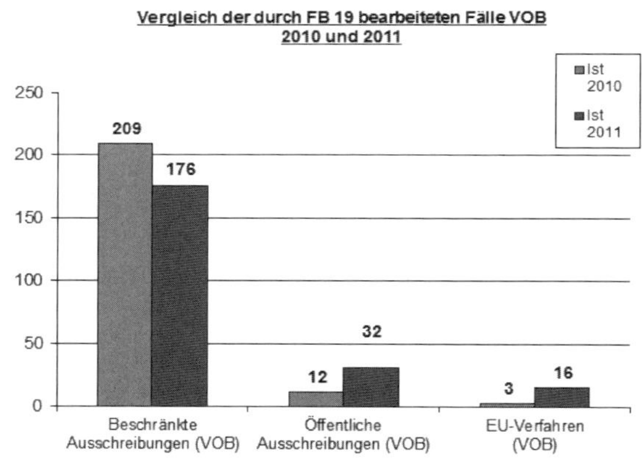

Quelle: Eigene Darstellung.

Abb. 9.6 Vergleich der förmlichen Vergabeverfahren nach VOB 2010 und 2011

Neben dem sprunghaften Anstieg unterliegen beide Bereiche starken saisonalen Schwankungen („Dezemberfieber" gegenüber „Bauflaute im Winter"). Diese Schwankungen sind durchaus gegenläufig, so dass insbesondere bei der Durchführung der Vergabeverfahren eine höhere Durchlässigkeit und Flexibilität des Personaleinsatzes erforderlich ist.

Diese Ausgangslage mündete in ein internes Organisationsentwicklungsprojekt zur zukunftsorientierten Optimierung und strategischen Ausrichtung des Vergabe- und Beschaffungszentrums. Dabei stand vor allem eine größere Flexibilität der Aufbau- und Ablauforganisation im Fokus, um das deutlich erhöhte Auftragsvolumen bewältigen, neue Anforderungen erfüllen und gezielter auf Arbeitsspitzen reagieren zu können, sowie die Implementierung eines Strategischen Einkaufs.

Das hierzu entwickelte Konzept sieht für die künftige Ablauforganisation eine stringente Prozessausrichtung vor, die auch durch das Best Practise Modell im Evaluierungsprojekt ‚REPROC' des BME bestätigt wurde. Das bedeutet vor allem die Einrichtung und Weiterentwicklung eines Strategischen Einkaufs, zusammengefasst in einem neu konzipierten Teilbereich „Strategischer Einkauf", und davon organisatorisch getrennt die Durchführung der Vergaben für VOL und VOF mit der Vorhaltung des vergaberechtlichen Expertenwissens. Diese organisatorischen Veränderungen sind die Voraussetzung für die effiziente und effektive Bewältigung der neuen Anforderungen und der umfangreichen Aufgabenverlagerungen hin zum zentralen Dienstleister Vergabe- und Beschaffungszentrum.

Die Umsetzung der geplanten Organisationsentwicklung wird in Kürze erfolgen.

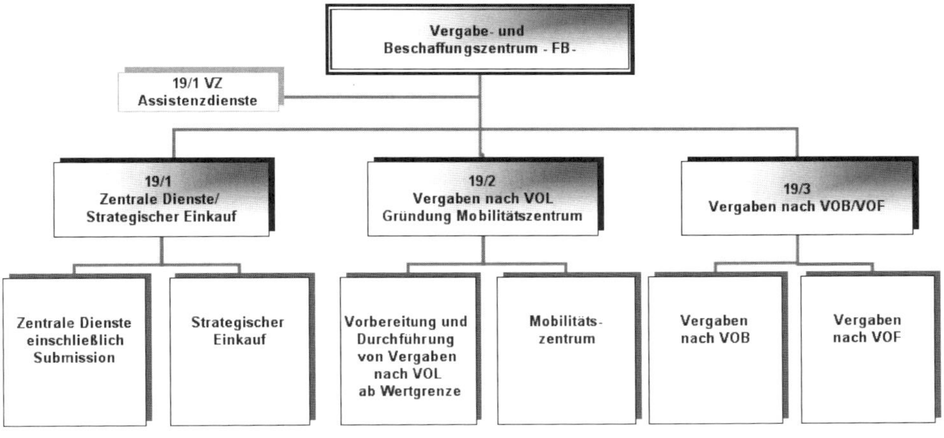

Quelle: Eigene Darstellung.

Abb. 9.7 Zukünftiges Organigramm des Vergabe- und Beschaffungszentrums

9.3 Zukünftige Entwicklung eines Strategischen Einkaufs

Das primäre Ziel des Organisationsentwicklungsprozesses verfolgt den Ansatz, die anstehenden organisatorischen Veränderungen mit den vorhandenen Mitarbeiterinnen und Mitarbeitern des Vergabe- und Beschaffungszentrums umzusetzen.

Kurz gesagt: „Wir schaffen mehr Aufträge mit gleichem Personal".

Durch die weitere Absenkung der Wertgrenze von 10.000,- € auf 5.000,- hatte sich die Zahl der freihändigen Vergabeverfahren, die zentral im Vergabe- und Beschaffungszentrum abgewickelt werden, erheblich erhöht.

Um dem zuvor genannten Ziel gerecht zu werden, ist es erforderlich die Anzahl der freihändigen Vergaben kontinuierlich durch die Integration der Bedarfe in Kataloge und Rahmenverträge zu verringern.

Provokant formuliert: „Jede freihändige Vergabe ist unser Feind"[12].

In erster Linie soll die Reduktion der freihändigen Vergaben durch Bündelung der Bedarfe in Rahmenverträgen und elektronischen Katalogen erreicht werden. Diese Dynamik veranschaulicht die nächste Abbildung.

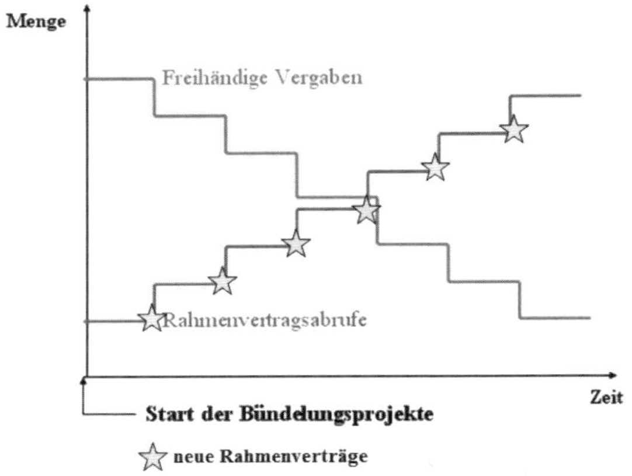

Quelle: Eigene Darstellung.

Abb. 9.8 Auswirkungen der Bündelungsprojekte

Basierend auf der zu Beginn erwähnten Potenzialanalyse und auf aktuellen Auswertungen des Einkaufscontrollings werden mit den verschiedenen Fachbereichen sogenannte Bündelungsgespräche geführt. Im Vordergrund stehen hierbei die ehemaligen dezentralen Beschaffungsstellen. Ein Beispiel für einen weit gestreuten Spezialbedarf sind Pflaster und Coolpacks, die bisher 169 selbständige Schulen und 108 Kindertageseinrichtungen eigenständig beschafft haben. Schaut man über diese Bereiche hinaus, ergibt sich ein noch größeres Bündelungspotenzial. „Erste Hilfe"-Produkte gehören zur Grundausstattung aller Verwaltungsgebäude, befinden sich aber auch in jedem Verbandskasten der städtischen Fahrzeuge. Auch in der „klassischen" Verwaltung gibt es vielfältigen nicht verwaltungstypischen Bedarf. Ein Beispiel stellt die Lieferung von Getränken dar. Diese werden sowohl für die Bewirtung in den Rats- und Besprechungssälen als auch für die Ausrichtung von Veranstaltungen z.B. durch die Wirtschaftsförderung benötigt.

Dem Vergabe- und Beschaffungszentrum obliegt es, diese Zusammenhänge zu erkennen und zu systematisieren. Im Sinne der Wirtschaftlichkeit sind die zum Teil unterschied-

[12] Dabei ist allerdings klar, dass es immer auch Bedarfe gibt, die sich einer Bündelung in Rahmenverträgen entziehen.

lichen Bedarfsbeschreibungen zu standardisieren und in eine vergaberechtskonforme Leistungsbeschreibung zu überführen. Diese bildet mit dem zu ermittelnden Mengengerüst und den jeweiligen Vertragsbedingungen die Grundlage für Rahmenverträge und die spätere Integration in das Bestell- und Katalogsystem.

Erste Auswirkungen der Bündelungsprojekte werden in den folgenden Grafiken gut erkennbar.

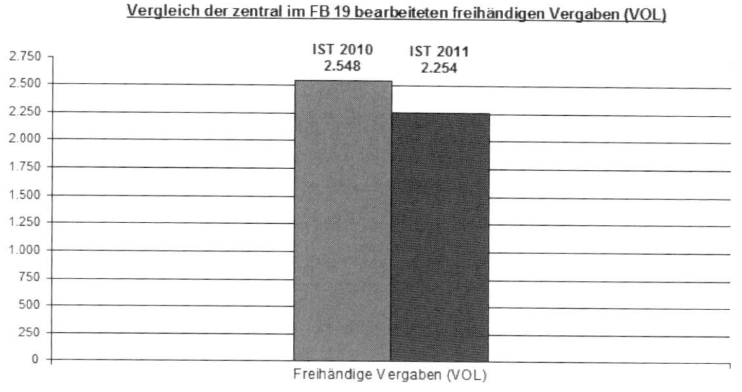

Quelle: Eigene Darstellung.

Abb. 9.9 Vergleich der vom Fachbereich 19 bearbeiteten freihändigen Vergaben 2010 und 2011

Dieser Rückgang der Fallzahlen ist auf den ersten Blick überraschend, denn schließlich war die zentrale Zuständigkeit des Vergabe- und Beschaffungszentrums ab 01.01.2011 für den Wertebereich zwischen 5.000,- € und 10.000,- € erweitert worden. Die Erklärung dafür liefert die folgende Darstellung.

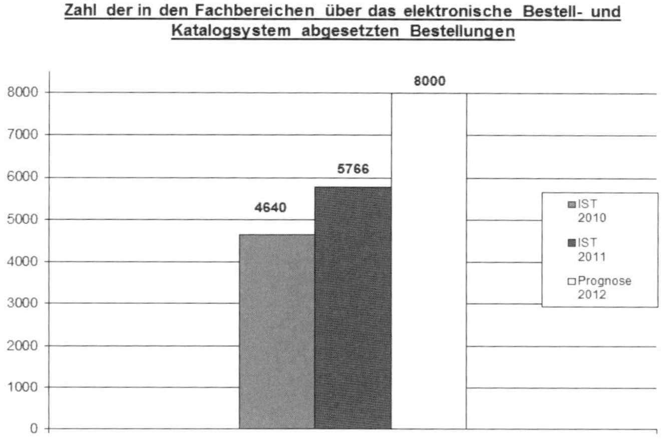

Quelle: Eigene Darstellung.

Abb. 9.10 Vergleich der Bestellungen aus den Fachbereichen über das Bestell- und Katalogsystem

Die auf diesem Wege nach und nach im Vergabe- und Beschaffungszentrum „frei“ werdenden Kapazitäten können dann für weitere Bündelungsprojekte, Standardisierungsprozesse sowie zur Optimierung der Produktpalette und Vereinheitlichung ähnlicher Bedarfe genutzt werden. Diese Aktivitäten werden durch den Aufbau eines gesamtstädtischen Einkaufscontrollings unterstützt.

9.3.1 Zusammenwirken zwischen den Bedarfstellen und dem Strategischen Einkauf

Betrachtet man die einzelnen Phasen des Vergabe- und Beschaffungsprozesses von der Vorbereitung der Vergabe über die Durchführung bis hin zum Vertrags- und Katalogmanagement, liegt die größtmögliche Einflussnahme auf die Wirtschaftlichkeit des Prozesses im Bereich der Vorbereitung. (Bedarfsplanung, -analyse und -beschreibung). Dies veranschaulicht die folgende Abbildung.

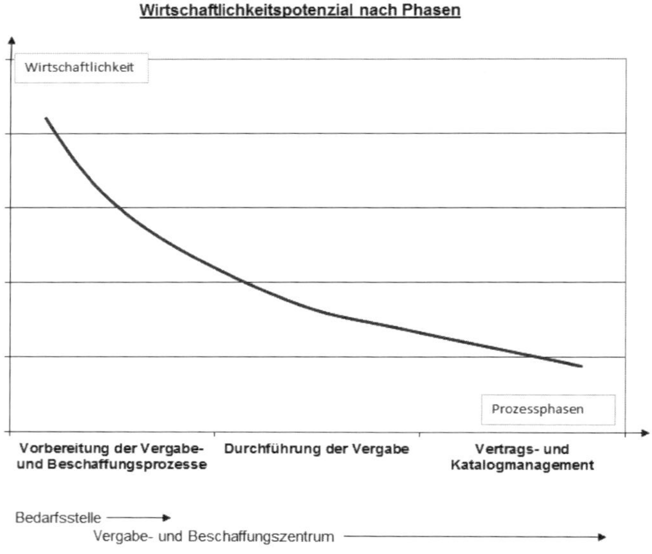

Quelle: Eigene Darstellung in Anlehnung an Kurt et al. (2004) ([1], S. 24).

Abb. 9.11 Wirtschaftlichkeitspotenzial der Phasen des Beschaffungsprozesses

Somit gilt es, Strukturen zu schaffen und einen verbindlichen Prozessablauf weiterzuentwickeln, der das Zusammenwirken zwischen den Bedarfsstellen und dem Vergabe- und Beschaffungszentrum insbesondere bei der Planung und Vorbereitung von Vergaben und Beschaffungen (early involvement) ermöglicht.

Wesentliche Voraussetzung ist es, auf beiden Seiten ein gemeinsames Verständnis darüber zu erzielen, dass beide Bereiche einen Teil des Gesamtprozesses darstellen.

In der Praxis bestehen aus Sicht der Bedarfsstellen häufig Vorbehalte aufgrund der Sorge vor verlängerten Abläufen, der vergaberechtlichen Anforderungen an die Beschreibung der Leistung und eine befürchtete zentrale Einflussnahme auf Art und Ausführungen der benötigten Bedarfe. („Jemand anderes bestimmt über das, was ich für meine Fachaufgabe benötige.")

Ziel ist es jedoch, im gemeinsamen Dialog die fachlichen Anforderungen der Bedarfsträger mit den vergaberechtlichen Anforderungen und einkaufsspezifischen Fachkenntnissen in Einklang zu bringen.

Eine Maßnahme stellt die Einführung eines zentralen Auftragseingangs dar. Hierdurch wird die Verfahrenstransparenz, Sachstandsverfolgung und Kommunikation zwischen den Bedarfsträgern und dem Vergabe- und Beschaffungszentrum verbessert.

Eine besondere Herausforderung liegt darin, die unterschiedlichen Bedarfe und Warengruppen der Verwaltung zu analysieren und daraus die Strukturen abzuleiten, in denen das einkaufsspezifische Fachwissen im Vergabe -und Beschaffungszentrum gebündelt oder aber im Sinn von Kompetenzstellen in bestimmten dezentralen Bereichen vorgehalten werden muss.

Daran ausgerichtet ist das einkaufsspezifische Fachwissen der Mitarbeiterinnen und Mitarbeiter im Vergabe- und Beschaffungszentrum durch unterschiedliche Instrumente

- Verstärkte Recherchen und Beobachtungen der Beschaffungsmärkte
- Frühzeitiges Erkennen von Trends und Einbringen in den Bedarfsentstehungsprozess
- Stetige Erweiterung der Produkt- und Warengruppenkenntnisse
- Verhaltens- und Beratungskompetenzen zu vertiefen.

Dieses Wissen gilt es in die Vergabe- und Beschaffungsprozesse einfließen zu lassen, um hier analog zu den Strukturen in der Privatwirtschaft der Optimierungsrolle des Einkaufs gerecht zu werden.

Neben der Erweiterung dieser Kompetenzen sind die Prozesse des operativen Einkaufs in Richtung einer höheren Flexibilität des Personaleinsatzes und Standardisierung weiterzuentwickeln.

Diese Weiterentwicklung des Einkäuferprofils ist eine der Herausforderungen, die es in der Zukunft gilt für das Vergabe- und Beschaffungszentrum umzusetzen.

9.4 Literaturverzeichnis

[1] Kurt, C./Huland, D./Meißner, B. (2004), Einkaufen für Kommunen: Modern, wirtschaftlich und rechtssicher, Heidelberg u.a. 2004.

PeP[1] – Der elektronische Einkauf der Bundesagentur für Arbeit

10

Astrid Widmann – Bundesagentur für Arbeit

[1] Public-e-Procurement: öffentliche elektronische Beschaffung. Man spricht von ‚e-Procurement', wenn (öffentliche) Auftraggeber ihre Beschaffungs- bzw. Vergabeverfahren über bzw. unter Zuhilfenahme von Softwareanwendungen, auf die Bieter und Bewerber Zugriff haben und für die Einreichung von Teilnahmeanträgen bzw. Angeboten nutzen (müssen), durchführen. Des Weiteren erfolgt im Zuge der Vertragsabwicklung ein elektronischer Austausch mit den Lieferanten.

10.1 Ausgangslage und Rahmenbedingungen

10.1.1 Optimierung der Einkaufsprozesse

Neue Wege zu einer modernen, leistungsfähigen und effizienten Verwaltung zu finden, ist ein erklärtes Ziel der Behörden des Bundes, der Ländern und der Kommunen – und heute aktueller denn je. Der haushaltsrechtliche Grundsatz der Wirtschaftlichkeit und Sparsamkeit spielt eine tragende Rolle für die Gestaltung der behördeninternen Prozesse und Vorgehensweisen. Um den Einsatz von Haushaltsmitteln auch unter wirtschaftlichen Aspekten betrachten zu können, müssen Mittelbewirtschaftungsprozesse transparent werden. Hierzu gehören sowohl verwaltungsinterne Abläufe als auch die Zusammenarbeit mit Lieferanten und Dienstleistern.

Das Bundesministerium für Wirtschaft und Technologie (BMWi) hat in Abstimmung mit dem Bundesverband der Deutschen Industrie e. V., dem Deutschen Industrie- und Handelskammertag sowie dem Zentralverband des Deutschen Handwerks in seinem diesbezüglichen Stufenplan („Empfehlung für einen Stufenplan zur Einführung der verpflichtenden elektronischen Angebotsabgabe im Verfahren zur Vergabe öffentlicher Aufträge" [2]) festgelegt, dass ab dem Jahre 2010 bei Beschaffungen des Bundes nur noch elektronische Angebote zugelassen sein sollen; ein erster durchaus bedeutsamer Schritt hinsichtlich der Etablierung eines flächendeckendes e-Procurement in Bundesbehörden.

Dieser Stufenplan orientiert sich „an der Vertrautheit der Wirtschaftsunternehmen mit der elektronischen Abwicklung von Geschäftsprozessen" und platziert demnach Unternehmen der IT-Branche, die naturgemäß besser mit IT-Anwendungen vertraut sind bzw. sein sollen, in der ersten Stufe einer etwaigen Umsetzung einer e-Procurement-Anwendung. Für die rechtssichere elektronische Abwicklung von Vergabeverfahren (über eine Plattform) stand zum damaligen Zeitpunkt ausschließlich die im Geschäftsbereich des Bundesministeriums des Inneren betriebene e-Vergabe-Plattform des Bundes [4] zur Verfügung.

Durch die Novellierung des Deutschen Vergaberechtes zum 1. November 2006[2] haben die öffentlichen Auftraggeber nunmehr die Möglichkeit erhalten, die Kommunikationsmittel für ihre Vergabeverfahren frei zu wählen. Sie müssen in der Bekanntmachung oder den Vergabeunterlagen lediglich angeben, ob sie per Post, Telefax, direkt elektronisch oder durch Kombination dieser Kommunikationsmittel mit den Unternehmen Informationen (vor allem Vergabeunterlagen und Angebote) austauschen wollen[3]. Diese Angaben sind dann für alle Beteiligten grundsätzlich verbindlich für das Verfahren einzuhalten.

Mit ihrem sogenannten Zweistufenplan hatte die Bundesregierung am 22. Februar 2002 den Auftrag für einen umfassenden strukturellen Umbau der damals noch als „Bundesanstalt" für Arbeit erteilt. Im Rahmen der sich anschließenden Reform der Bundesagentur für Arbeit (BA) wurde unter anderem der Beschluss gefasst, die Einkaufsprozesse zu optimieren. Ein Ziel im Rahmen dieser Reform war es daher, künftig alle – nationalen wie EU-

[2] Die jüngste Vergaberechtsnovelle fand 2009/2010 statt, in welcher auch die Regelungen zur elektronischen Signatur neu gefasst wurden.

[3] Damalige Vorschriften: § 16 Nr. 4 VOL/A, § 4 Abs. 6 VOF, §16 Nr. 3 Abs. 1 VOB/A. Aktuelle Vorschriften: §§ 13 Abs. 1, 16 Abs. 1 EG VOL/A, § 8 Abs. 1 VOF, §§ 11 Abs. 1 Nr. 1, 11 EG Abs. 1 Nr. 1 VOB/A.

weiten – Vergabeverfahren nach der Vergabe- und Vertragsordnung für Leistungen (VOL) und der Vergabe- und Vertragsordnung für freiberufliche Leistungen (VOF)[4] sowohl im Bereich Infrastruktur als auch für das weite Umfeld der Arbeitsmarktdienstleistungen mithilfe eines elektronischen Vergabesystems durchzuführen.

Im Rahmen der Bundesinitiative „BundOnline 2005“ wurde in Konsequenz der zuvor beschriebenen Entwicklungen das BA-interne Projekt „PeP – Public eProcurement“ in der Kategorie Government-to-Business als sogenanntes Leuchtturm-Projekt ausgewählt. Wesentlich waren dabei für das Projekt die hohe Wirtschaftlichkeit und der Gedanke der Einer-für-alle-Dienstleistung (EfA-DL) „e-Vergabe“ des Bundes sowie eine Einbindung einer hohen Anzahl interner und externer Nutzer. Die nachfolgende Tabelle zeigt die einzelnen Kriterien und deren Umsetzung auf.

Kriterium	Erläuterung
Integration einer oder mehrerer Basiskomponenten	Nein, aber Einsatz der EfA-DL „e-Vergabe“
Besondere Einsparungen oder Serviceverbesserungen auf Nutzerseite	Ja: Transparentes und medienbruchfreies Vergabeverfahren, dadurch Senkung von Prozesskosten
Besondere Einsparungen oder Qualitätssteigerungen auf Behördenseite	Ja: Einsparung Prozesskosten und Senkung Beschaffungskosten
Hohe Nutzerzahlen	Ja: ca. 7.500 Bedarfsträger, ca. 200 Einkäufer, unbekannte Anzahl Lieferanten
Deutliche Verringerung der Bearbeitungszeit	Ja: Die bisherigen Bearbeitungszeiten werden stark gekürzt, z. B. bei Freihändigen Vergaben teilweise um mehr als 50%.

Quelle: Dienstleistungs-Steckbrief PeP eSourcing, BundOnline 2005.

Tabelle 10.1 Kriterien im EfA-DL-Prozess

Im Nachfolgenden soll der Weg der letztlich erfolgreichen Einführung einer Gesamtlösung für ein e-Procurement für und bei der Bundesagentur für Arbeit dargestellt werden. Dabei wird auch auf die konkreten Herausforderungen bei der Umsetzung eingegangen. Letztlich werden Hinweise für alle Interessierten gegeben, die künftig ihre Einkaufsprozesse mittels IT unterstützen wollen.

10.1.2 Organisatorische und technische Rahmenbedingungen

Zunächst galt es wie bei jedem Projekt, die organisatorischen und technischen Rahmenbedingungen festzulegen. Dafür wurden die betroffenen Einkaufsprozesse analysiert sowie organisatorische Untersuchungen durchgeführt. Davon erfasst waren die Gesamtorganisa-

[4] Die Prozesse im Umfeld der Beschaffung von Bauleistungen gemäß der Vergabe- und Vertragsordnung für Bauleistungen (VOB) wurden von der Bundesagentur für Arbeit bewusst ausgeklammert, da diese organisatorisch getrennt behandelt werden.

tion des Zentraleinkaufs in Nürnberg und der dezentrale Einkauf in den regionalen BA-Standorten.

Als Folge der organisatorischen Untersuchungen kam es zur Bildung einer Matrixorganisation im Beschaffungswesen der Bundesagentur für Arbeit, insbesondere einer Trennung der Zuständigkeiten von Einkauf, Vergabe und Vertragsmanagement.

Die einzelnen Beschaffungsprozesse des Zentraleinkaufs wie auch des dezentralen Einkaufs sollten über eine vollelektronische Ausschreibungsbearbeitung (Erstellung der Vergabeunterlagen bis hin zur Angebotswertung) abgewickelt werden. Insbesondere der Verzicht von papiergebundenen Vergaben im Bereich der Arbeitsmarktdienstleistungen (AMDL) sollten aufgrund der damit entfallenden Mengen an Papier, welche der großen Anzahl an Ausschreibungen in diesem Umfeld geschuldet sind, relevante Einsparungen und Vereinfachungen erzielen. Eine weitere Verkürzung der Beschaffungszeiten versprach sich die Bundesagentur für Arbeit durch die Einführung eines elektronisches Bestell- und Materialwirtschaftssystems, um aus bestehenden Rahmenverträgen zu bestellen und Bedarfsanzeigen elektronisch anzulegen.

Vor allem die Kommunikation mit den Bietern und Bewerbern sollte über ein einheitliches Portal erfolgen. Zu diesem Zeitpunkt kam mangels leistungsfähiger Lösungen aus der Privatwirtschaft und der bis dahin sehr hohen rechtlichen als auch technischen Anforderungen an die elektronische Signatur für die Bundesagentur für Arbeit ausschließlich die Vergabeplattform des Bundes (e-Vergabe beim Beschaffungsamt des Bundesministeriums des Innern) infrage.

10.1.3 Zielvorgaben

Unter Berücksichtigung aller Randbedingungen hat sich die Bundesagentur für Arbeit dazu entschieden, im Rahmen des Gesamtprojektes „Public eProcurement" (PeP) ihre gesamten Einkaufsprozesse elektronisch über Standardsoftwarelösungen abzubilden. Mit PeP sollte die Realisierung eines professionellen, effektiven und dem Stand der Technik entsprechenden Beschaffungsablaufs in einer Flächenbehörde umgesetzt werden. Auf diese Weise wollte man die vorhandene Kompetenz im Beschaffungsbereich mit erheblichen Einspareffekten bündeln. Zudem sollten die eingebundenen Mitarbeiter (vor allem an den dezentralen Standorten) hinsichtlich administrativer Aufgaben erheblich entlastet werden, um sich wieder verstärkt auf ihre eigentlichen Kernaufgaben innerhalb der Bundesagentur für Arbeit fokussieren zu können.

Das Projekt „PeP" umfasst

a. die Auswahl von Standardlösungen in den jeweiligen Bereichen zur Abwicklung der Vergabeprozesse (Beschaffungsworkflow und -plattform und das Bewirtschaften der Verträge inklusive des Lieferantenmanagementsystems),
b. die Implementierung der Lösungen unter Berücksichtigung der Einbindung in die IT-Architektur der BA (vor allem Schnittstellen) sowie der Lieferanten und
c. den Betrieb der jeweiligen Lösungen.

Sowohl der „formale“ Vergabeprozess als auch die jeweils nachfolgende Vertragsabwicklung nach Zuschlagserteilung sollten künftig in direkter Interaktion zwischen Einkauf und Bieter bzw. Bedarfsträger und Auftragnehmer abgewickelt werden können. Darüber hinaus sollten die Lösungen alle erforderlichen Daten zur Steuerung der gesamten Einkaufsprozesse in der Bundesagentur für Arbeit liefern (Berichtswesen).

Mittels der Public-e-Procurement-Anwendung in der Bundesagentur für Arbeit mussten daher zukünftig

- sämtliche Beschaffungsprozesse
- für alle Liefer- und Dienstleistungen (außer Bauleistungen) sowie
- die Kommunikation mit allen Bietern/Bewerbern und
- allen Auftragnehmern
- über einheitliche,
- elektronische,
- medienbruchfreie und
- vollintegrierte,
- auf Standardsoftware basierende IT-Verfahren
- abgewickelt werden.

Im Ergebnis der vorgenannten Randbedingungen hat die Bundesagentur für Arbeit eine Prüfung vorgenommen, welche internen Schritte für eine erfolgreiche Umsetzung der e-Vergabe erforderlich sind, mit dem Ziel, von Beginn an eine möglichst hohe, branchenübergreifende Akzeptanz zu erreichen. Dies betraf intern ein BA-eigenes Stufenkonzept (optimale Reihenfolge der Einführung der einzelnen IT-gestützten Systeme) als auch die Frage, mit welchen Branchen die elektronische Abwicklung erfolgreich durchgeführt werden kann.

Abweichend von der Empfehlung des BMWi hat die Bundesagentur für Arbeit entschieden, keine produktspezifische (konkret: IT-Branche) beginnende, stufenweise Umsetzung vorzunehmen, sondern alle Wirtschaftszweige in die elektronische Vergabe einzubeziehen.

Hinsichtlich der vergaberechtlichen Randbedingungen und unter der Maßgabe der Einbeziehung eines größtmöglichen Wettbewerbs in allen Vergabeverfahren – schließlich handelt es sich um einen der größten öffentlicher Beschaffer in Deutschland – hat die Bundesagentur für Arbeit nachfolgende Vorgabe getroffen.

Bei der Wahl der Kommunikationsmittel für die Durchführung ihrer Vergabeverfahren wurden zwei Möglichkeiten zugelassen. Grundsätzlich sollten die Bieter die Angebote ausschließlich elektronisch einreichen, lediglich in Ausnahmefällen waren schriftliche Angebote zugelassen. Innerhalb eines Vergabeverfahrens gab es jedoch keine Wahlmöglichkeit zwischen elektronischer oder schriftlicher Abgabe. Dadurch sollte auf die Bieter ein gewisser Druck ausgeübt werden, elektronische Angebote abzugeben. Vor allem ging es um eine bestmögliche Aufwandsminimierung der BA-internen Bearbeitung, die vor allem durch das notwendige Einscannen und händische Eingeben von Papierangeboten in das IT-System entstehen würde, wenn parallel in einem Verfahren Papierangebote und elektronische Angebote vorgelegen hätten. Diese Entscheidung wurde wesentlich beeinflusst durch die großen Angebotsmengen (z.B. lagen und liegen im Bereich der Arbeitsmarktdienstleistungen die Angebotszahlen im vierstelligen Bereich).

Für die Umsetzung des Gesamtprojektes wurden abgrenzbare Leistungspakete gebildet und diese BA-intern in vier Teilprojekte aufgeteilt, welche in Kapitel 10.2.1 kurz erläutert werden.

Das grundsätzliche Projektdesign innerhalb der Bundesagentur für Arbeit sah folgende Abgrenzungen vor.

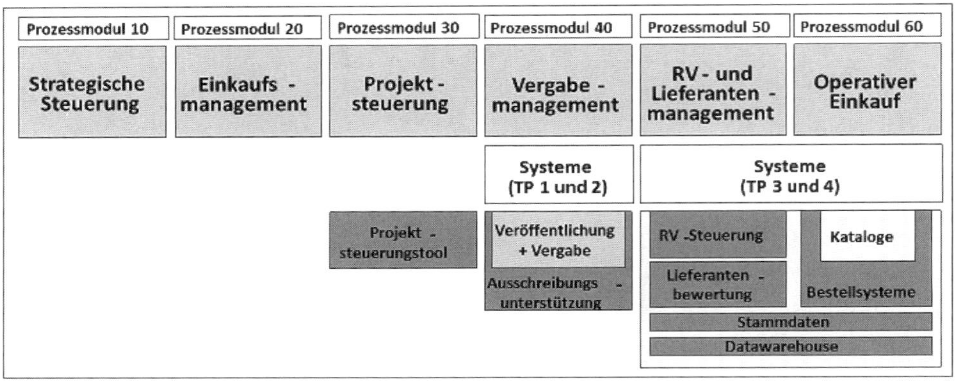

Quelle: Dienstleistungs-Steckbrief PeP eSourcing, BundOnline 2005.

Abb. 10.1 Systemunterstützung der Einkaufsprozesse durch mehrere Teilprojekte und Komponenten

10.2 Die Projektumsetzung in der Bundesagentur für Arbeit

10.2.1 Aufteilung in vier Teilprojekte

Die zeitliche Einführung der elektronischen Unterstützung erfolgte sukzessive ab dem Jahr 2005. Im ersten Schritt wurden die Teilprojekte (TP) 3 und 4 zur Systemunterstützung der zukünftigen Bestellabwicklung und des Lieferantenmanagementsystems umgesetzt.

Man begann mit diesen Teilprojekten, da vor allem das IT-gestützte Lieferantenmanagement und der Bestellabwicklungsprozess mittels Standardsoftwarelösungen schon in einigen Behörden und in der Industrie (Lieferanten) zum Einsatz kamen und die Vergabeplattform des Bundes beim Beschaffungsamt des Bundesministerium des Innern im Jahre 2005 noch in den „Kinderschuhen" steckte. Gerade die Kommunikationsschnittstelle zu den Bietern und Bewerbern stellte vor allem unter dem Gesichtspunkt der Mengen eine Herausforderung dar.

Weiterhin kam die Bundesagentur für Arbeit zu dem Ergebnis, dass mit der Umsetzung der Teilprojekte 3 und 4 die höchste Prozesseffizienz innerhalb des Gesamtprojektes zu erreichen wäre. Vor allem bilden diese Leistungspakete das Bindeglied zwischen der Abbildung von zentralen Rahmenverträgen unter Vorgabe durch den Zentraleinkauf und der dezentralen Nutzung (Abrufprozesse) in den BA-Standorten.

Mit den Teilprojekten 1 und 2 wurden die Einkaufs- und Vergabeprozesse des Zentraleinkaufs und des dezentralen Einkaufs (ausschließlich für AMDL-Leistungen) auf eine elektronische Abwicklung mit Bietern/Bewerbern umgestellt.

Konkret wurden die jeweiligen Leistungen wie folgt abgegrenzt:

- TP 1: Elektronische Workflow-Unterstützung für die Vergabeverfahren (e-Workflow)
- TP 2: Internetbasierte Ausschreibungsplattform zur Kommunikation mit den Bietern/Bewerbern in den Vergabeverfahren (e-Vergabe)
- TP 3: Intranet-basiertes Bestellsystem mit Anbindung eines Marktplatzes (e-Ordering)
- TP 4: Materialwirtschaftssystem mit Datawarehouse zur Unterstützung und Steuerung der Bestellabwicklung (Materialwirtschaft)

Bis auf das Teilprojekt 2 wurden alle Leistungen im Wettbewerb produktneutral ausgeschrieben. Die Bundesagentur für Arbeit setzte von Anfang an auf den eigenen Betrieb von PeP in den Teilprojekten 1 und 3, die e-Vergabe-Plattform wurde vom Beschaffungsamt des Bundesministeriums des Innern, das Materialwirtschaftssystem in einer ersten Stufe von einem externen Dienstleister betrieben.

Die nachfolgenden Ausführungen geben einen Überblick über die Leistungspakete, Produkte, Beteiligte/Nutzer und Schnittstellen.

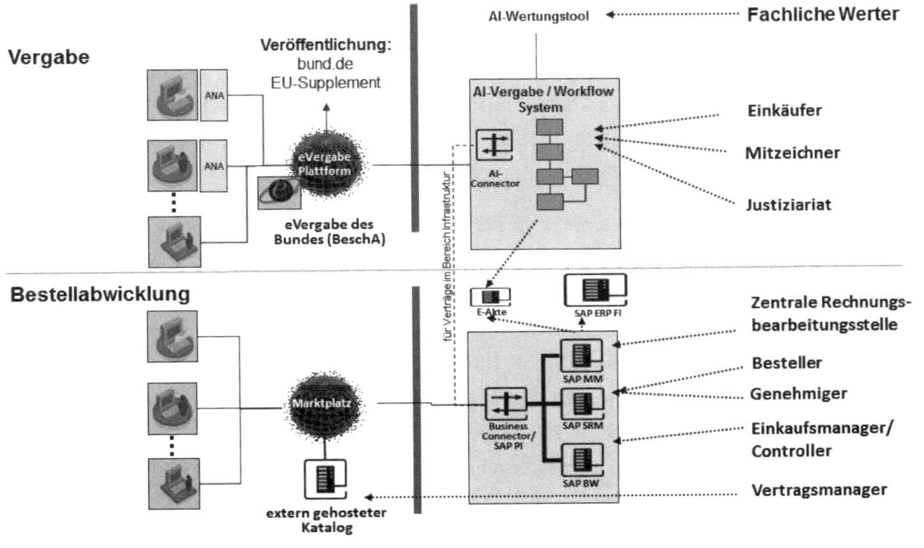

Quelle: Dienstleistungs-Steckbrief PeP eSourcing, BundOnline 2005.

Abb. 10.2 Darstellung des Gesamtprozesses PeP

Teilprojekt 1 – Elektronische Workflow-Unterstützung für das Vergabeverfahren (e-Workflow)

Im Jahr 2006 wurde für die Gewinnung einer entsprechenden IT-Lösung ein EU-weites Verhandlungsverfahren mit Teilnahmewettbewerb durchgeführt. Der Markt war zu diesem Zeitpunkt dadurch gekennzeichnet, dass es zwar einige IT-Dienstleister im Wettbewerb gab, die e-Workflow-Lösungen implementieren konnten, jedoch existierten wenige Standardsoftwarelösungen, die vergaberechtskonform und unter Einhaltung der weiteren rechtlichen Vorgaben (wie beispielsweise der elektronischen Signatur) die umfassenden Anforderungen abbilden konnten. Auch die Forderung der zeitnahen Anpassungen an vergaberechtliche Änderungen (Gesetzesnovellen, aber auch Rechtsprechung) scheint bis heute die Lösungsanbieter vor gewaltige Herausforderungen zu stellen.

Die Konfiguration und das Customizing der e-Vergabe-Software zur Abbildung der BA-internen Einkaufsprozesse dauerten bis September 2007.

Teilprojekt 2 – Elektronische Ausschreibungsplattform zur Kommunikation mit den Bietern (e-Vergabe)

Nach Spiegelung der umfassenden Anforderungen der Bundesagentur für Arbeit mit der Lösungsumsetzung beim Beschaffungsamt des Bundesministeriums des Innern wurde zwischen beiden Behörden eine Verwaltungsvereinbarung geschlossen (inkl. der Definition von Serviceanforderungen für den Betrieb). Nach Anbindung der e-Workflow-Lösung an die Plattform (Schnittstelle) erfolgte der Piloteinsatz dieses Teilprojektes ab Oktober 2007 zunächst im Zentraleinkauf der BA für infrastrukturelle Leistungen und IT und ab November 2007 für Arbeitsmarktdienstleistungen in ausgewählten Pilotstandorten.

Um den betroffenen Marktteilnehmern die Teilnahme auf elektronischem Weg zu erleichtern, wurden Vorgespräche auch mit Arbeitgeberverbänden durchgeführt. In der Vergangenheit und bis heute ist eine intensive Bieter-/Bewerberbetreuung notwendig, da nicht jedes kleine(re) Unternehmen die technische Voraussetzung und das fachliche Wissen besitzt (z.B. Signaturvorgaben und technische Ausstattung).

Die gesamte Flächeneinführung fand im Jahr 2008 für alle Leistungen des BA-Einkaufs statt. Damit verbunden wurden Informationen für die Bieter und Bewerber, die mittels regionaler Veranstaltungen sowie über das Internet bereitgestellt wurden. Unterstützend dazu wurde ein BA-spezifisches Bieterhandbuch [1] erstellt.

Teilprojekt 3 und 4 – Webbasiertes Bestellsystem mit Anbindung eines Marktplatzes und Materialwirtschaftssystems

Kern dieser beiden Teilprojekte war die Umsetzung eines elektronisches Bestell- und Materialwirtschaftssystems, um aus Rahmenverträgen abzurufen, Bedarfsanzeigen anzulegen und außerhalb des Systems beschaffte Artikel nachträglich zu erfassen.

Dieses IT-Verfahren namens PeP SRM (Supplier Relationship Management) wird als Gesamtsystem seit 2006 - und ab 2012 webbasiert - auf SAP-Standardkomponenten innerhalb der Bundesagentur für Arbeit sowie mit den Bausteinen Multilieferantenkatalog, Katalog- und Lieferantenmanagementsystem und Transaktionsmarktplatz durch einen externen Dienstleister betrieben. Das heißt, alle Geschäftsvorfälle (z.B. Bestellungen, Bestellanforderungen, Reklamationen etc.) sowie Kommunikationswege über alle Hierarchieebenen und zu den Lieferanten werden komplett elektronisch abgebildet. Es erfolgt eine vollständige und kassensichere Abbildung der BA-seitigen Finanz- und Kosten-Leistungsrechnungs-Daten.

10.2.2 Mengengerüste

Vielfach spielen bei der Einführung von (neuen) IT-Systemen Mengen immer wieder eine große Rolle. Wie oben schon ausgeführt, sind diese aufgrund der Größe der Bundesagentur für Arbeit sowie deren Beschaffungsvolumen vor allem im Bereich der Arbeitsmarktdienstleistungen essentiell. Die Vergabeverfahren und somit die jeweiligen Angebotsmengen verteilen sich regelmäßig nicht gleichmäßig auf ein Kalenderjahr, sondern es kommt zu gewissen Lastspitzen (z.B. derzeitig regelmäßig im Frühjahr und im Herbst). So ist es nicht ungewöhnlich, dass parallele Vergabeverfahren mit jeweils zum Teil über 100 Losen durchgeführt werden und dabei mit über 2.000 Angeboten zu rechnen ist.

In der nachfolgenden Tabelle werden die Verfahren der Jahre 2010 bis 2012, die „vollelektronisch" über das PeP-Verfahren abgewickelt wurden. Festzustellen sind hier sowohl die jährlichen Steigerungen (vor allem schon in den ersten Monaten in 2012), aber auch die steigende Akzeptanz der Bieter/Bewerber. Seit dem Start von Public-e-Procurement sind bei der Bundesagentur für Arbeit ca. 50.000 elektronische Angebote eingegangen.

Jahr	Quartal	Anzahl der Verfahren	Anzahl der elektronischen Angebote
2010	1	273	1.359
	2	202	3.520
	3	246	1.244
	4	240	3.999
Summe 2010		**961**	**10.122**
2011	1	121	1.711
	2	153	87
	3	359	1.536
	4	585	4.657
Summe 2011		**1.218**	**7.991**
2012	1	848	6.305
	April + Mai	411	5.826
Summe 2012		**1.259**	**12.131**

Quelle: Statistische Auswertung Projekt PeP Mai 2012, Bundesagentur für Arbeit.

Tabelle 10.2 Mengengerüste

Derzeitig nutzen ca. 450 Mitarbeiter der Bundesagentur für Arbeit (Zentraleinkauf und regionale Standorte) den sogenannten Vergabemanager zur Durchführung der Vergabeverfahren, ca. 5.000 Mitarbeiter nutzen den Leistungsverzeichnis-Assistenten vor allem für die fachliche Wertung und ein Teil davon für die Erstellung von Leistungsbeschreibungen.

10.2.3 Vorteile der Gesamtlösung

Nach nunmehr rund sieben Jahren kann festgehalten werden, dass das Vorhaben PeP mit sehr gutem Erfolg – insbesondere gemessen an den Zielvorgaben – umgesetzt wurde. Die Nutzung eines elektronischen Beschaffungsverfahrens bietet in den von der Bundesagentur für Arbeit dafür vorgesehenen Bereichen nennenswerte Vorteile für alle Beteiligten, Bundesagentur wie Wirtschaftsteilnehmer, die sich wie oben gesehen auch quantitativ widerspiegeln. Die wesentlichen Vorteile werden nachfolgend kurz aufgezeigt und erläutert.

Vorteile für die Bundesagentur für Arbeit

- Verfahrenssicherheit: Die Einführung der Vergabesoftware dient der Erfüllung der gesetzlichen Aufgaben. So wird jetzt und in Zukunft die Abwicklung des gesamten internen Vergabeprozesses digital und in gesetzeskonformer Art und Weise unterstützt. Das von der Bundesagentur für Arbeit eingesetzte System ist spezifisch für den Einsatz bei öffentlichen Auftraggebern entwickelt worden und wird laufend auf Grundlage der vergaberechtlichen Maßgaben aktualisiert.
- Hohe Effektivitätsgewinne durch flächendeckende Nutzung: Ein weiterer wesentlicher Vorteil für den Einkauf liegt in der einheitlichen, medienbruchfreien Durchführung des gesamten Vergabeverfahrens, von der Bekanntmachung bis zum Zuschlag. Sowohl die internen als auch die externen Kosten werden durch integrierte, papierlose Prozesse relevant gesenkt. Bestehende IT-Verfahren, die im Einkauf der Bundesagentur für Arbeit bisher als Verfahrensdokumentationen genutzt wurden, werden durch die Einführung des elektronischen Vergabesystems abgelöst. Alle Vergabeschritte werden durch das System vollständig und revisionssicher dokumentiert und protokolliert. Rechts- und Prozesssicherheit sind die Folge.
- Rechtssichere webbasierte Durchführung des Vergabeverfahrens auf Basis des vorgegebenen Vergabeprozesses.
- Massive Verringerung des Aufwandes bei der Durchführung von bundesweiten Vergabeverfahren (aufgrund der Reduzierung der zuvor extrem hohen Mengen von papierbasierten Angeboten („Tonnen von Papier"), vor allem bei den formalen Prüfungen wie beispielsweise rechtzeitiger Eingang, Öffnen, Perforieren und Unterschriftsprüfung der Angebote).
- Schnellere Reaktionsmöglichkeit nach Angebotsöffnung bei umfassenden und spezifischen Leistungen (z.B. schnelle Übersicht der Angebotsanzahl nach Angebotsöffnung, auch bei vielen Losen).
- Alle Hierarchiestufen im Einkauf der Bundesagentur für Arbeit können – je nach Rollen- und Berechtigungskonzept – online auf die identischen Datensätze zugreifen.
- Die Bewertungen der Teilnahmeanträge und Angebote können softwaregestützt am jeweiligen Arbeitsplatz durchgeführt werden. Logistische und organisatorische Aufwände werden dadurch reduziert.

- Erhebliche Zeit- und Kostenvorteile bei der Bearbeitung der eingegangenen elektronischen Teilnahmeanträge und Angebote gegenüber den Papierversionen (z.B. Entfall der Vervielfältigung von Dokumenten für die unterschiedlichen Bedarfsträger, Kontrolle der Eingabe von Pflichtfeldern, vor allem beim Preisblatt etc.).
- Vereinfachte Abbildung der Bewertungsmatrizen (Eignung und Leistung) im internen Erstellungs- und Entscheidungsprozess zwischen den Organisationseinheiten Einkauf und Vergabe („Vier-Augen-Prinzip").
- Abbildung von flexiblen Vergabeteams im e-Vergabeworkflow für die Dauer eines Vergabeverfahrens inklusive einer ortsungebundenen Einbindung von Entscheidungsträgern.
- Nutzung einer Testautomatisierung: Erreichung von Effizienzgewinnen durch reproduzierbare Tests, Dokumentation der Testläufe und Vergleichsmöglichkeit der Ergebnisse und, schnelle Vorabtests der Software.
- Interne Zielkontrolle: Mit der Einführung von PeP können die internen Zielvereinbarungen innerhalb des Einkaufs der Bundesagentur für Arbeit transparent, messbar und steuerbar (insbesondere über ein regelmäßiges und zeitnahes Berichtswesen) dargestellt und nachvollzogen werden.

Vorteile für die Wirtschaftsteilnehmer

- Veröffentlichung und Bereitstellung der Vergabeunterlagen auf der allgemein zugänglichen Vergabeplattform des Bundes.
- Medienbruchfreie Kommunikation mit dem öffentlichen Auftraggeber über die e-Vergabe-Plattform.
- Schnellere und effizientere Bearbeitung der Vergabeunterlagen durch die Möglichkeit der elektronischen Weiterleitung innerhalb der Bewerber-/Bietergemeinschaften und damit parallelisierte Bearbeitung durch unterschiedliche eingebundene Unternehmensteile.
- Vereinfachte, sichere Bearbeitung der Vergabeunterlagen durch standardisierte Leistungsbeschreibungen und Preisblätter sowie Reduzierung von möglichen Fehlerquellen (auszufüllende Pflichtfelder mit automatischem Hinweis bei fehlender unsachgemäßer Angabe).
- Elektronische Angebotsabgabe (vollintegriert, papierlos) und damit Reduzierung von Vervielfältigungskosten.
- Vereinfachung im Rahmen der Signaturvorgaben durch Bildung von Bieterteamstrukturen.

10.3 Herausforderungen und Ergebnisse

Die Entscheidung der Bundesagentur für Arbeit, sich nicht komplett an die Empfehlung des Bundesministeriums für Wirtschaft und Technologie zu halten (vgl. Kapitel 10.1.3), erwies sich als korrekt. Es zeigte sich, dass alle Branchen prinzipiell geeignet und in der Lage sind, mit einem Public-e-Procurement-System zu arbeiten.

Das Projekt „PeP" kann mittlerweile durchaus als ein Erfolgsbeispiel für die Einführung eines elektronischen Beschaffungssystems in einer (Bundes-)Behörde angesehen werden. Jedoch soll an dieser Stelle nicht unerwähnt bleiben, dass derzeitig aufgrund der fachlichen und technischen Weiterentwicklung sowie von Anpassungsnotwendigkeiten zu BA-internen Fachanwendungen und damit verbundenen Schnittstellen Folgeprojekte initiiert werden. Das bedeutet, dass hier kein Stillstand zu erwarten ist, sondern sich die Bun-desagentur täglich neuen Herausforderungen stellen muss.

Die aus diesem Projekt gewonnen Erfahrungen sollen dem interessierten Leser ebenso dargelegt werden, wie die hieraus resultierenden Empfehlungen für ähnliche Vorhaben.

10.3.1 Aktueller Sachstand und Hürden

Alle vier Teilprojekte sind umgesetzt, das heißt im Linienbetrieb installiert, wobei das Katalog- und Lieferantenmanagement aus wirtschaftlichen Erwägungen (Neuaufbau, Betriebsführung und Systempflege) als Service- Providing in die Hände eines externen Dienstleisters gelegt wurde.

Seit 2006 können die dezentralen Dienststellen der Bundesagentur für Arbeit ihre Bestellungen elektronisch direkt mit Lieferanten abwickeln beziehungsweise Bedarfsanforderungen elektronisch an den Zentraleinkauf weiterleiten. Der Zentraleinkauf nutzt das Materialwirtschaftssystem für die anfallenden kaufmännischen und administrativen Tätigkeiten. Dabei werden die Inhalte der vom Bedarfsträger ausgefüllten Bestellanforderungsformulare in die Vergabesoftware importiert und seit 2008 dort vollelektronisch weiterverarbeitet.

Seit 2008 werden die Vergabeverfahren nach VOL und VOF grundsätzlich in PeP erfasst und elektronisch über die e-Vergabe-Plattform des Beschaffungsamtes des Bundes veröffentlicht. Die Abgabe von Teilnahmeanträgen und Angeboten ist seit dem ausschließlich elektronisch über die Vergabeplattform zulässig.

Neben der oben beschriebenen Mengenproblematik und der Dynamik aufgrund vergaberechtlicher Anpassungen ist der interne Betreuungsaufwand nicht zu vernachlässigen.

So existiert eine Reihe von Schnittstellen zwischen den Lösungsmodulen, aber auch zu bestehenden und sich ändernden BA-internen Fachverfahren. Zudem gibt es eine Reihe von Schnittstellen zwischen den Lösungsmodulen, sowohl BA-intern als auch behördenübergreifend, die auf die Organisation des gesamten Supports in der Bundesagentur für Arbeit sowie zwischen den externen Beteiligten Einfluss haben. Hier gilt es, die Prozesse im Vorfeld genau zu analysieren, Services mit Verantwortlichkeiten festzulegen und auch Notfallpläne zu erstellen. Nicht zu unterschätzen sind die Verarbeitungsgeschwindigkeiten

eGOVERNMENT-WETTBEWERB DE

Urkunde

Beim 7. eGovernment-Wettbewerb erreicht die

Bundesagentur für Arbeit

mit dem Projekt

Public Electronic-Procurement (PeP)

den **2. Platz**

in der Kategorie „Verwaltungsinterne Prozesse".

Mit dem prämierten Wettbewerbsbeitrag und dessen hoher Qualität zählt der Teilnehmer zu den Vorreitern der Verwaltungsmodernisierung in Deutschland und zu den Impulsgebern im eGovernment.

Der eGovernment-Wettbewerb für Bundes-, Landes- und Kommunalverwaltungen wird jährlich von BearingPoint und Cisco Systems unter der Schirmherrschaft des Bundesministers des Innern, Dr. Wolfgang Schäuble, ausgelobt.

Johann Hahlen
Staatssekretär im Bundesministerium des Innern

Prof. Dr. Maria Wimmer
Universität Koblenz-Landau

Wilfried Erber
Mitglied der Geschäftsführung, BearingPoint GmbH

Thomas Mierschke
Vertriebsdirektor Public Sector Deutschland, Cisco Deutschland

Bundesministerium des Innern

BearingPoint. Management & Technology Consultants

CISCO

Quelle: Eigene Abbildung.

Abb. 10.1 Auszeichnung eGovernment-Wettbewerb „Verwaltungsinterne Prozesse"

und Verfügbarkeiten in der IT, vor allem in Spitzenzeiten – eine tägliche Herausforderung für die Systembetreuer.

Trotz der geschilderten Komplexität läuft das Gesamtsystem PeP in der Bundesagentur für Arbeit sehr erfolgreich. Es können bundesweit zeitgleich mehrere Tausend Angebote auf Ausschreibungen mit vielen Losen abgegeben werden. Es vereinfacht sich das „Handling" der Vergaben von der Bekanntmachung bis zur Vertragsüberwachung in den jeweiligen geteilten Verantwortungsbereichen (Zentraleinkauf, regionale Standorte, Einkauf, Vergabe, Vertragsmanagement). Jegliche Dokumentation durch die Systeme ist revisionssicher und entspricht den rechtlichen Vorgaben.

Der Erfolg zeigt sich auch in der Vielzahl von Auszeichnungen, die die Bundesagentur für Arbeit von unterschiedlichen Institutionen erhalten hat, so etwa die Auszeichnung beim eGovernment-Wettbewerb 2007 [3] in der Kategorie „Verwaltungsinterne Prozesse"(s. u.).

10.3.2 Empfehlungen und Ausblick

Empfehlungen aus Projektsicht

Im Rahmen der Vorüberlegung, ein e-Vergabe-System einzuführen, sowie bei der Grundsatzplanung dieses IT-Vorhabens muss als einer der wichtigsten Punkte die gesamte, über die reine Einführung hinaus gehende, Wirtschaftlichkeit ermittelt werden. Vor allem der Pflegeaufwand und die internen laufenden Kosten im Linienbetrieb sind zu berücksichtigen. Es sind nicht nur die Lizenz-und Einführungskosten zu betrachten, sondern auch die Weiterentwicklungskosten bei auf den Nutzer angepasster Standard-/Individualsoftware sowie die Personalaufwände und damit verbundenen Personalkosten für den Support und die technische und fachliche Betreuung (je nach Nutzerzahl) der Systeme.

Vor allem im Bereich des Supports müssen nachfolgende Aufgaben bedacht werden, die regelmäßig auch interne und/oder externe Kosten nach sich ziehen (können):

- Erstellung und laufende Fortschreibung von Handbüchern für die Anwender und das Supportteam (fachlich und technisch)
- Kurzanleitungen und Arbeitshilfen für die Nutzer
- Fortführung von Fachkonzeptionen und Dokumentationen
- Pflege der Informationen im Intranet und Internet
- Regelmäßige Pflege der Systeme bei Mitarbeiterwechsel (z.B. Rollen und Rechte)
- Anwendersupport (telefonisch oder schriftlich) für alle Fragen betreffend die Module
- Ticketerstellung, -bearbeitung und -überwachung
- Regelmäßige fachliche und technische Softwaretests, vor allem bei rechtlichen Änderungen und Versionswechseln
- Bedarfsgerechte Schulungen

Die Erfahrungen haben gezeigt, dass der Umfang dieser Aufgaben leicht unterschätzt werden kann. Diese Tätigkeiten beziehungsweise Teile davon können natürlich auch durch externe Dienstleister erbracht werden, deren Kosten und Nutzen allerdings ebenfalls in die Wirtschaftlichkeitsbetrachtung einzubeziehen sind. Gegebenenfalls müsste dann mit der Beschaffung der e-Vergabe-Lösung diese externe Dienstleistung zusätzlich ausgeschrieben werden – ein nicht zu unterschätzender zeitlicher Faktor, der in der Ursprungsplanung Berücksichtigung finden muss.

Im Rahmen der Einführung der e-Vergabe-Lösung kann nur empfohlen werden, mit dem Auftragnehmer ein detailliertes Support- und Pflegekonzept vertraglich zu vereinbaren (klare Aufgaben- und Verantwortlichkeitstrennung).

Essentiell ist auch die Trennung zwischen Projekt- und Linienbetrieb. Im Linienbetrieb sollten „Key User" der Software nicht parallel sowohl mit oben aufgeführten Aufgaben betreut werden als auch produktiv mit dem e-Vergabe-System arbeiten. Funktionstrennungen im Einkaufsprozess und die damit verbundene Nutzer- und Rechteverwaltung sind wichtige Aspekte, die bei internen Prüfungen den IT-Sicherheitsstandards entsprechen müssen.

Nicht nur – wie oben beschrieben – bei der Projekteinführung ist eine intensive Bieterbetreuung nötig, sondern auch während des gesamten Produktivbetriebs. Diese Betreuung umfasst auch die regelmäßige Information aller Beteiligten bei Änderungen (intern und extern) und verursacht wiederum Aufwände und Kosten.

Ausblick

- Auch wenn das Vorhaben „PeP" bei der Bundesagentur für Arbeit zu einem bereits sehr guten Ergebnis geführt hat, so ist das Ende der Reise in Sachen e-Vergabe noch längst nicht erreicht. Vielmehr sind die Entscheidungsträger in der Politik und an anderen Stellen der öffentlichen Verwaltung gefordert, durch ihr Wirken einer flächendeckenden Nutzung der e-Vergabe über die Bundesbehörden hinaus den Weg weiter zu bereiten. Dies wird insbesondere anhand der nachfolgenden Punkte deutlich:
- Seit der Empfehlung in 2007 sind keine, die Einführung von e-Vergabe-Plattformen flankierenden, Vorgaben seitens der zuständigen behördlichen Ressorts in Deutschland mehr erschienen, welche sich mit dieser Thematik auseinandersetzen und die öffentlichen Auftraggeber in ihrer Vorgehensweise bestärken sowie das Marketing zum Thema Public-e-Procurement erleichtern.
- Die Verpflichtung der Wirtschaftsteilnehmer zur Nutzung von e-Vergabe-Systemen allein ist nicht ausreichend. Vielmehr gilt es, an dieser Stelle Anreize zu schaffen, um die potenziellen Bewerber und Bieter dazu zu motivieren, sich mit eProcurement zu beschäftigen und dessen Vorteile zu nutzen.
- Bei etwaigen Änderungen des geltenden Vergaberechts (GWB, VgV, VOL etc.) müssen die für e-Vergabe-Systeme notwendigen Anpassungen bei Festlegung der Umsetzungsfristen angemessen berücksichtigt werden. Drei Monate, wie zuletzt bei der Änderung der VOL/A im Jahr 2009, sind in Anbetracht der notwendigen Maßnahmen (Systemanpassung, Tests etc.) aus Sicht der Bundesagentur für Arbeit nicht ausreichend.
- IT-Systeme und somit auch elektronische Beschaffungssysteme können ausfallen und/ oder partiell nicht zur Verfügung stehen. Es ist unklar, wie in diesem Fall die Vergabegrundsätze wie Gleichbehandlung und Transparenz eingehalten werden sollen. Insbesondere gibt es das Problem, dass jede Vergabestelle hier eigene „Vorgehensweisen" etabliert und vor allem die Bewerber/Bieter damit verunsichert werden. Wie in sol-

chen Fällen vergaberechtskonform vorzugehen ist, z.B. hinsichtlich von Anpassung/ Nichtanpassung von Teilnahme- oder Angebotsfristen, ist unklar, da hierzu noch keine Rechtsprechung existiert. Es wäre daher zu begrüßen, wenn der Gesetzgeber insoweit durch den Erlass entsprechender Vorschriften für Rechtssicherheit sorgen würde.

Darüber hinaus sind aus Sicht der BA folgende Themenblöcke künftig noch zu berücksichtigen, damit Public-e-Procurement reibungslos(er) funktioniert und sich weiter etabliert.

- Vollständige elektronische Abwicklung im Sinne von „Mehr e-Vergabe"
- Einführung firmenbasierter Zertifikate
- Erhöhung der registrierten Bewerber-/Bieteranzahl auf der Vergabeplattform
- Anbindung elektronischer Archivierungssysteme (e-Archiv)

Letztlich darf man eines nicht vergessen: Softwaregestützte Abläufe ersetzen nicht das Know-how der Mitarbeiter und IT-Systeme ersetzen nie die (fachliche) Kommunikation!

10.3.3 Projekt „XVergabe"

Spricht man über elektronische Auftragsvergaben im Allgemeinen und über PeP der Bundesagentur für Arbeit im Besonderen, so kommt man nicht umhin, auch die Entwicklung im behördenübergreifenden Projekt „XVergabe" [5] kurz zu beleuchten.

Ausgangslage

Das Projekt XVergabe wurde Ende 2007 durch das Beschaffungsamt des Bundes und das Bundesministerium des Inneren (BMI) im Rahmen des Aktionsplans „Deutschland-Online", der nationalen E-Government-Strategie, initiiert. Die Projektverantwortung liegt beim Bundesverband für Materialwirtschaft, Einkauf und Logistik e.V. (BME), dem Land Nordrhein-Westfalen und dem Beschaffungsamt des Bundes. Die Bundesagentur für Arbeit ist ebenfalls Projektbeteiligte und wirkt vornehmlich in der Arbeitsgruppe „Vergabeunterlagen" mit[5].

Die einzelnen vorhandenen Vergabeplattformen in Deutschland sind untereinander nicht interoperabel und ermöglichen keinen einheitlichen Zugang der Wirtschaftsteilnehmer. Dies bedeutet in der Konsequenz, dass ein Bieter mit unterschiedlichen Systemen arbeiten muss, damit er sich an allen für ihn relevanten Ausschreibungen elektronisch beteiligen kann. Zudem gibt es keinen Standard, mit dem Bekanntmachungen zwischen den Plattformen ausgetauscht werden können. In der Summe bedeutet dies hohe Prozesskosten auf Seiten der Bieter und gleichzeitig eine niedrige Akzeptanz. Eine Studie des BMWi aus dem Jahr 2008 geht von Einsparungen von über zwei Milliarden Euro aus, wenn Bekanntmachungen zentral veröffentlicht und alle Vergabeverfahren vollelektronisch durchgeführt würden.

---

[5] Weitere Arbeitsgruppen im Rahmen des Projektes „XVergabe" sind: AG-Schnittstelle, AG-Bekanntmachung, AG-Vergabeunterlagen.

Der wirtschaftliche Vorteil beim Einsatz der e-Vergabe ergibt sich durch die Prozessoptimierung und die daraus resultierende Kostenreduktion. Damit dieser Effekt in vollem Umfang genutzt werden kann, ist es erforderlich, dass der Vergabeprozess durchgängig digital erfolgt und die Beteiligung am digitalen Verfahren auf Unternehmensseite sehr hoch ist. Derzeit treten die Kosteneinsparungseffekte primär auf Seiten der öffentlichen Auftraggeber auf, die in der Regel eine durchgängige Umsetzung auf den neuen Prozess vornehmen. Die Kosteneinsparungen für die Unternehmen kompensieren derzeit nach deren Einschätzung den Zusatznutzen noch nicht. Dieser Nutzen tritt erst mittelfristig und insbesondere nach Umsetzung einheitlicher Prozesse ein.

Diese Quote ist in der Praxis noch zu gering um die Einsparpotenziale der eVergabe richtig zu nutzen. Durch die „XVergabe" soll diese Quote erhöht werden, was sich in den Zielen des Vorhabens niederschlägt.

Ziele des Projektes „XVergabe"

Erklärtes Ziel des Projekts ist es, die Voraussetzungen für ein nachhaltiges Vorgehen zur Erstellung eines einheitlichen Bieterzugangs zu den unterschiedlichen Vergabeplattformen der öffentlichen Hand zu schaffen. Es wird ein plattformübergreifender Daten- und Austauschprozessstandard zwischen Bieterclients und Vergabeplattformen definiert, der zu einer höheren Bieterakzeptanz und somit zu einer höheren Beteiligung am digitalen Vergabeprozess führen soll.

Folgende Ziele wurden definiert:

- Einheitliches Datenaustauschformat zwischen Vergabeplattform und Bietersoftware
- Einheitlicher Zugang zu vergaberelevanten Informationen (Schnittstelle, die von verschiedenen Plattformanbietern unterstützt wird). Zum Beispiel können mit einem Bietertool vom Anbieter A auch Unterlagen von der Plattform des Anbieters B heruntergeladen werden.
- Bessere Qualitätssicherung und Validierung der Daten und hierdurch Verbesserung der Datenqualität
- Vereinfachung der Arbeitsprozesse und Reduzierung der Bearbeitungsfehler
- Zeit- und Kostenersparnis
- Unterstützung von VOB/VOL/VOF. Bei VOB im Wesentlichen die Austauschprozesse, da zumindest für das Leistungsverzeichnis der Standard GAEB[6] eingesetzt wird.
- XVergabe sollte bestehende Prozesse und vorhandene Softwarearchitekturen, die im Einsatz sind, unterstützen.

Mit diesen Zielen soll erreicht werden, dass die Zahl der Abrufe von digitalen Vergabeunterlagen sowie die Anzahl digitaler Angebote steigt, sich der Bieterkreis vergrößert und so die Einsparpotenziale der e-Vergabe besser ausgeschöpft werden.

[6] Der Gemeinsame Ausschuss Elektronik im Bauwesen (GAEB) hat eine Datenaustauschmöglichkeit von Informationen über eine standardisierte XML-Schnittstelle entwickelt.

Einen Achtungserfolg kann das Projekt „XVergabe“ bereits vorweisen: Die Europäische Kommission für e-Vergabe interessiert sich nach Insiderkenntnissen mittlerweile sogar für das Kennzeichen ‚Made in Germany‘. Denn „XVergabe“ erfüllt die von der Europäischen Union definierten Kriterien hinsichtlich der Unterstützung von KMU (kleine und mittelständische Unternehmen), der Benutzbarkeit und der grenzüberschreitenden Interoperabilität.

10.4 Literaturverzeichnis

[1] http://www.arbeitsagentur.de/nn_27802/zentraler-Content/Ausschreibungen-NEU/Liefer-Dienstleistungen/Informationen-eVergabe.html.

[2] http://www.bmwi.de/BMWi/Navigation/Wirtschaft/Wirtschaftspolitik/oeffentliche-auftraege,did=190882.html.

[3] www.eGovernment-wettbewerb.de.

[4] www.evergabe-online.de.

[5] www.xvergabe.org.

11 Die Rolle des CPO in der öffentlichen Beschaffung

Dieter Laux – Präsidium für Technik, Logistik und Verwaltung, Polizei Hessen

11.1 Ausgangslage

Öffentliche Haushalte stehen häufig unter einer besonderen Beobachtung und ihre Konsolidierung wird dabei oftmals als erforderlich angesehen. Als Ursache für nicht ausreichend konsolidierte Haushalte wird vielfach eine als zu hoch empfundene Ausgabenseite angegeben. Zu den Ausgaben zählen u.a. Investitionen und laufende Betriebsausgaben. Auf Investitionen ließe sich aus Sicht der politisch Verantwortlichen zwar nicht gänzlich verzichten. Aber Baumaßnahmen oder Neubeschaffungen werden durchaus verschoben, um die dafür erforderlichen Haushaltsmittel nicht unmittelbar aufbringen zu müssen oder die vorhandenen Mittel in bereits seit längerer Zeit geplante Vorhaben einzubringen. Bei laufenden Betriebsausgaben ist das Verschieben von Maßnahmen dagegen nur schwer umsetzbar. Meist wurden in der Vergangenheit Verträge eingegangen, die ein bestimmtes Ausgabeverhalten festschreiben oder das zu betreibende Objekt kann ohne die Zuführung der Betriebsmittel seinen eigentlichen Zweck nicht erfüllen.

Neben dem Verzicht auf die Verausgabung von Haushaltsmitteln, soweit dieser überhaupt als erfolgversprechend anzusehen ist, wird der Suche nach noch nicht ausreichend erschlossenem Potenzial nachgegangen. Die Ideen hierzu sind vielfältig und reichen vom Verzicht auf Leistungsbestandteile bis zur Erschließung von Einsparmaßnahmen beim Einkauf. Für die Öffentlichen Auftraggeber stellt sich dabei die Frage, welche Organisation sich federführend um die Thematik „Einsparung bei der Beschaffung" kümmern sollte. Auf der einen Seite ist die Reduzierung von Leistungsbestandteilen eine Thematik der Fachbereiche, denn diese sollten aufgrund ihrer Nähe zur Fachmaterie über die höchste fachlich-inhaltliche Kompetenz verfügen, um abschätzen zu können, welche Inhalte verzichtbar sind und welche auf niedrigem Niveau gehalten werden können. Sie beschäftigen sich permanent und intensiv mit den fachlichen Sachverhalten, ihren Kunden und den aktuellen Märkten, so dass sie am besten beurteilen können müssten, welche Zusammenstellung der Sachinhalte für die Zukunft der zu betrachtenden Organisationen als richtig angesehen werden kann.

Auf der anderen Seite arbeiten die Finanzverantwortlichen an Methoden zur Einsparung von Haushaltsmitteln. Sie sollten abschätzen können, wie sich die Haushaltsentwicklungen der Zukunft, also insbesondere die Steuereinnahmen und -ausgaben, darstellen werden. Die Finanzverantwortlichen kennen Möglichkeiten, neue Geldquellen zu erschließen (z.B. durch Einführung bislang noch nicht erhobener Steuern oder Erhöhung von Beiträgen) und sind an der Reduzierung von Ausgaben interessiert. Soweit bislang der Einkauf bei den Finanzorganisationen angesiedelt wurde, was gerade bei kleineren Kommunen häufig der Fall ist, kümmern sie sich um den wirtschaftlichen Einkauf, der sich nach den Vorgaben des Vergaberechts vor allem durch die Herstellung von Wettbewerb bei den Marktteilnehmern erreichen lässt, so dass zu günstigen Konditionen eingekauft werden kann. Sind dagegen die fachtechnischen Bereiche selbst für den Einkauf verantwortlich, könnte die vergaberechtliche Komponente eher in den Hintergrund und die fachtechnische Umsetzung eher in den Vordergrund treten. In diesen Fällen wäre anzunehmen, dass die Verantwortlichen ein fachtechnisches Optimum in Höhe der vorhandenen Haushaltsmittel anstreben.

Den fachlichen und den finanztechnischen Bereichen wird vielfach vorgehalten, dass sie sich vorwiegend auf die eigene Sichtweise konzentrieren, ohne die Sichtweise des anderen Bereichs ausreichend zu berücksichtigen, so dass es nicht zum Generieren weiteren Einsparpotenzials durch die Zusammenführung der Sichtweisen kommen kann. Ein Grund für die mangelnde Zusammenführung könnte die organisatorische Ausgestaltung der öffentlichen Verwaltungen sein, die beide Bereiche trennt (z.B. obliegt in einer Landesverwaltung der Finanzbereich dem Finanzministerium, die Zuständigkeit für die Steuerung wirtschaftlichen Wettbewerbs dem Wirtschaftsministerium und die fachliche Thematik den jeweils zuständigen Fachministerien). Bislang fehlt es öffentlichen Verwaltungen oftmals an einer Strategie zur Zusammenführung der Sachbereiche in eine steuernde und koordinierende Hand. Die Wirtschaft hat diese organisatorische Problematik bereits seit längerer Zeit erkannt und die Institution des Chief Procurements Officers (CPO)[1] im Vorstand installiert. Im folgenden Artikel soll dieser Ansatz aufgenommen und die Diskussion über die Einrichtung eines CPO in der öffentlichen Verwaltung belebt werden.

11.2 Motivation zur Einrichtung einer CPO-Stelle

Der Beschaffungsworkflow lässt sich in die Abschnitte Bedarf (von der Bedarfsentstehung bis zur Budgetprüfung), Vorbereitung (von der Erteilung des Auftrags durch den Bedarfsträger bis Freigabe), Vergabe (von der Ausschreibung bis zur Zuschlagserteilung) und Einkauf (von der Bestellung bis zur Inventarisierung) untergliedern (siehe **Abbildung 11.1**).

Je nach organisatorischer Ausgestaltung können mehrere Stellen für die einzelnen Abschnitte zuständig sein. Die Nutzung schließt sich an die Beschaffung an und obliegt der Bedarfsstelle. Während sich die Beschaffungsabschnitte unmittelbar mit dem einzukaufenden Gut beschäftigen, können während der Nutzungsphase Erfahrungswerte gesammelt werden, die für die nächstfolgende Beschaffung im Abschnitt Bedarfsermittlung verwendet werden können.

Die Steuerung des gesamten Beschaffungsworkflows einschließlich der Nutzung sollte einer zentralen Steuerungsinstanz, dem CPO, übertragen werden, denn einer strategisch aufgesetzten Einkaufsorganisation kommt in der Privatwirtschaft eine existenzielle Bedeutung zu. Während die Produktionsfaktoren einer schwierigen Steuerung unterliegen, weil in sie investiert werden muss, um selbst konkurrenzfähig zu sein, lassen sich mit dem Einkauf Ausgaben sparen, die sich dann wiederum als Investition verwenden lassen. Solange sich die Einkaufskosten in einer vom Unternehmen als akzeptabel festgelegten Spanne bewegen, wird diesen mit einer positiven (also günstiger Einkauf) oder negativen (also noch nicht ausreichender Nutzung von Einsparpotenzial) Einstellung begegnet. Erhöhen sich aber in existenziellen Bereichen die Aufwände außergewöhnlich schnell und stehen diesen keine Kompensationsstrategien entgegen, kann eine zu späte Reaktion zum schnellen Scheitern bzw. zur Insolvenz des Unternehmens führen.

[1] Weibliche CPO sind erfolgreich im Einsatz [130]. Für die Lesbarkeit des Artikels wird aber im Folgenden ausschließlich die männliche Form gewählt.

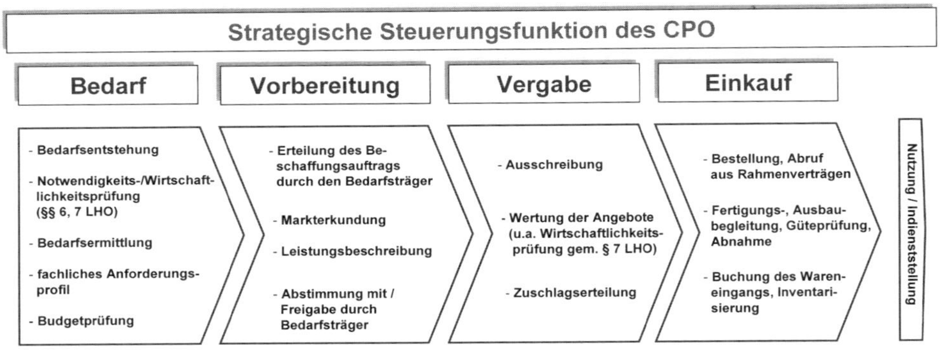

Quelle: angelehnt an PTLV, 2012 [11].

Abb. 11.1 Die Rolle des CPO im Beschaffungsprozess

Als Beispiel lässt sich die turbulente Sparte der Fluggesellschaften nennen [2]. Viele Flugunternehmen konnten infolge der Verdreifachung bei den Treibstoffkosten ihren Betrieb nicht mehr halten oder kamen zumindest in ein bedrohliches „Schlingern". Im Gegensatz dazu konnten die Einkaufsabteilungen anderer Unternehmen durch vorausschauende und klug verhandelte Verträge im Treibstoffsegment zur Rettung des Unternehmens beitragen. Kann ein solches Vertragsmanagement nicht bereitgestellt werden, so dass die Betriebskosten ein die Existenz gefährdendes Maß erreichen, ist es Unternehmen kaum noch möglich, ihre Existenz sicherzustellen, selbst wenn ihre Produkte sonst durch hervorragende fachliche Qualität beeindrucken.

Auch wenn das Beispiel drastisch erscheinen mag, zeigt es doch die zentrale Aufgabenstellung einer Einkaufsabteilung der Privatwirtschaft, wie sie zunehmend vom Management der Unternehmen gesehen wird. Mit einer zentral gesteuerten, alle relevanten Informationen berücksichtigenden und langfristig agierenden Beschaffungsorganisation unter Führung eines CPO könnten vorhandene Beschaffungsressourcen identifiziert und für die Organisation verfügbar gehalten werden, ohne auf wichtige Leistungen im laufenden Betrieb verzichten zu müssen.

11.2.1 Kostenreduzierung im Fokus

Die Öffentlichen Auftraggeber können grundsätzlich dem Dienstleistungssektor zugeordnet werden. Sie verfügen kaum über Produktionsansätze, sondern konzentrieren ihre Leistungserbringung auf den Produktionsfaktor Mensch, ihren Bediensteten. Bei den öffentlichen Verwaltungen werden für die Bediensteten unterstützende Technologien oder Produkte benötigt, damit sie ihre Aufgaben in der geforderten Zeit und Qualität erledigen können. Ein weiterer wesentlicher Faktor bei der Aufgabenerledigung sind die Fachkompetenzen und die Fähigkeiten der im Öffentlichen Dienst arbeitenden Menschen. In einer immer komplexer werdenden Arbeitswelt bilden die unterstützenden Technologien und die umsetzenden kompetenten Menschen eine immer enger miteinander verbundene Einheit, die sich kaum noch lösen lässt [3]. So können selbst hoch kompetente Verwaltungsbedienstete nur noch schwerlich ihrer Aufgabe nachgehen, wenn ihnen beispielsweise keine ausreichende Informationstechnologie für den Zugriff auf die vielfältigen Datenmengen ihrer Behörden zur Verfügung steht. Insoweit muss auch die öffentliche Verwaltung alle Anstrengungen unternehmen, um ihren Bediensteten die notwendigen Ressourcen für die Aufgabenerledigung bereitzustellen.

Bei den öffentlichen Auftraggebern scheint allerdings die Existenzbedrohung nicht so stark ausgeprägt zu sein wie in der Privatwirtschaft. Immerhin könnte sich der Öffentliche Dienst im Gegensatz zur Privatwirtschaft seine Einnahmenseite durch die Vorgabe und Durchsetzung von Steuern selbst erhöhen. Andererseits könnte beispielsweise auf soziale Leistungen verzichtet werden, so dass sich die Ausgabenseite der öffentlichen Hand reduzieren ließe. Allerdings sind solchen Überlegungen politische Grenzen gesetzt. Die Verausgabung öffentlicher Mittel wird stets kritisch betrachtet. Würde einer öffentlichen Verwaltung Verschwendung vorgeworfen werden können, könnten die politisch Verantwortlichen nur schwerlich erklären, warum sie Sozialleistungen kürzen, obwohl sie die Ressourcenverwendung innerhalb der Verwaltung nicht nachhaltig hinterfragt haben. Ihrer Wiederwahl als politische Verantwortungsträger wäre dies kaum zuträglich.

Dieser Sachverhalt ist nicht auf den öffentlichen Dienst beschränkt, sondern mit dem Vorstand eines Aktienunternehmens vergleichbar. Sollte der Vorstand zugeben müssen, dass er nicht in ausreichendem Maße in der Lage ist, die Kosten des Einkaufs zu senken und dadurch der Gewinn des Unternehmens beträchtlich verringert wird, sieht er sich dem Unmut der Aktionäre ausgesetzt. Insoweit wird die Interessenlage der öffentlichen wie der privaten Auftraggeber darauf ausgerichtet sein, die Beschaffungskosten zu kontrollieren und deren Senkung anzusteuern.

11.2.2 Vergaberechtliche Einflüsse aus Europa

Das Beschaffungsmanagement öffentlicher Auftraggeber orientiert sich in Europa am Vergaberecht. Das Vergaberecht ist seit 1971 in Europa etabliert. Die EU-Kommission [7] sieht den EU-Binnenmarkt sogar als „Fundament für mehr als 60 Jahre europäische Integration". Deshalb soll es keine Barrieren mehr für den „freien Verkehr der Waren und Dienstleistungen zwischen Lissabon und Helsinki für einen Markt von 500 Millionen Verbrauchern geben, von dem die Unternehmen profitieren können". Während die Vergabestellen aus Sicht der Verantwortlichen für das Vergaberecht in Europa zunächst mit streng formalisierten Verfahren an Wettbewerb, Transparenz und Nichtdiskriminierung herangeführt wurden, scheint dies nach Ansicht der gleichen Stellen mittlerweile insoweit eingeübte Praxis zu sein, dass eine Lockerung der Vorschriften in Betracht gezogen wird. Sie sind der Auffassung, dass durch Vergabekoordinierungs- und die Rechtsmittelrichtlinien, ergänzt durch die Rechtsprechung des Europäischen Gerichtshofs, seitens der in Europa tätigen Vergabestellen die rechtlichen Erfordernisse und Anforderungen an den Wettbewerb erkannt wurden und zwischenzeitlich durch ein gewisses Maß an Übung bei der Anwendung der Rechtsvorschriften Transparenz und Nichtdiskriminierung bei der Vergabe öffentlicher Aufträge sicherzustellen ist. Die Bundesregierung [4] kritisiert allerdings zu hohe Transaktionskosten, soweit bürokratischem Aufwand kein angemessener Nutzen gegenüber steht. Dabei weist sie vor allem darauf hin, dass stets zu betrachten ist, ob der geforderte Aufwand tatsächlich notwendig ist, um ausreichend Wettbewerb herzustellen und wirtschaftliche Ergebnisse zu erzielen. Die Bundesregierung stellt dabei die Frage, ob Transaktionskosten durch flexiblere Verfahren gesenkt werden können und schlägt ein vermehrtes Zulassen von Verhandlungen vor. Allerdings weist sie darauf hin, dass Verhandlungsverfahren vermehrt zu Rechtsstreitigkeiten führen können.

Würde die EU-Kommission diesen Ansätzen nachgehen, ihre stringente Vergabestrategie lockern und im Gegenzug den öffentlichen Auftraggebern ein höheres Maß an Freiheit beim Verhandeln innerhalb von Beschaffungsvorhaben eröffnen, würden sich auch die Anforderungen an die Bediensteten der öffentlichen Auftraggeber ändern. Dabei könnte es zu einer Reduzierung des Vergaberechtswissens und einer Mehrung persönlicher Fähigkeiten im betriebswirtschaftlichen Verhandeln kommen. Insoweit wären die in den Einkaufsabteilungen der öffentlichen Auftraggeber eingesetzten Berufe zu hinterfragen.

Allerdings scheint es für eine Umorientierung zu Verhandlungsspezialisten innerhalb der öffentlichen Auftraggeber noch etwas zu früh zu sein. Zwar ist durchaus nachvollziehbar, dass eine europäische Harmonisierung in der Herstellung von Wettbewerb durch länderübergreifende öffentliche Auftragsvergaben mittels Gewöhnung herbeigeführt werden konnte und sich die Gewöhnung in der verpflichtenden Anwendung stringenter Rechtsvorschriften darstellt. Allerdings muss auch bedacht werden, dass sich dynamische Marktentwicklungen nur schwer durch Rechtsvorschriften steuern lassen. Es ist vielmehr auch damit zu rechnen, dass die Rechtvorschriften den Dynamiken hinterher laufen und damit den Vorschriften ein Mangel an Akzeptanz entgegen gebracht wird, so dass diese wiederum nicht exakt angewendet werden. Der EU-Kommission werden diese Mechanismen bzw. Risiken bewusst sein, so dass eher mit einer vorsichtigen Lockerung der Vorschriften zu rechnen ist, als dass mit großen Schritten in eine vergaberechtsarme Zukunft gegangen würde. Insoweit wird die EU-Kommission ihre steuernde Haltung nicht aufgeben, sondern vielmehr die anzuwendende Methodik variieren wollen, um mehr Freiwilligkeit und Akzeptanz bei den Vergabestellen zu erreichen.

Dennoch ist nicht auszuschließen, dass sich künftig bei den öffentlichen Auftraggebern mehr Freiraum für den Einsatz von Management und betriebswirtschaftlichen Methoden der Wirtschaft ergibt.

11.2.3 Konsequenzen

Für eine öffentliche Verwaltung ergeben sich in der Zukunft interessante Auswirkungen für ihr Beschaffungsmanagement. Sie muss sich den gleichen Risiken stellen in Bezug auf ihre Verträge und damit die Mittelbindungen wie die Privatwirtschaft, da sie sich auf den gleichen Einkaufsmärkten wie diese bewegt. Deshalb sollte sie beginnen, an den Erfahrungen und Fachkompetenzen der Privatwirtschaft teilzuhaben. Sie kann dazu Personal aus der Privatwirtschaft einstellen und von diesen den Einkauf vornehmen lassen. Allerdings ist die Privatwirtschaft nicht mit dem Vergaberecht als öffentlicher Auftraggeber konfrontiert. Dies begrenzt die Anzahl Bedienstete aus der Privatwirtschaft bei den öffentlichen Auftraggebern. Öffentliche Beschaffungsmanager werden auch weiterhin juristische Fachkompetenz benötigen, um das von der EU-Kommission noch immer stringent vorangetriebene Vergaberecht einhalten zu können. Ebenso wird Verwaltungsfachpersonal benötigt, um die internen Abläufe und Anforderungen der Verwaltung verstehen und in brauchbare Produkte umsetzen zu können, die es zu einem wirtschaftlichen Kostenansatz zu beschaffen gilt.

Mit der Einsetzung eines CPO könnte aber die öffentliche Verwaltung alle Fachdisziplinen in möglichst ausgewogener Mischung zusammenführen und zu einer schlagkräftigen Beschaffungsorganisation bündeln. Dazu wäre zunächst zu klären, ob der CPO als Leiter einer Einkaufsabteilung einzusetzen wäre oder ob er anstatt dessen eine rein fachlich orientierte strategische Leitung übernehmen sollte. Dem wird im folgenden Kapitel nachgegangen.

11.3 Manager oder Einkäufer?

Der traditionelle Einkaufsleiter ist Leiter einer Einkaufsorganisation und damit gleichzeitig mit der Führung dieser Organisation sowie dem operativen Geschäft betraut. Dabei gehört es zu seinen Aufgaben, sich um alle Details des täglichen Arbeitens zu kümmern. In der Personalführung sind dies u. a. das Führen von Personalgesprächen, die Zuteilung der Vorgangsbearbeitung sowie die Planung von Maßnahmen zur Entwicklung des vorhandenen Personalkörpers. Die fachliche Arbeit eines traditionellen Einkaufsleiters besteht u.a. in der Bereitstellung der Arbeitsmittel (z.B. Fachliteratur) sowie der Durchführung von operativer Tätigkeit bei Beschaffungsvorgängen mit besonderer Wichtigkeit. Daneben steht die Abstimmung mit fachlich benachbarten Leitungsebenen sowie übergeordneten Stellen/Behörden im Vordergrund. Erfahrungsgemäß ist die Fülle der Detailproblemstellungen dabei so umfangreich, dass kaum Zeit für strategische Überlegungen bleibt.

Ein CPO mit Managementansatz sollte sich dagegen von Detailarbeit befreien und einen strategischen und damit langfristig orientierten Betrachtungsrahmen anstreben. Er sollte weit in die Zukunft blicken, langfristige Entwicklungen beobachten und zu deren Behandlung mit langfristig wirkenden Werkzeugen arbeiten. Seine Reaktionen sollten nicht auf die unmittelbare Wirkung bei Einzelmaßnahmen des operativen Geschäfts ausgelegt sein, es sei denn, es handelt sich ausnahmsweise um Maßnahmen mit herausragender Bedeutung. Ein CPO sollte insoweit seinen Arbeitsbereich so wählen können, dass er mit einem weit geringeren Detaillierungsgrad an Themen herangeht, als dies von einem traditionellen Einkaufsleiter zu erwarten wäre. Bei dieser Vorgehensweise würde sich ein CPO nicht mit kurzfristigen Problemstellungen aufhalten können, sondern müsste in längeren Zeiträumen bzw. großen Mengen denken und handeln. Er sollte sich so weit vom Tagesgeschehen abgesetzt haben können, dass er Entwicklungen erkennen kann, die sich aus der Perspektive der täglichen Einzelbetrachtung nicht erschließen. Damit könnte er den langfristig erkennbaren Entwicklungen mit langfristigen Lösungsansätzen begegnen, ohne sich durch kurzfristige Entscheidungserfordernisse vom „Weg abbringen zu lassen".

Im Idealfall würde ein CPO Krisen und Risiken erkennen, die für Andere noch gar nicht sichtbar sind. Allerdings müsste er dann auch mit kreativen und vielleicht sogar innovativen Lösungsansätzen agieren können, deren Notwendigkeit sich Anderen noch nicht erschließt. Während sich also im Beispiel der Fluggesellschaften die eine Gruppe der Einkaufsleiter einen wirtschaftlichen Vorteil in Tagespreisen erhofft hatte und dabei vermutlich sogar bestätigt wurde, haben sich die weit vorausschauenden Einkaufsleiter davon nicht beeindrucken lassen und eine zu dieser Zeit vermutlich noch als nachteilig angesehene Strategie langfristig fixierter Verträge gewählt. Möglicherweise haben letztere zum Zeitpunkt des Vertragsabschlusses noch als „Verschwender" gegolten, weil sie aus keinen kurzfristigen Preissenkungen mehr profitieren konnten. Ein CPO mit der Befugnis, vermeintlich ungewöhnliche Vorgehensweisen auch gegen interne Widerstände durchsetzen zu können, würde womöglich oftmals unpopuläre Entscheidungen treffen und einen schweren Stand haben, diese zu vertreten.

Ein Nachteil dieser Konstruktion einer CPO-Stelle könnte sein, dass der CPO Warnsignale der täglichen Arbeit nicht mehr wahrnimmt und sich damit „von der Basis entfernt". Dies könnte zu Akzeptanzverlusten beim Beschaffungspersonal führen. Da der CPO nicht mit Führungsaufgaben betraut wäre, hätte er mangels Detailkontakt mit dem Beschaffungspersonal das Problem, diesem seine Strategien näher zu bringen. Bei dieser Konstruktion würde vielleicht sogar unterstellt, dass das Personal aufgrund seiner täglichen Befassung mit Detailproblemen weder die Gesamtlage noch die langfristig strategischen Lösungsansätze verstehen könnte. Der traditionelle Einkaufsleiter muss sich dagegen um sein Personal und deren Detailprobleme kümmern. Dadurch agiert er sehr nahe „an der Basis" und erkennt Detailprobleme anhand deren Häufigkeit bzw. durch Erfahrung mit ähnlichen Problemstellungen. Dies versetzt ihn eher in die Lage, Entscheidungen zu treffen, die das Personal nachvollziehen und akzeptieren kann. Allerdings wird dem traditionellen Einkaufleiter bei dieser Konstellation möglicherweise unterstellt, dass er aufgrund der Detaillierung seiner täglichen Arbeit die gesamtheitliche Entwicklung und deren Risiken nicht mehr überblickt und damit langfristige Risiken übersieht.

Im Idealfall sollten sich die Fähigkeiten eines CPO mit denen eines traditionellen Einkaufsleiters in einer Person verbinden lassen. Dies scheint aber bei Betrachtung der unterschiedlichen Ansätze – langfristig strategische Herangehensweise im Gegensatz zu kurzfristig operativer Umsetzung – nur schwer lösbar zu sein. In den folgenden beiden Kapiteln werden hierzu Ansätze von Behörden unterschiedlicher Größe betrachtet.

11.3.1 Der Ansatz des Europäischen Patentamts

Einen Einblick in die Erwartungshaltung an die Managementfähigkeiten eines CPO bei einer größeren Behörde gibt das Europäische Patentamt (EPA) in seiner Ausschreibung 2012 [6]. Die Europäische Patentorganisation (EPO) ist eine internationale Organisation mit 38 Mitgliedstaaten. Ausführendes Organ der EPO ist das EPA mit über 7.000 Bediensteten an vier Dienstorten (München, Den Haag, Berlin und Wien). Die rund 4.000 Patentprüfer bearbeiten jährlich ca. 244.000 Patentanmeldungen und erteilen dabei ca. 62.000 europäische Patente. Das EPA beschafft jährlich für 300 Mio. Euro Waren und Dienstleistungen. Es hat sich zum Ziel gesetzt, künftig eine bessere Steuerung der Ausgaben zu erzielen. Dazu sollen die Prozesse der Beschaffung zentralisiert und die Beschaffung stärker strategisch und kommerziell ausgerichtet werden.

Das EPA suchte für die Bewältigung dieser Aufgabe einen erfahrenen CPO, der vor allem strategische Führungsarbeit leisten kann. Der künftige CPO des EPA soll

- eine klare Vision und klare Zielsetzungen für die Beschaffung formulieren
- effizienzorientierte Arbeitsabläufe planen und umsetzen
- Effizienzziele für die Beschaffung festlegen
- die EPA-Ausgaben optimieren

Daneben soll der CPO ein Governance-Modell konzipieren und umsetzen, das sich an der Beschaffungsstrategie und Politik der EPA orientiert und dabei Leistungsindikatoren konzipieren, messen und überprüfen. Der CPO soll außerdem für die derzeit rund 40 Bediensteten dienstortübergreifend zuständig sein und deren Personalentwicklung und Weiterqualifizierung in enger Zusammenarbeit mit der Personalabteilung steuern.

Damit hat sich das EPA für eine gemischte Anforderung an einen CPO entschieden. Der CPO soll demnach sowohl die strategische Lenkung als auch die operative Personalführung eines traditionellen Einkaufsleiters vornehmen. Bei einem Personalansatz von 40 Bediensteten lässt sich nachvollziehen, dass keine Trennung zwischen strategisch orientiertem CPO und operativem Einkaufsleiter vorgenommen wird. Allerdings unterscheiden sich die Ansätze des EPA kaum von dem des im nächsten Kapitel dargestellten kommunalen Dienstleisters. Auch ist nicht erkennbar, dass das EPA seinen CPO in die oberste Leitungsebene aufnimmt.

11.3.2 Der Ansatz der Stadtwerke Bamberg

Die Stadtwerke Bamberg GmbH (STWB) sind ein Dienstleistungsunternehmen in Konzernstruktur, das jährlich Waren und Dienstleistungen mit einem Umfang in zweistelliger Millionenhöhe beschafft [12]. Die Einkaufsorganisation der STWB ist als Sachgebiet ausgestaltet und die Leitung als „Sachgebietsleiter Einkauf/Materialwirtschaft" ausgewiesen. Der Sachgebietsleiter trägt die Verantwortung für die Optimierung von Prozessen und die Modernisierung des Einkaufs- und Materialwirtschaftsbereiches als „Dienstleistungs- und Kommunikationsschnittstelle zwischen den Fachabteilungen der Stadtwerke und den Lieferanten".

Zu den Aufgaben des Sachgebietsleiters zählen:

- Leitung und Steuerung des gesamten Sachgebietes einschließlich der Personalführung
- Kosten-/qualitätsorientierte Gestaltung aller Beschaffungsprozesse
- Implementierung eines Lieferanten- und Vertragsmanagements
- Kostenoptimierung der Lagerlogistik und der Lagerwirtschaft
- Begleitung von technischen Investitionsprojekten

- Ausbau des Kennzahlensystems
- Entwicklung des strategischen Einkaufs
- Mitwirkung und Übernahme von Verantwortung bei unternehmensweiten Projekten im Konzern Stadtwerke Bamberg

Daneben wird erwartet, dass der Sachgebietsleiter sein Team nachhaltig motiviert und die Bediensteten zielorientiert einsetzt. Dazu werden Durchsetzungsvermögen, Verantwortungsbewusstsein, Kommunikationsstärke sowie Verhandlungsgeschick vorausgesetzt.

Damit setzt auch die STWB die Leitung der Einkaufsorganisation in der Linie als operative Ebene ein. Ansätze, die Einkaufsorganisation in die obere Leitung aufzunehmen, sind wie bei anderen kommunalen Einrichtungen nicht erkennbar. Auch hier könnte sich die geringe Größe der Beschaffungsorganisation als Hindernis für eine strategische Anbindung erwiesen haben.

11.3.3 Private und öffentliche Auftraggeber im Vergleich

Die Einschätzung der Anforderungen an einen CPO unterscheidet sich bei privaten und öffentlichen Auftraggebern erheblich. Wie ein CPO in der Privatwirtschaft gesehen wird, zeigen Hendrick/Ni in ihrer Studie [8] auf, zu der sie 500 Unternehmen in den USA befragt hatten. Nach dieser Studie ist ein typischer CPO männlich und 49 Jahre alt, leitet eine Einkaufsorganisation mit 247 Bediensteten, trägt die Verantwortung für ein Einkaufsvolumen von 3,5 Milliarden Dollar, ist seit 19 Jahren im Einkaufswesen tätig und verfügt über einen Universitätsabschluss des MBA (Master of Business Administration).

Nach der Studie nimmt der CPO drei Rollen im Unternehmen ein:

- Er ist der Beschaffungsexperte des Unternehmens
- Er leitet das Beschaffungsmanagement
- Er ist Mitglied des Vorstands und vertritt dort das Beschaffungsmanagement

Wenn Unternehmen erstmals ihre Beschaffung zentralisieren und dabei einen CPO einsetzen, sieht sich dieser mit enormen Herausforderungen konfrontiert. Er steht unter besonderer Beobachtung der anderen Mitglieder des Vorstands und muss innerhalb kurzer Zeit Ergebnisse liefern, mit denen sich Einsparungen ergeben und die Organisation zu einem optimierten Einkauf führen. Seine Ergebnisse müssen messbar und für das Management nachvollziehbar sein. Dabei sind seine Fähigkeiten aber nicht auf Prozesswissen beschränkt. Vielmehr muss der CPO über Führungsfähigkeiten verfügen und diese sowohl in der Organisation beweisen als auch im Vorstand darstellen. Die Komplexität der Aufgabenstellung und die Bedeutung der Position eines CPO haben nach Hendrick/Ni zugenommen, so dass auch die Vergütung von zunächst 211.854 Dollar auf mittlerweile 368.704 Dollar gestiegen ist.

Der Bundesverband Materialwirtschaft, Einkauf und Logistik e.V. (BME) kommt in seiner jährlichen Gehaltsstudie deutscher Einkäufer [1] zum Ergebnis, dass die Mehrheit der Einkäufer über eine 15 jährige Berufserfahrung im Einkauf verfügen, im Schwerpunkt mit strategischen Themen betraut sind und über ein Jahreseinkommen von bis zu 113.118 Euro mit leistungsabhängigen Komponenten verfügen. Der typische Einkäufer ist nicht Teil der obersten Leitungsebene, sondern vielmehr in der Linienorganisation als untergeordnete Teilorganisation angesiedelt. Ein strategisches Beschaffungsmanagement wird demnach zwar vom Einkaufsleiter erwartet, die organisatorischen Befugnisse sind ihm aber oftmals nicht zugewiesen.

Die Einrichtung einer CPO-Stelle scheint von der Größe der zu betrachtenden Organisation abhängig zu sein. So hat der US-Bundesstaat Kalifornien 2008 erstmals einen CPO eingesetzt. Dieser ist für ein jährliches Einkaufsbudget von zehn Milliarden Dollar zuständig und mit weitgehenden Befugnissen ausgestattet. Die Verwaltung Großbritanniens ist dem 2011 gefolgt und hat ebenfalls einen verwaltungsübergreifenden CPO eingesetzt. Ziel der Verwaltung Großbritannien ist es, eine zentrale Beschaffungsstrategie voranzutreiben und so die Fähigkeiten der Fachministerien zur strategischen Beschaffung stringent zu verbessern. Auch der Finanzminister Südafrikas hat 2012 bekanntgegeben, dass in Südafrika ein CPO eingesetzt werden soll. Er soll die Gesamtverantwortung für das Beschaffungswesen der Regierung übernehmen und eine Zentralisierung der Beschaffung vornehmen. Dabei soll er alle Verträge überprüfen und die Wirtschaftlichkeit der Beschaffung vorantreiben.

Damit sind zumindest erste Regierungen dem Beispiel der Privatwirtschaft gefolgt. Ausgehend von diesem Ansatz wird im folgenden Artikel betrachtet, welche Ansätze für das Rekrutieren von CPO für öffentliche Auftraggeber interessant sein könnten.

11.3.4 Skills künftiger CPO öffentlicher Auftraggeber

Es wäre anzunehmen, dass die Fähigkeit zur erfolgreichen Suche nach dem wirtschaftlich günstigsten Angebot bei privaten Auftraggebern zu den wesentlichen Anforderungen an einen CPO gehört, wogegen ein öffentlicher CPO eher Kenntnisse im Vergaberecht als Ansatz wirtschaftlichen Agierens nachweisen können muss. Also stellt sich die Frage, ob sich das Agieren privater und öffentlicher CPO auf die Unterscheidung zwischen betriebswirtschaftlicher und fachlicher Kompetenz reduzieren lässt. Zumindest müssen private wie öffentliche CPO Entwicklungen erkennen und daraus Schlüsse für die Zukunft ziehen können. Sie müssen sich über die Notwendigkeiten zur Entwicklung des eigenen Beschaffungspersonals im Klaren sein und sowohl bei der Personalrekrutierung als auch bei der Personalentwicklung auf die Notwendigkeiten des Arbeitens in ihrem spezifischen Beschaffungsbereich achten. Eine spezifische Beschaffungsausbildung ist allerdings weder für private noch für öffentliche Auftraggeber etabliert, auch wenn sich einzelne Hochschulen der Beschaffungsthematik bereits widmen.

Gerade für öffentliche Auftraggeber stellt sich die Frage, über welche persönlichen Fähigkeiten ein CPO verfügen sollte, um das Lenken der Beschaffung eines öffentlichen Auftraggebers wirksam zu erreichen. Den aktuellen Stellenbeschreibungen zur Suche eines CPO ist zu entnehmen, dass ein CPO sowohl national als auch international über folgende persönliche Voraussetzungen verfügen sollte:

- abgeschlossenes Hochschulstudium (Master)
- mindestens zehn Jahre Berufserfahrung in einer einschlägigen Funktion
- erfolgreiche Leitung von Sourcing-Teams
- Kenntnis der internen Abläufe in großen Unternehmen oder Organisationen
- soziale Kompetenz, Organisations- und Führungsfähigkeit, Analysevermögen und Entscheidungskompetenz

Bei diesen Voraussetzungen ergeben sich folgende Überlegungen für öffentliche Auftraggeber zur Rekrutierung eines öffentlichen CPO:

- **Wissenschaftlich orientiert:** Der Vorteil einer wissenschaftlich orientierten Bildung sollte darin bestehen, übergeordnete Zusammenhänge leichter erkennen und dieses Wissen in Strategien umsetzen zu können. Dagegen kann eine praktische Ausbildung von Vorteil sein, um als CPO zu wissen, wie die Basis arbeitet. Das praktische Wissen könnte den CPO davon abhalten, nicht umsetzbare theoretische Gebilde oder Strategien aufzusetzen, die vom Personal abgelehnt oder denen gegenüber es bereit ist, aktiven Widerstand zu leisten. Ideal scheint eine Mischung zwischen praktischer Erfahrung und wissenschaftlicher Orientierung zu sein.
- **Juristisch orientiert:** Die strenge Einhaltung des Vergaberechts könnte zu der These führen, dass sich die Leitung des Einkaufs vorwiegend aus Volljuristen oder zumindest Wirtschaftsjuristen rekrutieren sollte, damit der CPO den Einkauf der öffentlichen Auftraggeber auf die korrekte Einhaltung der Rechtsvorschriften des Vergabewesens ausrichten kann. Dagegen würde allerdings sprechen, dass juristischer Sachverstand von einer Leitungspersönlichkeit sowohl durch Verwaltungspersonal im gehobenen Dienst als auch über die Beratung durch das Justiziariat oder externe Rechtsanwaltskanzleien eingeholt werden kann. Eine Leitungspersönlichkeit wird sich auch nur in eingeschränktem Maße mit juristischem Know-how einbringen können, da der überwiegende Anteil der Arbeit einer Leitung im Einkauf nach herrschender Meinung mit Führung und Management ausgefüllt ist.
- **Betriebswirtschaftlich orientiert:** Die betriebswirtschaftliche Ausbildung erscheint für den Bereich Einkauf besonders geeignet, da sowohl betriebswirtschaftliche Prozesse als auch die Themen Effizienz und Effektivität Bestandteil einer betriebswirtschaftlichen Ausbildung sind. Betriebswirten wird allerdings in der Praxis öffentlicher Auftraggeber vorgehalten, dass ihnen Kenntnisse des Vergaberechts und Verwaltungserfahrung fehlt, was sich in der praktischen Umsetzung ihrer Vorschläge als nachteilig erweist. So weisen Verwaltungspraktiker oftmals darauf hin, dass Ansätze privater Auftraggeber gerade mit Blick auf das Vergaberecht nicht mit denen öffentlicher Auftraggeber vergleichbar sind.
- **Verwaltungsorientierung:** Absolventen von Verwaltungsstudiengängen sind die Arbeitsweisen und Notwendigkeiten der Verwaltungspraxis geläufig. Allerdings wird ihnen im Gegensatz zu den Betriebswirten vorgehalten, über zu wenig betriebswirt-

schaftliche Kenntnisse zu verfügen, obwohl deren Studienpläne teilweise einen Anteil von ca. 12% betriebswirtschaftlicher Inhalte ausweisen.

- Für die öffentlichen Auftraggeber käme im Idealfall eine Mischung aus den vorgenannten Orientierungen in Betracht. Eine solche Mischung wird derzeit im Masterstudiengang Verwaltungsmanagement gelehrt. Dort erhalten Studenten aus der Verwaltungspraxis eine wissenschaftliche Ausbildung mit vorwiegend betriebswirtschaftlichen Inhalten. Für den Masterstudiengang ist oftmals ein Bachelorabschluss mit Verwaltungsorientierung erforderlich, so dass die Verwaltungsorientierung sichergestellt ist.
- Dennoch fehlt Verwaltungspraktikern bei diesem Ansatz die Praxis in der privaten Wirtschaft. Die wenigen Ansätzen öffentlicher Auftraggeber zur Einrichtung einer CPO-Stelle gehen zumindest den Weg des Austauschs mit der Privatwirtschaft. Während der traditionelle Einkaufsleiter des öffentlichen Dienstes den Austausch mit seinen Kollegen in der Privatwirtschaft offensichtlich noch scheut, suchen die bereits eingesetzten öffentlichen CPO die Kommunikation mit den CPO der Privatwirtschaft. Eine mögliche Erklärung hierfür könnte sein, dass sich bislang die wenigen öffentlichen CPO aus der Privatwirtschaft rekrutieren und nicht wie oben dargestellt aus dem verwaltungswissenschaftlichen Bereich. So kennen die mittlerweile öffentlichen CPO aus der Privatwirtschaft ihre Kollegen und haben folglich keine Berührungsängste zu diesen. Bei CPO, die sich unmittelbar aus der öffentlichen Verwaltung rekrutieren, könnten eher Vorbehalte mangels Austausch mit der Privatwirtschaft bestehen. Um diese abzubauen, wären beispielsweise Hospitationen bei CPO der Privatwirtschaft denkbar. Zumindest sollte ihnen die Möglichkeit gegeben werden, in die Arbeit der Privatwirtschaft Einblick zu nehmen und Kontakte für einen geregelten Informationsaustausch aufzubauen.

11.4 Organisatorischer Rahmen

Beschaffungsorganisationen stellen sich je nach Ausgestaltung z.T. als Warenhäuser auf und bieten dabei eine zusätzliche Logistik an. Die Organisationen reagieren auf Anforderungen der Bedarfsstellen und halten dazu aufgrund bisheriger Erfahrungen Produkte auf Vorrat vor, die es abzurufen gilt [9]. Wenn die Beschaffungsorganisation die geforderten Produkte nicht in ihrem Portfolio hat oder es sich um besondere Einzelstücke handelt, bemüht sie sich um deren zeitnahe Beschaffung. Die Anforderungen an die Beschaffungsorganisation sind in den letzten Jahren weit über die pünktliche Lieferung der bestellten Produkte zum niedrigen Preis hinaus gestiegen. Mittlerweile wird sie als strategischer Führer und Anwalt für eine größere operative Effizienz gesehen. Dazu wurden dezentrale Ansätze aufgegeben und Zentralisierungen vorangetrieben. Mit der Zentralisierung waren Sortimentsstraffungen und eine Fokussierung auf strategische Produkte vorzunehmen. Dadurch soll ermöglicht werden, in größeren Mengen einzukaufen und Handlungssicherheit im Umgang mit der geringeren Anzahl Produkte zu erreichen.

Neben der Einrichtung einer CPO-Stelle werden auch die daneben verbleibenden Leiter der Beschaffungsorganisationen immer mehr in die Rolle eines Veränderungsmanagers gedrängt. Ihnen obliegt es, die Voraussetzungen zur Veränderung zu erheben, zu beurteilen und für die eigene Organisation anzupassen. Dazu folgen die Umsetzung der geplanten Maßnahmen und die Herstellung von Akzeptanz bei den Ausführenden, den Kunden und den Lieferanten. Neben der persönlichen Fach- und Sozialkompetenz, die von den Beschaffungsleitern einzubringen ist, bedarf es auch einer übergeordneten Strategie, mit der die Anforderungen und das Agieren der Beschaffungsleiters unterstützt werden. Dazu benötigt der Beschaffungsleiter die notwendigen Befugnisse, um seinen Ansätzen die erforderliche Durchsetzungskraft zu geben, damit sie angenommen werden und wirken können. Im folgenden Kapitel wird darauf eingegangen, um welche Strategie es sich handeln kann und wie die Befugnisse von Beschaffungsleitern ausgestaltet sein sollten, auch wenn in der Hierarchie über ihnen ein CPO eingesetzt wurde.

11.4.1 Strategieansätze am Beispiel des Landes Hessen

Eine der grundlegenden strategischen Ansätze im Beschaffungsmanagement beschäftigt sich mit der Ausrichtung der Beschaffungsorganisation:

- **Zentralisierung:** Bei der Zentralisierung übernimmt eine zentrale Beschaffungsorganisation alle Beschaffungsanfragen, bearbeitet diese und sorgt als einzige Organisation für die Bedarfsbefriedigung. Dezentrale Strukturen sind nicht vorhanden.
- **Teilzentralisierung:** Bei einer Teilzentralisierung ist eine zentrale Beschaffungsorganisation etabliert, die die Bereitstellung von Rahmenverträgen übernimmt und Produkte mit hohem Beschaffungswert beschafft. Eine dezentrale Einkaufsstruktur ist ebenfalls vorhanden. Sie bedient ihre lokalen Kunden aus den Rahmenverträgen mit dezentralen Haushaltsmitteln. Diese Organisationsform wird auch als hybrid bezeichnet.
- **Dezentralisierung:** Bei einer Dezentralisierung ist eine zentrale Beschaffungsstruktur nicht vorhanden. Alle Beschaffungen erfolgen durch die dezentralen Einkäufer.

Das Land Hessen hat sich für die Strategie der Teilzentralisierung entschieden. Für den Bereich der Lieferungen und Leistungen wurden drei zentrale Beschaffungsstellen eingerichtet, die sowohl elektronische Rahmenverträge in einem landesweit einheitlichen elektronischen Warensystem zur Verfügung stellen, als auch Einzelausschreibungen durchführen. Die beiden zentralen Beschaffungsstellen HCC-ZB (Hessisches Competence Center – Zentrale Beschaffung) und HZD (Hessische Zentrale für Datenverarbeitung) sind dem HMdF (Hessisches Ministerium der Finanzen) unterstellt. Damit ist eine zentrale Fachaufsicht gegeben. Bei der dritten zentralen Beschaffungsstelle handelt es sich um das PTLV (Präsidium für Technik, Logistik und Verwaltung), das dem HMdIS (Hessisches Ministerium des Innern und für Sport) unterstellt ist. Daneben sind weitere Beschaffungsstellen für den Baubereich (Hessisches Baumanagement, dem HMdF unterstellt) und das Straßenverkehrswesen (Hessisches Landesamt für Straßen- und Verkehrswesen, dem Hessischen Ministerium für Wirtschaft, Verkehr und Landesentwicklung unterstellt - HMWVL) eingesetzt.

Das Beschaffungswesen untersteht grundsätzlich dem HMdF, die Steuerung der Beschaffungsstellen erfolgt aber über die Fachministerien. Bei dieser Konstruktion ist noch keine zentrale Funktion für die Bündelung des Wissens und keine zentrale Steuerung etabliert, obwohl Initiativen wie die Umsetzung des Projekts Nachhaltige Beschaffung der hessischen Landesregierung federführend vom HMdF vorangetrieben werden.

Durch die Etablierung eines CPO könnte das gesamte Beschaffungsmanagement über alle Fachministerien hinweg einer zentralen Steuerung unterstellt werden. Bei dieser Konstellation müsste allerdings der CPO im Range eines Staatssekretärs angesiedelt sein. In Hessen ist dazu bereits mit der Funktion des CIO (Chief Information Officer) ein vergleichbares Vorbild für die zentrale Steuerung der Informationstechnologie geschaffen. Der hessische CIO ist zur Hälfte dem HMdF und zur Hälfte dem HMdIS als Staatssekretär zugeordnet. Ein vergleichbarer hessischer CPO könnte ebenso anteilig dem HMdF, dem HMdIS und dem HMWVL zugeordnet sein, um Zugriff auf alle Beschaffungsstellen zu erhalten.

So könnte der CPO die strategische Beschaffungsentwicklung auf oberster Ebene analysieren und darauf basierend langfristige Einschätzungen unter Berücksichtigung der politischen Ausrichtung des Landes Hessen vornehmen. Aus der Perspektive eines Staatssekretärs könnte der CPO Zukunftsstrategien entwickeln und durch übergeordnete Handlungsanweisungen an die ihm fachlich nachgeordneten Einkaufsorganisationen umsetzen. Dazu könnten die vorhandenen, bereits teilzentralisierten Strukturen beibehalten und beim CPO im Wege der Fachaufsicht gebündelt werden. Die vorhandenen Beschaffungsleiter würden die Dienst- und Fachaufsicht über ihren Bereich behalten. Dadurch würde der CPO nicht mit dem operativen Tagesgeschäft belastet und könnte dennoch steuernd in die Beschaffungsstellen eingreifen [9]. Strategien zur Personalentwicklung könnte er aus übergeordneter Perspektive vorgeben, während die Beschaffungsleiter für die Umsetzung vor Ort die Verantwortung tragen.

Ein strategisches Beschaffungsmanagement wirkt darauf hin, einen Zusammenhang zwischen der Führungsebene, also den strategischen Ansätzen der Politik, und den operativen Ansätzen zu finden. Die traditionelle Beschaffungsorganisation wird allerdings organisatorisch noch immer als nachgelagerte Organisation der Linie aufgesetzt, oftmals als Sachgebiet wie bei der STWB. Da sie in der Kette eher am Ende steht und die Probleme vorgelagerter Bereiche im Abschnitt Bedarfsermittlung mit abdecken muss, benötigen sie Einflussmöglichkeiten, um im Vorfeld bei erkennbaren Fehlern gegensteuern zu können. Als untergeordnete Linienorganisation ist dies schwierig, da sich die Linie oftmals der übergeordneten Hierarchie beugen muss. Ein strategischer Einkauf würde darauf abzielen, die Beschaffungsorganisation aus der Linie herauszunehmen und nahe an die oberste Organisationsleitung, bei nachgeordneten Behörden wäre dies die Behördenleitung, anzubinden. Dadurch ließe sich dokumentieren, dass dem Beschaffungswesen ein besonderer Stellenwert beigemessen wird. Die Beschaffungsleitung könnte dann mit einer höheren Durchschlagskraft infolge erweiterter Befugnisse als Teil der Organisationsleitung agieren.

Ein weiterer Ansatz des Beschaffungsmanagements betrifft die Ausrichtung der Organisation nach Reaktion und Aktion. Wenn sich eine Beschaffungsorganisation wie die HZD weitgehend als Warenhaus organisiert, wird sie die vorhandenen Erfahrungswerte sowie die bekannten Anforderungen der Bedarfsstellen dazu nutzen, die erforderlichen

Produkte vorzuhalten und auf Bedarf an die Bedarfsstellen abzugeben. Dieses Vorgehen lässt sich als reaktiv bezeichnen. Die Beschaffungsorganisation reagiert auf bekannte Anforderungen, auch wenn sie für die Zukunft Vorsorge trifft, um genau diese Produkte in möglichst kurzer Bestellzeit zur Verfügung stellen kann. Im Gegenteil dazu kann eine Beschaffungsorganisation agierend tätig werden, indem sie die relevanten Märkte permanent auf langfristige Entwicklungen überprüft, langfristige Markteinschätzungen vornimmt und die notwendigen Entscheidungen trifft. Hierzu sind sowohl Produkt- und Logistikstrategien des Marktes zu analysieren als auch Entwicklungschancen des eigenen Bereichs einschließlich langfristiger politischer Ausrichtungen einzuschätzen, um daraus Zukunftsstrategien zu entwickeln [9]. Eine agierende Beschaffungsorganisation müsste allerdings weit in die Zukunft blicken können. Ob dies von den nachgeordneten Bereichen erwartet werden kann, darf bezweifelt werden. Insoweit wäre zu überlegen, dem CPO eine Stabsstelle zuzuordnen, die Ideen entwickelt und die dazu erforderlichen Informationen von den nachgeordneten Beschaffungsorganisationen erhebt, sie aufbereitet und dem CPO zur strategischen und politischen Bewertung vorlegt. Dazu müssten dann die nachgeordneten Beschaffungsleiter befugt werden, unmittelbar dem CPO berichten zu können, ohne die Inhalte vorher mit ihrem Fachministerium abzustimmen.

11.4.2 Befugnisse eines CPO

Lünendonk sieht den CPO de facto als „an vorderster Front tätigen Riskmanager" an [10]. Die Anforderungen an das Beschaffungsmanagement steigen stetig und sind nicht mehr mit dem traditionellen Bild einer Einkaufsabteilung zu vergleichen. In Aktiengesellschaften berichten nach Lünendonk bereits acht von zehn Chefeinkäufern direkt an die Unternehmensleitung. Allerdings sei der oberste Einkäufer nur in 8% der Unternehmen auch Mitglied von Vorstand oder Geschäftsführung. Erstaunlicherweise stellt Lünendonk auch fest, dass oftmals die Beschaffung indirekter Leistungen (Beratungsdienstleistungen und Marketing-Services) aus der Zuständigkeit der Beschaffungsorganisation herausgenommen wird. Dies beeinträchtigt seinen Einfluss erheblich, da ihm so ein erheblicher Anteil an Ausgaben nicht zugeordnet ist. Ebenso kann nach Lünendonk der Einkaufsleiter nur in zwei Drittel der untersuchten Unternehmen direkt Einfluss auf unternehmensweit gültige Richtlinien nehmen.

Ein CPO müsste in seiner Berichtspflicht unmittelbar der obersten Leistungsebene, also in einem Bundesland dem Ministerpräsidenten, unterstehen. Er sollte über die Möglichkeit verfügen, sowohl die Beschaffungsorganisation als auch die Gesamtorganisation nach seinen Vorstellungen zum Beschaffungswesen auszurichten. Dazu benötigt er weitgehende Befugnisse für alle Themen des Beschaffungswesens und zahlreiche Freiheiten. Er muss ungewöhnliche Wege gehen dürfen, deren Erfolg oder Misserfolg aber auch verantworten. Ihm sollten personelle Ressourcen zur Verfügung stehen, damit er die Informationswege zu den nachgeordneten Beschaffungsorganisationen lückenlos bewältigen kann. Dazu ist auch eine umfassende Umstrukturierung der Organisation erforderlich. Der CPO benötigt den fachlichen Durchgriff auf alle Beschaffungsorganisationen und die Möglichkeit, alle Richtlinien für das Beschaffungswesen zu beeinflussen.

Die Überwachung des Beschaffungsmanagements erfordert einen umfassenden Überblick über alle laufenden Sachverhalte, Erfahrungswerte und Ressourcen der Organisation. Dazu bedarf es des Einsatzes von Technologien, mit denen der Zugriff auf die benötigten Informationen sichergestellt wird. Dies setzt voraus, dass alle relevanten Sachverhalte in elektronischen Systemen eingebracht werden. Insoweit muss der CPO die Möglichkeit erhalten, in enger Zusammenarbeit mit dem CIO eine umfassende Ausstattung mit Informationstechnologie für das Beschaffungswesen hinzuwirken.

Der CPO sollte in der Lage und befugt sein, sich mit CPO der Privatwirtschaft auszutauschen und einen Personalaustausch mit deren Bediensteten vorzunehmen, um das Personal der öffentlichen Auftraggeber näher an die Arbeitsweise der Privatwirtschaft heranzuführen und der Privatwirtschaft die Möglichkeit zu geben, Änderungsvorschläge für das Beschaffungswesen der öffentlichen Auftraggeber einzubringen [5].

11.5 Ausblick

In der Literatur scheint noch nicht festgelegt zu sein, wann von einem CPO als übergeordneten Manager gesprochen wird und wann ein Leiter einer Beschaffungsorganisation gesucht wird. Zumindest ist ein Trend erkennbar, bei großen Unternehmen den Einkaufsmanager als CPO zu bezeichnen. Ebenso lässt sich aus Stellenangeboten öffentlicher Auftraggeber erkennen, dass eher der Manager als der operative Einkäufer im Fokus steht. Dass ein CPO einen hohen Stellenwert einnimmt, lässt sich aus den Anforderungsprofilen herauslesen. Ob dem CPO allerdings auch die entsprechende Organisationshoheit mit den notwendigen Befugnissen zur Verfügung gestellt wird, ist noch nicht eindeutig erkennbar. Auch wenn die Einrichtung eines CPO in der Privatwirtschaft keine Neuerung mehr darstellt und den Veröffentlichungen sogar zu entnehmen ist, dass deren Berufung als Erfolgsmodell angesehen wird, zeigen sich die öffentlichen Auftraggeber davon bislang noch unbeeindruckt. In deutschen Verwaltungen wird die Zentralisierung der Beschaffung zwar durchaus vorangetrieben, die Übergabe dieser Zentralisierung in die Hand eines CPO, der Mitglied der obersten Führungsebene ist, scheint aber noch nicht aufgenommen worden zu sein. Allerdings ist zu erwarten, dass dies noch erfolgen wird. Immerhin haben viele Landesverwaltungen erst vor wenigen Jahren erkannt, dass der CIO, der in der Privatwirtschaft bereits seit langer Zeit die Informationstechnologie des Unternehmens steuert, auch in öffentlichen Verwaltungen erfolgreich integriert werden kann. Ausgehend vom bereits aufgenommenen Modell des CIO sollte es bei den prognostizierten Haushaltsengpässen der Zukunft im Interesse der öffentlichen Auftraggeber liegen, auch das vergleichbare Modell des CPO aufzunehmen und die begonnenen Zentralisierungen danach auszurichten. Allerdings ist den Verantwortlichen zu empfehlen, die öffentlichen CPO der Zukunft nicht ausschließlich in der Privatwirtschaft zu suchen, sondern eine entsprechende wissenschaftliche Ausbildung von Verwaltungskräften zu fördern und diese mit einer solchen Aufgabe zu betrauen. Die möglicherweise nicht vorhandene praktische Erfahrung in der Privatwirtschaft ließe sich nachholen, vor allem, wenn mit den CPO der Privatwirtschaft konstruktive Kontakte aufgebaut werden, um so vom Wissen der Privatwirtschaft zu profitieren unter Beibehaltung einer spezifischen Verwaltungsfachkompetenz. Dazu wäre zu überlegen, ob die Hochschulen ihre Angebote auf spezifische Beschaffungsausbildungen mit Ausrichtung auf Beschaffungsmanagement erweitern könnten. Zumindest ist anzunehmen, dass der Bedarf an professionellen Beschaffungsmanagern steigen wird.

11.6 Literaturverzeichnis

[1] BME (2011): Gehaltsstudie 2011. BME, Frankfurt am Main.

[2] Booz & Company (2009): The new CPO, download am 20.05.2012 unter http://www.booz.com/ media/uploads/New_CPO.pdf.

[3] Booz & Company (2011): Zum Entwicklungsstand des öffentlichen Einkaufs. Eine empirische Analyse in 16 Entwicklungsfeldern, Düsseldorf 2011.

[4] Bundesregierung (2011): Stellungnahme der Bundesregierung zum Grünbuch der Europäischen Kommission zur Modernisierung des Vergaberechts, S. 6, Berlin 18.05.2011.

[5] Drey, F. (2011): Haushaltsfaktor Beschaffung. Werkstattgespräch über besseres öffentliches und privates Einkaufen, Behörden Spiegel Ausgabe Juni 2011, S. 37.

[6] EPA (2012): Stellenausschreibung Chief Procurement Officer (CPO) für das Europäische Patentamt, download am 27.04.2012 unter http://stellenanzeige.monster.de/Chief-Procurement-Officer-CPO-m-w-Job-M%C3%BCnchen-Den-Haag-Deutschland-109206030.aspx?WT.mc_n=KS PON.

[7] EU-Kommission (2010): Europäische Kommission will Stärkung des Binnenmarkts durch Wirtschaftswachstum und den ‚Ausbau der Rechte der Bürger bessern. IP/10/1390 vom 27.10.2010, S. 1.

[8] Hendrick, Th./Ni, J. (2007): Chief Purchasing Officers' Mobility, Compensation Bookmarks and Demographics: A Study of Fortune 500 Firms. CAPS Research, Tempe, Arizona.

[9] Laux, D. (2011): Der Chief Procurement Officer (CPO). Ein Modell für den Öffentlichen Dienst?, Behörden Spiegel Ausgabe Juli 2011, S. 29.

[10] Lünendonk (2011): Procurement Excellence; Die Zukunft des Einkaufs. Themendossier 2011.

[11] PTLV (2012): Beschaffungsmanagement des PTLV. Internes Arbeitspapier, nicht zur Veröffentlichung vorgesehen, April 2012.

[12] Stadt Bamberg (2012): Stellenausschreibung Nachfolger/in des Sachgebietsleiters Einkauf/ Materialwirtschaft, download am 09.05.2012 unter http://www.stellenanzeigen.de/job/770058/#.

[13] The Network Journal (2012): Julia M. Brown, Chief Procurement Officer, Senior Vice President. Online-Artikel "25 Influential Black Woman Class of 2012" vom 22.05.2012, download am 22.05.2012 unter http://www.tnj.com/2012/julia-m-brown.

Integrierte Bedarfsdeckung als Grundlage für wirtschaftliches Handeln in Beschaffung und Logistik eines öffentlichen Versorgungs- und Verkehrsunternehmens

12

Peter Weiss – Stadtwerke München

12.1 Vorbemerkung

Ist ein Unternehmen der öffentlichen Hand zwangsweise durch seine Eigentümerstruktur daran gehindert, hoch wirtschaftlich zu arbeiten? Ist das Vergaberecht das zentrale Verhinderungselement für wirtschaftliches Handeln? Ist der Begriff „revisionssicher“ der Maßstab allen Handelns? Ist es unmöglich im öffentlichen Bereich Prozesse so zu gestalten, dass sie effizient und effektiv sind? Müssen Projekte im öffentlichen Bereich zwangsweise zu hohen Kostenüberschreitungen führen?

Diese Fragen lassen sich aus Sicht der Logistik der Stadtwerke München (SWM) alle eindeutig mit einem „Nein“ beantworten. Die öffentliche Eigentümerschaft verhindert in keiner Weise wirtschaftliches Handeln. Die Verkürzung der Betrachtung des Prozesses der Beschaffung auf den vom Vergaberecht abgedeckten Bereich ist unsinnig, weil die Beeinflussbarkeit der Kosten zum Zeitpunkt der Vergabe bereits gering ist. Der folgende Text zeigt einen Ansatz auf, der seit Jahren erfolgreich bei den Stadtwerken München verfolgt und ständig weiterentwickelt wird.

12.2 Die Stadtwerke München einst und jetzt

Die SWM sind das kommunale Versorgungs- und Dienstleistungsunternehmen der Landeshauptstadt München und ihrer Region. Eigentümerin ist zu 100% die Landeshauptstadt München. Die SWM gehören also den Münchner Bürgerinnen und Bürgern und sind wichtiger Bestandteil der kommunalen Daseinsvorsorge.

Seit vielen Jahrzehnten stehen die SWM für eine sichere und Ressourcen schonende Versorgung der bayerischen Metropole mit Energie (Strom, Erdgas, Fernwärme) und quellfrischem Trinkwasser aus dem bayerischen Voralpenland. Zu den Leistungen gehören zusätzlich zur Energieerzeugung und Wassergewinnung das Netzmanagement, die Verteilung und der Vertrieb. Die Verkehrstochter MVG (Münchner Verkehrsgesellschaft) ist verantwortlich für U-Bahn, Bus und Tram und damit ein wesentlicher Pfeiler im Münchner ÖPNV. Darüber hinaus betreiben die SWM mit 18 Hallen- und Freibädern eine der modernsten Bäderlandschaften Deutschlands.

Die SWM tragen zur Wirtschaftskraft und zur Lebensqualität in München und der Region bei; sie beschäftigen über 7.500 Mitarbeiterinnen und Mitarbeiter und sind damit einer der größten Arbeitgeber Münchens. Sie verfolgen den ökonomischen Ansatz des Citizen Value. Die SWM sind ein profitables Unternehmen und leisten jedes Jahr einen erheblichen Beitrag zum städtischen Haushalt.

Das war nicht immer so. Die Stadtwerke München waren bis zu ihrer Rechtsformänderung ein Werkreferat der Landeshauptstadt München. In dieser Zeit hatten sie einen maximalen Fehlbetrag in Höhe von jährlich 100 Millionen DM.

Die folgende **Abbildung 12.1** zeigt die Konzernstruktur der Stadtwerke München, sowie in **Abbildung 12.2** die wesentlichen Konzernzahlen.

Quelle: Eigene Darstellung.

Abb. 12.1 Konzernstruktur der Stadtwerke München

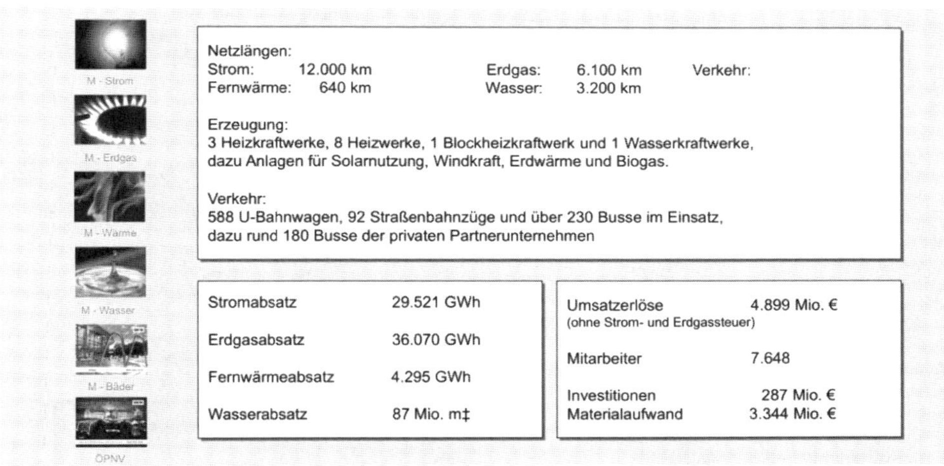

Quelle: Eigene Darstellung.

Abb. 12.2 Konzernzahlen 2009

12.3 Die Logistik der SWM

12.3.1 Aufgabe der Logistik

Die Aufgabe des Bereichs Logistik ist die wirtschaftlich optimierte Deckung von Bedarfen des SWM-Konzerns hinsichtlich externer Lieferungen und Leistungen durch Beschaffung und die Bereitstellung („Bedarfsdeckung“) – sowie bereichsbezogen – das zugehörige Abfallmanagement durch Verwertung und Entsorgung (**Abbildung 12.3**). **Abbildung 12.4** gibt einen Überblick über die Bedarfsfelder der SWM im Konzern und die dazugehörigen finanziellen Werte.

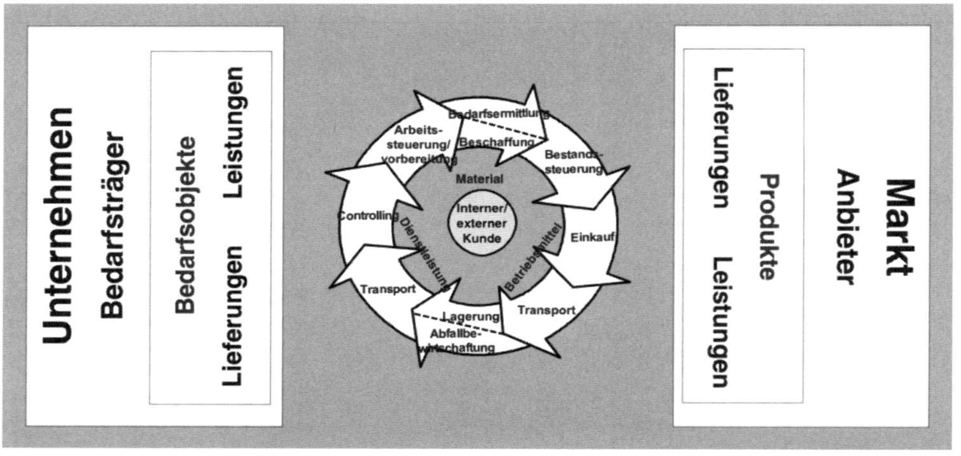

Quelle: Eigene Darstellung.

Abb. 12.3 Logistik der SWM als zentrale Drehscheibe

Kennzahlen

Anteil Beschaff.-Anzahl über AB,ES,EC,LG bis 400 Euro	98,7%
Anteil Beschaff.-Wert über AB,ES,EC, LGbis 400 Euro	0,90%
Kontraktquote (AB,EC,ES,LG) nach Anzahl	88,71%
Kontraktquote (AB,EC,ES,LG) nach Wert	22,49%

Bestellart	Name	Anzahl	Wert Euro	Basis
AB	Abrufe	41.531	101.345.581	RgWert
B*	Abrufe California	691	3.339.443	RgWert
EA	e-procurement (ohne Gutschr.)	153	1.614.996	RgWert
EC	e-procurement	20.762	5.922.017	RgWert
ES	Einkaufsschein	6.034	1.114.534	RgWert
LG	Orderbuchbestellungen	3.255	3.184.861	RgWert
FB	Best. für Fremde	0	0	BestWert
FO	Jahresrahmenbestell.	1.162	43.383.976	BestWert
KB	Konsignat.bestell.	3	618.436	BestWert
NB	Normalbestellungen	9.369	553.312.710	BestWert

MK,WK,ZK;ZW : erstellte Kontrakte	1.971	190.185.724	BestWert

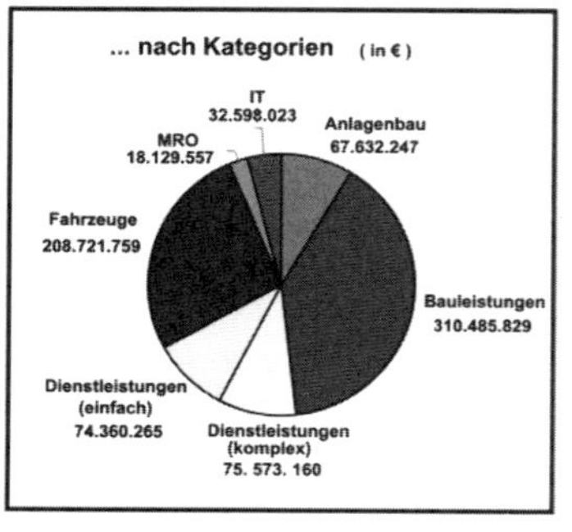

Quelle: Eigene Darstellung.

Abb. 12.4 Externe Bedarfe des SWM-Konzerns

12.3.2 Struktur der Logistik

Die Logistik der SWM ist eine klassische Shared-Service-Unit im SWM-Konzern. Die Struktur des Konzerns und des kaufmännischen Services, zu dem die Logistik und ihre Schwesterbereiche gehören, sowie die Struktur des Bereichs Logistik sind in **Abbildung 12.5** dargestellt.

Die Bezeichnung „Logistik" ergibt sich aus dem Ansatz des Bereichs. Bereits im Namen der Einheit wird die Bedarfsdeckung im Sinne einer geschlossenen logistischen Funktion zum Ausdruck gebracht. Aus den im Unternehmen zu deckenden Bedarfen ergibt sich auch die Organisationsstruktur der Logistik: Sie besteht aus fünf Fachbereichen mit fachinhaltlichen Schwerpunkten. Die Zusammenarbeit erfolgt bei übergreifenden Beschaffungen und Projekten in einer Matrixorganisation.

Übergreifend tätig ist ein Fachteam „Submissionsbüro", um den Anforderungen des Vergaberechts und des Internen Kontrollsystems (IKS) der Logistik zu entsprechen. Eine weitere Besonderheit ist der Fachbereich Logistikservice: Hier liegt die Zuständigkeit für die Betreuung und Weiterentwicklung von Prozessen und Systemen. Dazu gehört unter anderem das SAP-FCC für das Modul MM. Die Materialwirtschaft besteht aus den Teams Materialflußsteuerung, Lagerwirtschaft, allgem. Services und Abfallwirtschaft.

Es gibt keine gesonderte Facheinheit für den strategischen Einkauf; strategische und operative Aufgaben werden in Teams mit den Rollen „Einkauf" und „Assistenz" erbracht. Die Rollenprofile der Mitarbeiter bestehen, je nach fachlichem Schwerpunkt des Beschaffungsbereichs, aus Ingenieuren, Technikern, Logistikern und Kaufleuten.

Abbildung 12.5 stellt die Struktur der Logistik bei der SWM bildlich dar.

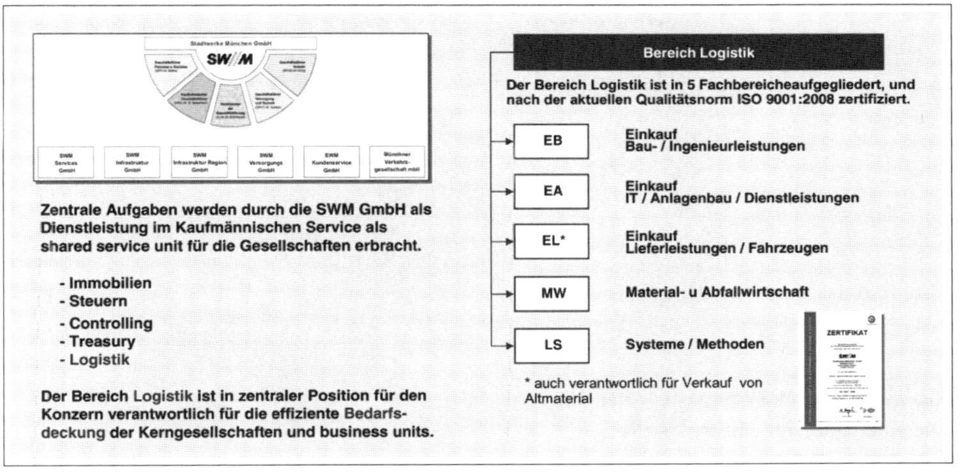

Quelle: Eigene Darstellung.

Abb. 12.5 Der Bereich Logistik als Teil der Konzernorganisation

12.3.3 Ziele der Logistik

Aus den Zielen des Konzerns sowie der Geschäftsfelder leiten sich deren Strategien und Taktiken ab. Diese werden in den Zielen, Strategien und Taktiken der Logistik abgebildet und ergänzt.

12.3.3.1 Objektspezifische Ziele der Logistik

Objektspezifische Ziele sind eine Deckung der jeweiligen Bedarfe (Produkte)

- in der richtigen Menge
- in der richtigen Qualität
- am richtigen Ort
- zum richtigen Zeitpunkt
- zum richtigen Preis

Die Definition des Begriffes „richtig" wird durch die jeweilige Bedarfssituation und die Dimensionen der Bedarfsdeckung (**Abbildung 12.6**) bestimmt wird.

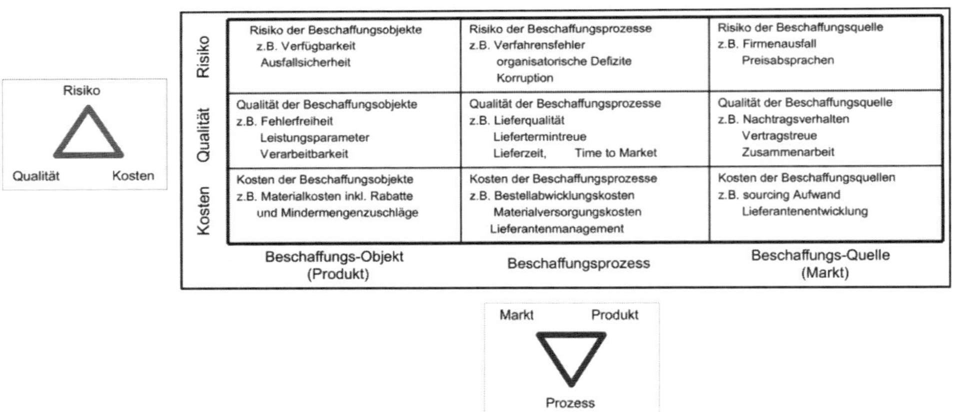

Quelle: Eigene Darstellung.

Abb. 12.6 Dimensionen der Bedarfsdeckung

12.3.3.2 Kernziele der Logistik

Die Kernziele der Logistik sollen

- basierend auf den Prinzipien der Balanced Scorecard (siehe dazu **Abbildung 12.7**)
- und unter Berücksichtigung von Konzern- und Geschäftsfeldstrategien und -bedürfnissen (K1)
- sowie durch den Einsatz geeigneter Strategien auf Basis der Integrierten Bedarfsdeckung (K2)

- und mittels strategic and operational excellence, SOE (K3)
- einen signifikanten Wertbeitrag für Konzern und Geschäftsfelder liefern (K4), (**Abbildung 12.8**)

Hierzu werden von der Logistik geeignete Strategien, Organisationsstrukturen, Tätigkeiten und Verhaltensweisen (Werkzeuge) definiert und eingesetzt.

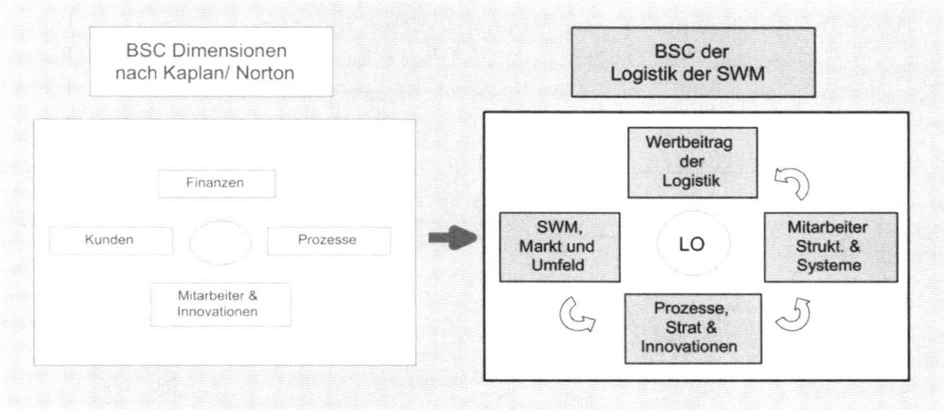

Quelle: Eigene Darstellung.

Abb. 12.7 Balanced Scorecard der Logistik

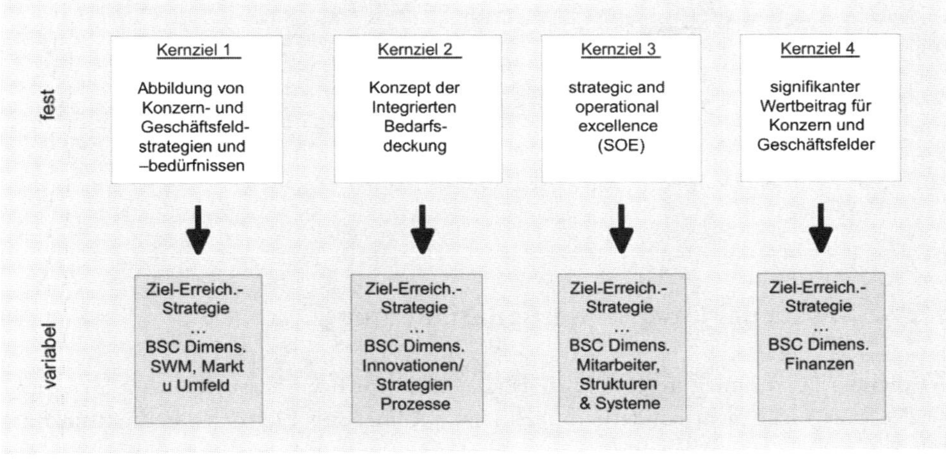

Quelle: Eigene Darstellung.

Abb. 12.8 Kernziele der Logistik

12.4 Strategischer Ansatz

12.4.1 Das 4-Ebenen-Modell der Logistik

Grundlage der Logistik ist ein 4-Ebenen-Modell, bestehend aus der Kette

Vision – Ziele- und Rahmenbedingungen – Strategische Ansätze – Operative Elemente

Dieser Ansatz entspricht der üblichen Top-Down Betrachtungsweise: Basierend auf der Vision des Unternehmens werden unter Berücksichtigung von Zielen und Randbedingungen die strategischen Ansätze zum Erreichen dieser Ziele gebildet und in operative Elemente umgesetzt. Die Einzelheiten des strategischen Ansatzes der „Integrierten Bedarfsdeckung" werden im folgenden Text dargestellt, die operative Ebene besteht aus Bausteinen, die die strategischen Ansätze unterstützen und abbilden (siehe **Abbildung 12.9**).

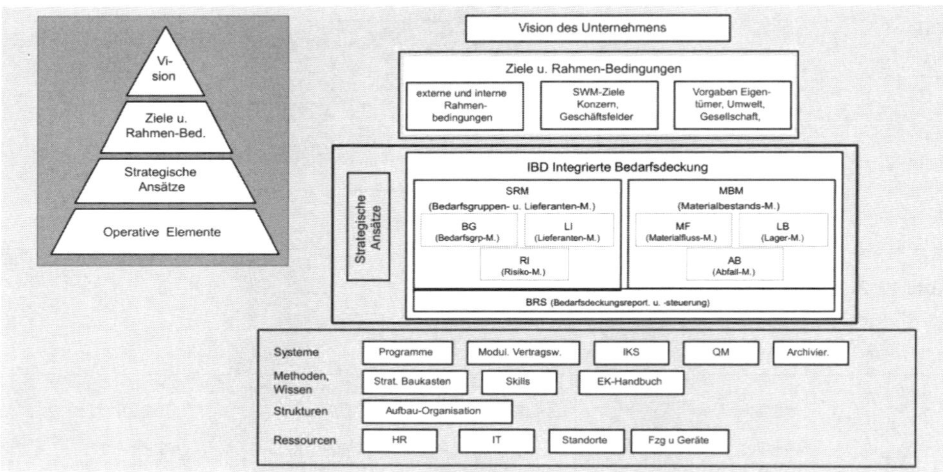

Quelle: Eigene Darstellung.

Abb. 12.9 4-Ebenen-Modell der Logistik des SWM-Konzerns

12.4.2 Ansatz der Integrierten Bedarfsdeckung

Wie bereits in der Einleitung angeführt, ist die finanzielle Beeinflussbarkeit zum Zeitpunkt der Vergabe nicht mehr sonderlich hoch (siehe **Abbildung 12.10**), sie beträgt maximal 10% bis 20%. Dieser Wert stimmt mit den eigenen langjährigen praktischen Erfahrung über ein, die Höhe setzt allerdings die Möglichkeit des Verhandelns voraus.

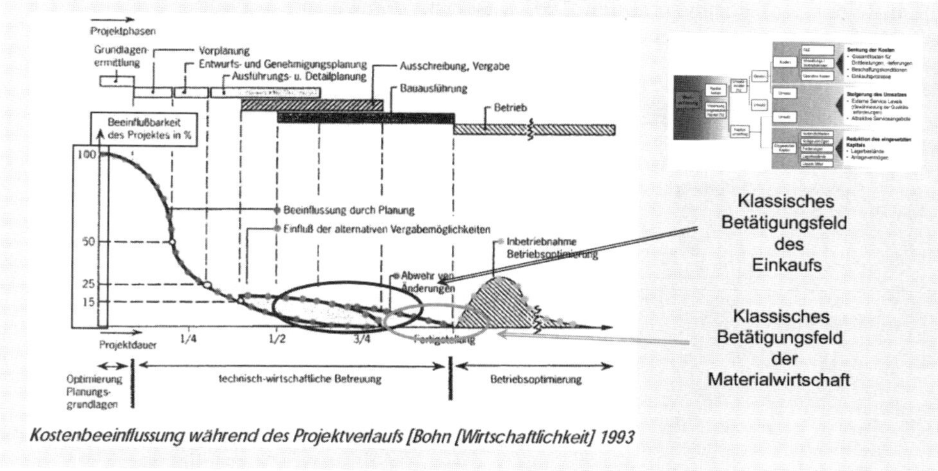

Quelle: Eigene Darstellung in Anlehnung an Bohn (1993) [1].

Abb. 12.10 Kostenbeeinflussungskurve: statt reagieren …

Um wirtschaftlich erfolgreich zu sein, ist es notwendig, bereits zu einem sehr frühen Zeitpunkt in das jeweilige Projekt einzusteigen. Dieses Vorgehen erfolgt unabhängig von der Art des Projektes und der damit im Zusammenhang stehenden Beschaffung; es gilt u.a. für Planungsleistungen, Investitionsgüter, IT, und Beratungsprojekte. Die wesentlichen Stellhebel sind in **Abbildung 12.11** dargestellt.

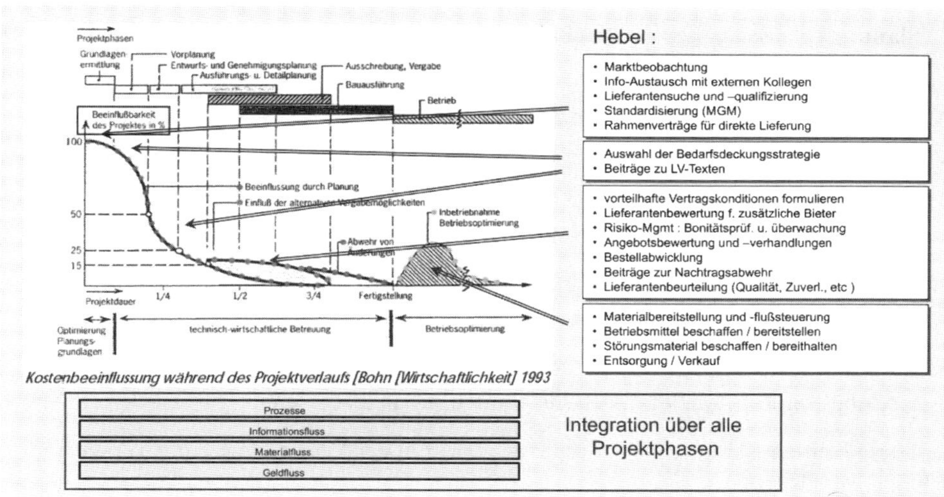

Quelle: Eigene Darstellung in Anlehnung an Bohn (1993) [1].

Abb. 12.11 … agieren: Integrieren und Hebel ansetzen

Genauso unabdinglich ist es, während der gesamten Projektlaufzeit die Themenfelder Prozesse, Informationsfluss, Materialfluss (soweit vorhanden) und Geldfluss zu integrieren und miteinander fest zu verzahnen. Dies entspricht dem Ansatz der „Integrierten Bedarfsdeckung", der die Prozesselemente des SCOR-Modells abdeckt (**Abbildung 12.12**).

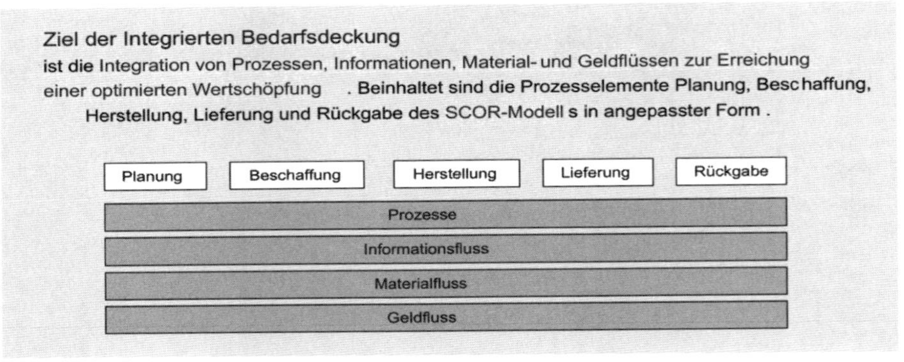

Quelle: Eigene Darstellung.

Abb. 12.12 Integrierte Bedarfsdeckung (IBD): Ziele

Das **SCOR-Modell** basiert auf den fünf wesentlichen Supply-Chain-Management-Prozessen und verknüpft sie mit bekannten Konzepten wie Business-Process-Reengineering (BPR), Benchmarking und Best-Practice-Analyse. Neben den fünf Managementprozessen unterscheidet das SCOR-Modell vier Detaillierungsstufen, wobei die letzte nicht im Modell enthalten ist, da sie unternehmensindividuell definiert werden muss.

Die bereits angesprochenen und für das SCOR-Modell relevanten Prozesskategorien sind auf der obersten Ebene im Einzelnen [2]:

1. **Planung** (plan): Aggregierte Nachfrage und Angebot sollen in Einklang gebracht werden
2. **Beschaffung** (source): (Vor-) Produkte und Dienstleistungen zur Verfügung stellen
3. **Herstellung** (make): End-/Zwischenprodukte produzieren, die an Kunden geliefert werden können, Make-to-stock (Lagerfertigung), Make-to-order (Auftragsfertigung), Engineer-to-order (Projektfertigung)
4. **Lieferung** (deliver): Fertigprodukte oder Dienstleistungen an Kunden liefern inkl. Lager-, Auftrags- und Transportmanagement
5. **Rückgabe** (return): Die Rücksendung fehlerhafter Produkte annehmen und die Rücksendung von Rohstoffen (an den Lieferanten) in die Wege leiten.

Diese Elemente kommen in angepasster Form in der Versorgungs- und Verkehrswirtschaft ebenfalls vor.

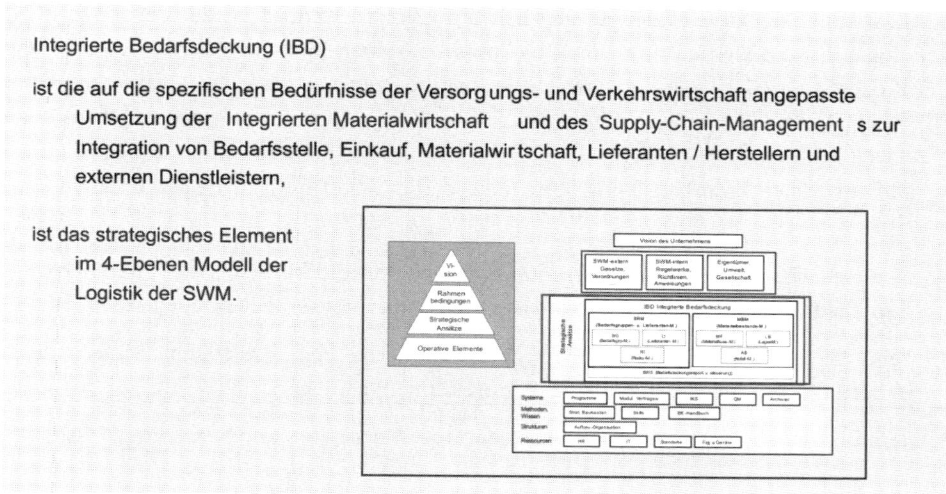

Quelle: Eigene Darstellung.

Abb. 12.13 Integrierte Bedarfsdeckung (IBD)

Erläuterung : Integrierte Materialwirtschaft und Supply-Chain-Management

Beide Begriffe entstammen dem Bereich der Fertigungsindustrie [3]:

Die integrierte Materialwirtschaft ist nach der Definition des BME das Versorgungssystem der Unternehmung vom Lieferanten bis zum Kunden über alle Wertsteigerungsstufen der Unternehmung. Die integrierte Materialwirtschaft umfaßt dabei alle Tätigkeiten der Organisation, Planung, Disposition, Realisation und Kontrolle für das Beschaffen, Lagern, Verteilen, Bewegen, Bereitstellen und Entsorgen des zur Erreichung des Unternehmungsziels notwendigen Materials, wobei die Begriffe Material und Materialwirtschaft im weitesten Sinne zu verstehen sind. Außerdem müssen die Begriffe Materialwirtschaft und Logistik voneinander abgegrenzt werden. Während die Materialwirtschaft die kostenoptimale Versorgung der Bedarfsträger mit Material in den Vordergrund stellt, betont die Logistik dagegen die Raum- und Zeitüberbrückung von Versorgungsprozessen, die sich nicht nur auf das Material, sondern auch auf das Personal, die Anlagen, das Kapital und die Informationen beziehen. Insoweit ist der Begriff der Logistik weiter gefaßt als der Begriff der Materialwirtschaft.

Wikipedia beschreibt **Supply-Chain-Management** folgendermaßen [3]:

„Der Ausdruck **Supply-Chain-Management** (SCM) bzw. **Lieferkettenmanagement**, deutsch auch Wertschöpfungslehre, bezeichnet die Planung und das Management aller Aufgaben bei Lieferantenwahl, Beschaffung und Umwandlung sowie aller Aufgaben der Logistik. Insbesondere enthält es die Koordinierung und Zusammenarbeit der beteiligten Partner (Lieferanten, Händler, Logistikdienstleister, Kunden). SCM integriert Management innerhalb der Grenzen eines Unternehmens und über Unternehmensgrenzen hinweg. Wesentliches Paradigma hierbei ist es, dass nicht mehr Einzelunternehmen, sondern stattdessen vernetzte Lieferketten miteinander konkurrieren, wodurch eine Integration und Koordination der Mitglieder des Systems „Lieferkette" nötig wird. Diese Aufgabe übernimmt das SCM."

SCM und Logistik werden gelegentlich synonym verwendet. In der Tat zielen SCM wie Logistik auf die Gestaltung von Objektflüssen (Güter, Informationen, Werte) entlang der Prozessstufen der Lieferkette, wobei sie auf eine Steigerung des (End-)Kundennutzens (Effektivität) und auf eine systemweite Verbesserung des Kosten-Nutzen-Verhältnisses (Effizienz) zielen.

Die integrierte Bedarfsdeckung besteht aus den in **Abbildung 12.14** dargestellten Bausteinen:

- dem Bedarfsgruppen- und Lieferantenmanagement (das klassische Supplier-Relationship-Management), ergänzt durch das externe und interne Risikomanagement
- dem Materialbestandsmanagement, bestehend aus den Bausteinen Materialflusssteuerung, Lagermanagement und dem Abfallmanagement
- dem Bedarfsdeckungscontrolling, bestehend aus Reporting- und Steuerungsbausteinen

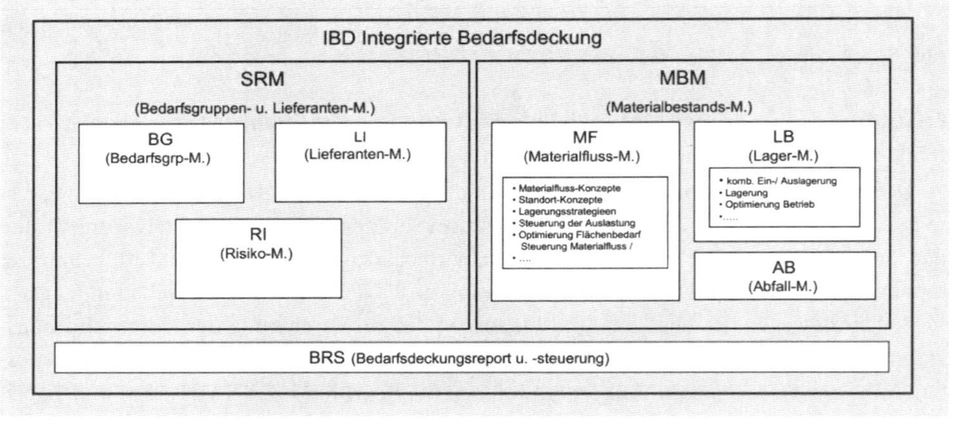

Quelle: Eigene Darstellung.

Abb. 12.14 Integrierte Bedarfsdeckung: Bausteine

Die Beschreibung der Inhalte dieser Bausteine würde den hier zur Verfügung stehenden Rahmen überschreiten. Stattdessen soll zur Veranschaulichung das Zusammenwirken der Bausteine, Informations- und Materialfluss sowie die zugehörigen operativen Elemente gezeigt werden.

Der dargestellte Ansatz der „Integrierten Bedarfsdeckung“ ist keine Theorie vom grünen Tisch, sondern gelebte tägliche Realität. Die Beispiele des Kapitels 12.5 veranschaulichen dies.

Abbildung 12.15 stellt das Zusammenwirken der Bausteine und der zugehörigen Beteiligten dar, während **Abbildung 12.16** die Beteiligten und ihre Aufgabenschwerpunkte veranschaulicht.

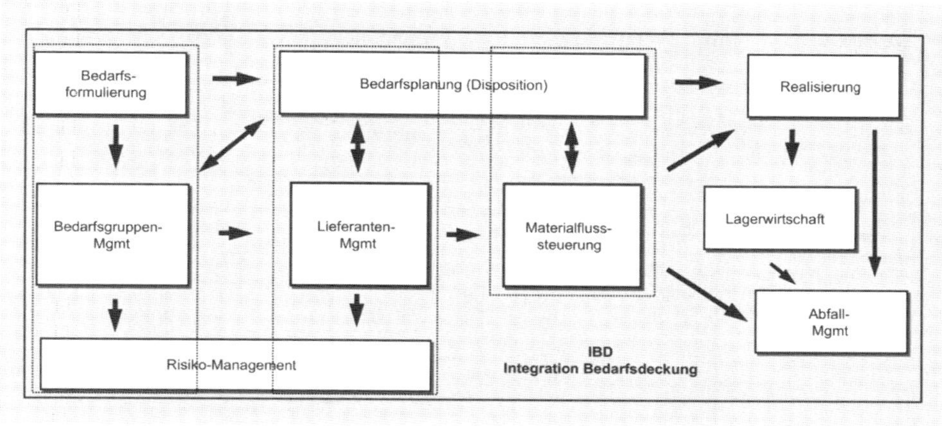

Quelle: Eigene Darstellung.

Abb. 12.15 Integrierte Bedarfsdeckung: Zusammenwirken der Bausteine

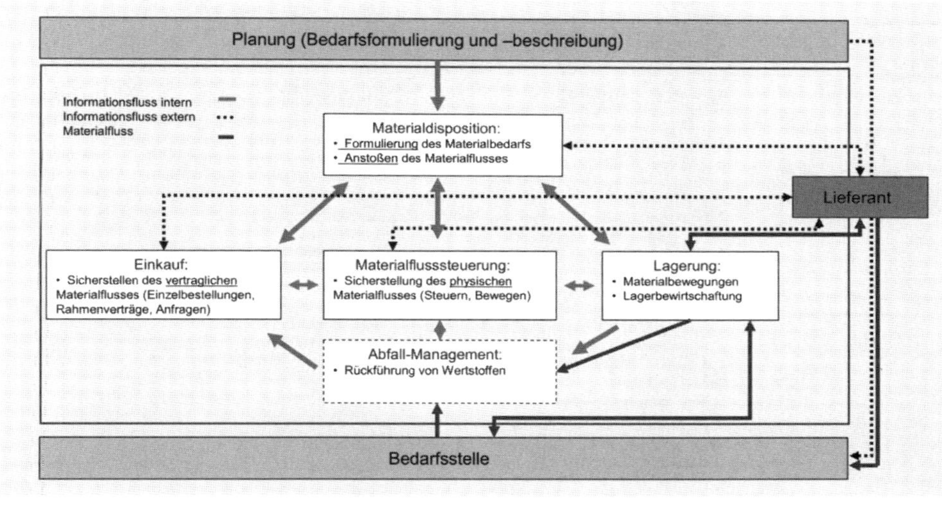

Quelle: Eigene Darstellung.

Abb. 12.16 Integrierte Bedarfsdeckung: Informations- und Materialfluss

Die operativen Elemente der „Integrierten Bedarfsdeckung" sind in **Abbildung 12.17** und **Abbildung 12.18** beschrieben. Zur besseren Verständlichkeit wird dabei nach Versorgungsweg und Zahlungsweg unterschieden. Die Kernelemente sind dabei elektronische Verfahren, sowohl in Versorgungs-, wie auch im Zahlungsweg. Diese bewirken eine hohe Effizienz der Verfahren und haben zu signifikanten Prozesseinsparungen geführt.

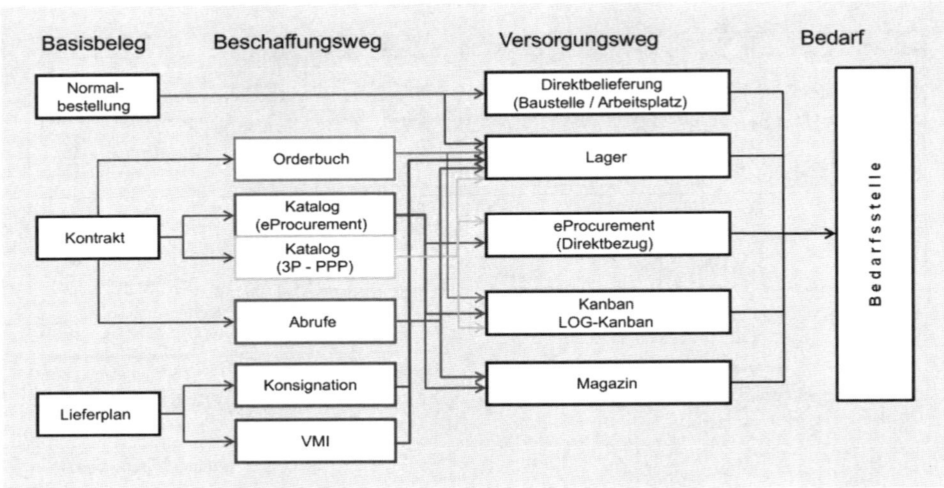

Quelle: Eigene Darstellung.

Abb. 12.17 Integrierte Bedarfsdeckung: Operative Elemente (I)

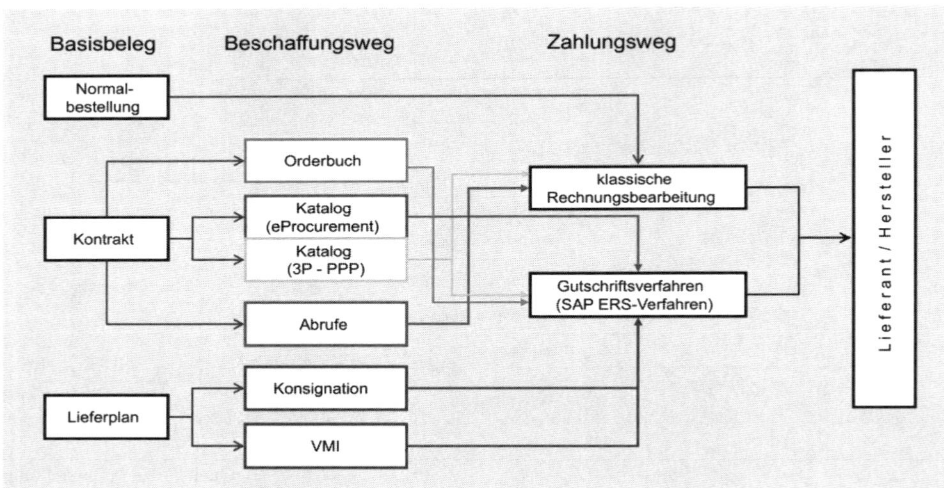

Quelle: Eigene Darstellung.

Abb. 12.18 Integrierte Bedarfsdeckung: Operative Elemente (II)

12.5 Anwendungsbeispiele

12.5.1 Bestandssenkung und Prozessoptimierung für C-Materialien

Im Jahr 2000 wurde erkennbar, dass im Bereich der Netzinfrastruktur die Anzahl von Kleinbestellungen und damit der für die Abwicklung erforderliche Aufwand weiter steigen würden.

Es wurde folgender Ansatz gewählt: **Reduzierung der Bestände durch andere Bedarfsdeckungswege und Sortimentsbereinigung insbesondere im Kleinmaterialbereich bei gleichzeitiger Reduzierung des Buchungsaufwandes in den Bereichen Logistik und Rechnungsprüfung**

Aufgrund der damit verbundenen Vorteile wurde nicht, wie damals oft üblich, ein autonomes System für das **e-procurement** eingesetzt, sondern ein in das SAP-MM integriertes Modul mit einer externen Katalogsoftware (Healy-Hudson). Die Vorteile sind auswertbare und verfolgbare Transparenz über alle Vorgänge. Neben bei den SWM gehosteten Katalogen kommen Anbindungen an extern gehostete sowie externe Warenwirtschaftssysteme und Marktplätze zum Einsatz.

Insgesamt hat der Einsatz unserer Form der e-procurement-Lösung dafür gesorgt, dass der Aufwand für Bestellungen und insbesondere für die dazugehörende Rechnungsprüfung signifikant gesunken ist. Heute werden jährlich über 95% der Bestellungen unter 400 € automatisiert abgewickelt, d.h. der Einkauf kann sich auf wertschöpfende Tätigkeiten konzentrieren, eine ansonsten erforderliche Personalmehrung konnte vermieden werden. In den operativen Bereichen konnten Prozessaufwände ebenfalls deutlich gesenkt werden.

Ergänzt wurde das e-procurement-System durch das in SAP integrierte **Orderbuch-Verfahren**. Mit seiner Hilfe werden Bezugsquellen verwaltet. Im Orderbuch sind die erlaubten (bzw. nicht erlaubten) Bezugsquellen für Material in einem bestimmten Werk und einem vorgegebenen Zeitraum aufgeführt. Jede Bezugsquelle wird durch einen Orderbuchsatz definiert.

Das Orderbuch dient:

- der Definition einer Bezugsquelle als fest
  (d.h., die jeweilige Bezugsquelle gilt für einen vorgegebenen Zeitraum als bevorzugt) Zum Beispiel ist der feste Lieferant für Material 1 im ersten Quartal Müller, im zweiten Quartal Meier
- der Definition einer Bezugsquelle als gesperrt
  (d.h., dass z.B. Kontrakt 123 für einen bestimmten Zeitraum nicht verwendet werden darf)
- als Hilfsmittel zur Auswahl der bevorzugten Bezugsquellen bei der Bezugsquellenermittlung
- zur Sperre eines Materials für die Fremdbeschaffung

Schließlich wurden die beiden Systeme ergänzt durch die Einführung eines **KANBAN-System** für die Montagetrupps der SWM für den Infrastrukturnetzbereich.

KANBAN (jap., dt. „Karte“, „Tafel“, „Beleg“) ist eine Methode der Produktionsablaufsteuerung nach dem Pull-Prinzip (auch Hol- oder Zurufprinzip) und orientiert sich ausschließlich am Bedarf einer verbrauchenden Stelle im Fertigungsablauf.

Bei den SWM wird dieser Ansatz des Produktionsbetriebes auf die Bedürfnisse des Geschäftsfeldes Betrieb und Unterhalt übertragen: Monteurtrupps benötigen Kleinmaterial zur Komplettierung Ihrer Stücklisten.

Ziel des **KANBAN-Einsatzes** ist es, diese Materialien mit einem möglichst geringen Overhead zuverlässig zur Verfügung zu stellen, auf die Disposition dieser Teile zu verzichten und gleichzeitig den Lagerbestand zu senken.

Die Akzeptanz der Mitarbeiter ist nach anfänglichen Zweifeln so hoch, dass Schwarzläger in erheblicher Menge aufgelöst wurden.

Ergebnis: Der Bestand nach Wert und Anzahl Materialien konnte um 50% gesenkt werden bei gleichzeitiger Reduzierung des Aufwandes bei allen am Prozess beteiligten Bereichen (**Abbildung 12.19**).

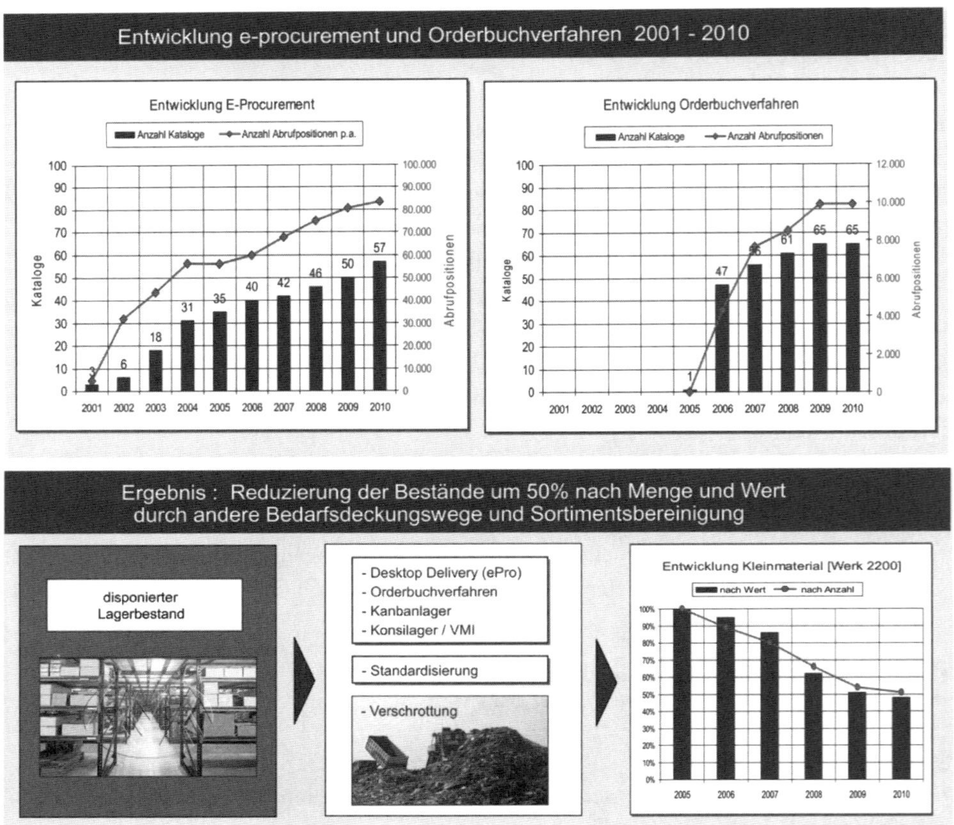

Quelle: Eigene Darstellung

Abb. 12.19 Ergebnis: Bestandsreduzierung

12.5.2 Einführung der Lieferantenbeurteilung zur Qualitätssteigerung von Lieferungen und Leistungen

Einer der wesentlichsten Bausteine im Lieferantenmanagement als Teil der „Integrierten Bedarfsdeckung" ist die strukturierte Beurteilung von Lieferungen und Leistungen externer Unternehmen und die hierfür erforderliche bereichsübergreifende Bereitstellung und Interpretation dieser Informationen. Aufgrund der stark arbeitsteiligen Prozesse im SWM-Konzern ist dies ein etwas komplexes Thema.

Ziel war es, die vorhandenen Informationen bezogen auf Leistungsbeurteilungen externer Dienstleister strukturiert, konsolidiert und systemunterstützt zu erfassen, die Beurteilungsergebnisse miteinander vergleichbar zu machen und letztendlich die Ergebnisse im konkreten Lieferantenauswahlprozessen zu nutzen.

Am Anfang gab es eine Vielzahl von Beurteilungsprozessen in den einzelnen Bereichen und eine entsprechend hohe Anzahl an Datenbanken und papiergestützten Lösungen. Die Herausforderung war jedoch, die Informationen übergreifend nutzbar zu machen und am Ende in Entscheidungsprozesse einfließen zu lassen.

Im Rahmen mehrerer Workshops wurden die einzelnen Anforderungen an Prozess, Kriterienset, Methodik und IT-Unterstützung mit den Hauptbeteiligten (Bedarfsträger, Einkauf, Disposition, Materialwirtschaft, Rechnungswesen) aufgenommen und weitestgehend vergemeinschaftet. Im Anschluss wurden auf dieser Basis ein Standardprozess modelliert und ein entsprechendes Lastenheft erstellt.

Ergebnis:

- Einführung einer am Markt anerkannten Standard-Software inkl. Datenbank
- Roll-Out eines konzernweit einheitlichen weitestgehend systemunterstützten Lieferantenbeurteilungsprozesses und somit erhebliche Reduzierung von manuellen Aufwand
- Konsolidierung einer Vielzahl von Datenbanken
- Steigerung der Informationsqualität und -vergleichbarkeit durch einheitliche, hierarchische Struktur von Kriteriensets
- Steigerung der Verwertbarkeit und Nutzung der Lieferantenbeurteilungsinformationen durch konzernweite einheitliche Datenbank mit entsprechenden Sichtrechten
- Erleichterung der Analyse und des Reporting

Mittlerweile werden alle werthaltigen Beschaffungsvorgänge, alle strategischen und alle übergreifenden Beschaffungsvorgänge einer Lieferantenbeurteilung unterzogen. Der Lieferantenqualitätsindex lag im Jahr 2011 bei 88,1%. Er hat sich seit der Einführung der Lieferantenbeurteilung um rund 14% gesteigert.

12.5.3 Nutzung der produktionsfreien Zeit von Fernwärmerohrherstellern durch Steuerungsinformation für die Produktion und Reduzierung des Aufwandes der Abrechnung durch Gutschriftsverfahren

Das intensive Zusammenspiel der beteiligten Bereiche im Materialversorgungsprozess führt auch dazu, dass ein gesamthaftes Bild der Versorgungslage mit all seinen Stärken und Schwächen entsteht. In einer arbeitsteiligen Organisation können Probleme oft nur durch einen gesamthaften Blick und eine ganzheitliche Optimierung des Versorgungsprozesses gelöst werden. Ein Beispiel ist die Umstellung des Versorgungsprozesses im Bereich des Fernwärmerohrbaus, insbesondere der Kunststoffmantelrohre (kurz: KMR).

Der Markt für KMR unterliegt den saisonalen Schwankungen der Tiefbaubranche. Der Bedarf steigt im Frühjahr mit beginnender Bautätigkeit rapide an, hält sich über das Jahr mit kleineren Schwankungen auf sehr hohem Niveau und fällt zum Beginn des Winters und somit witterungsbedingtem Einstellen der Bautätigkeit genauso rapide wieder ab. Die KMR-Hersteller reagieren darauf, indem sie ihre Produktion über die Wintermonate fast komplett einstellen und erst zum Frühjahr wieder hochfahren. Dies wiederum bedeutet, dass am Anfang des Jahres die Produktion der Nachfrage meist nicht folgen konnte, und es regelmäßig zu Lieferengpässen kam. Die Lieferverzögerungen hatten wiederum zur Folge, dass die gesamte Bautätigkeit schon am Anfang des Jahres in Verzug kam und die entsprechenden Planungen bereits zu Beginn des Jahres überarbeitet werden musste. Die Wechselwirkungen zwischen Materialfluss, Informationsfluss und Bautätigkeit wurden hier Jahr für Jahr ersichtlich. Diese Erkenntnis war nicht neu, jedoch führte die gesamthafte Betrachtung und Nutzung dieses Marktregulariums in Bezug auf den Versorgungsprozess dazu, dass das Problem auch gesamthaft gelöst werden konnte.

Heute wird die Planung frühzeitiger abgeschlossen und die entsprechenden Materialmengen bereits im November/Dezember bei den Herstellern abgerufen. Dies führt dazu, dass die Hersteller die Produktionskapazitäten über die Wintermonate nur reduzieren aber nicht vollständig einstellen mussten und somit erheblichen Aufwand einsparen konnten. Das Material wird ohne Zeitdruck über die Wintermonate produziert, qualitätsgeprüft und steht zur neuen Bausaison, egal ob diese witterungsbedingt schon im Februar oder doch erst Ende März startet, zur Auslieferung zur Verfügung.

Ergebnis:

- Erhebliche Reduzierung des Zeitdrucks und somit Steigerung der Materialqualität, Reduzierung des Quako-Aufwandes
- Erhebliche Steigerung der Versorgungssicherheit
- Optimierung der Planung und somit Reduzierung von Planungsanpassung
- Kostensenkung des Materials durch Produktionsvorteile beim Hersteller und damit bessere Preise für die SWM als Käufer

Des Weiteren konnte eine erhebliche Reduzierung des Prozessaufwandes für die Bauleiter erreicht werden: Statt der zahlreichen Lieferscheine in Papierform wird der Belegaustausch elektronisch abgewickelt. Statt vielen, teilweise nur mit erheblichem Aufwand zuzuordnenden Einzelrechnungen, erfolgt jetzt die Bezahlung im Gutschriftverfahren.

12.5.4 Logistische Optimierung des FttB-Projektes der SWM durch Materialflusssteuerung im Verbund von outgesourcten und eigenen Materialversorgungskapazitäten

Die SWM ebnen der digitalen Zukunft in München den Weg: Die flächendeckende Erschließung der ersten beiden Stadtteile Au und Neuhausen mit einer HighSpeed-Datenautobahn aus Glasfaser hat im März 2009 begonnen. Durch den Ausbau können auch Privatkunden und kleinere Betriebe von einem der modernsten Datennetze Europas profitieren. Es bietet ein Vielfaches der Leistungsfähigkeit des heutigen Standard-DSL-Anschlusses.

Die SWM verlegen das neue Glasfasernetz, um künftig – wie von der Bundesregierung gefordert – so genannte intelligente, fernauslesbare Zähler installieren zu können. Die nicht selbst benötigten Leitungskapazitäten verpachten die SWM an M-net, über die die Kunden dann entsprechende Telekommunikations- und Internetlösungen von M-net oder anderen Anbietern beziehen können

Eckdaten des Gesamtprojekts werden im Folgenden vorgestellt.

- Bauzeit: 2010 bis 2014, SWM
- Investition: über 170 Millionen Euro
- 32.000 Gebäude, 350.000 Haushalte
- 34 Ausbaugebiete mit je einem zentralem Technik-Raum, ca. 850.000 m Tiefbaulänge
- Ca. 50 Baukolonnen gleichzeitig, ca. 40 verschiedene Dienstleister
- Über 500 Projektbeteiligte, davon 97% Externe

Während die für den Kunden sichtbaren Materialien verhältnismäßig überschaubar sind, stellt sich die Situation im Netz völlig anders dar: Eine Vielzahl von Materialien aus unterschiedlichsten Quellen und Industriezweigen (von Low- bis High-Tech) kommt zum Einsatz (siehe **Abbildung 12.20**).

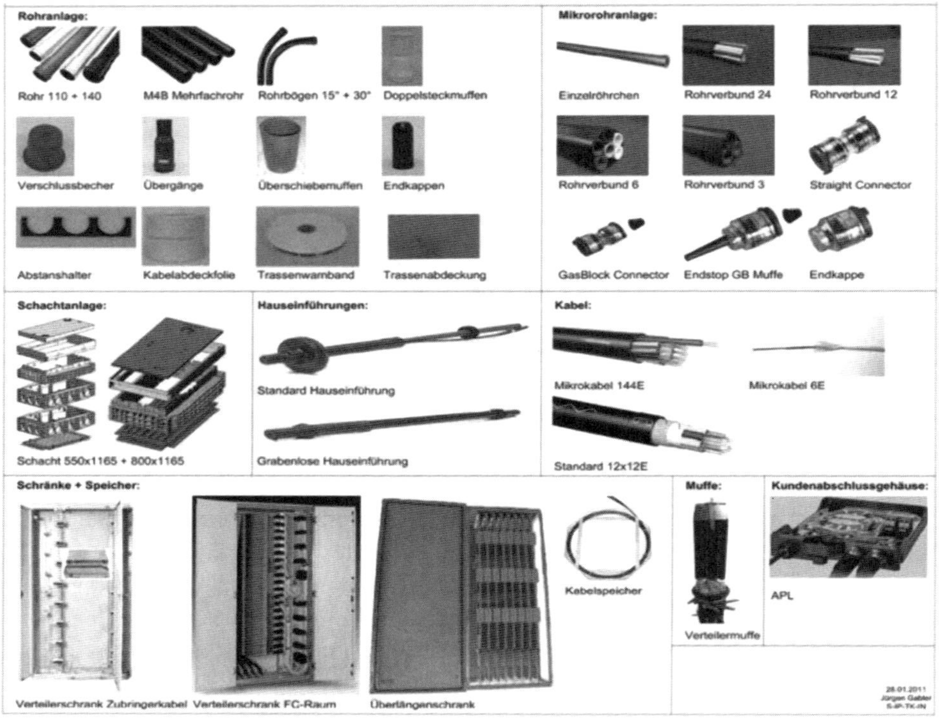

Quelle: Eigene Darstellung.

Abb. 12.20 Übersicht: FttB-Material

Die gleiche Vielfalt gilt für die Beschaffungsarten und Lieferwege. Sowie für die jeweiligen Verfügbarkeiten.

Die zuvor dargestellten Materialien und das zugehörige Kleinmaterial sind in einem Katalog zusammengefasst. Mit seiner Hilfe wählen die Baufirmen über ein web-basierendes Front-End das benötigte Material nach Art und Menge aus und schicken die Bestellung in elektronischer Form als Bedarfsanforderung an die SWM.

Die so abgeschickte Materialanforderung wird von den SWM plausibilisiert und bezogen auf jedes Cluster überwacht. Nach Freigabe werden automatisch entweder Materialreservierungen im SAP-MM angestoßen oder Abrufe aus Rahmenverträgen veranlasst. Ebenfalls automatisiert erfolgen die Rechnungsprüfung und die auftragsbezogene Kostenstellenzuordnung.

12.6 Quo vadis SWM, quo vadis Logistik der SWM?

Die SWM haben sich viel vorgenommen, vgl. **Abbildung 12.21**.

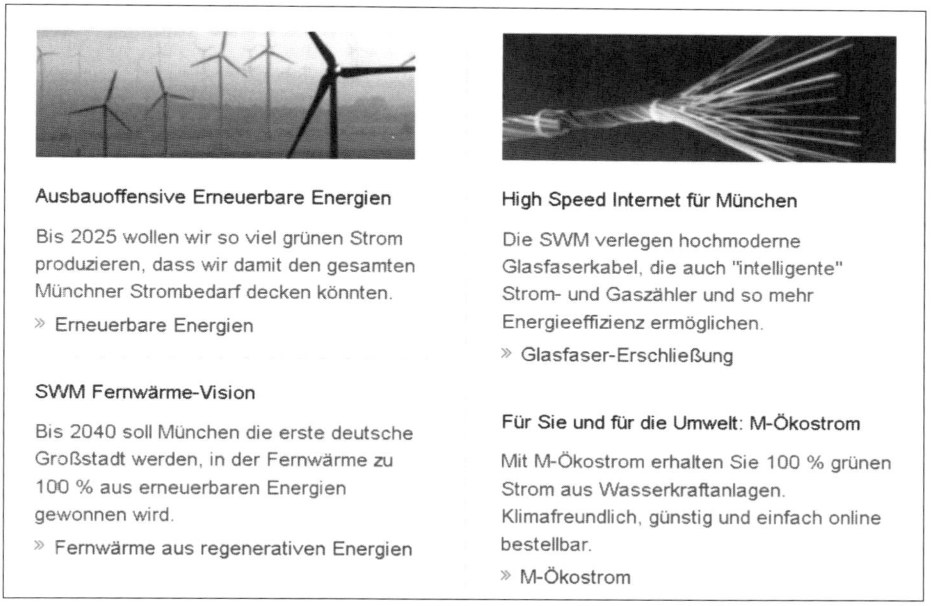

Quelle: Eigene Darstellung.

Abb. 12.21 Aktuelles

Wir, die Logistik der SWM, sind darauf vorbereitet und sind an allen Zukunftsprojekten beteiligt. Die Tatsache, dass wir ein „öffentliches Unternehmen“ sind, wird uns davon bestimmt nicht abhalten.

12.7 Literaturverzeichnis

[1] Bohn, Thomas: Wirtschaftlichkeit und Kostenplanung von kommunalen Abwasserreinigungsanlagen, Expert-Verlag, Renningen 1993.

[2] http://de.wikipedia.org/wiki/SCOR-Modell.

[3] http://www.wirtschaftslexikon24.net.

[4] http://de.wikipedia.org/wiki/Supply-Chain-Management.

Teil E

Internationale Perspektiven einer exzellenten öffentlichen Beschaffung

Supplier Relationship Management in Canada 13

Tara Hartley

13.1 Evolution of Approach

13.1.1 Context

For this paper, the definition of Supplier Relationship Management (SRM), is the definition used in the House of Sourcing and Supply Management [1], as a dyad-level relationship, positioned between narrow supply management, understood as the management of a relationship within a specific contract, and broader supply chain management, understood as the relationships of suppliers, sub-contractors and input providers from the most basic elements through to delivery to the end user. Additional references to this relationship structure are referred to simply as "the House".

Public Works and Government Services Canada (PWGSC) is the central purchasing entity for the federal government of Canada. In this role, it purchases goods, services and construction for the other ministries of the federal government, including the Department of National Defence. Federal entities are required to use the services of PWGSC for purchases of goods, and may choose to use PWGSC for services. As a result, the majority of the volume of federal procurement is handled by individual departments, but the majority of the value of federal procurement is handled by PWGSC.

The central role of PWGSC provides some unique opportunities, the extent of which are still being recognized. A key area in which opportunities are being acknowledged and developed is in the area of supplier relationship management.

13.1.2 Background

Within the open, competitive environment of public procurement, the government had not traditionally considered the overall nature of its relationships with suppliers. Until 2005, much of the supplier relationship work in Canada was focussed at the level of an individual contract or framework agreement (in Canada called Standing Offers or Supply Arrangements). The use of off-sets in some procurement not covered by international trade agreements provided a platform for some supply chain work in limited spheres. It is evident that suppliers take a broader view of their relationships with the government, and that enlightened buyers in the private and public sectors internationally manage relationships as well as individual contracts.

Following an exchange with the U.K. Office of Government Commerce [2] in 2005-2006, PWGSC began to expand the foundation for a broader supplier relationship management program. This fundamental work covered four key areas:

- the possibility of employing supplier relationship management in the public sector;
- the existing culture of relationships between the government and suppliers;
- the potential benefits of implementing a more systemic approach to supplier relationship management; and
- the critical success factors necessary for implementation.

This included extensive research and exploration of elements of good supplier relationship management programs in both public and private sectors.

13.1.3 Principles and highlights of review

13.1.3.1 Possibility of SRM in public sector

One of the key elements that required exploration was the application to a public sector environment. Where there are legal requirements for open, fair, transparent public procurement, there are often assumptions that supplier relationship management cannot be done in that context. In part this may be because it is difficult, if not impossible, to implement some of the initiatives used in the private sector either to significantly limit the number of suppliers, or to develop meaningful relationships with specific, preferred suppliers. It may also be based on the idea that all suppliers, and potential suppliers, must be treated in exactly the same way, without distinguishing between the constraints that exist for an open procurement, actively being tendered, or one on the verge of being published, and broader discussions that may take place outside of the parameters of a specific requirement.

The research and analysis helped establish that elements of supplier relationship management can be applied in the public sector. The experience of both the U.K. Office of Government Commerce and the U.S. Defense Logistics Agency confirmed that supplier relationship management is possible in the public sector. The two country's experiences were different, confirming that supplier relationship management in the public sector can follow different paths, suitable to the legal, industrial, and historical contexts of the respective countries. The two examples also differed in their application to civilian and military procurement, taking advantage of the flexibilities inherent in military procurement that do not necessarily apply to civilian, commercial procurement.

Further, the example found in one private sector example demonstrated many aspects that mirror the imperatives of public procurement. The BP supplier relationship program was based on an approach that included its full portfolio of 160,000+ suppliers [3]. This example was essential, because contrary to many private sector examples, it was not based on reducing the supplier base, but rather acknowledging that different suppliers will, by necessity, have different relationships with the procurement organization. By grouping suppliers into categories based on a number of factors related to the critical nature of the goods or services being provided and the relative market position of the company and its suppliers, it was able to develop a relationship management regime in which relationships with different categories of suppliers were managed with more or less intervention and attention, without excluding suppliers from either the possibility of competition, or from its supplier relationship management program. This provided an interesting example for possible use in the public service.

13.1.3.2 Culture of relationships

Some of the dynamics of public procurement can distract attention from one of the fundamental principles of supply: that both client and supplier must perceive value, and that such value needs to be present in a contract or in a relationship. One of the things that may help obscure this principle in public procurement is a series of assumptions related to the principle of openness. At the core of much public procurement legislation, especially trade agreements, is the assumption that all suppliers, domestic and potentially foreign, would like access to government contracts. While this assumption is not necessarily flawed, this assumption, combined with the positioning of some suppliers as feeling they have a "right" to public contracts, especially in their home country, may lead public procurers to accept that assumption as universal, and not stop to question why a supplier is interested in contracting with the government, beyond the very surface level of "to generate revenue".

There is also a legal framework designed to foster openness in public procurement. This can lead procurement authorities to assume that any action that does not contravene the legal framework is, by definition, open. This understanding of openness does not distinguish between open tendering and publication, and open competition. For the purposes of this paper, the latter includes the way a requirement is structured, both in scope and in specific criteria, and the resulting impact on the ability or interest of specific suppliers to enter into the competition.

This is the point from which two additional assumptions may lead public sector procurers away from understanding the value of supplier relationship management. Assumptions that all suppliers are interested, and that any interested supplier can participate, can easily lead one to conclude that suppliers are easily replaced, and therefore, there is no need to consider the suppliers' perception of value from participation in public procurement.

Once this chain of assumptions is challenged, there can still be several organizational culture norms that may also need to be overcome, most of which relate back to a narrow understanding of the principle of openness.

Relationships with suppliers

Whether they are acknowledged or not, a procurement organization always has relationships with suppliers – having a contract means having a relationship. At the most basic level, denying the existence of the relationship means denying a fundamental aspect of contract management. A supplier with more than one contract is making conscious decisions about its whole contract portfolio. If a procuring organization believes the relationships are entirely unique for each contract, it may become vulnerable either to a shift in the balance of power between supplier and procurer, or to problems on a specific contract that may be part of a larger context of which the procurer is unaware. This becomes even more important when different parts of a procuring organization have different types of interactions with suppliers, each of which have different imperatives and parameters, and there is no means of accumulating and managing this information [4].

Managing relationships with suppliers

Some people may believe that a public procurement entity cannot actively manage its relationships with its suppliers. Contract administration is one form of relationship management – ensuring that problems within a contract are addressed promptly and appropriately. Experience at PWGSC shows that suppliers are interested in more open dialogue, and that increasing dialogue and conducting meaningful discussions in the context of broader relationships yields more effective outcomes.

Nature of Supplier Relationship Management

Some people may believe that supplier relationship management necessarily means a full partnership. Rather it can be about "more intelligent", productive relationships, neither more friendly nor more antagonistic, but more informed. Supplier Relationship Management means a mix of contract-related discussions and discussions outside contract award and approval structure. The nature of the relationship and level of discussion or engagement varies based on the category of good or service and strategic positioning of client and supplier.

Supplier consultation and discussion mechanisms can be structured to focus on collective and mutual benefits. Fully informed clients are better able to identify and counter attempts at one-sided, self-serving posturing

Legal duty of fairness

There are legitimate reasons for different types of discussions: supplier awareness; consultation; solicitation clarification; contract administration; and others. Being clear about what is being discussed and why helps understand when and how discussions with suppliers can, and should, take place. Different types of discussions can and should take place at different points within the organization without jeopardizing individual contract files.

13.1.3.3 Benefits

Leveraging the government's position as a significant buyer of goods and services should go beyond generating economies of scale and improved approaches to individual categories of goods and services to include leveraging the linkages across the entire portfolio of contracts and relationships [5]. This can encompass a thorough understanding of, and ability to act upon, the economic and socio-economic forces acting upon and due to public procurement. Such forces include economic pressure on the position of the government as a client and the impact of government procurement on the economic and socio-economic status of the Canadian and global marketplace. A conscious approach to supplier relationship management can help improve the government's position as a customer through the following four fundamental benefits:

- Enhanced ability to work from a knowledgeable position;
- Earlier identification and resolution of procurement issues;
- Earlier identification and realization of procurement benefits; and
- Enhanced access to external expertise.

Enhanced ability to work from a knowledgeable position

Recognizing and managing the relationships with suppliers, and increasing the information shared within the procuring organization on supplier issues and relationships allows the government to benefit from more fully-informed decision-making to develop effective sourcing strategies, and negotiate and manage contracts. It also restores the balance of information flow that could otherwise potentially be open for exploitation by a supplier. Finally, creating a common, coherent approach establishes a solid foundation to realize other benefits. This includes being able to manage procurement in best interests of the government or the country as a whole.

Earlier identification and resolution of procurement issues

Having a clear basis for managing relationships increases a procuring organization's ability to reduce and manage supplier issues and problems before they escalate and identify potential procurement improvements or risk-mitigation strategies more easily.

Further, lessons learned from one category of goods or services are more easily applied elsewhere, to other categories with similar profiles, supplier structures or supply chains, and changes in the market for one category that affect other markets are identified and managed more efficiently.

Earlier identification and realization of procurement benefits

A better understanding of supplier capabilities and interests can help point to possible areas of mutual benefit. This can include: a better alignment of contract goals or better management of expectations; ability to identify new markets, technologies, or products, market share; and a better ability to shape strategies, requirements or contract administration to maximize benefits for the end users and for citizens.

Enhanced access to external expertise

Having a solid foundation of supplier relationship management help an organization identify potential sources of information relevant to specific categories of goods or services, to specific types of procurement, and to the overall evolution of the practice of procurement.

13.1.3.4 Critical Success Factors

Once an organization has decided to change how it engages, and conducts its relationships, with suppliers, there are still key areas that need to be evaluated and monitored to be able to make those changes successfully.

Principle of Mutual Benefit

The counterpoint to the idea that suppliers will always be based on self-interested posturing is the perception sometimes held by suppliers that the government is always looking for extra value for which it is not willing to pay. For supplier relationship management to work, the procuring entity must be committed to the principle that both buying and supplying organizations need to benefit from the investment of time and effort in a supplier relationship management program. In the public sector, it also has to be transparent to all potential supplier how the supplier relationship management program is structured and how they can take part if they wish. This is the point at which the value of the BP approach becomes vital. Recognizing that the supplier relationship management program can be scalable to the needs of buyers and suppliers allows it to be more effective.[6]

Clear objectives and data

Within the principle of mutual benefit, a supplier relationship program must be based on clear objectives, and have access to all of the necessary supporting data. It is also necessary that the objectives and data be shared widely within the organization to avoid, inadvertently, creating an even greater vulnerability. The types of data that may be useful to have included:

- Corporate Details;
- Financial Details;
- Market Analysis ;
- Corporate Performance Measures;
- People;
- Compatibility of goals with client goals;
- Future Plans;
- Performance and Credibility;
- Government Relations;
- Technical Ability; and
- Contract History.

Sustained commitment

Once the government starts a supplier relationship management program, it must be prepared to keep it, even if it naturally evolves based on government and supplier experience. Any withdrawal from an established relationship management regime is very likely to damage the credibility of the organization. As a result, it is necessary to implement a supplier relationship management program only as fast as the culture changes necessary to support it.

13.2 Current status

13.2.1 Shift in culture

In the years since the original research was conducted and a supplier relationship management regime proposed, there has been a growing base of support for a commitment to truly bringing supply and demand together, and the related need for true engagement, not only of clients, but of suppliers as well. While initial support for the concepts of supplier relationship management varied widely depending on the experiences and perspectives of several key individuals, socialization of the ideas has helped build a strong consensus of the need to think differently about how procurement works and the relationships that underpin it.

One of the things that has helped with the socialization is the growth of a slightly different kind of supplier relationship management, one that is part of "the House", not necessarily a specific element, but as part of the wider sense of supply management. This is a very strong outreach program, combined with a program of reducing barriers to participation in procurement. In 2005, PWGSC established an Office of Small and Medium Enterprises mandated specifically to make it easier for suppliers, especially small and medium businesses, to do business with the Government of Canada. In 2006, the office was expanded to include local offices in key cities across the country. Offering free seminars to suppliers interested in doing business with the government, and offering them not only during normal working hours but on weekends, in the evening, and in locations convenient for suppliers provides both immediate assistance to suppliers, and concretely demonstrates that the government is interested in the needs of suppliers. Pairing the outreach with efforts to address the issues that can deter or prevent supplier from doing business with the government adds to the credibility of the organization. As a result, new elements of supplier relationship management can be introduced gradually, as other part of PWGSC and suppliers become more familiar and comfortable with engaging with suppliers.

13.2.2 National Shipbuilding Strategy

In 2011, Canada announced a National Shipbuilding Procurement Strategy and in 2012, negotiated umbrella agreements with two shipyards. This represented a fundamental shift in supplier relationship management in Canada. One of the most precedent-setting aspects of this procurement was a solid commitment by the Government to allow the procurement process to follow its course without political involvement. The Government chose very specifically to remain apart from the process, to the extent that final approval was sought without reference to company names and the Prime Minister and Minister of Defence found out at the same time as the rest of the country the names of the winning bidders.

From the earliest stages of the development of the strategy, the industry was consulted on how the strategy should be developed, what should be in it. This continued to consultation on the criteria and evaluation methodology. Because of the nature of the shipbuilding industry in Canada and the structure of the strategy, participating bidders also decided amongst themselves that at the end of the process, they would share the detailed results, allowing each bidder to clearly understand not only how they had been evaluated against the criteria, but also how the other bidders had scored.

The involvement of third-party experts, in helping to shape the procurement process, in benchmarking key capabilities, and as fairness monitors helped reassure participating bidders and observers that the process was fair and transparent [7].

The National Shipbuilding Procurement Strategy is also one of the first major steps in establishing supplier relationship management within the structure outlined in "the House". It was a competitive process to select two suppliers with whom to establish specific relationships, within with specific contracts would take place and establish some of the elements of supply chain management in this field. As such, it provides one example in which an open, fair, transparent procurement process can lead directly to a supplier relationship management approach.

Recognizing that many of the aspects of both the shipbuilding industry and the strategy cannot be easily replicated in other procurements, PWGSC has, and continues to broaden the application of the three key principles: engagement; third-party involvement; and decision-making in other areas of procurement.

13.2.3 National Goods and Services Procurement Strategies

For many commercial goods and services, and some specialized categories of military goods and services, PWGSC is building on its evolving knowledge, and its position as the central purchasing body of the Government of Canada to effect fundamental change in the way goods and services are purchased. For many of these categories, the industry composition is exactly the opposite of the composition of the shipbuilding industry. For example, the majority of translation suppliers in Canada are micro enterprises, operating out of their own homes.[8] An approach suited to the shipbuilding industry, with a limited number of suppliers capable of building large ships, is not suited to the translation industry. However, PWGSC acknowledges that there are issues with the way translation services are procured that can only be addressed by working closely with the industry. PWGSC is using a combination of web-based questionnaire, webinars and face-to-face meetings to engage with the industry as a whole in a manner that is closer to the structure of a dyad relationship than to what is normally understood to be supply chain management. One of the key aspects of this approach is that it includes both companies who have expressed interest in doing business with the Government of Canada, regardless of whether they have yet secured a contract or not, and any other supplier who might be interested, but not yet be known to the government. Development of web-based tools, and sites dedicated to public consultation [9] have made this kind of relationship possible in ways that did not exist before.

This same approach is being taken for a wide variety of goods and services to produce many of the benefits of supplier relationship management, for both government and suppliers, in a context where individual relationships are highly impractical.

Response to date indicates that suppliers are very much ready and eager for this kind of approach by government – starting from a position that only when supply and demand needs are fully understood and integrated can public procurement best serve the government and the public. This approach reflects the same shift away from a transactional focus to a more comprehensive approach

13.2.4 Supplier Summit

In 2011, PWGSC launched its first Supplier Summit [10]. Again, this was an important step in managing relationships with suppliers. As part of the supplier relationship management program proposed following the research referenced above, a broad-based, horizontal consultation body was proposed. In part this was in recognition of the fact that the category-based approach now in use in the National Goods and Services Procurement Strategies could not provide the same kind of insight that could be gathered when looking at issues across procurement rather than within a specific industry.

Some of the key challenges in moving forward with a body that could provide this element of supplier relationship management were those identified above in the section on culture of relationships. Where the relationships developed as part of the National Goods and Services Procurement Strategies are available equally to all companies interested in doing business with the Government of Canada, participation in a supplier summit, is by definition, limited to a number that can reasonably be accommodated in a boardroom and that allows for meaningful discussion, rather than one-way communication or limited questions and answers. Not only did solutions have to be found to this challenge, they had to be able to demonstrate how the principles of openness, fairness, and transparency were being respected to ensure that participants did not have, and were seen not to have, disproportionate advantages from participation. As the organizational culture shifted to increased acceptance of different types of engagement, and to recognition of the need for broad supplier input, appetite for such a body increased.

The launch of the supplier summit was very well received and has set a precedent for continued use of this body.

13.3 Lessons Learned

Like with any other culture change, a shift to more strategic supplier relationship management takes time. This is especially true in a culture used to thinking of itself as a "client service organization" without necessarily questioning how clients truly perceive value, and as procurement as something that starts with a funded requisition. Further, the culture shift necessary to implement supplier relationship management in the open environment of public procurement is, by definition, one of subjectivity and interpretation of principles and values rather than one of objectivity and fact-based argument. This means that although the facts and quantitative data need to be sound, the truly transformative evidence will be qualitative, anecdotal, illustrative evidence.

Building gradually allows for a supplier relationship management to grow as the culture changes, adapting to evolving needs, within a set of overall objectives. It also means that efforts are cumulative, with each of the small, early steps being both essential for further development of a supplier relationship management program and adding to the overall shift in attitudes. An incremental approach also allows credibility to grow amongst the supplier community, by allowing time for suppliers to see that a true shift in approach supplier relationships is underway.

13.4 References

[1] Canadian Translation Industry Sectoral Committee; Survey of the Canadian Translation Industry - Human Resources and Export Development Strategy; 1999 available at http://www.uottawa.ca/associations/csict/strate.pdf accessed 2012-05-31.

[2] Cousins, P. D. (2002). A conceptual model for managing long-term, inter-organizational relationships. European Journal of Purchasing & Supply Management, 8, 71-82.

[3] Essig, M. (2005). Integriertes Beschaffungsmanagement: Der Ansatz des House of Sourcing and Supply Management. Universitaet der Bundeswehr Muenchen.

[4] Essig, M., & Markus, A. (2005) IPSERA 2005 Conference: Supplier valuation management: strategies and concepts for value determination and value preservation of supplier. Archamps, France.

[5] Lambert, D.M. & Knemeyer, M.A. (December 2004). We're in this together. Harvard Business Review.

[6] Lintukangas, Katrina (2009). Theoretical Aspects in Supplier Relationship Management Research. 18th IPSERA Conference Working Paper.

[7] Olsen, R.F. & Ellram, L.M. (1997). A portfolio approach to supplier relationships, 26, 101-113.

[8] Public Works and Government Services Canada; Public Works and Government Services Canada talks business with suppliers October 2011 http://www.tpsgc-pwgsc.gc.ca/comm/vedette-features/2011-10-28-00-eng.html accessed 2012-05-30.

[9] www.consultingcanadians.gc.ca accessed 2012-05-31.

[10] Public Works and Government Services Canada Results of the National Shipbuilding Procurement Strategy October 2011 http://news.gc.ca/web/article-eng.do?mthd=tp&crtr.page=1& nid=629989accessed on 2012-05-30.

Public Procurement in the United States

14

Alexandru V. Roman und Khi V. Thai – School of Public Administration, Florida Atlantic University

14.1 Abstract

A decade ago, there were valid concerns regarding the limited emphasis that was being placed on public procurement within scholarly literature and within the policy discourse. This is no longer the case. The latter, however, has perhaps been motivated more by necessity due austere financial and budgetary constraints, than by strategically nurtured interest in the area. Overall, it could be argued, that while we have made authentic progress in our understanding of the intricate dynamics of public procurement, there are still lesson to be learned before we could recognize a habitual practice of procurement excellence. This chapter addresses these types of lessons through a discussion of the public procurement in United States.

14.2 Introduction

Similar to all other countries in the world, public procurement is a major function of government in the United States of America. It has a long and rich history in practices. Indeed, it became the focus of important attention during the progressive era, end of 1800s and early 1900s. Reforming public procurement was believed to be an essential aspect in the struggle against the political machines of the time and against the perceived corruption, and inefficiencies of government [11]. In 1914 the Rockefeller Foundation funded several overarching studies meant to improve governance. Government purchasing was one of the core areas addressed within these studies. The efforts resulted in Thomas' (1919) seminal book on public procurement – *Principles of Government Purchasing*. Fitting with the spirit of the epoch, the book drew on private sector experiences and on the beliefs of omnipotence of science in order to delineate a framework for the public procurement process. The writing fully embraced the efficiency narrative, characteristic for the early 1990s, which resulted in public procurement excellence being primarily associated with "excellent prices" ([33], p. 170).

Excellence in public procurement continued to be thought of primarily as an inverse function of price all the way up to early 1990s. Consequently, public procurement has been perceived as a simple administrative or clerical task. That is why the terms "governmental purchasing" are used in state and local governments (The National Association of State **Purchasing** Officers, and The National Institute of Governmental **Purchasing**, Inc.) and "acquisition," is used in the federal government (The Federal Acquisition Institute and The Defense Acquisition University).

It was not until the late 1990s that public procurement practices started to be associated with an adequate level of academic attention [30], and was delineated, and evolved beyond "just purchasing" ([17], [26], [32]). Reflecting this evolution, a major professional organization in this field changed "purchasing" to "procurement": The National Association of State **Purchasing** Officers was renamed The National Association of State **Procurement** Officers in 1998.[1] Then, in 1990, the National Institute of Governmental Purchasing Inc.

[1] The year of name change was confirmed in an April 30, 2012 e-mail by Mr. Jack Gallt, Director, National Association of State Procurement Officers.

decided to take a leading role in academic research and education by signing a partnership agreement with a higher education in 1990. This agreement has led to a new Public Procurement Research Center in 1999 at Florida Atlantic University, and two years later, a new academic journal, *Journal of Public Procurement* (2001). Not until 2011, the National Institute of Governmental **Purchasing** was renamed The National Institute for Public **Procurement**.[2] During the same period, as part of the reinvention movement and in accord with the tenets of new public management (NPM), the American public procurement system was targeted by important reform initiatives.

Today's budgetary and financial realities have placed a historically unprecedented focus on public procurement. Federal, state and local governments have identified purchasing and contracting as critical dimensions in achieving effective administration and even improved and transformed governance. In the demanding environment delineated by network-type governance, achieving transformation becomes nearly impossible without an authentic dedication to procurement excellence. Yet, one should be cautious in hastily embracing a given normative framework, since similar to most other areas of American policy, defining excellence in public procurement might become an inherently political exercise.

This chapter will provide a brief overarching discussion of public procurement in United Stated. When addressing the current operational construct of public procurement in U.S., there are four broad themes that will be employed in delineating a clear understanding: historical evolution, military spending, form of governance and political narrative. Taken together these aspects explain the great variance in extant procurement structures and processes. The first part of the chapter will discuss historical developments and legislative constructs associated with public procurement practice and its current status. The second part will update the reader on the evolutions within the scholarly body of literature. The chapter will conclude with a discussion of the lessons that could be drawn from the American context.

14.3 A historical overview

Historically in U.S., municipal public procurement preceded that of state and federal governments [24]. At the federal level, the appointment of purchasing commissionaires in 1778 by the Continental Congress was among the first major procurement undertakings. Court cases that established government authority contract can be noted as early as 1823 [13]. Oklahoma was the first state to legislatively establish a central purchasing bureau in 1910; but it wasn't until the second part of 1900s that centralized procurement offices became the norm [24]. In the spirit of the technical superiority of bureaucracy, the centralization trend in public purchasing continued mostly unchallenged until early 1980s [30]. Within the latter context, one could also note important efforts for constructing uniform and encompassing procurement codes. The Uniform Commercial Code (UCC) in 1951 and the Model Procurement Code (MPC) in 1979 are two early examples of such efforts.

[2] The year of name change was confirmed in an April 30, 2012 e-mail by Mr. Rick Grimm, Chief Executive Officer, National Institute for Public Procurement.

An important part of the historical context and of the current structure of purchasing in U.S. is held by military spending. In 1792 the US Congress extended purchasing authority to the Department of War. The purchase of six frigates in 1794 was among the first major military procurement outlays under the newly acquired authority. To improve upon the shortcomings of the 1792 legislation, the Purveyor of Public Supplies Act was passed in 1795. The latter provided the basis for military purchasing, which since then has become one of the most significant areas of federal spending. For instance, for the 2013 fiscal year (FY), the Department of Defense suggested base budget is expected to be $530.6 billion [6].

Outside military spending, the political narrative of the last two decades has probably been most critical force in shaping public procurement dynamics. The deregulation movement of 1980s, importantly informed by economics-driven perspectives such as public choice and new public management, put immense pressure on the system as a whole to reconsider its practices and priorities. The reinvention efforts of the 1990s culminated with the well-known National Performance Review, which intended to critically reshape the nature of governance. Curiously, as Thai (2001) suggests, many of the issues that were addressed by the transformation efforts of the early 1990s were comparable to the ones targeted by reforms movements at the turn of the 20th century. Here, however, it is appropriate to make a significant note. It is often the case that many overlook that reinvention period has managed to motivate important shifts within the philosophical underpinnings that guided many of traditional procurement practices for decades. The 1990s witnessed the development of what some have called the hollow state [20], contract state [3] or governance by contract [34]; these devolutionary dynamics have set public procurement on a transformation path from ordinary aspect of governance towards a critical strategic pillar of it.

14.4 Current structure and legitimacy mechanisms

Given that public procurement entails spending of public funds, it has to be legitimated by legislative, judiciary and democratic constructs. The procurement and contracting capacity of the federal government is implicitly set forth within the U.S. Constitution (Article 1, Section 8) and through early interpretations of cases by the Supreme Court. The general understanding of government contracts is shaped under the framework provided by common law. The executive branch procurement process is shaped chiefly on the authority provided by the Armed Services Procurement Act (1947) and the Federal Property and Administrative Services Act (1949).

As form of governance, the U.S. is a federal constitutional republic of 50 states and the District of Columbia. Within the constitutional framework of legislative-judiciary-administrative checks and balances - neither uniformity nor change is easy to achieve. In general terms Congress allocates funds through legislative acts, the executive branch undertakes actions as prescribed by legislative mandates and the judiciary branch intervenes when interpretations are needed. In congruence with above process, interests groups such as unions or nongovernmental organizations take an active role in the overseeing and influencing the design, adoption and operation of procurement processes. Although overall the federal interests overshadow those of state and local governments, given the "clumsiness" in the distribution of power, states and even local governments are often able to challenge federal mandates. **Figure 14.1** provides a simplified visualization of the check and balances framework.

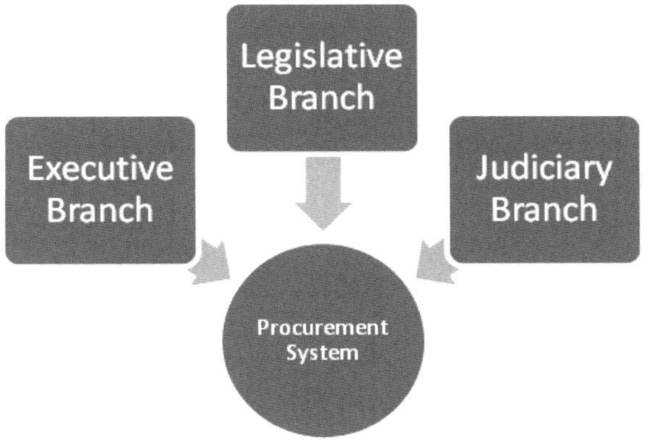

Source: authors' own illustration

Abb. 14.1 The Public Procurement System in U.S.: The Checks-and-Balance of Power

Notwithstanding democratic imperatives, the executive branch is at the heart of implementing and interpreting procurement policies at every level of government. Whether it is the president, the governor or a city manager, the representatives of the executive are regularly expected to make a manifold of procurement decisions. Such procurement decisions range from supplementing, developing and augmenting statutory procurement policies and shaping organizational structures to whether to meet program needs in-house or by contracting out.

Although public administration literature often overlooks the role played by the legislative branch in shaping public procurement practices that does not mean that it is not critical. In U.S. the legislative branch delineates the broad parameters of public procurement by identification of priorities and through appropriations and allocation of statutory authority. Legislative oversight, while not always intense, is another important force in shaping public procurement dynamics. Similar to the legislative branch, the importance of judiciary's role in public procurement is habitually grossly underestimated; yet, on many occasions court decisions set precedents and impose procurement standards that can change extant practices in substantial ways. Somewhat paradoxically, the courts can be relatively more aggressive than congress or the president, in their pursuit of changes, when a specific case is reaches judicial review.

The Office of Federal Procurement Policy, a part of the Office of Management and Budget, assists in the establishment, development, and maintenance of Federal Acquisition Regulations (FAR); coordinates the development of government-wide procurement systems criteria and expectations; and provides direction in the development of procurement processes of executive agencies. The FAR represents the main body of administrative rules that have been developed to guide public procurement at the federal level and they are set within title 48 of the United Stated Code of Federal Regulation [1]. The Federal Acquisition Regulatory Councils also play important roles within in establishing procurement policy and regulatory activities. In total, there are three Acquisition Regulatory Councils: the Defense Acquisition Regulatory Council (DARC), the Civilian Agency Acquisition Council (CAAC), and the Federal Acquisition Regulatory Council (FARC). All three councils cooperate in the development and approval of proposed amendments to FAR. When contracts disputes arise, between contract officers and contractors, they are forwarded to the Boards of Contract Appeals (BCA) for resolution. While the large agencies commonly have their own BCA, in case when an agency does not have a BCA it can make use of the BCA of another agency. Governmental Accountability Office and the federal courts provide further venues for appeal. One important note that should be made here is that the Office of Federal Procurement Policy procurement is also entrusted with issuing the guidelines for federally funded programs administered by state and local governments.

Although, holistically the federal procurement dynamics are similar to those one would habitually encounter at an organizational level; federal purchasing actions and contracting is under significantly more regulatory stringency, complexity and scale demands. For instance, according to the federal procurement data systems (FPDS), for FY 2011, there were at least 66 private contractors that engaged in procurement agreements with the federal government, whose total value exceeded $1 billion. Lockheed Martin Corporation ($42.5 billion), Boeing ($21.6 billion) and General Dynamics Corporation ($19.5 billion) made up the top three private contractors. Moreover for FY 2011, the top 100 contractors and the federal government have engaged in close to 9.6 million procurement actions with a total spending balance of $295 billion [10].

Outside the federal and state governments, according to 2007 data, in U.S. there are 89,476 local governments, school and special purpose districts [4] that employ individual and partially autonomous sets of procurement constructs. State and local level procurement practices are generally more decentralized compared to the federal level. Agencies commonly activate within autonomously development procurement frameworks, yet, when necessary or when it becomes advantageous they might decide to use broader state or federal contracting arrangements. At the state levels, it is often the case that the central procurement office is a division of the Department of Administrative or General Services. At the county and local levels the organizational structures exhibit a great deal of variation. In these contexts, the chief procurement officer may report to the chief executive officer, the general services director or the director of finance. It is also common for local level administration to choose not to have centralized procurement offices. In the case of public school districts, the chief procurement officer general reports to an Assistant Superintendent or Executive Director of Business; while within colleges and universities, the chief procurement officer normally reports to the Vice-President or Vice-Chancellor of Administrative Affairs. Paradoxically, the small scale procurement at the local level can simultaneously act as either a motivator or inhibitor of procurement innovation. It is within this context that dimensions that go beyond organizational structures, such as leadership and strategic collaboration, become critical for procurement excellence.

Taken as a whole, public procurement in US can be characterized as an evolving set of regulatory structures and administrative practices; a set that is importantly informed by federal regulations and traditional norms and constructs. Military procurement and strict regulatory oversight are the two representative dimensions of purchasing at the federal level. State and local public procurement, while not as complex are much more decentralized, mimic the dynamics of federal procurement. Procurement structures at the state and local levels develop within the setting of the larger federal framework; however, at the same time they are much more diverse and flexible. The overlap of regulation and varying expectations can at time introduce high levels of complexity and ambiguity; nevertheless, in grand lines the American procurement system is rather effective, transparent and encompassing of the broader set of democratic values.

Considering all of the above aspects, today's state and structure of public procurement can be delineated as intricate multilevel web of legislative expectations and network collaborations. Normatively, procurement in United States is designed in a manner that would uphold and attempt to maximize transparency, accountability and democratic responsiveness. Management effectiveness and policy implications also rank high on the list of overarching goal. The OECD (2009) four pillar model (transparency, good management, prevention of misconduct, accountability and control), presented in **Figure 14.2**, is a fitting representation of the normative construction of what the American public procurement process hopes to become.

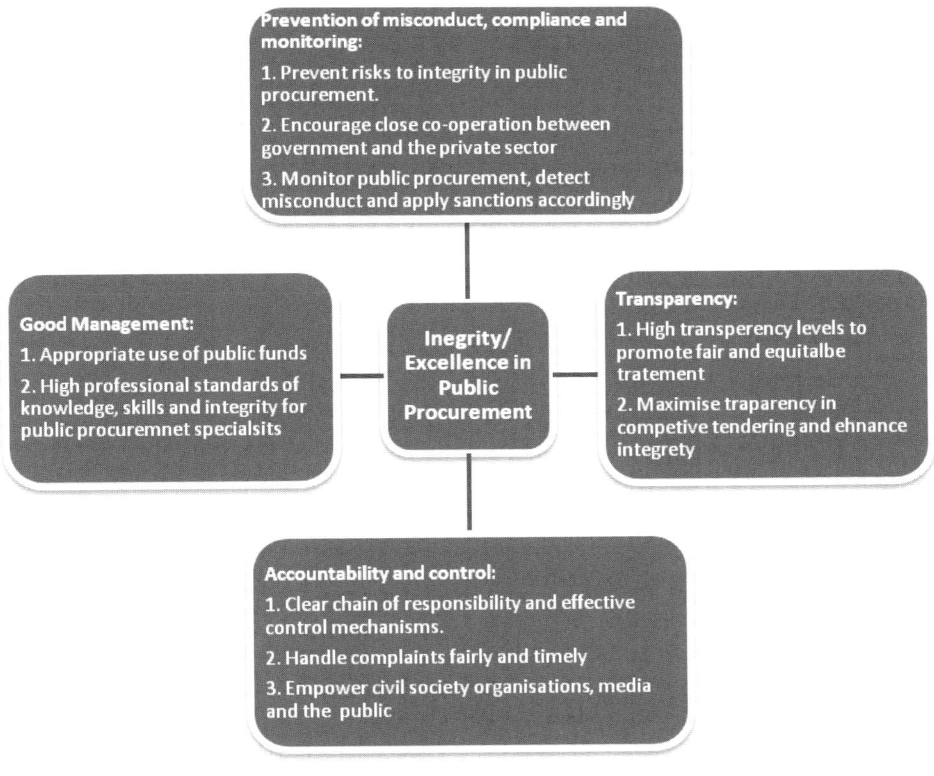

Source: adopted from OECD (2009) [23].

Abb. 14.2 Four Pillar Model of Integrity/Excellence in Public procurement

14.5 Gauging the magnitude and impact of public procurement in United States

Given that administrative and legislative interdependences, evaluating the overarching impact of public procurement in United States is extremely difficult. One of the better ways of gauge such effects is by examining the magnitude of procurement expenditures. **Table 14.1** provides a breakdown of federal actual and estimated expenditures for contractual services, supplies and acquisition of capital assets [37].

	2011 actuals	2012 estimate	2013 estimate
Contractual Services and Supplies	$527,805	$524,195	$510,805
Acquisition of Capital Assets	$224,196	$237,166	$167,165
Totals	$752,001	$761,361	$677,970

* amounts are in millions

Tabelle 14.1 Federal Spending for Contractual Services, Supplies and Acquisition of Assets*

The aggregate numbers for state and local levels are comparable to the outlays at the federal level [36]. **Table 14.2** provides a more detailed breakdown.

	State Governments	Local Governments	Totals
Construction	$97,526	$182,683	$280,209
Other capital outlay	$19,051	$58,013	$77,064
Vendor payments	$317,283	$6,286	$323,569
Totals	**$433,861**	**$246,982**	**$680,843**

* amounts in millions

** 2010 data will be made available in the second part of 2012

Tabelle 14.2 State and Local Government Expenditures* for 2009**

Another way to understand the sheer size of the procurement activity in United States is to examine the raw number of procurement actions. According to the Office of Management and Budget in 2007, at the federal level there were a total of 3,973,578 of procurement actions for a total value of $459,998,278,356. These numbers represent only awards (delivery/task orders, purchase orders, definitive contracts and BPA calls) in final status. In addition the reported numbers do not include NASA-specific awards such as intragovernmental, cooperative agreements, grants for research or other type of NASA-related agreements and grants.

A final way of delimiting the magnitude of public procurement at the federal level is to evaluate the workforce numbers. According the Federal Acquisition Instituted for FY 2010 a total of 74,630 professionals were employed as Contracting Specialists (GS-1102), Purchasing (GS-1105), General Business and Industry (GS-1101) or Procurement Clerical and Assistance (GS-1106) [9]. The numbers of 2010 represent a 6% (3,999) increase over the workforce for FY 2009. Not considering GS-1101, GS-1102, GS-1105 and GS-1106 positions, an additional 47,959 specialists were employed as contracting officer's representatives (CORs) and 4,186 more were identified as acquisition program and project managers (P/PMs). Taken together in 2010 alone, the federal government employed 126,775 professionals whose primary job responsibilities were associated with public procurement. For state and local governments, however, such reliable numbers are more difficult to trace and are not yet available.

14.6 Evolution in understandings: Scholoarly and practice progress towards procurement exellence

In 2001, Thai ([30], p. 10) argued that while "governmental entities and public procurement professional associations have published numerous procurement reports and training texts, public procurement has been a neglected area of research interest by academicians." Another critical concern was that "the fundamental difference between private and public procurement strategy and management, that of the political interface, has been overlooked in research" ([22], p. 99). According to Murray ([22], p. 99) "there is a need to be more critical of potential responses from procurement managers and look for triangulation from other actors, particularly those of the respective politicians. Indeed, there is a need for more research on politicians' perspectives on public procurement."

One could argue that within the last decade Thai's and Murray's concerns have been addressed in important ways. First, academic journals such as *Public Procurement Journal*, *Public Budgeting & Finance Journal* and *Public Administration Review* regularly provide high quality articles addressing diverse aspects of public procurement; from best practices to theoretical analysis of legislative contexts. The growth of American associations of public procurement specialists and establishment of interaction avenues such as the *International Public Procurement Conference* (in 2012 held in Seattle, U.S.) has motivated increased levels of communication and cooperation among American scholars and practitioners.

In the light of budgetary austerity public procurement is no longer treated as an apolitical or neutral practice. Both scholars and practitioners have acknowledged the role of politics in interpreting priorities and delineating discretions. Under such environments, public procurement specialists find themselves at the front lines of value-laden decisionmaking. The latter is especially true at the local levels were procurement is in important ways much more personal and malleable than at the federal or state levels. Diggs and Roman (2012) found that the stability of the decisionmaking environment can lead to significantly different decisionmaking and accountability patterns on the part of public procurement specialists. On the one hand, when public procurement professionals perceive their environment as highly political and unstable, they are more likely to behave like traditional administrators with rigid enforcement of rules. The "purists", as they have been termed by Diggs and Roman (2012), emphasize a distinction between work and personal values. On the other hand, public procurement specialists who don't perceive their decisionmaking environments as political or unstable, the "brokers", are more likely to act in network-type manner and emphasize an overlap between their personal and work values.

Within the past decade, research in public procurement has also improved greatly in terms of quality and theoretical rigor. Scholars have started to place practice oriented research questions within the established theoretical frameworks on institution, public policy and organizational behavior. While, given their practical utility, case studies remain rather common; research in the field now often employs sophisticated quantitative approaches such as time series analysis, structural equation modeling or other econometric based methodologies. As a result of such developments, public procurement research has had a rate of growth that could rival the interest and advancements of areas such e-government or emergency management. Holistically, one could argue that the challenge of focusing research on the "big questions" has overtaken the lack of academic attention as the primary focus of future scholarly efforts.

Despite the significant progress along academic and practice dimensions, critical challenges remain. Reforming federal contracting and acquisition, for instance, was delineated among President's Obama top performance priorities [19]. Curiously, for an admired and transparent democracy, U.S. faces fundamental challenges in dealing with inefficiencies and even corruption in public procurement. For instance, in 2012 the city of Chicago pledged $11 million towards a program that would attempt to combat chronic corrupt practices in minority contract programs [29]. Great challenges are also faced by Detroit, a city who is well known for corruption shortcomings. Snell (2012) reports that Detroit's former mayor Kwame Kilpatrick and his associates regular engaged in corrupt administrative behavior at the expense of city's constituents. In another case it has been reported that former Massachusetts Treasurer, Timothy Cahill, engaged in procurement fraud to support own political interests [15]. Broward County Transit, Florida, provides another high profile case of fraudulent spending and million dollar contracts being questionably awarded to parties [5]. Neither federal nor military contracting is exempt from fraud and corruption related issues. In 2012 four navy officials and three defense contracting pleaded guilty to procurement related contracting corruption charges. According to reports the navy officials collected over $1million in cash and gifts in return for $6 million of falsified orders [25].

The theory-practice nexus is another aspect that warrants increased attention. Public procurement research, similar to many other aspects of public administration, has an intricate connection with practice. The quality and usefulness of research efforts in the area is often evaluated in terms of the practicality and usability of the resulting suggestions. As such, practitioners hold (should hold) an important role in constructing understandings and interpretation of issues and questions faced by public procurement. In addition to allowing practitioners a "voice" in construction of theory, transdisciplinary research efforts are also found to be critical.

...multiple and inseparable frames of reference are required that can be molded into something that is appropriate for both fields of practice, based on strong intellectual commitments...research design quality extends beyond the reliability and validity of research itself. To inform policy, research findings also need to be understandable, usable, accessible, and timely. This requires scholars and practitioners to be involved in the scoping of the research as well as in framing and reporting the research findings ([12], p. 412).

The above-mentioned dynamic, however, is not always readily identified in the research by American scholars or practitioners. While, both sides have intensified and improved their research endeavors, the gap between public procurement scholars and practitioners appears, unfortunately, to be growing.

A final important challenge that warrants attention here is the chasm between the academic enthusiasm and aspirations associated with e-procurement and the reality in "the field". In theory, the digitalization of the procurement process is expected to lead to higher levels of transparency, accountability, and compliance with legal frameworks ([14]; [35]). Furthermore scholars have suggested that such dimensions as e-notice, e-auction, e-catalogue, e-dossier, e-submission and e-signatures could reduce costs ([7], [21], [16], [2]) and provide the framework for generating effective long-term strategic approaches, improve process and budgetary controls, and reduce transaction costs; hence, leading to more efficient supply markets [7]. According to some estimates the federal government could save as much as 20% of annual spending on equipment and services simply by expanding e-procurement systems; while according to others, the savings could reach as much as $1 trillion over the next decade [19]. Most importantly, still, it was hoped that e-procurement will lead to an integration among financial and procurement platforms which would make public procurement an effective public policy tool.

Currently in U.S., despite the significant investments in digital platforms and success stories such as eVA (Commonwealth of Virginia) and MyFloridaMarketPlace (Florida), public e-procurement has not transformed the procurement process as originally expected. Drawing on an NIGP survey, McCue and Roman (2012) report that 55% of the survey respondents indicated that their agencies implemented e-procurement in the early 1990s, and only 20% suggested that platform adoption underwent in the second part of last decade. Of those who did use of procurement platforms, on average 57% reported that they were not regularly using core e-procurement features. Above all, McCue and Roman (2012) suggest that spotty system integration is a great test faced by e-procurement in United States. With the exception of requisitions most respondents indicated low rates of integration between e-procurement features and financial platforms. Taken as whole, e-procurement has yet to generate genuine transformative dynamics. At this point in the evolution of e-procurement, the areas where significant benefits could be obtained, such as policy implications and financial management, are rather underemphasized. It could be argued that at this stage the digitalization of the procurement systems has simply automated processes, rather than generate strategic capabilities. The limited integration level across the organizational spectrum of e-procurement platforms severely limits the benefits of e-procurement and reduces the construct to "just another tool".

14.7 Conclusion

This chapter has delineated a summary overview of the public procurement in United States. Holistically, it was argued that the role and attention that public procurement currently receives has increased significantly in the last decade. Within a network-driven administrative environment, decisionmakers at all levels have acknowledged that public procurement, specifically e-procurement, will have to play a pivotal role in motivating desired transformations. The excellence of public procurement practices is now commonly evaluated beyond cost consideration alone; stakeholders have increasing expectations along a multitude of other broader and complex dimensions as quality, timeliness, risk management, adherence to social and democratic prerogatives and process efficiency (Thai, 2009).

Scholars have also dedicated a growing level of interest to the field, which has generated a solid body of high-quality empirical literature. Given a lack of original theoretical frameworks, case studies remain a dominant method of analysis; yet, more sophisticated qualitative and quantitative approaches are taking hold as well. Although, the acknowledgement and embrace of public procurement as a critical facet of public administration are still not necessarily at par with those in Europe, the progress of the last decade is nothing short of impressive.

Achieving coordinated public procurement excellence is extremely challenging in decentralized, fragmented and skewed toward the local level systems, such as the one prevailing under American federalism. The dialectical interpretations characteristic to the checks-and-balances structures, coupled with active lobbying involvement in the policy process - render transformation an outcome of incremental shifts. The American political system is not designed to address goals by relying on a centralized approach. Notwithstanding the federal context, procurement excellence, thus, becomes a decision that falls chiefly on the shoulders of local decisionmakers and professionals.

There is an intricate association between excellent procurement practices and long term strategies, social responsibility and planning. Yet, "planning" is not a procedural habit in US [27]. As a result, somewhat paradoxically, procurement practices in the private sector might become central to guiding developments within the public context. Whether excellence in public procurement will end up being motivated by budgetary austerity, private sector practices or by directed legislative mandates is probably not important as long as such dynamics are upheld. If the scholarly and practice developments of the last decade are an indication of what is to be expected of the future, one can be cautiously optimistic about the possibility of achieving broad scale public procurement excellence in U.S.

14.8 References

[1] Acquisition Central. (2012). Federal Acquisition Regulation (FAR). https://www.acquisition.gov/far/, accessed March 31, 2012.

[2] Brandon-Jones, A., & Carey, S. (2010). The impact of user-perceived e-procurement quality on system and contract compliance. International Journal of Operations & Production Management, 31 (3), 374-396.

[3] Cooper, P. J. (2003). Governing by contract: Challenges and opportunities for public managers. Washington, DC: CQ Press.

[4] Census Bureau. (2007). Local governments and public school systems by type and state: 2007. http://www.census.gov/govs/cog/GovOrgTab03ss.html, accessed March 28, 2012.

[5] Christensen, D. (2010). Whistleblower triggers investigation at Broward county transit. Sun-Sentinel, http://articles.sun-sentinel.com/2010-06-12/news/fl-bulldog-broward-transit-whistleblo20100611_1_transit-project-manager-whistleblower-swirsky, accessed April 1, 2012.

[6] Department of Defense. (2012). Fiscal year 2013 budget request. http://comptroller.defense.gov/budget.html, accessed March 27, 2012.

[7] Croom, S., & Johnston, J. (2003). E-service: Enhancing internal customer service through e-procurement. International Journal of Service Industry Management, 14 (5), 539-555

[8] Diggs, S., & Roman, A. V. (forthcoming). Understanding and tracing accountability within the public procurement process: Interpretations, performance measurements and the possibility of developing public-private partnerships. Public Performance and Management Review.

[9] Federal Acquisition Institute. (2011). FY2010 annual report on the federal acquisition workforce. http://www.fai.gov/pdfs/FAI_2010_Annual_Report_12_21_11_FINAL.pdf, accessed April 23, 2012.

[10] Federal Procurement Data System. (2011) Federal procurement reports. https://www.fpds.gov/fpdsng_cms/index.php/reports, accessed March 29, 2012.

[11] Fry, B. R., & Raadschelders, J.C. N. (2008). Mastering public administration: From Max Weber to Dwight Waldo (2nd Ed.). Washington, DC: CQ Press.

[12] Hardy, C. A., & Williams, S. P. (2011). Assembling e-government research designs: A transdisciplinary view and interactive approach. Public Administration Review, 71 (3), 405-413.

[13] Hearn, E. E. (2006). Federal acquisition and contract management (6th Ed.). Mountain View, CA: Hearn Associates.

[14] Henriksen, H.Z., & Mahnke, V. (2005). E-procurement adoption in the Danish public sector: The influence of economic and political rationality. Scandinavian Journal of Information Systems, 17 (2), 85-106.

[15] Herbst-Bayliss, S. (2011). Former Massachusetts treasurer faces corruption chargers. Reuters. http://articles.chicagotribune.com/2012-04-02/business/sns-rt-massachusettsindictmentl2e8f2eqd-20120402_1_corruption-charges-lottery-advertising-budget-face-prison-time, accessed April 3, 2012.

[16] Lösch, A., & Siân, L. J. (2007). E-Reverse auctions revisited: An analysis of context, Buyer–Supplier relations and information behavior. The Journal of Supply Chain Management, 43 (4), 47-63.

[17] McCue, C., & Pitzer, J. (2005). Fundamentals of leadership and management in public procurement: The strategic role of the public procurement professional. Herndon, VA: National Institute of Governmental Purchasing, Inc.

[18] McCue, C., & Roman, A.V. (forthcoming). E-procurement: Myth or Reality? Journal of Public Procurement.

[19] Milakovich, M. E. (2012). Digital governance: New technologies for improving public service and participation. New York, NY: Routledge.

[20] Milward, B., & Provan, K. (2000). Governing the hollow state. Journal of Public Administration Research and Theory, 10 (2), 359-379.

[21] Mishra, A. N., Prabhudev, K., & Barua, A. (2007). Antecedents and consequences of internet use in procurement: an empirical investigation of U.S. manufacturing firms. Information Systems Research, 18 (1), 103-120.

[22] Murray, G. J. (2009). Improving the validity of public procurement research. The International Journal of Public Sector Management, 22(2), 91-103.

[23] OECD. (2009). OECD Principles for integrity in public procurement. OECD Publishing.

[24] Page, H.R. (1980). Public purchasing and materials management. Lexington, MA: D.C. health and Company.

[25] Pfeifer, S., & Hennigan, W.J. (2012). Seven plead guilty for Navy contracting fraud. Los Angeles Times. http://www.latimes.com/business/money/la-fi-mo-navy-fraud-20120328,0,3347010.post, accessed March 31, 2012.

[26] Pitzer, J., & Thai, K.V. (2009). Introduction to Public Procurement (3rd ed.). Herndon, VA: National Institute of Governmental Purchasing, Inc.

[27] Sachs, J. D. (2011). The price of civilization: reawakening American virtue and prosperity. New York, NY: Random House.

[28] Snell, R. (2012). Feds: Ferguson extorted $85.5M. The Detroit Times. http://www.detroitnews.com/article/20120309/METRO01/203090367/Feds--Ferguson-extorted-$58.5M, accessed March 15, 2012.

[29] Spielman, F. (2012). City launches $11 million plan to combat problems in minority contracts program. Chicago Sun-Times, http://www.suntimes.com/news/10918807-418/city-launches-11-million-plan-to-combat-problems-in-minority-contracts-program.html, accessed March 31, 2012.

[30] Thai, K.V. (2001). Public procurement re-examined. Journal of Public Procurement, 1(1), 9-50.

[31] Thai, K.V. (Ed.). (2009). International handbook of public procurement. Boca Raton, FL: Taylor & Francis.

[32] Thai, K.V. (2007). Introduction to Public Procurement (2nd ed.). Herndon, VA: National Institute of Governmental Purchasing, Inc.

[33] Thomas, A. G. (1919). The principles of government purchasing. New York, NY: D. Appleton and Company.

[34] Van Slyke, D. M. (2007). Agents or stewards: Using theory to understand the government-nonprofit social service contracting relationship. Journal of Public Administration Research and Theory, 17 (2), 157-187.

[35] Varney, M. (2011). E-Procurement—current law and future challenges. ERA-Forum, 12 (2), 185-204.

[36] U.S. Census Bureau. (2011). State and local government finances summary: 2009. http://www2.census.gov/govs/estimate/09_summary_report.pdf, accessed April 14, 2012.

[37] U.S. Office of Management and Budget. (2012). Object class analysis: Budget of U.S. government. http://www.whitehouse.gov/sites/default/files/omb/budget/fy2013/assets/objclass.pdf, accessed April 14, 2012.

Autorenverzeichnis

Wolfgang Crasemann, 1955 in Hannover geboren, ist seit 2003 Referatsleiter für Grundsatzfragen der Technologiepolitik im Bundesministerium für Wirtschaft und Technologie (BMWi). Er war nach seiner Ausbildung zum Dipl. Volkswirt in der Dresdner Bank in Düsseldorf und Luxemburg als Kreditreferent und Experte für europäische Förderprogramme tätig. Nach seinem Wechsel in das BMWi im Jahre 1992 war er zunächst Referent für Angelegenheiten der damaligen Treuhandanstalt. Ab 1997 arbeitete er als Referent für allgemeine wirtschaftliche Fragen in Ostdeutschland und ab 1999 als Referent für Grundsatzfragen der Technologiepolitik mit Schwerpunkt Europäische Innovationspolitik.

Prof. Dr. *Michael Eßig*, Wirtschaftswissenschaftler. Studium der Betriebswirtschaft an der Universität Passau. 1994-1998 Wissenschaftlicher Mitarbeiter am Lehrstuhl Investitionsgütermarketing und Beschaffungsmanagement der Universität Stuttgart. 2002 Habilitation an der Fakultät Geschichts-, Sozial- und Wirtschaftswissenschaften der Universität Stuttgart. 2002-2003 Professurvertreter für Allgemeine Betriebswirtschaftslehre, insbesondere Materialwirtschaft & Distribution an der Universität der Bundeswehr München. Seit 2003 Inhaber der Professur für Allgemeine Betriebswirtschaftslehre, insbesondere Materialwirtschaft & Distribution an der Universität der Bundeswehr München. Seit 2010 Vizepräsident für Forschung. Leiter des Forschungszentrums für Recht und Management öffentlicher Beschaffung, der Transferstelle Defence SCM und des Kompetenznetzwerkes Performance Based Logistics. Aktuelle Forschungsschwerpunkte: Beschaffungsmanagement, Public Procurement, Supply Chain Management.

Tara Hartley works at Public Works and Government Services Canada, where she is the Director of Barrier Analysis and Reduction in the Office of Small and Medium Enterprises and Strategic Engagement. She has worked in public procurement since 1991. She has specialized in procurement policy, and is now working on access to federal procurement by small and medium enterprises.

Oberst i.G. *Thomas Hönig*, Diplom-Kaufmann und Bankkaufmann. Studium der Wirtschafts- und Organisationswissenschaften an der Universität der Bundeswehr Hamburg. 1984-1993 verschiedene Truppen- und Stabsverwendungen in der Bundeswehr und der NATO. 1993-1995 Generalstabsausbildung an der Führungsakademie der Bundeswehr

Hamburg. 1995-2004 Verwendungen als Abteilungsleiter 4 der 3. Luftwaffendivision Berlin, Stellvertreter des Luftwaffenattachés an der Deutschen Botschaft Washington D.C., Referent und Adjutant im Führungsstab der Luftwaffe Bonn. 2004-2005 Teilnehmer am Senior Course des NATO Defense College Rom. 2005-2008 Kommandeur des Versorgungs- und Ausbildungszentrum 473 und der Ortsfesten Logistischen Einrichtungen im Logistikregiment 47 in Dornstadt/Ulm. 2009-2010 Military Assistant des Commandant NATO Defense College, Rom. Seit 2010 Referatsleiter im Bundesministerium der Verteidigung, Bonn. Aktuelle Aufgabenschwerpunkte: Modernisierungsprojekt Optimierung der Beschaffung, Projekt Neues Bekleidungsmanagement.

Bert Ille, Master of Science und Diplom-Wirtschaftsingenieur. Studium des Wirtschaftsingenieurwesens an der Universität der Bundeswehr in Hamburg mit den Vertiefungsrichtungen Fertigungswirtschaft und Industrie-/Betriebslehre, sowie Studium „Industrial Engineering" an der Beuth Hochschule für Technik in Berlin. 2001-2006 tätig in Führungsfunktionen als Offizier im Führungs-/Unterstützungsbataillon 282 in Kastellaun. Seit 2008 tätig für die Gesellschaft für Entwicklung, Beschaffung und Betrieb mbH in den Themenfeldern Organisation, Prozesse und Supply Chain Management. Aktuelles Projekt: öffentlicher Einkauf in der Bundeswehr.

RA *Martina Jungclaus*, Volljuristin. Studium der Rechtswissenschaften an der Universität Göttingen, Rechtsreferendariat am Landgericht Kassel, 1998 Zweites Staatsexamen. Seit 12 Jahren beim Bundesverband Materialwirtschaft, Einkauf und Logistik e.V., dem Fachverband für Einkauf und Logistik, mit rund 8.500 Mitglieder tätig – die Mitgliedsunternehmen repräsentieren 1,25 Billionen Euro des Einkaufsvolumens in Deutschland. Frau Jungclaus ist Mitglied des Führungskreises des Verbandes und verantwortet neben dem Justiziariat wesentliche Fachbereiche des Verbandes. Insbesondere leitet und steuert sie die Abteilung BME-Sektionen/Fachgruppen (u.a. die BME-Sektion öffentliche Auftraggeber) und BME-Services, die darauf ausgerichtet sind, die BME-Mitglieder sowie eine breite Fachöffentlichkeit in allen Feldern des Supply Chain Managements zu unterstützen. Frau Jungclaus setzt sich seit vielen Jahren aktiv für die Optimierung des öffentlichen Beschaffungswesens ein – sowohl mit Blick auf den öffentlichen Sektor als auch mit Blick auf potenzielle Bieter. Sie hat u.a. mit Projekten wie REPROC und REPROC-Excellence wichtige Initiativen und Aktivitäten zur Förderung des öffentlichen Beschaffungswesens aufgesetzt und vorangetrieben. Schwerpunkte hierbei insbesondere: Prozess- und Beschaffungsmanagement, E-Procurement, Benchmarks.

Annette Karstedt-Meierrieks, Juristin. Jurastudium in Marburg und Kiel, Referendariat in Fulda und Kassel. 1982 – 1997 Leiterin der Rechtsabteilung der IHK Lippe zu Detmold, später Berufung zur Geschäftsführerin Recht und Berufsbildung. 1997 Wechsel zum Deutschen Industrie- und Handelskammertag, der Spitzenorganisation der IHKs und damit die Vertretung von mehr als 3 Mio. Unternehmen, als Leiterin des Referats Wirtschaftsverwaltungsrecht, öffentliches Auftragswesen und Datenschutz im Bereich Recht. Koordinierung der IHKs und der Auftragsberatungsstellen in Sachen öffentliches Auftragswesen, verantwortlich für das Projekt Präqualifizierung von Unternehmen im Liefer- und Dienstleistungsbereich (www.pq-vol.de).

Jochen Lax, Diplom-Volkswirt. Studium der Wirtschaftswissenschaften an der Universität der Bundeswehr in Hamburg mit der Vertiefungsrichtung Führung und Organisation. 1996 – 1998 Zugführer im Fallschirmjägerbataillon 313 in Varel / Oldenburg, inkl. Einsatzverwendung. 1998 – 2001 S4-Offizier des Instandsetzungsbataillons 141 in Luttmersen / Hannover als verantwortlicher Sachgebietsleiter Logistik des Verbandes, inkl. Einsatzverwendung. 2001 – 2005 Projektleiter der DHL Solution GmbH, Hamburg mit Projekten in der Werks-, Distributions-, und Entsorgungslogistik. Seit 2005 tätig für die Gesellschaft für Entwicklung, Beschaffung und Betrieb mbH in den Themen-feldern Distributionslogistik und Bestandsmanagement und übernahm im März 2012 die Leitung des Geschäftsfeldes Beschaffung.

Dr. *Dieter Laux*, Hessischer Landesbeamter. 1981-1989 Polizeiausbildung und Gruppenführer in Hessen, 1989-1992 Abschluss Dipl.-Verw. (FH) an der Verwaltungsfachhochschule (VFH) in Wiesbaden, 1992-2006 IT-Ausbildung und Verwendung als Organisationsprogrammierer, Qualitätssicherer, Projektleiter, Produktmanager und Changemanager im Hessischen Landeskriminalamt und beim Präsidium für Technik, Logistik und Verwaltung (PTLV), 2004-2006 berufsbegleitend Master of Public Management (MPM) an der VFH und 2008-2010 Promotion an der Uni Kassel als Externer, seit 2006 Leiter der Beschaffung und seit 2009 stellvertretender Leiter der Abteilung Verwaltung im PTLV, seit 2010: Lehrbeauftragter der Hochschule für Polizei und Verwaltung in Wiesbaden im Fach Betriebswirtschaftslehre. Aktuelle Forschungsschwerpunkte: Beschaffungsmanagement, Bürokratiemanagement.

Beate Lohmann ist Leiterin der Abteilung O Verwaltungsmodernisierung; Verwaltungsorganisation im Bundesministerium des Innern (BMI). Hier war sie zuvor ständige Vertreterin des Leiters der Zentralabteilung. Schon seit 1990 ist sie, mit kurzer Unterbrechung, im Geschäftsbereich des BMI tätig: Die Volljuristin hat seit 1990 zunächst im Bundesverwaltungsamt, seit 1992 in verschiedenen Funktionen im Personal- und Organisationsreferaten im BMI gearbeitet. 1996 bis 1998 war sie Persönliche Referentin des Staatssekretärs. Seit 1998 leitete sie verschiedene Modernisierungsprojekte, zuletzt auch den Ausbau von Dienstleistungszentren.

Hans-Jürgen Niemeier, Diplom-Mathematiker, stellvertretender Aufsichtsratsvorsitzender der CONET Technologies AG und Geschäftsführer der CONET Holding GmbH. Mitgründer der CONET (1990). Studium der Mathematik an der Universität zu Köln. Ab 1974 Projektleiter bei Krupp Atlas Datensysteme GmbH, ab 1984 Abteilungsleiter, Bereichsleiter und Niederlassungsleiter, verantwortlich für den Bereich „Bundesbehörden" der Krupp Atlas Datensysteme GmbH. 1990 bis 1994 Geschäftsführender Gesellschafter der von ihm mitgegründeten CONET Consulting GmbH, Hennef, Geschäftsführer der CONET Informationssysteme GmbH Neubrandenburg (einer 100%igen Tochter von CONET), dann Vorstand der CONET Aktiengesellschaft mit über 230 Mitarbeitern und Mitarbeiterinnen in den Geschäftsorten Hennef, Augsburg, Berlin. Geschäftsführer der CONET Webactiv GmbH, Hennef (einer 100%igen Tochter von CONET), Aufsichtsratsvorsitzender der CONET Aktiengesellschaft. Seit 2005 Aufsichtsratsvorsitzender der CONET Solutions GmbH, Geschäftsführer der CONET Holding GmbH. Seit 2006 stellvertretender Aufsichtsratsvorsitzender der CONET Technologies AG.

Dr. *Ute von Oertzen Becker*, Diplomverwaltungswirtin (FH), Erziehungswissenschaftlerin. Studium der Erziehungswissenschaften, der Psychologie und der Rechtswissenschaften. 2001-2008 Mitarbeiterin der Zentralstelle für Prävention des Landeskriminalamtes Berlin. Seit 2008 Bundesministerium für Wirtschaft und Technologie. Tätigkeitsschwerpunkte: nachhaltige öffentliche Beschaffung, Statistik der öffentlichen Beschaffung, elektronische öffentliche Beschaffung, Mittelstandsaspekte der öffentlichen Beschaffung, Immobilienwirtschaft.

Antje Pütter, Diplom-Verwaltungswirtin (FH) bei der Stadt Dortmund. 1993-1996 Studium der an der Fachhochschule für öffentliche Verwaltung in Dortmund und anschließender Einsatz im Tiefbauamt als Teamleiterin der Zentralen Dienste, 2003 stellvertretende Abteilungsleiterin im Zentraleinkauf innerhalb der Städtischen Immobilienwirtschaft, 2007 Leitung von Projekten im Vergabe-und Beschaffungszentrum der Stadt Dortmund, Gründung des Vergabe- und Beschaffungszentrums, Einführung Bestell- und Katalogsystem, Reorganisation des Vergabe- und Beschaffungszentrums, Evaluierungsprojekt „Reproc". 2012 Teamleiterin Strategischer Einkauf im Vergabe und Beschaffungszentrum, seit 2004 ausgebildete Prozessbegleiterin für Organisationsentwicklung. Erfolgreiche Durchführung von Maßnahmen in verschiedenen Städten und Gemeinden im gesamten Bundesgebiet.

Alexandru V. Roman is a Ph.D. Candidate, School of Public Administration, Florida Atlantic University, Boca Raton, Florida, USA. He holds a Master's degree in Business Administration from State University of New York Institute of Technology and a Master's degree in Economics from State University of New York at Albany. His research focuses on public finance, public management, public procurement and e-government. His has authored or co-authored articles that have appeared in journals such as Public Performance and Management Review, Administrative Theory & Praxis, Journal of Public Procurement and International Journal of Electronic Government Research.

Frank Schmitz, Diplom Verwaltungswirt. Studium an der Fachhochschule des Bundes in Brühl, 2004 Masterabschluss (Master of European Administrativ Management) im postgradualen Studiengang Europäisches Verwaltungsmanagement. 1996 Eintritt in das Statistische Bundesamt Zweigstelle Berlin. 1999 Wechsel in das Beschaffungsamt des Bundesministeriums des Innern. Zunächst eingesetzt im Bereich der Beschaffung von Dienstleitungen, im Jahre 2002 erfolgte der Wechsel in das Organisationsreferat, seit 01.03.2006 tätig im Bereich Qualitätsmanagement und Korruptionsprävention. Seit April 2008 mit der Leitung des Referats Qualitätsmanagement/Qualitätssicherung beauftragt, welches zwischenzeitlich durch die Bereiche Kaufhaus des Bundes und Koordinierung der nachhaltigen Beschaffung erweitert wurde.

Dr. *Felix-Sebastian Scholzen*, Soziologe und Wirtschaftswissenschaftler. Studium der Betriebswirtschaftslehre an der Katholischen Universität Eichstätt-Ingolstadt und Studium der Betriebswirtschaftslehre und Soziologie an der Universität Trier. 2005-2009 Wissenschaftlicher Mitarbeiter am Lehrstuhl für Organisation und Strategisches Management an der Universität Trier, anschließend Promotion am Fachbereich Wirtschafts- und Sozialwissenschaften. Seit 2009 Projektmanager in der BME-Sektion „Öffentliche Auftraggeber" mit den

Aufgaben- und Themenschwerpunkten: Prozessmanagement, Kennzahlen und Benchmarking im öffentlichen Auftragswesen. Leiter der BME-Fachgruppe „Einkauf in Stadtwerken".

Gudrun Soldan, Diplom-Verwaltungswirtin (FH). Studium an der Fachhochschule für öffentliche Verwaltung. 1981 Eintritt bei der Stadt Dortmund. 1984 bis 1989 tätig in verschiedenen Abteilungen des Sozialamts. 1989 bis Mitte 2007 Einsatz im Personalamt, unter anderem Ausbildungsangelegenheiten, Geschäftsführung des Westfälisch-Märkischen Studieninstituts für kommunale Verwaltung, Einführung und Weiterentwicklung der Kosten- und Leistungsrechnung, Amtscontrolling. Mitte 2007 Wechsel in das Projekt „Gründung eines Vergabe- und Beschaffungszentrums für die Stadtverwaltung Dortmund". 2008 bis heute Bereich Zentrale Dienste im neu gegründeten Vergabe- und Beschaffungszentrum (FB 19), Schwerpunkt Rechnungswesen. Projektleitung für die Reorganisation des FB 19. Seit 2011 stellvertretende Bereichsleiterin der Zentralen Dienste.

Khi V. Thai, Ph.D., is Professor and Director, School of Public Administration, Florida Atlantic University. His research interests are in public procurement, public budgeting and financial management. He is editor, Journal of Public Budgeting, Accounting & Financial Management, International Journal of Organization Theory and Behavior, and the founder and editor of the Journal of Public Procurement.

Thu Ha Vu Thi, Diplom-Wirtschaftsingenieurin. Studium des Wirtschaftsingenieurwesens am Karlsruher Institut für Technologie und an der University of Newcastle, Australien. Seit 2010 Wissenschaftliche Mitarbeiterin an der Professur für Allgemeine Betriebswirtschaftslehre, insbesondere Materialwirtschaft & Distribution an der Universität der Bundeswehr München. Sie beschäftigt sich vorwiegend mit Projekten zum Thema öffentliche Beschaffung, wie z. B. exzellente öffentliche Beschaffung und nachhaltige öffentliche Beschaffung. Aktuelle Forschungsschwerpunkte: Öffentliche Beschaffung, Beschaffungsmanagement, Performance Management, Benchmarking.

Dr.-Ing. *Peter Weiss*, Studium Bauingenieurwesen, Tief- u. Wasserbau an der RWTH Aachen, einschl. Leitung eines zweijährigen Forschungsprojektes am Lehrstuhl für Wasserbau- u. Wasserenergiewirtschaft, RWTH Aachen. 1992 Abschluss der berufsbegleitende Promotion zum Dr.-Ing.; Lehrstuhl für Wasserbau- u. Wasserenergiewirtschaft, RWTH Aachen. 1981 VOEST Alpine Intl. Corp., New York: Sales und Project Engineer für Wasserkraftanlagen - Planung, Angebotserstellung und Verhandlung, Leitung und Abwicklung von Neubau- und Sanierungsprojekten auf dem nordamerikanischen Markt. 1983 Lahmeyer International, Frankfurt: Planungs-, Projektingenieur und Projektleiter im Bereich Talsperrenbau, später Projektsteuerung für Anlagenbau und Tiefbau; Projekte in Deutschland, Nepal, Bangladesch, Algerien, Libyen. Seit 1989 Stadtwerke München: Abteilungsleiter Einkauf Bau- und Anlagenbau, seit 1996 Bereichsleiter, Leitung des Konzerneinkaufs und der Materialwirtschaft. Schwerpunkte seit damals Veränderung von der Beschaffung mittels Vergabestellen hin zur integrierten Bedarfsdeckung eines deutschen Top 125-Konzerns mit den derzeitigen Schwerpunkten Integrierte Bedarfsdeckung mit den Teilgebieten Supply Chain, Supplier Relationship Management, Bedarfsgruppenmanagement, Prozessoptimierung und Asset Management.

Dr. *Stefan Werres*, Mag. rer. publ. Studium der Rechtswissenschaften an der Rheinischen-Friedrich-Wilhelms-Universität Bonn. 1999 Erstes Juristisches Staatsexamen. 2000 - 2001 Verwaltungswissenschaftliches Aufbaustudium an der Deutschen Hochschule für Verwaltungswissenschaften Speyer. 2001 – 2003 Juristischer Vorbereitungsdienst beim Oberlandesgericht Koblenz. 2003 Zweites Juristisches Staatsexamen. 2003 Forschungsreferent am Forschungsinstitut für öffentliche Verwaltung Speyer. 2003 - 2005 Rechtsanwalt bei der Kanzlei Freshfields Bruckhaus Deringer. 2005 - 2010 Referent in der Bundesfinanzverwaltung. Seit 2011 Hochschullehrer FH Bund/Referent im Bundesministerium des Innern.

Astrid Widmann ist seit 2007 Leiterin des Bereichs Public-e-Procurement im Einkauf des BA-Service-Hauses der Bundesagentur für Arbeit in Nürnberg. Ihr Studium absolvierte sie an der Fachhochschule für Arbeitsverwaltung in Mannheim. Nach verschiedenen Stationen im operativen Geschäft in der Arbeitsagentur Köln wechselte sie zum Hauptsitz der Bundesagentur für Arbeit nach Nürnberg. Zunächst zuständig im Bereich Einkauf für IT-Software – und Dienstleistungen, anschließend übernahm sie die Gesamtverantwortung im Servicebereich „Vergabe". Als Vertreterin der Bundesagentur für Arbeit ist sie seit 2004 Mitglied in der Arbeitsgruppe „UfAB", Unterlage für Ausschreibung und Bewertung von IT-Leistungen, der Koordinierungs- und Beratungsstelle der Bundesregierung für Informationstechnik in der Bundesverwaltung.